DESCUBRE

Lengua y cultura del mundo hispánico

MEDIA EDITION

VISTA
HIGHER LEARNING

Boston, Massachusetts

Publisher: José A. Blanco
Executive Editor: Sarah Kenney
Managing Editor: Paola Ríos Schaaf (Technology)
Senior Project Manager: Armando Brito
Editors: Christian Biagetti (Technology), Mónica M. González Peña, Lauren Krolick, Paula Andrea Orrego
Production and Design Director: Marta Kimball
Design Manager: Susan Prentiss
Design and Production Team: Sarah Cole, Sónia Teixeira, Nick Ventullo

Printed in the United States of America.

DESCUBRE Level 1 Student Edition ISBN: 978-1-60576-096-4

Library of Congress Control Number: 2009934651

1 2 3 4 5 6 7 8 9   RJ   14 13 12 11 10 09

Maestro® and Maestro Language Learning System® and design are registered trademarks of Vista Higher Learning, Inc.

DESCUBRE

Lengua y cultura del mundo hispánico

MEDIA EDITION

1

Table of Contents

| | **contextos** | **fotonovela** |

Lección 1
Hola, ¿qué tal?

Lección 2
En la clase

Lección 3
La familia

v

cultura	estructura	adelante

Map of South America xiv
Map of Spain xv
Studying Spanish xvi
Using **DESCUBRE** xxiii

Getting Started. xxvi
Acknowledgments. xxviii
Bios. xxxi

En detalle: Saludos y besos en
los países hispanos 10
Perfil: La plaza principal 11

1.1 Nouns and articles 12
1.2 Numbers 0–30 16
1.3 Present tense of **ser** 19
1.4 Telling time 24
Recapitulación 28

Lectura: *Teléfonos
importantes* 30
Escritura 32
Escuchar 33
En pantalla 34
Oye cómo va 35
Panorama: Estados Unidos
y Canadá 36

En detalle: La escuela
secundaria 48
Perfil: El INFRAMEN 49

2.1 Present tense of
–ar verbs 50
2.2 Forming questions
in Spanish 55
2.3 Present tense of **estar** 59
2.4 Numbers 31 and higher . . 63
Recapitulación 66

Lectura: *¡Español en Madrid!* . . 68
Escritura 70
Escuchar 71
En pantalla 72
Oye cómo va 73
Panorama: España 74

En detalle: ¿Cómo te llamas? . . 86
Perfil: La familia real
española 87

3.1 Descriptive adjectives . . . 88
3.2 Possessive adjectives 93
3.3 Present tense of
–er and **–ir** verbs 96
3.4 Present tense of **tener**
and **venir** 100
Recapitulación 104

Lectura: *Gente...
Las familias* 106
Escritura 108
Escuchar 109
En pantalla 110
Oye cómo va 111
Panorama: Ecuador 112

Table of Contents

	contextos	**fotonovela**

cultura	**estructura**	**adelante**

Table of Contents

	contexts	fotonovela

Consulta

cultura

estructura

adelante

OCÉANO ÁRTICO

Mar de Siberia Oriental

Mar de Beaufort

Bahía de Baffin

GROENLANDIA (DINAMARCA)

RUSIA

Alaska (EE.UU.)

60N

Mar de Bering

Bahía de Hudson

Mar del Labrador

CANADÁ

ESTADOS UNIDOS

OCÉANO ATLÁNTICO

30N

Trópico de Cáncer

MÉXICO

Golfo de México

ISLAS BAHAMAS
REPÚBLICA DOMINICANA

ISLAS MARSHALL

Islas Hawai (EE.UU.)

BELICE

CUBA

PUERTO RICO (EE.UU.)

HAITÍ

SAN CRISTÓBAL Y NIEVES
ANTIGUA Y BARBUDA
GUADALUPE (FRANCIA)
DOMINICA
MARTINICA (FRANCIA)
BARBADOS

JAMAICA

Mar Caribe

GUATEMALA
EL SALVADOR
HONDURAS
NICARAGUA
COSTA RICA
PANAMÁ

SANTA LUCÍA
GRANADA

SAN VICENTE Y
LAS GRANADINAS
TRINIDAD Y TOBAGO

ESTADOS FEDERADOS DE MICRONESIA

OCÉANO PACÍFICO

VENEZUELA

VANUATU

COLOMBIA

GUYANA

NAURU

ISLAS SALOMÓN

KIRIBATI

Islas Galápagos (Ecuador)

ECUADOR

SURINAM

GUAYANA FRANCESA (FRANCIA)

ISLAS TUVALU

SAMOA OCCIDENTAL

PERÚ

BRASIL

FIYI

SAMOA (EE.UU.)

Trópico de Capricornio

BOLIVIA

NUEVA CALEDONIA (FRANCIA)

Isla de Pascua (CHILE)

PARAGUAY

30S

URUGUAY

NUEVA ZELANDIA

CHILE ARGENTINA

Islas Malvinas (ARGENTINA)

El mundo

Países hispanohablantes

Países con alto número de hispanohablantes

60S

ANTÁRTIDA

180   1500   1200   900   600

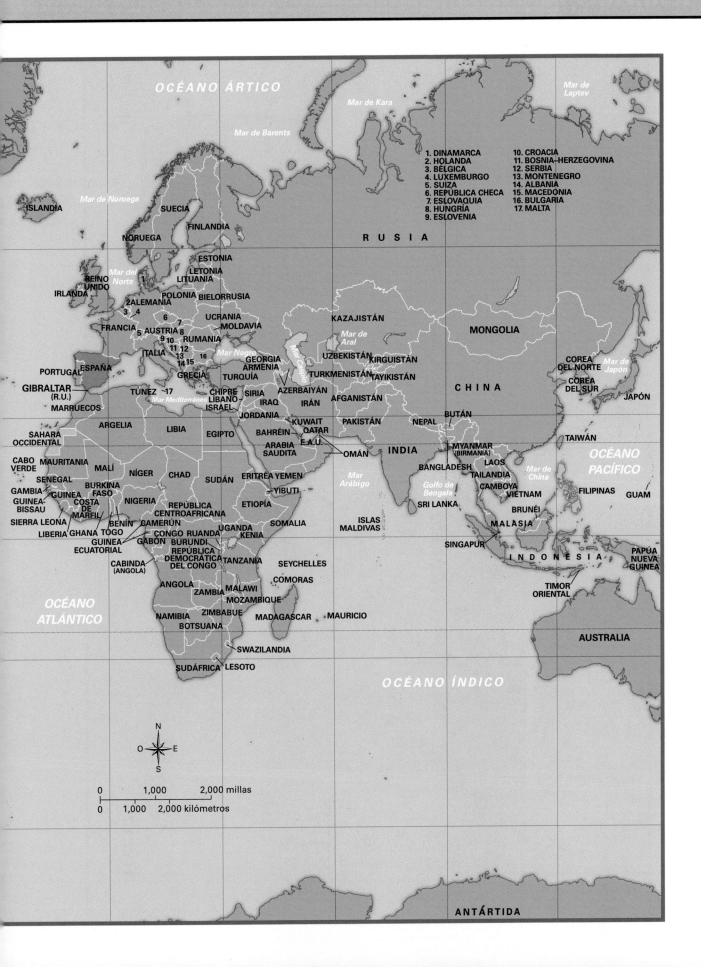

OCÉANO ÁRTICO

Mar de Laptev

Mar de Kara

Mar de Barents

1. DINAMARCA
2. HOLANDA
3. BÉLGICA
4. LUXEMBURGO
5. SUIZA
6. REPÚBLICA CHECA
7. ESLOVAQUIA
8. HUNGRÍA
9. ESLOVENIA

10. CROACIA
11. BOSNIA-HERZEGOVINA
12. SERBIA
13. MONTENEGRO
14. ALBANIA
15. MACEDONIA
16. BULGARIA
17. MALTA

ISLANDIA

Mar de Noruega

SUECIA

RUSIA

FINLANDIA

NORUEGA

ESTONIA

Mar del Norte

LETONIA
LITUANIA

REINO UNIDO

IRLANDA

POLONIA   BIELORRUSIA

ALEMANIA

UCRANIA
MOLDAVIA

KAZAJISTÁN

MONGOLIA

FRANCIA

AUSTRIA

RUMANIA

Mar de Aral

COREA DEL NORTE

Mar de Japón

ITALIA

Mar Negro

Mar Caspio

GEORGIA
ARMENIA

UZBEKISTÁN   KIRGUISTÁN

TURKMENISTÁN   TAYIKISTÁN

CHINA

COREA DEL SUR

JAPÓN

PORTUGAL   ESPAÑA

GRECIA

TURQUÍA

GIBRALTAR (R.U.)

TÚNEZ   17

Mar Mediterráneo

CHIPRE
LÍBANO
ISRAEL

SIRIA

IRAQ

AZERBAIYÁN

IRÁN

AFGANISTÁN

MARRUECOS

JORDANIA

ARGELIA

LIBIA

EGIPTO

KUWAIT
QATAR

BAHRÉIN

E.A.U.

OMÁN

PAKISTÁN

NEPAL

BUTÁN

INDIA

MYANMAR (BIRMANIA)

TAIWÁN

OCÉANO PACÍFICO

SAHARA OCCIDENTAL

ARABIA SAUDITA

BANGLADESH

LAOS

Mar de China

CABO VERDE

MAURITANIA

MALÍ

NÍGER

CHAD

SUDÁN

ERITREA   YEMEN

Mar Arábigo

Golfo de Bengala

TAILANDIA

CAMBOYA

FILIPINAS

GUAM

SENEGAL

GAMBIA

GUINEA-BISSAU

GUINEA

BURKINA FASO

NIGERIA

REPÚBLICA CENTROAFRICANA

YIBUTI

ETIOPÍA

VIETNAM

BRUNÉI

COSTA DE MARFIL

SRI LANKA

SIERRA LEONA

LIBERIA

GHANA   TOGO

BENÍN

CAMERÚN

CONGO   RUANDA

UGANDA
KENIA

SOMALIA

ISLAS MALDIVAS

MALASIA

GUINEA ECUATORIAL

GABÓN

BURUNDI

SINGAPUR

INDONESIA

PAPÚA NUEVA GUINEA

CABINDA (ANGOLA)

REPÚBLICA DEMOCRÁTICA DEL CONGO

TANZANIA

SEYCHELLES

TIMOR ORIENTAL

ANGOLA

ZAMBIA

MALAWI

COMORAS

MOZAMBIQUE

OCÉANO ATLÁNTICO

NAMIBIA

ZIMBABUE

BOTSUANA

MADAGASCAR

MAURICIO

AUSTRALIA

SWAZILANDIA

SUDÁFRICA   LESOTO

OCÉANO ÍNDICO

N
O   E
S

0   1,000   2,000 millas
0   1,000   2,000 kilómetros

ANTÁRTIDA

Mexico

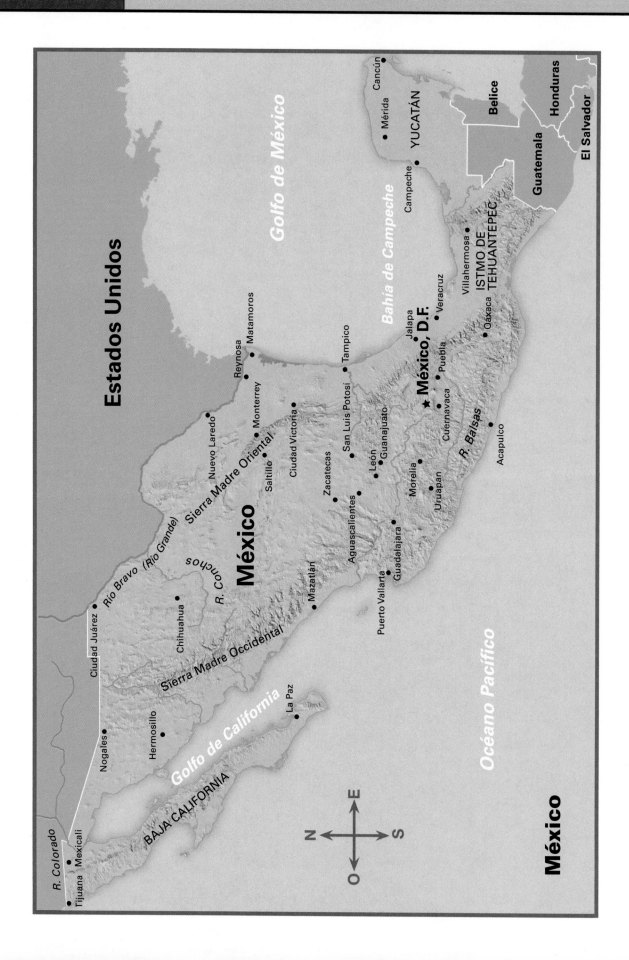

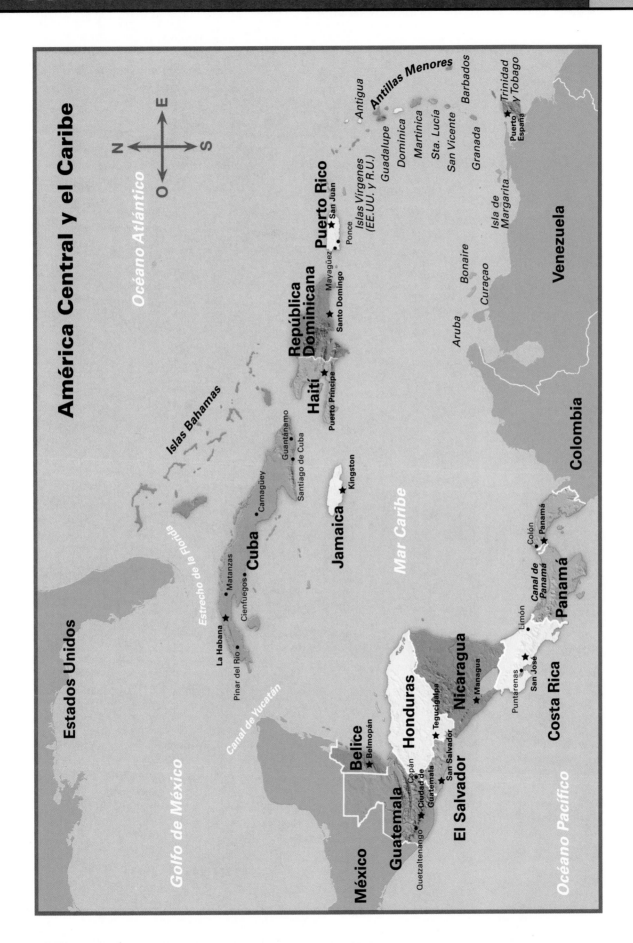

América Central y el Caribe

N
E
O
S

Océano Atlántico

Estados Unidos

Golfo de México

Islas Bahamas

Estrecho de la Florida

Canal de Yucatán

México

La Habana
Pinar del Río
Matanzas
Cienfuegos
Cuba
Camagüey
Guantánamo
Santiago de Cuba

Jamaica
Kingston

Haití
Puerto Príncipe

República Dominicana
Santo Domingo

Mayagüez
Puerto Rico
San Juan
Ponce

Islas Vírgenes
(EE.UU. y R.U.)

Antigua

Antillas Menores

Guadalupe
Dominica
Martinica
Sta. Lucía
San Vicente
Granada
Barbados

Trinidad y Tobago
Puerto España

Isla de Margarita

Aruba
Curaçao
Bonaire

Mar Caribe

Belice
Belmopán

Copán
Guatemala
Ciudad de Guatemala
Quetzaltenango

Honduras
Tegucigalpa

San Salvador
El Salvador

Nicaragua
Managua

Puntarenas
San José
Costa Rica
Limón

Colón
Panamá
Canal de Panamá
Panamá

Colombia

Venezuela

Océano Pacífico

South America

Mar Caribe

Barranquilla
Maracaibo
Caracas ★
Puerto España
Trinidad y Tobago

Venezuela

Medellín
Colombia
Bogotá ★
Cali

R. Orinoco

Georgetown
Guyana
Paramaribo
Surinam
Cayena ★
Guayana Francesa

Pasto

Ecuador
Quito ★
Guayaquil
Iquitos

R. Negro

R. Amazonas

Manaus

Belém

Perú

R. Madeira

Cordillera de los Andes

Recife

Lima ★
Cuzco
Lago Titicaca

Brasil
Brasilia ★

Arequipa
La Paz ★
Bolivia
Arica
Sucre ★
Iquique

Salvador

R. Paraguay

Belo Horizonte

Océano Pacífico

Antofagasta

R. Paraná

São Paulo
Rio de Janeiro
Santos

Paraguay

Salta
Asunción ★

Chile

Córdoba
R. Paraná
R. Uruguay

Porto Alegre

Valparaíso
Mendoza
Rosario

Santiago ★
Buenos Aires ★
Uruguay
Montevideo

Argentina

Océano Atlántico

Concepción
Bahía Blanca

Cordillera de los Andes

Puerto Montt

N
O ← → E
S

Estrecho de Magallanes
Islas Malvinas

Punta Arenas

Tierra del Fuego

América del Sur

Islas Galápagos

Océano Pacífico

Isla Pinta
Isla Marchena
Isla Genovesa

Isla Isabela

Línea ecuatorial

Volcán Darwin
Isla Santiago (San Salvador)

Isla Fernandina

Puerto Ayora
Isla Santa Cruz
Isla San Cristóbal

Santo Tomás

Puerto Barquerizo Moreno

Isla Santa María
Isla Española

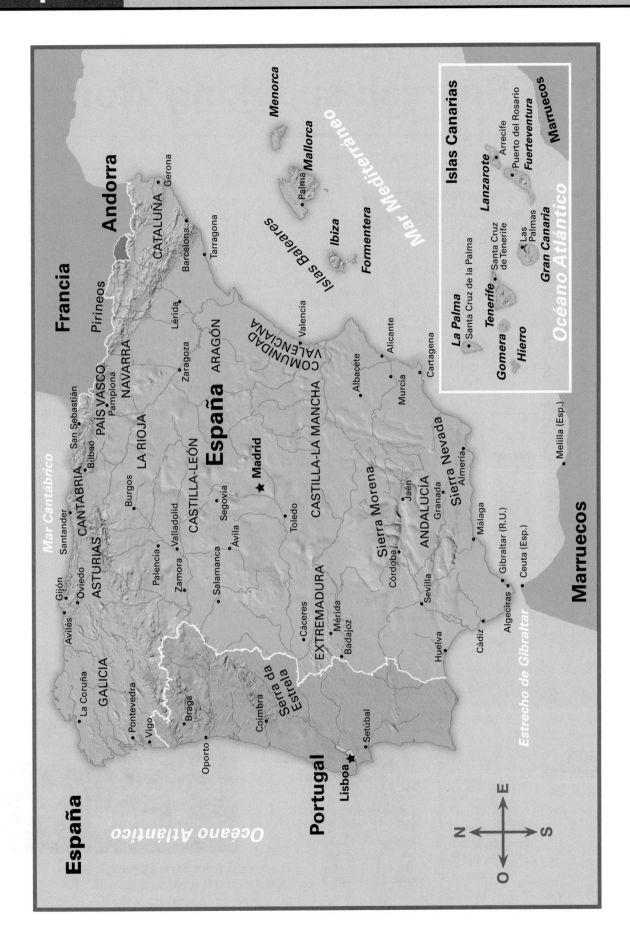

The Spanish-speaking World

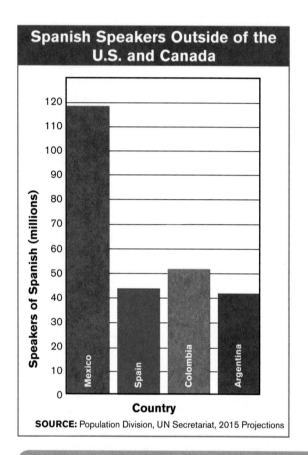

Spanish Speakers Outside of the U.S. and Canada

Speakers of Spanish (millions)

Country: Mexico, Spain, Colombia, Argentina

SOURCE: Population Division, UN Secretariat, 2015 Projections

Do you know someone whose first language is Spanish? Chances are you do! More than approximately forty million people living in the U.S. speak Spanish; after English, it is the second most commonly spoken language in this country. It is the official language of twenty-two countries and an official language of the European Union and United Nations.

The Growth of Spanish

Have you ever heard of a language called Castilian? It's Spanish! The Spanish language as we know it today has its origins in a dialect called Castilian (**castellano** in Spanish). Castilian developed in the 9th century in north-central Spain, in a historic provincial region known as Old Castile. Castilian gradually spread towards the central region of New Castile, where it was adopted as the main language of commerce. By the 16th century, Spanish had become the official language of Spain and eventually, the country's role in exploration, colonization, and overseas trade led to its spread across Central and South America, North America, the Caribbean, parts of North Africa, the Canary Islands, and the Philippines.

Spanish in the United States

1500　　　　**1600**　　　　**1700**

16th Century
Spanish is the official language of Spain.

1565
The Spanish arrive in Florida and found St. Augustine.

1610
The Spanish found Santa Fe, today's capital of New Mexico, the state with the most Spanish speakers in the U.S.

Spanish in the United States

Spanish came to North America in the 16th century with the Spanish who settled in St. Augustine, Florida. Spanish-speaking communities flourished in several parts of the continent over the next few centuries. Then, in 1848, in the aftermath of the Mexican-American War, Mexico lost almost half its land to the United States, including portions of modern-day Texas, New Mexico, Arizona, Colorado, California, Wyoming, Nevada, and Utah. Overnight, hundreds of thousands of Mexicans became citizens of the United States, bringing with them their rich history, language, and traditions.

This heritage, combined with that of the other Hispanic populations that have immigrated to the United States over the years, has led to the remarkable growth of Spanish around the country. After English, it is the most commonly spoken language in 43 states. More than 12 million people in California alone claim Spanish as their first or "home" language.

You've made a popular choice by choosing to take Spanish in school. Not only is Spanish found and heard almost everywhere in the United States, but it is the most commonly taught foreign language in classrooms throughout the country! Have you heard people speaking Spanish in your community? Chances are that you've come across an advertisement, menu, or magazine that is in Spanish. If you look around, you'll find that Spanish can be found in some pretty common places. For example, most ATMs respond to users in both English and Spanish. News agencies and television stations such as CNN and **Telemundo** provide Spanish-language broadcasts. When you listen to the radio or download music from the Internet, some of the most popular choices are Latino artists who perform in Spanish. Federal government agencies such as the Internal Revenue Service and the Department of State provide services in both languages. Even the White House has an official Spanish-language webpage! Learning Spanish can create opportunities within your everyday life.

1800   1900   2000

1848
Mexicans who choose to stay in the U.S. after the Mexican-American War become U.S. citizens.

1959
After the Cuban Revolution, thousands of Cubans emigrate to the U.S.

2000
Spanish is the 2nd most commonly spoken language in the U.S., with more than approximately 40 million speakers.

Why Study Spanish?

Learn an International Language

There are many reasons to learn Spanish, a language that has spread to many parts of the world and has along the way embraced words and sounds of languages as diverse as Latin, Arabic, and Nahuatl. Spanish has evolved from a medieval dialect of north-central Spain into the fourth most commonly spoken language in the world. It is the second language of choice among the majority of people in North America.

Understand the World Around You

Knowing Spanish can also open doors to communities within the United States, and it can broaden your understanding of the nation's history and geography. The very names Colorado, Montana, Nevada, and Florida are Spanish in origin. Just knowing their meanings can give you some insight into, of all things, the landscapes for which the states are renowned. Colorado means "colored red;" Montana means "mountain;" Nevada is derived from "snow-capped mountain;" and Florida means "flowered." You've already been speaking Spanish whenever you talk about some of these states!

State Name	Meaning in Spanish
Colorado	"colored red"
Florida	"flowered"
Montana	"mountain"
Nevada	"snow-capped mountain"

Connect with the World

Learning Spanish can change how you view the world. While you learn Spanish, you will also explore and learn about the origins, customs, art, music, and literature of people in close to two dozen countries. When you travel to a Spanish-speaking country, you'll be able to converse freely with the people you meet. And whether in the U.S., Canada, or abroad, you'll find that speaking to people in their native language is the best way to bridge any culture gap.

Why Study Spanish?

Expand Your Skills

Studying a foreign language can improve your ability to analyze and interpret information and help you succeed in many other subject areas. When you first begin learning Spanish, your studies will focus mainly on reading, writing, grammar, listening, and speaking skills. You'll be amazed at how the skills involved with learning how a language works can help you succeed in other areas of study. Many people who study a foreign language claim that they gained a better understanding of English. Spanish can even help you understand the origins of many English words and expand your own vocabulary in English. Knowing Spanish can also help you pick up other related languages, such as Italian, Portuguese, and French. Spanish can really open doors for learning many other skills in your school career.

Explore Your Future

How many of you are already planning your future careers? Employers in today's global economy look for workers who know different languages and understand other cultures. Your knowledge of Spanish will make you a valuable candidate for careers abroad as well as in the United States or Canada. Doctors, nurses, social workers, hotel managers, journalists, businessmen, pilots, flight attendants, and many other professionals need to know Spanish or another foreign language to do their jobs well.

How to Learn Spanish

Start with the Basics !

As with anything you want to learn, start with the basics and remember that learning takes time! The basics are vocabulary, grammar, and culture.

Vocabulary Every new word you learn in Spanish will expand your vocabulary and ability to communicate. The more words you know, the better you can express yourself. Focus on sounds and think about ways to remember words. Use your knowledge of English and other languages to figure out the meaning of and memorize words like **conversación, teléfono, oficina, clase,** and **música.**

Grammar Grammar helps you put your new vocabulary together. By learning the rules of grammar, you can use new words correctly and speak in complete sentences. As you learn verbs and tenses, you will be able to speak about the past, present, or future, express yourself with clarity, and be able to persuade others with your opinions. Pay attention to structures and use your knowledge of English grammar to make connections with Spanish grammar.

Culture Culture provides you with a framework for what you may say or do. As you learn about the culture of Spanish-speaking communities, you'll improve your knowledge of Spanish. Think about a word like **salsa,** and how it connects to both food and music. Think about and explore customs observed on **Nochevieja** (New Year's Eve) or at a **fiesta de quince años** (a girl's fifteenth birthday party). Watch people greet each other or say good-bye. Listen for idioms and sayings that capture the spirit of what you want to communicate!

Teenagers celebrating at a **fiesta de quince años.**

Listen, Speak, Read, and Write

Listening Listen for sounds and for words you can recognize. Listen for inflections and watch for key words that signal a question such as **cómo** (*how*), **dónde** (*where*), or **qué** (*what*). Get used to the sound of Spanish. Play Spanish pop songs or watch Spanish movies. Borrow books on CD from your local library, or try to visit places in your community where Spanish is spoken. Don't worry if you don't understand every single word. If you focus on key words and phrases, you'll get the main idea. The more you listen, the more you'll understand!

Speaking Practice speaking Spanish as often as you can. As you talk, work on your pronunciation, and read aloud texts so that words and sentences flow more easily. Don't worry if you don't sound like a native speaker, or if you make some mistakes. Time and practice will help you get there. Participate actively in Spanish class. Try to speak Spanish with classmates, especially native speakers (if you know any), as often as you can.

Reading Pick up a Spanish-language newspaper or a pamphlet on your way to school, read the lyrics of a song as you listen to it, or read books you've already read in English translated into Spanish. Use reading strategies that you know to understand the meaning of a text that looks unfamiliar. Look for cognates, or words that are related in English and Spanish, to guess the meaning of some words. Read as often as you can, and remember to read for fun!

Writing It's easy to write in Spanish if you put your mind to it. And remember that Spanish spelling is phonetic, which means that once you learn the basic rules of how letters and sounds are related, you can probably become an expert speller in Spanish! Write for fun—make up poems or songs, write e-mails or instant messages to friends, or start a journal or blog in Spanish.

Tips for Learning Spanish

- **Listen** to Spanish radio shows. Write down words that you can't recognize or don't know and look up the meaning.

- **Watch** Spanish TV shows or movies. Read subtitles to help you grasp the content.

- **Read** Spanish-language newspapers, magazines, or blogs.

- **Listen** to Spanish songs that you like —anything from Shakira to a traditional mariachi melody. Sing along and concentrate on your pronunciation.

- **Seek** out Spanish speakers. Look for neighborhoods, markets, or cultural centers where Spanish might be spoken in your community. Greet people, ask for directions, or order from a menu at a Mexican restaurant in Spanish.

- **Pursue** language exchange opportunities (**intercambio cultural**) in your school or community. Try to join language clubs or cultural societies, and explore opportunities

Practice, practice, practice!

Seize every opportunity you find to listen, speak, read, or write Spanish. Think of it like a sport or learning a musical instrument—the more you practice, the more you will become comfortable with the language and how it works. You'll marvel at how quickly you can begin speaking Spanish and how the world that it transports you to can change your life forever!

for studying abroad or hosting a student from a Spanish-speaking country in your home or school.

- **Connect** your learning to everyday experiences. Think about naming the ingredients of your favorite dish in Spanish. Think about the origins of Spanish place names in the U.S., like Cape Canaveral and Sacramento, or of common English words like *adobe, chocolate, mustang, tornado,* and *patio.*

- **Use** mnemonics, or a memorizing device, to help you remember words. Make up a saying in English to remember the order of the days of the week in Spanish (L, M, M, J, V, S, D).

- **Visualize** words. Try to associate words with images to help you remember meanings. For example, think of a **paella** as you learn the names of different types of seafood or meat. Imagine a national park and create mental pictures of the landscape as you learn names of animals, plants, and habitats.

- **Enjoy** yourself! Try to have as much fun as you can learning Spanish. Take your knowledge beyond the classroom and find ways to make the learning experience your very own.

ICONS AND *RECURSOS* BOXES

Icons

Familiarize yourself with these icons that appear throughout **DESCUBRE**.

Icons legend		
Listening activity/section	Communication activity	Supersite activity
Pair activity	v̂Text vText	Supersite content
Group activity		

- You will see the listening icon in each lesson's **Contextos, Pronunciación, Escuchar,** and **Vocabulario** sections.
- Supersite icons appear in every strand of every lesson. Visit descubre1.vhlcentral.com.
- The Supersite icon spells out a strand's related resources.
- The extra practice icon at the end of a strand points you to the Supersite for more practice online.
- The vText icon appears in every strand of every lesson. Visit descubre1.vhlcentral.com.

Recursos Boxes

Recursos boxes let you know exactly what print and technology supplements you can use to reinforce and expand on every section of each lesson in your textbook. They even include page numbers when applicable.

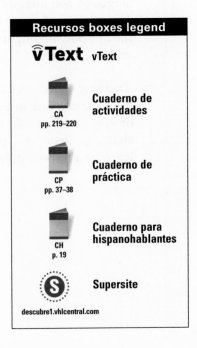

Recursos boxes legend
v̂Text vText
CA pp. 219–220 — Cuaderno de actividades
CP pp. 37–38 — Cuaderno de práctica
CH p. 19 — Cuaderno para hispanohablantes
S — Supersite
descubre1.vhlcentral.com

FOTONOVELA VIDEO PROGRAM

Wouldn't it be great if you could travel to a Latin American country and learn the language from Spanish-speaking students? One of the best ways to learn a language is to hear it used in real-world situations. Since you might not be able to take a long trip to Latin America, we've created the next best thing: a video! The **DESCUBRE** *Fotonovela* video will introduce you to four international students who are studying at the **Universidad de San Francisco** in Quito, Ecuador. The nine episodes, one for each lesson in your book, follow the students on a bus tour of the Ecuadorian countryside. In addition to the four students, you'll also meet Don Francisco, the tour bus driver, and a whole supporting cast of native speakers.

In most of the video episodes, the characters will share information about their home countries in a flashback format. These flashbacks give you a chance to learn about everyday life in Spain, Mexico, Puerto Rico, and different parts of Ecuador.

As you begin watching each episode, the characters will interact using the same vocabulary and grammar that you are studying in your lesson. As the episode progresses, the characters continue to use new vocabulary and grammar along with language you already know. In the **Resumen** section, one of the main characters will summarize the episode, highlighting important grammar and vocabulary.

An abbreviated version of each episode can be found in the **Fotonovela** section in each lesson of your textbook. In this section you will read character dialogues, practice useful phrases, and learn more about culture.

THE CAST

Here are the main characters you will meet when you watch the **DESCUBRE** video:

From Ecuador,
Inés Ayala Loor

From Spain,
María Teresa (Maite) Fuentes de Alba

From Mexico,
Alejandro (Álex) Morales Paredes

From Puerto Rico,
Javier Gómez Lozano

And, also from Ecuador,
don Francisco Castillo Moreno

PANORAMA CULTURAL VIDEO PROGRAM

You can continue your virtual travel experience into the world of Spanish-speaking communities with the *Panorama cultural* video. You don't even need a suitcase! The video works directly with the **Panorama** section in each lesson of **DESCUBRE**. The video shows a short clip about the country featured in the lesson. The clips give you a first-hand look at the different countries. You will also notice that the Spanish narrations cover grammar and vocabulary from your lessons.

These videos will transport you to many Spanish-speaking countries, the United States, and Canada. The video segments will give you a first-hand look at the cities, monuments, traditions, festivals, archaeological sites, and geographical wonders of each exciting destination. You will have the opportunity to learn about a variety of cultures and perspectives that tie directly to what you are learning in **DESCUBRE**.

FLASH CULTURA VIDEO PROGRAM

Have you ever wondered what life is like for young people your age in Mexico, Argentina, or Puerto Rico? What could you have in common? Do you think about the same things? Now you can go right to the source! The entertaining *Flash cultura* video provides a humorous side to the **Cultura** section in **DESCUBRE**. Students from all over the Spanish-speaking world share information about their countries and cultures. The similarities and differences among Spanish-speaking countries that come up through these exchanges will challenge you to think about your own cultural practices and values.

Useful Spanish Expressions

The following expressions will be very useful in getting you started learning Spanish. You can use them in class to check your understanding or to ask and answer questions about the lessons. Read **En las instrucciones** ahead of time to help you understand direction lines in Spanish, as well as your teacher's instructions. Remember to practice your Spanish as often as you can!

Expresiones útiles	Useful expressions
¿Cómo se dice _____ en español?	How do you say _____ in Spanish?
¿Cómo se escribe _____?	How do you spell _____?
¿Comprende(n)?	Do you understand?
Con permiso.	Excuse me.
De acuerdo.	Okay.
De nada.	You're welcome.
¿De veras?	Really?
¿En qué página estamos?	What page are we on?
Enseguida.	Right away.
Más despacio, por favor.	Slower, please.
Muchas gracias.	Thanks a lot.
No entiendo.	I don't understand.
No sé.	I don't know.
Perdone.	Excuse me.
Pista	Clue
Por favor.	Please.
Por supuesto.	Of course.
¿Qué significa _____?	What does _____ mean?
Repite, por favor.	Please repeat.
Tengo una pregunta.	I have a question.
¿Tiene(n) alguna pregunta?	Do you have questions?
Vaya(n) a la página dos.	Go to page 2.

En las instrucciones	In direction lines
Cierto o falso	True or false
Completa las oraciones de una manera lógica.	Complete the sentences logically.
Con un(a) compañero/a...	With a classmate...
Contesta las preguntas.	Answer the questions.
Corrige la información falsa.	Correct the false information.
Di/Digan...	Say...
En grupos...	In groups...
En parejas...	In pairs...
Entrevista...	Interview...
Forma oraciones completas.	Create/Make complete sentences.
Háganse preguntas.	Ask each other questions.
Haz el papel de...	Play the role of...
Haz los cambios necesarios.	Make the necessary changes.
Indica/Indiquen si las oraciones...	Indicate if the sentences...
Lee/Lean en voz alta.	Read aloud.
...que mejor completa...	...that best completes...
Toma nota...	Take note...
Tomen apuntes.	Take notes.
Túrnense...	Take turns...

Common Names

Get started learning Spanish by using a Spanish name in class. You can choose from the lists on these pages, or you can find one yourself. How about learning the Spanish equivalent of your name? The most popular Spanish female names are Ana, Isabel, Elena, Sara, and María. The most popular male names in Spanish are Alejandro, Jorge, Juan, José, and Pedro. Is your name, or that of someone you know, in the Spanish top five?

Más nombres masculinos	Más nombres femeninos
Alfonso	Alicia
Antonio (Toni)	Beatriz (Bea, Beti, Biata)
Carlos	Blanca
César	Carolina (Carol)
Diego	Claudia
Ernesto	Diana
Felipe	Emilia
Francisco (Paco)	Irene
Guillermo	Julia
Ignacio (Nacho)	Laura
Javier (Javi)	Leonor
Leonardo	Lourdes
Luis	Lucía
Manolo	Margarita (Marga)
Marcos	Marta
Oscar (Óscar)	Noelia
Rafael (Rafa)	Paula
Sergio	Rocío
Vicente	Verónica

Los 5 nombres masculinos más populares	Los 5 nombres femeninos más populares
Alejandro	Ana
Jorge	Elena
José (Pepe)	Isabel
Juan	María
Pedro	Sara

Acknowledgments

On behalf of its authors and editors, Vista Higher Learning expresses its sincere appreciation to the many instructors and teachers across the U.S. and Canada who contributed their ideas and suggestions. Their insights and detailed comments were invaluable to us as we created **DESCUBRE**.

In-depth reviewers

Patrick Brady
Tidewater Community College, VA

Christine DeGrado
Chestnut Hill College, PA

Martha L. Hughes
Georgia Southern University, GA

Aida Ramos-Sellman
Goucher College, MD

Reviewers

Kathleen Aguilar
Fort Lewis College, CO

Aleta Anderson
Grand Rapids Community College, MI

Gunnar Anderson
SUNY Potsdam, NY

Nona Anderson
Ouachita Baptist University, AR

Ken Arant
Darton College, GA

Vicki Baggia
Phillips Exeter Academy, NH

Jorge V. Bajo
Oracle Charter School, NY

Ana Basoa-McMillan
Columbia State Community College, TN

Timothy Benson
Lake Superior College, MN

Georgia Betcher
Fayetteville Technical Community College, NC

Teresa Borden
Columbia College, CA

Courtney Bradley
The Principia, MO

Vonna Breeze-Marti
Columbia College, CA

Christa Bucklin
University of Hartford, CT

Mary Cantu
South Texas College, TX

Christa Chatrnuch
University of Hartford, CT

Tina Christodouleas
SUNY Cortland, NY

Edwin Clark
SUNY Potsdam, NY

Donald Clymer
Eastern Mennonite University, VA

Ann Costanzi
Chestnut Hill College, PA

Patricia Crespo-Martin
Foothill College, CA

Miryam Criado
Hanover College, KY

Thomas Curtis
Madison Area Technical College, WI

Patricia S. Davis
Darton College, GA

Danion Doman
Truman State University, MO

Deborah Dubiner
Carnegie Mellon University, PA

Benjamin Earwicker
Northwest Nazarene University, ID

Deborah Edson
Tidewater Community College, VA

Matthew T. Fleming
Grand Rapids Community College, MI

Ruston Ford
Indian Hills Community College, IA

Marianne Franco
Modesto Junior College, CA

Elena García
Muskegon Community College, MI

María D. García
Fayetteville Technical Community College, NC

Lauren Gates
East Mississippi Community College, MS

Marta M. Gómez
Gateway Academy, MO

Danielle Gosselin
Bishop Brady High School, NH

Reviewers

Charlene Grant
Skidmore College, NY

Betsy Hance
Kennesaw State University, GA

Marti Hardy
Laurel School, OH

Dennis Harrod
Syracuse University, NY

Fanning Hearon
Brunswick School, CT

Richard Heath
Kirkwood Community College, IA

Óscar Hernández
South Texas College, TX

Yolanda Hernández
Community College of Southern
Nevada, North Las Vegas, NV

Martha L. Hughes
Georgia Southern University, GA

Martha Ince
Cushing Academy, MA

Stacy Jazan
Glendale Community College, CA

María Jiménez Smith
Tarrant County College, TX

Emory Kinder
Columbia Prep School, NY

Marina Kozanova
Crafton Hills College, CA

Tamara Kunkel
Alice Lloyd College, KY

Anna Major
The Westminster Schools, GA

Armando Maldonado
Morgan Community College, CO

Molly Marostica Smith
Canterbury School of Florida, FL

Jesús G. Martínez
Fresno City College, CA

Laura Martínez
Centralia College, WA

Daniel Millis
Verde Valley School, AZ

Deborah Mistron
Middle Tennessee State
University, TN

Mechteld Mitchin
Village Academy, OH

Anna Montoya
Florida Institute of Technology, FL

Robert P. Moore
Loyola Blakefield Jesuit School, MD

S. Moshir
St. Bernard High School, CA

Javier Muñoz-Basols
Trinity School, NY

William Nichols
Grand Rapids Community College, MI

Bernice Nuhfer-Halten
Southern Polytechnic State
University, GA

Amanda Papanikolas
Drew School, CA

Elizabeth M. Parr
Darton College, GA

Julia E. Patiño
Dillard University, LA

Martha Pérez
Kirkwood Community College, IA

Teresa Pérez-Gamboa
University of Georgia, GA

Marion Perry
The Thacher School, CA

Molly Perry
The Thacher School, CA

Melissa Pytlak
The Canterbury School, CT

Ana F. Sache
Emporia State University, KS

Celia S. Samaniego
Cosumnes River College, CA

Virginia Sánchez-Bernardy
San Diego Mesa College, CA

Frank P. Sanfilippo
Columbia College, CA

Piedad Schor
South Kent School, CT

David Schuettler
The College of St. Scholastica, MN

Romina Self
Ankeny Christian Academy, IA

David A. Short
Indian Hills Community College, IA

Carol Snell-Feikema
South Dakota State University, SD

Matias Stebbings
Columbia Grammar
& Prep School, NY

Mary Studer Shea
Napa Valley College, CA

Cathy Swain
University of Maine, Machias, ME

Cristina Szterensus
Rock Valley College, IL

John Tavernakis
College of San Mateo, CA

David E. Tipton
Circleville Bible College, OH

Larry Thornton
Trinity College School, ON

Linda Tracy
Santa Rosa Junior College, CA

Acknowledgments

Reviewers

Beverly Turner
Truckee Meadows Community
College, OK

Christine Tyma DeGrado
Chestnut Hill College, PA

Fanny Vera de Viacava
Canterbury School, CT

Luis Viacava
Canterbury School, CT

María Villalobos-Buehner
Grand Valley State University, MI

Hector Villarreal
South Texas College, TX

Juanita Villena-Álvarez
University of South Carolina,
Beaufort, SC

Marcella Anne Wendzikowski
Villa Maria College of Buffalo, NY

Doug West
Sage Hill School, CA

Paula Whittaker
Bishop Brady High School, NH

Mary Zold-Herrera
Glenbrook North High School, IL

About the Authors

José A. Blanco founded Vista Higher Learning in 1998. A native of Barranquilla, Colombia, Mr. Blanco holds degrees in Literature and Hispanic Studies from Brown University and the University of California, Santa Cruz. He has worked as a writer, editor, and translator for Houghton Mifflin and D.C. Heath and Company, and has taught Spanish at the secondary and university levels. Mr. Blanco is also the co-author of several other Vista Higher Learning programs: **Panorama, Aventuras,** and **¡Viva!** at the introductory level; **Ventanas, Facetas, Enfoques, Imagina,** and **Sueña** at the intermediate level; and **Revista** at the advanced conversation level.

Philip Redwine Donley received his M.A. in Hispanic Literature from the University of Texas at Austin in 1986 and his Ph.D. in Foreign Language Education from the University of Texas at Austin in 1997. Dr. Donley taught Spanish at Austin Community College, Southwestern University, and the University of Texas at Austin. He published articles and conducted workshops about language anxiety management and the development of critical thinking skills, and was involved in research about teaching languages to the visually impaired. Dr. Donley was also the co-author of **Aventuras** and **Panorama,** two other introductory college Spanish textbook programs published by Vista Higher Learning.

About the Illustrators

Yayo, an internationally acclaimed illustrator, was born in Colombia. He has illustrated children's books, newspapers, and magazines, and has been exhibited around the world. He currently lives in Montreal, Canada.

Pere Virgili lives and works in Barcelona, Spain. His illustrations have appeared in textbooks, newspapers, and magazines throughout Spain and Europe.

Born in Caracas, Venezuela, **Hermann Mejía** studied illustration at the *Instituto de Diseño de Caracas.* Hermann currently lives and works in the United States.

Hola, ¿qué tal?

A PRIMERA VISTA

- Guess what the girls in the photo are saying:
  a. Adiós b. Hola c. Salsa
- Most likely they would also say:
  a. Gracias b. Fiesta c. Buenos días
- The girls are:
  a. amigas b. chicos c. señores

Hola, ¿qué tal?

Más vocabulario

Buenos días.	*Good morning.*
Buenas noches.	*Good evening; Good night.*
Hasta la vista.	*See you later.*
Hasta pronto.	*See you soon.*
¿Cómo se llama usted?	*What's your name? (form.)*
Le presento a…	*I would like to introduce (name) to you. (form.)*
Te presento a…	*I would like to introduce (name) to you. (fam.)*
el nombre	*name*
¿Cómo estás?	*How are you? (fam.)*
No muy bien.	*Not very well.*
¿Qué pasa?	*What's happening?; What's going on?*
por favor	*please*
De nada.	*You're welcome.*
No hay de qué.	*You're welcome.*
Lo siento.	*I'm sorry.*
Gracias.	*Thank you; Thanks.*
Muchas gracias.	*Thank you very much; Thanks a lot.*

Variación léxica

Items are presented for recognition purposes only.

Buenos días.	⟷	Buenas.
De nada.	⟷	A la orden.
Lo siento.	⟷	Perdón.
¿Qué tal?	⟷	¿Qué hubo? (*Col.*)
chau	⟷	ciao

1

ELENA Patricia, éste es el señor Perales.
PATRICIA Encantada.
SEÑOR PERALES Igualmente. ¿De dónde es usted, señorita?
PATRICIA Soy de México. ¿Y usted?
SEÑOR PERALES De Puerto Rico.

2

TOMÁS ¿Qué tal, Alberto?
ALBERTO Regular. ¿Y tú?
TOMÁS Bien. ¿Qué hay de nuevo?
ALBERTO Nada.

3

SEÑOR VARGAS Buenas tardes, señora Wong. ¿Cómo está usted?
SEÑORA WONG Muy bien, gracias. ¿Y usted, señor Vargas?
SEÑOR VARGAS Bien, gracias.
SEÑORA WONG Hasta mañana, señor Vargas. Saludos a la señora Vargas.
SEÑOR VARGAS Adiós.

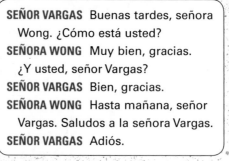

BERTA Hasta luego, Tere.
TERESA Chau, Berta. Nos vemos mañana.

CARMEN Buenas tardes. Me llamo Carmen. ¿Cómo te llamas tú?

ANTONIO Buenas tardes. Me llamo Antonio. Mucho gusto.

CARMEN El gusto es mío. ¿De dónde eres?

ANTONIO Soy de los Estados Unidos, de California.

Práctica

1 **Escuchar** 🎧 Listen to each question or statement, then choose the correct response.

1. a. Muy bien, gracias.   b. Me llamo Graciela.
2. a. Lo siento.   b. Mucho gusto.
3. a. Soy de Puerto Rico.   b. No muy bien.
4. a. No hay de qué.   b. Regular.
5. a. Mucho gusto.   b. Hasta pronto.
6. a. Nada.   b. Igualmente.
7. a. Me llamo Guillermo Montero.   b. Muy bien, gracias.
8. a. Buenas tardes. ¿Cómo estás?   b. El gusto es mío.
9. a. Saludos a la Sra. Ramírez.   b. Encantada.
10. a. Adiós.   b. Regular.

2 **Identificar** 🎧 You will hear a series of expressions. Identify the expression (**a**, **b**, **c**, or **d**) that does not belong in each series.

1. ___   3. ___
2. ___   4. ___

3 **Escoger** For each expression, write another word or phrase that expresses a similar idea.

> **modelo**
>
> ¿Cómo estás?   ¿Qué tal?

1. De nada.   4. Te presento a Antonio.
2. Encantado.   5. Hasta la vista.
3. Adiós.   6. Mucho gusto.

4 **Ordenar** Work with a classmate to put this scrambled conversation in order. Then act it out.

—Muy bien, gracias. Soy Rosabel.
—Soy del Ecuador. ¿Y tú?
—Mucho gusto, Rosabel.
—Hola. Me llamo Carlos. ¿Cómo estás?
—Soy de Argentina.
—Igualmente. ¿De dónde eres, Carlos?

CARLOS _____
ROSABEL _____
CARLOS _____
ROSABEL _____
CARLOS _____
ROSABEL _____

5 **Completar** Work with a partner to complete these exchanges. Use expressions from the word bank.

Buenos días.	¿De dónde eres?	De nada.
¿Qué pasa?	Hasta luego.	¿Qué tal?
¿Cómo te llamas?	Encantado/a.	Muy bien, gracias.

1. **Estudiante 1:** _____
   Estudiante 2: Buenos días. ¿Qué tal?

2. **Estudiante 1:** _____
   Estudiante 2: Me llamo Carmen Sánchez.

3. **Estudiante 1:** _____
   Estudiante 2: De Canadá.

4. **Estudiante 1:** Te presento a Marisol.
   Estudiante 2: _____

5. **Estudiante 1:** Gracias.
   Estudiante 2: _____

6. **Estudiante 1:** _____
   Estudiante 2: Regular.

7. **Estudiante 1:** _____
   Estudiante 2: Nada.

8. **Estudiante 1:** ¡Hasta la vista!
   Estudiante 2: _____

6 **Cambiar** Work with a partner to complete these exchanges.

modelo

> **Estudiante 1:** ¿Qué tal?
> **Estudiante 2:** Bien. ¿Y tú?

1. **Estudiante 1:** Hasta mañana, señora Ramírez. Saludos al señor Ramírez.
   Estudiante 2: _____

2. **Estudiante 1:** ¿Qué hay de nuevo, Alberto?
   Estudiante 2: _____

3. **Estudiante 1:** Gracias, Tomás.
   Estudiante 2: _____

4. **Estudiante 1:** Miguel, ésta es la señorita Perales.
   Estudiante 2: _____

5. **Estudiante 1:** ¿De dónde eres, Antonio?
   Estudiante 2: _____

6. **Estudiante 1:** ¿Cómo se llama usted?
   Estudiante 2: _____

7. **Estudiante 1:** ¿Qué pasa?
   Estudiante 2: _____

8. **Estudiante 1:** Buenas tardes, señor. ¿Cómo está usted?
   Estudiante 2: _____

◀ **¡LENGUA VIVA!**

The titles **señor**, **señora**, and **señorita** are abbreviated **Sr.**, **Sra.**, and **Srta.** Note that these abbreviations are capitalized, while the titles themselves are not.

• • •

There is no Spanish equivalent for the English title *Ms.*; women are addressed as **señora** or **señorita**.

 Practice more at **descubre1.vhlcentral.com**.

Comunicación

7 **Diálogos** With a partner, complete and act out these conversations.

Conversación 1 —Hola. Me llamo Teresa. ¿Cómo te llamas tú?

—_____

—Soy de Puerto Rico. ¿Y tú?

—_____

Conversación 2 —_____

—Muy bien, gracias. ¿Y usted, señora López?

—_____

—Hasta luego, señora. Saludos al señor López.

—_____

Conversación 3 —_____

—Regular. ¿Y tú?

—_____

—Nada.

8 **Conversaciones** This is the first day of class. Write four short conversations based on what the people in this scene would say.

9 **Situaciones** In groups of three, write and act out these situations.

1. On your way out of class on the first day of school, you strike up a conversation with the two students who were sitting next to you. You find out each student's name and where he or she is from before you say goodbye and go to your next class.
2. At the next class you meet up with a friend and find out how he or she is doing. As you are talking, your friend Elena enters. Introduce her to your friend.
3. As you're leaving school, you meet your parents' friends Mrs. Sánchez and Mr. Rodríguez. You greet them and ask how each person is. As you say goodbye, you send greetings to Mrs. Rodríguez.
4. Make up and act out a real-life situation that you and your classmates can role-play.

¡Todos a bordo!

Los cuatro estudiantes, don Francisco y la Sra. Ramos se reúnen (*meet*) en la universidad.

PERSONAJES

DON FRANCISCO

SRA. RAMOS

ÁLEX

JAVIER

INÉS

MAITE

SRA. RAMOS Buenos días, chicos. Yo soy Isabel Ramos de la agencia Ecuatur.

DON FRANCISCO Y yo soy don Francisco, el conductor.

SRA. RAMOS Bueno, ¿quién es María Teresa Fuentes de Alba?

MAITE ¡Soy yo!

SRA. RAMOS Ah, bien. Aquí tienes los documentos de viaje.

MAITE Gracias.

SRA. RAMOS ¿Javier Gómez Lozano?

JAVIER Aquí... soy yo.

JAVIER ¿Qué tal? Me llamo Javier.

ÁLEX Mucho gusto, Javier. Yo soy Álex. ¿De dónde eres?

JAVIER De Puerto Rico. ¿Y tú?

ÁLEX Yo soy de México.

DON FRANCISCO Bueno, chicos, ¡todos a bordo!

INÉS Con permiso.

recursos

vText

CA
pp. 51–52

descubre1.vhlcentral.com

SRA. RAMOS Y tú eres Inés Ayala Loor, ¿verdad?

INÉS Sí, yo soy Inés.

SRA. RAMOS Y tú eres Alejandro Morales Paredes, ¿no?

ÁLEX Sí, señora.

INÉS Hola. Soy Inés.

MAITE Encantada. Yo me llamo Maite. ¿De dónde eres?

INÉS Soy del Ecuador, de Portoviejo. ¿Y tú?

MAITE De España. Soy de Madrid, la capital. Oye, ¿qué hora es?

INÉS Son las diez y tres minutos.

ÁLEX Perdón.

DON FRANCISCO ¿Y los otros?

SRA. RAMOS Son todos.

DON FRANCISCO Está bien.

Expresiones útiles

Identifying yourself and others

- **¿Cómo se llama usted?**
  What's your name?
  Yo soy don Francisco, el conductor.
  I'm Don Francisco, the driver.

- **¿Cómo te llamas?**
  What's your name?
  Me llamo Javier.
  My name is Javier.

- **¿Quién es...?**
  Who is...?
  Aquí... soy yo.
  Here... that's me.

- **Tú eres..., ¿verdad?/¿no?**
  You are..., right?/no?
  Sí, señora.
  Yes, ma'am.

Saying what time it is

- **¿Qué hora es?**
  What time is it?
  Es la una.
  It's one o'clock.
  Son las dos.
  It's two o'clock.
  Son las diez y tres minutos.
  It's 10:03.

Saying "excuse me"

- **Con permiso.**
  Pardon me; Excuse me.
  (to request permission)
- **Perdón.**
  Pardon me; Excuse me.
  *(to get someone's attention
  or to ask forgiveness)*

When starting a trip

- **¡Todos a bordo!**
  All aboard!
- **¡Buen viaje!**
  Have a good trip!

Getting someone's attention

- **Oye/Oiga(n)...**
  Listen (fam./form.)...

¿Qué pasó?

1

¿Cierto o falso? Indicate if each statement is **cierto** or **falso**. Then correct the false statements.

	Cierto	Falso
1. Javier y Álex son pasajeros (*passengers*).	○	○
2. Javier Gómez Lozano es el conductor.	○	○
3. Inés Ayala Loor es de la agencia Ecuatur.	○	○
4. Inés es del Ecuador.	○	○
5. Maite es de España.	○	○
6. Javier es de Puerto Rico.	○	○
7. Álex es del Ecuador.	○	○

2

Identificar Indicate who would make each statement. Two names will be used twice.

1. Yo soy de México. ¿De dónde eres tú?
2. ¡Atención! ¡Todos a bordo!
3. ¿Yo? Soy de la capital de España.
4. Y yo soy del Ecuador.
5. ¿Qué hora es, Inés?
6. Yo soy de Puerto Rico. ¿Y tú?

ÁLEX   **INÉS**   **MAITE**

DON FRANCISCO   **JAVIER**

3

Completar Complete this slightly altered version of the conversation that Inés and Maite had.

INÉS   Hola. ¿Cómo te (1)_____?

MAITE Me llamo Maite. ¿Y (2)_____?

INÉS   Inés. Mucho (3)_____.

MAITE (4)_____ gusto es mío.

INÉS   ¿De (5)_____ eres?

MAITE (6)_____ España. ¿Y (7)_____?

INÉS   Del (8)_____.

4

Conversar Imagine that you are chatting with a traveler you just met at the airport. With a partner, prepare a conversation using these cues.

Estudiante 1	**Estudiante 2**
Say "good afternoon" to your partner and ask for his or her name. →	Say hello and what your name is. Then ask what your partner's name is.
Say what your name is and that you are glad to meet your partner. →	Say that the pleasure is yours.
Ask how your partner is. →	Say that you're doing well, thank you.
Ask where your partner is from. →	Say where you're from.
Wish your partner a good trip. →	Say thank you and goodbye.

Practice more at **descubre1.vhlcentral.com**.

Pronunciación 🎧

The Spanish alphabet

The Spanish alphabet consists of 29 letters. The Spanish letter **ñ (eñe)** doesn't appear in the English alphabet. The letters **k (ka)** and **w (doble ve)** are used only in words of foreign origin.

Letra	Nombre(s)	Ejemplos	Letra	Nombre(s)	Ejemplos
a	a	adiós	m	eme	mapa
b	be	bien, problema	n	ene	nacionalidad
c	ce	cosa, cero	ñ	eñe	mañana
ch	che	chico	o	o	once
d	de	diario, nada	p	pe	profesor
e	e	estudiante	q	cu	qué
f	efe	foto	r	ere	regular, señora
g	ge	gracias, Gerardo, regular	s	ese	señor
h	hache	hola	t	te	tú
i	i	igualmente	u	u	usted
j	jota	Javier	v	ve	vista, nuevo
k	ka, ca	kilómetro	w	doble ve	*walkman*
l	ele	lápiz	x	equis	existir, México
ll	elle	llave	y	i griega, ye	yo
			z	zeta, ceta	zona

S El alfabeto Repeat the Spanish alphabet and example words after your instructor.

S Práctica Spell these words aloud in Spanish.

1. nada
2. maleta
3. quince
4. muy
5. hombre
6. por favor
7. San Fernando
8. Estados Unidos
9. Puerto Rico
10. España
11. Javier
12. Ecuador
13. Maite
14. gracias
15. Nueva York

S Refranes Read these sayings aloud.

Ver es creer.[1]

En boca cerrada no entran moscas.[2]

1 Seeing is believing. 2 Silence is golden.

EN DETALLE

Saludos y besos en los países hispanos

In Spanish-speaking countries, kissing on the cheek is a customary way to greet friends and family members. It is common to kiss someone upon introduction, particularly in a non-business setting. Whereas North Americans maintain considerable personal space when greeting, Spaniards and Latin Americans tend to decrease interpersonal space and give one or two kisses (**besos**) on the cheek, sometimes accompanied by a handshake or a hug. In formal business settings, where associates do not know one another on a personal level, greetings entail a simple handshake.

Greeting someone with a **beso** varies according to region, gender, and context. With the exception of Argentina—where male friends and relatives lightly kiss on the cheek—men generally greet each other with a hug or warm handshake. Greetings between men and women, and between women, can differ depending on the country and context, but generally include kissing. In Spain, it is customary to give **dos besos**, starting with the right cheek first. In Latin American countries, including Mexico, Costa Rica, Colombia, and Chile, a greeting consists of a single "air kiss" on the right cheek. Peruvians also "air kiss," but strangers will simply shake hands. In Colombia, female acquaintances tend to simply pat each other on the right forearm or shoulder.

Tendencias

País	Beso	País	Beso
Argentina	💋	España	💋💋
Bolivia	💋	México	💋
Chile	💋	Paraguay	💋💋
Colombia	💋	Puerto Rico	💋
El Salvador	💋	Venezuela	💋/💋💋

1 **¿Cierto o falso?** Indicate whether these statements are true (**cierto**) or false (**falso**). Correct the false statements.

1. Hispanic cultures leave less interpersonal space when greeting than in the U.S.
2. Men never greet with a kiss in Spanish-speaking countries.
3. Shaking hands is not appropriate for a business setting in Latin America.

4. Spaniards greet with one kiss on the right cheek.
5. In Mexico, people greet with an "air kiss".
6. Gender can play a role in the type of greeting given.
7. If two women acquaintances meet in Colombia, they should exchange two kisses on the cheek.
8. In Peru, a man and a woman meeting for the first time would probably greet each other with an "air kiss."

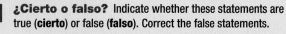 Practice more at **descubre1.vhlcentral.com.**

ASÍ SE DICE

Saludos y despedidas

Buenas.	Hello./Hi.
Chao.	Chau.
¿Cómo te/le va?	How are things going (for you)?
Hasta ahora.	See you soon.
¿Qué hay?	What's new?
¿Qué onda? (Méx.); ¿Qué hubo? (Col.)	What's going on?

EL MUNDO HISPANO

Parejas y amigos famosos

Here are some famous couples and friends from the Spanish-speaking world.

○ **Jennifer López** (Estados Unidos) y **Marc Anthony** (Estados Unidos/ Puerto Rico) Not long after ending her relationship with Ben Affleck, Jennifer López married salsa singer Marc Anthony.

○ **Gael García Bernal** (México) y **Diego Luna** (México) These lifelong friends both starred in the 2001 Mexican film *Y tu mamá también.*

○ **Salma Hayek** (México) y **Penélope Cruz** (España) Close friends Salma Hayek and Penélope Cruz developed their acting skills in their countries of origin before meeting in Hollywood.

PERFIL

La plaza principal

In the Spanish-speaking world, public space is treasured. Small city and town life revolves around the **plaza principal**. Often surrounded by cathedrals or municipal buildings like the **ayuntamiento** (*city hall*), the pedestrian **plaza** is designated as a central meeting place for family and friends. During warmer months, when outdoor cafés usually line the **plaza**, it is a popular spot to have a leisurely cup of coffee, chat,

La Plaza Mayor de Salamanca

and people watch. Many town festivals, or **ferias**, also take place in this space. One of the most famous town

La Plaza de Armas, Arequipa, Perú

squares is the **Plaza Mayor** in the university town of Salamanca, Spain. Students gather underneath its famous clock tower to meet up with friends or simply take a coffee break.

Conexión Internet

What are the **plazas principales** in large cities such as Mexico City and Buenos Aires?

Go to descubre1.vhlcentral.com to find more cultural information related to this **Cultura** section.

ACTIVIDADES

2 **Comprensión** Answer these questions.
1. What are two types of buildings found on the **plaza principal**?
2. What are two types of events or activities common at a **plaza principal**?
3. How would Diego Luna greet his friends?
4. Would Salma Hayek and Jennifer López greet with one kiss or two?

3 **Saludos** Role-play these greetings with a partner. Include a verbal greeting as well as a handshake, as appropriate.
1. friends in Mexico
2. business associates at a conference in Chile
3. friends in Madrid's Plaza Mayor
4. Peruvians meeting for the first time
5. relatives in Argentina

recursos

vText

CH p. 4

descubre1.vhlcentral.com

1.1 Nouns and articles

Spanish nouns

ANTE TODO A noun is a word used to identify people, animals, places, things, or ideas. Unlike English, all Spanish nouns, even those that refer to non-living things, have gender; that is, they are considered either masculine or feminine. As in English, nouns in Spanish also have number, meaning that they are either singular or plural.

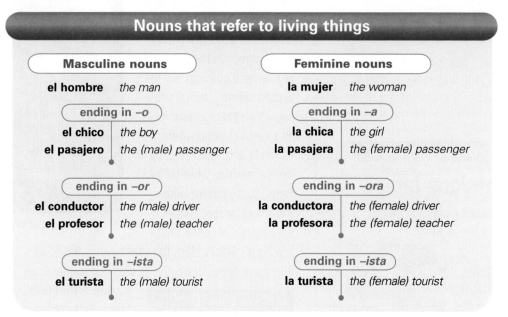

Nouns that refer to living things	
Masculine nouns	**Feminine nouns**
el hombre *the man*	**la mujer** *the woman*
ending in –o	*ending in –a*
el chico *the boy*	**la chica** *the girl*
el pasajero *the (male) passenger*	**la pasajera** *the (female) passenger*
ending in –or	*ending in –ora*
el conductor *the (male) driver*	**la conductora** *the (female) driver*
el profesor *the (male) teacher*	**la profesora** *the (female) teacher*
ending in –ista	*ending in –ista*
el turista *the (male) tourist*	**la turista** *the (female) tourist*

▶ As shown above, nouns that refer to males, like **el hombre**, are generally masculine, while nouns that refer to females, like **la mujer,** are generally feminine.

▶ Many nouns that refer to male beings end in **–o** or **–or**. Their corresponding feminine forms end in **–a** and **–ora**, respectively.

el conductor

la profesora

▶ The masculine and feminine forms of nouns that end in **–ista,** like **turista**, are the same, so gender is indicated by the article **el** (masculine) or **la** (feminine). Some other nouns have identical masculine and feminine forms.

el joven
the youth; the young man

la joven
the youth; the young woman

el estudiante
the (male) student

la estudiante
the (female) student

Nouns that refer to non-living things

Masculine nouns		Feminine nouns	
ending in –o		**ending in –a**	
el cuaderno	the notebook	**la cosa**	the thing
el diario	the diary	**la escuela**	the school
el diccionario	the dictionary	**la grabadora**	the tape recorder
el número	the number	**la maleta**	the suitcase
el video	the video	**la palabra**	the word
ending in –ma		**ending in –ción**	
el problema	the problem	**la lección**	the lesson
el programa	the program	**la conversación**	the conversation
ending in –s		**ending in –dad**	
el autobús	the bus	**la nacionalidad**	the nationality
el país	the country	**la comunidad**	the community

¡LENGUA VIVA!

The Spanish word for *video* can be pronounced with the stress on the **i** or the **e**. For that reason, you might see the word written with or without an accent: **video** or **vídeo**.

▶ As shown above, certain noun endings are strongly associated with a specific gender, so you can use them to determine if a noun is masculine or feminine.

▶ Because the gender of nouns that refer to non-living things cannot be determined by foolproof rules, you should memorize the gender of each noun you learn. It is helpful to memorize each noun with its corresponding article, **el** for masculine and **la** for feminine.

▶ Another reason to memorize the gender of every noun is that there are common exceptions to the rules of gender. For example, **el mapa** (*map*) and **el día** (*day*) end in **–a,** but are masculine. **La mano** (*hand*) ends in **–o,** but is feminine.

Plural of nouns

▶ In Spanish, nouns that end in a vowel form the plural by adding **–s**. Nouns that end in a consonant add **–es**. Nouns that end in **–z** change the **–z** to **–c**, then add **–es**.

el chic**o** ⟶ los chic**os**   la nacionalida**d** ⟶ las nacionalida**des**

el diari**o** ⟶ los diari**os**   el paí**s** ⟶ los paí**ses**

el problem**a** ⟶ los problem**as**   el lápi**z** (*pencil*) ⟶ los lápi**ces**

▶ In general, when a singular noun has an accent mark on the last syllable, the accent is dropped from the plural form.

la lecci**ón** ⟶ las lecci**ones**   el autob**ús** ⟶ los autob**uses**

CONSULTA

You will learn more about accent marks in **Lección 4, Pronunciación,** p. 123.

▶ Use the masculine plural form to refer to a group that includes both males and females.

1 pasajer**o** + 2 pasajer**as** = 3 pasajer**os**   2 chic**os** + 2 chic**as** = 4 chic**os**

Spanish articles

ANTE TODO As you know, English often uses definite articles (*the*) and indefinite articles (*a, an*) before nouns. Spanish also has definite and indefinite articles. Unlike English, Spanish articles vary in form because they agree in gender and number with the nouns they modify.

Definite articles

Masculine		Feminine	
SINGULAR	PLURAL	SINGULAR	PLURAL
el diccionario	**los** diccionarios	**la** computadora	**las** computadoras
the dictionary	*the dictionaries*	*the computer*	*the computers*

▶ Spanish has four forms that are equivalent to the English definite article *the*. You use definite articles to refer to specific nouns.

Indefinite articles

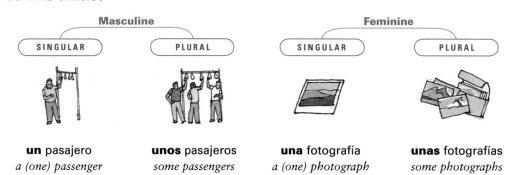

Masculine		Feminine	
SINGULAR	PLURAL	SINGULAR	PLURAL
un pasajero	**unos** pasajeros	**una** fotografía	**unas** fotografías
a (one) passenger	*some passengers*	*a (one) photograph*	*some photographs*

▶ Spanish has four forms that are equivalent to the English indefinite article, which according to context may mean *a*, *an*, or *some*. You use indefinite articles to refer to unspecified persons or things.

¡LENGUA VIVA!

Feminine singular nouns that begin with stressed **a-** or **ha-** require the masculine articles **el** and **un**.
el agua water
las aguas *waters*
un hacha *ax*
unas hachas *axes*

¡LENGUA VIVA!

Since **la fotografía** is feminine, so is its shortened form, **la foto,** even though it ends in **–o.**

¡INTÉNTALO! Provide a definite article for each noun in the first column and an indefinite article for each noun in the second column. The first item has been done for you.

¿el, la, los o las?	¿un, una, unos o unas?
1. ___la___ chica	1. ___un___ autobús
2. _____ chico	2. _____ escuelas
3. _____ maleta	3. _____ computadora
4. _____ cuadernos	4. _____ hombres
5. _____ lápiz	5. _____ señora
6. _____ mujeres	6. _____ lápices

Práctica

1 ¿**Singular o plural?** If the word is singular, make it plural. If it is plural, make it singular.

1. el número
2. un diario
3. la estudiante
4. el conductor
5. el país
6. las cosas
7. unos turistas
8. las nacionalidades

9. unas computadoras
10. los problemas
11. una fotografía
12. los profesores
13. unas señoritas
14. el hombre
15. la grabadora
16. la señora

2 **Identificar** For each drawing, provide the noun with its corresponding definite and indefinite articles.

modelo
las maletas, unas maletas

1. _____

2. _____

3. _____

4. _____

5. _____

6. _____

7. _____

8. _____

Comunicación

3 **Charadas** In groups, play a game of charades. Individually, think of two nouns for each charade, for example, a boy using a computer (**un chico; una computadora**). The first person to guess correctly acts out the next charade.

 Practice more at **descubre1.vhlcentral.com.**

1.2 Numbers 0–30

Los números 0 a 30

0	cero				
1	uno	**11**	once	**21**	veintiuno
2	dos	**12**	doce	**22**	veintidós
3	tres	**13**	trece	**23**	veintitrés
4	cuatro	**14**	catorce	**24**	veinticuatro
5	cinco	**15**	quince	**25**	veinticinco
6	seis	**16**	dieciséis	**26**	veintiséis
7	siete	**17**	diecisiete	**27**	veintisiete
8	ocho	**18**	dieciocho	**28**	veintiocho
9	nueve	**19**	diecinueve	**29**	veintinueve
10	diez	**20**	veinte	**30**	treinta

AYUDA

The numbers sixteen through nineteen can also be written as three words: **diez y seis, diez y siete…**

▶ The number **uno** (*one*) and numbers ending in **–uno**, such as **veintiuno**, have more than one form. Before masculine nouns, **uno** shortens to **un**. Before feminine nouns, **uno** changes to **una**.

un hombre ⟶ veinti**ún** hombres   **una** mujer ⟶ veinti**una** mujeres

▶ **¡Atención!** The forms **uno** and **veintiuno** are used when counting (**uno, dos, tres… veinte, veintiuno, veintidós…**). They are also used when the number *follows* a noun, even if the noun is feminine: **la lección uno**.

▶ To ask *how many people* or *things* there are, use **cuántos** before masculine nouns and **cuántas** before feminine nouns.

▶ The Spanish equivalent of both *there is* and *there are* is **hay**. Use **¿Hay…?** to ask *Is there…?* or *Are there…?* Use **no hay** to express *there is not* or *there are not*.

—**¿Cuántos** estudiantes **hay**?
How many students are there?

—**¿Hay** chicas en la fotografía?
Are there girls in the picture?

—**Hay** tres estudiantes en la foto.
There are three students in the photo.

—**Hay** cuatro chicos y **no hay** chicas.
There are four guys, and there are no girls.

recursos

v̂Text

CA
pp. 1–2, 90

CP
p. 4

CH
pp. 7–8

descubre1.
vhlcentral.com

 **¡INTÉNTALO!**   Provide the Spanish words for these numbers.

1. **7** _____
2. **16** _____
3. **29** _____
4. **1** _____

5. **0** _____
6. **15** _____
7. **21** _____
8. **9** _____

9. **23** _____
10. **11** _____
11. **30** _____
12. **4** _____

13. **12** _____
14. **28** _____
15. **14** _____
16. **10** _____

Práctica

1

Contar Following the pattern, provide the missing numbers in Spanish.

1. 1, 3, 5, ..., 29
2. 2, 4, 6, ..., 30
3. 3, 6, 9, ..., 30
4. 30, 28, 26, ..., 0
5. 30, 25, 20, ..., 0
6. 28, 24, 20, ..., 0

2

Resolver Solve these math problems with a partner.

AYUDA
+ → más
– → menos
= → son

▶

modelo

5 + 3 =

Estudiante 1: *cinco más tres son...*

Estudiante 2: *ocho*

1. **2 + 15 =**
2. **20 – 1 =**
3. **5 + 7 =**
4. **18 + 12 =**
5. **3 + 22 =**

6. **6 – 3 =**
7. **11 + 12 =**
8. **7 – 2 =**
9. **8 + 5 =**
10. **23 – 14 =**

3

¿Cuántos hay? How many persons or things are there in these drawings?

modelo

Hay tres maletas.

1. _____

2. _____

3. _____

4. _____

5. _____

6. _____

7. _____

8. _____

Comunicación

4

En la clase With a classmate, take turns asking and answering these questions about your classroom.

1. ¿Cuántos estudiantes hay?
2. ¿Cuántos profesores hay?
3. ¿Hay una computadora?
4. ¿Hay una maleta?
5. ¿Cuántos mapas hay?

6. ¿Cuántos lápices hay?
7. ¿Hay cuadernos?
8. ¿Cuántas grabadoras hay?
9. ¿Hay hombres?
10. ¿Cuántas mujeres hay?

5

Preguntas With a classmate, take turns asking and answering questions about the drawing. Talk about:

1. how many children there are
2. how many women there are
3. if there are some photographs
4. if there is a boy
5. how many notebooks there are

6. if there is a bus
7. if there are tourists
8. how many pencils there are
9. if there is a man
10. how many computers there are

Practice more at **descubre1.vhlcentral.com.**

1.3 Present tense of **ser**

Subject pronouns

ANTE TODO   In order to use verbs, you will need to learn about subject pronouns. A subject pronoun replaces the name or title of a person or thing and acts as the subject of a verb. In both Spanish and English, subject pronouns are divided into three groups: first person, second person, and third person.

Subject pronouns			
	SINGULAR		**PLURAL**
FIRST PERSON	**yo** — *I*	**nosotros** — *we* (masculine)	
		nosotras — *we* (feminine)	
SECOND PERSON	**tú** — *you* (familiar)	**vosotros** — *you* (masc., fam.)	
	usted (Ud.) — *you* (formal)	**vosotras** — *you* (fem., fam.)	
		ustedes (Uds.) — *you* (form.)	
THIRD PERSON	**él** — *he*	**ellos** — *they* (masc.)	
	ella — *she*	**ellas** — *they* (fem.)	

¡LENGUA VIVA!

In Latin America, **ustedes** is used as the plural for both **tú** and **usted**. In Spain, however, **vosotros** and **vosotras** are used as the plural of **tú**, and **ustedes** is used only as the plural of **usted**.

• • •

Usted and **ustedes** are abbreviated as **Ud.** and **Uds.**, or occasionally as **Vd.** and **Vds.**

▶ Spanish has two subject pronouns that mean *you* (singular). Use **tú** when addressing a friend, a family member, or a child. Use **usted** to address a person with whom you have a formal or more distant relationship, such as a superior at work, a professor, or a person older than you.

Tú eres de Canadá, ¿verdad, David?   **¿Usted** es la profesora de español?
You are from Canada, right, David?   *Are you the Spanish professor?*

▶ The masculine plural forms **nosotros**, **vosotros**, and **ellos** refer to a group of males or to a group of males and females. The feminine plural forms **nosotras**, **vosotras**, and **ellas** can refer only to groups made up exclusively of females.

nosotros, vosotros, ellos

nosotros, vosotros, ellos

nosotras, vosotras, ellas

▶ There is no Spanish equivalent of the English subject pronoun *it*. Generally *it* is not expressed in Spanish.

Es un problema.   Es una computadora.
It's a problem.   *It's a computer.*

The present tense of ser

ANTE TODO   In **Contextos** and **Fotonovela**, you have already used several forms of the present tense of **ser** (*to be*) to identify yourself and others and to talk about where you and others are from. **Ser** is an irregular verb, which means its forms don't follow the regular patterns that most verbs follow. You need to memorize the forms, which appear in this chart.

The verb ser (*to be*)		
SINGULAR FORMS		
yo	**soy**	*I am*
tú	**eres**	*you are* (fam.)
Ud./él/ella	**es**	*you are* (form.); *he/she is*
PLURAL FORMS		
nosotros/as	**somos**	*we are*
vosotros/as	**sois**	*you are* (fam.)
Uds./ellos/ellas	**son**	*you are* (form.); *they are*

Uses of *ser*

▶ Use **ser** to identify people and things.

—¿Quién **es** él?
Who is he?

—¿Qué **es**?
What is it?

—**Es** Javier Gómez Lozano.
He's Javier Gómez Lozano.

—**Es** un mapa de España.
It's a map of Spain.

Es Maite.

Es un autobús.

▶ **Ser** also expresses possession, with the preposition **de**. There is no Spanish equivalent of the English construction [*noun*] + 's (*Maite's*). In its place, Spanish uses [*noun*] + de + [*owner*].

—¿**De** quién **es**?
Whose is it?

—¿**De** quiénes **son**?
Whose are they?

—**Es** el diario **de** Maite.
It's Maite's diary.

—**Son** los lápices **de** la chica.
They are the girl's pencils.

▶ When **de** is followed by the article **el**, the two combine to form the contraction **del**. **De** does *not* contract with **la, las,** or **los**.

—**Es** la computadora **del** conductor.
It's the driver's computer.

—**Son** las maletas **del** chico.
They are the boy's suitcases.

¡LENGUA VIVA!

Some geographic locations can be referred to either with or without a definite article:

Soy de Ecuador./Soy del Ecuador.

• • •

Sometimes a definite article is a part of a proper name, as in **El Salvador, El Paso,** and **Los Ángeles.** In these cases, **de** and **el** do not contract:

Soy de El Salvador.

▶ **Ser** also uses the preposition **de** to express origin.

¿De dónde eres?

Yo soy de México.

¿De dónde eres?

Yo soy de España.

—**¿De** dónde **es** Javier?   —**¿De** dónde **es** Inés?
Where is Javier from?   *Where is Inés from?*

—Es **de** Puerto Rico.   —**Es del** Ecuador.
He's from Puerto Rico.   *She's from Ecuador.*

▶ Use **ser** to express profession or occupation.

Don Francisco **es conductor**.   Yo **soy estudiante**.
Don Francisco is a driver.   *I am a student.*

▶ Unlike English, Spanish does not use the indefinite article (**un, una**) after **ser** when referring to professions, unless accompanied by an adjective or other description.

Marta **es** profesora.   Marta **es una** profesora excelente.
Marta is a teacher.   *Marta is an excellent teacher.*

CONSULTA

You will learn more about adjectives in **Estructura 3.1,** pp. 88–90.

NOTA CULTURAL

Created in 1998, LAN Perú is an affiliate of the Chilean-based LAN Airlines, one of the largest carriers in South America. LAN Perú operates out of Lima, offering domestic flights and international service to select major cities in the Americas and Spain.

Somos Perú

LanPerú

recursos

v̂Text

CA
p. 91

CP
pp. 5–6

CH
pp. 9–10

S

descubre1.
vhlcentral.com

¡INTÉNTALO!   Provide the correct subject pronouns and the present forms of **ser.** The first item has been done for you.

1. Gabriel   _él_   _es_   5. las turistas   ____ ____
2. Juan y yo   ____ ____   6. el chico   ____ ____
3. Óscar y Flora   ____ ____   7. los conductores   ____ ____
4. Adriana   ____ ____   8. los señores Ruiz   ____ ____

Práctica

1

Pronombres What subject pronouns would you use to (a) talk to these people directly and (b) talk about them?

> *modelo*
>
> un joven   tú, él

1. una chica
2. el presidente de México
3. tres chicas y un chico

4. un estudiante
5. la señora Ochoa
6. dos profesoras

2

Identidad y origen With a partner, take turns asking and answering these questions about the people indicated: **¿Quién es?/¿Quiénes son?** and **¿De dónde es?/¿De dónde son?**

> *modelo*
>
> Ricky Martin (Puerto Rico)
> **Estudiante 1:** ¿Quién es?   **Estudiante 1:** ¿De dónde es?
> **Estudiante 2:** Es Ricky Martin.   **Estudiante 2:** Es de Puerto Rico.

1. Enrique Iglesias (España)

2. Sammy Sosa (República Dominicana)

3. Rebecca Lobo y Martin Sheen (Estados Unidos)

4. Carlos Santana y Salma Hayek (México)

5. Shakira (Colombia)

6. Antonio Banderas y Penélope Cruz (España)

7. Edward James Olmos y Jimmy Smits (Estados Unidos)

8. Gloria Estefan (Cuba)

3

¿Qué es? Ask your partner what each object is and to whom it belongs.

> *modelo*
>
> **Estudiante 1:** ¿Qué es?   **Estudiante 1:** ¿De quién es?
> **Estudiante 2:** Es una grabadora.   **Estudiante 2:** Es del profesor.

1.   2.   3.   4.

Comunicación

4

Preguntas Using the items in the word bank, ask your partner questions about the ad. Be imaginative in your responses.

¿Quién?	¿De dónde?	¿Cuántos?
¿Qué?	¿De quién?	¿Cuántas?

SOMOS ECUATURISTA, S.A.
El autobús nacional del Ecuador

- 25 autobuses en total
- 30 conductores del Ecuador
- pasajeros internacionales
- mapas de las regiones del país

¡Todos a bordo!

5

¿Quién es? In small groups, take turns pretending to be a person from Spain, Mexico, Puerto Rico, Cuba, or another Spanish-speaking country who is famous in these professions. Your partners will try to guess who you are.

actor *actor*	deportista *athlete*	escritor(a) *writer*
actriz *actress*	cantante *singer*	músico/a *musician*

modelo

Estudiante 3: ¿Eres de Puerto Rico?
Estudiante 1: No. Soy de Colombia.
Estudiante 2: ¿Eres hombre?
Estudiante 1: Sí. Soy hombre.
Estudiante 3: ¿Eres escritor?
Estudiante 1: No. Soy actor.
Estudiante 2: ¿Eres John Leguizamo?
Estudiante 1: ¡Sí! ¡Sí!

 Practice more at **descubre1.vhlcentral.com.**

⒈4 Telling time

> **ANTE TODO**   In both English and Spanish, the verb *to be* (**ser**) and numbers are used to tell time.

▶ To ask what time it is, use **¿Qué hora es?** When telling time, use **es + la** with **una** and **son + las** with all other hours.

Es la una.   **Son las** dos.   **Son las** seis.

▶ As in English, you express time from the hour to the half-hour in Spanish by adding minutes.

Son las cuatro **y cinco**.   Son las once **y veinte**.

▶ You may use either **y cuarto** or **y quince** to express fifteen minutes or quarter past the hour. For thirty minutes or half past the hour, you may use either **y media** or **y treinta**.

Es la una **y cuarto**.   Son las nueve **y quince**.

Son las doce **y media**.   Son las siete **y treinta**.

▶ You express time from the half-hour to the hour in Spanish by subtracting minutes or a portion of an hour from the next hour.

Es la una **menos cuarto**.   Son las tres **menos quince**.   Son las ocho **menos veinte**.   Son las tres **menos diez**.

▶ To ask at what time a particular event takes place, use the phrase **¿A qué hora (…)?**
To state at what time something takes place, use the construction **a la(s)** + *time*.

¿A qué hora es la clase de biología?
(At) what time is biology class?

La clase es **a las dos**.
The class is at two o'clock.

¿A qué hora es la fiesta?
(At) what time is the party?

A las ocho.
At eight.

¡LENGUA VIVA!

Other useful expressions for telling time:

Son las doce (del día).
It is twelve o'clock (p.m.).

Son las doce (de la noche).
It is twelve o'clock (a.m.).

▶ Here are some useful words and phrases associated with telling time.

Son las ocho **en punto**.
It's 8 o'clock on the dot/sharp.

Son las nueve **de la mañana**.
It's 9 a.m./in the morning.

Es **el mediodía**.
It's noon.

Son las cuatro y cuarto **de la tarde**.
It's 4:15 p.m./in the afternoon.

Es **la medianoche**.
It's midnight.

Son las diez y media **de la noche**.
It's 10:30 p.m./at night.

Oye, ¿qué hora es?

Son las diez y tres minutos.

Oiga, ¿qué hora es?

Son las diez.

¡INTÉNTALO! Practice telling time by completing these sentences. The first item has been done for you.

1. (1:00 a.m.) Es la _____*una*_____ de la mañana.
2. (2:50 a.m.) Son las tres _____ diez de la mañana.
3. (4:15 p.m.) Son las cuatro y _____ de la tarde.
4. (8:30 p.m.) Son las ocho y _____ de la noche.
5. (9:15 a.m.) Son las nueve y quince de la _____.
6. (12:00 p.m.) Es el _____.
7. (6:00 a.m.) Son las seis de la _____.
8. (4:05 p.m.) Son las cuatro y cinco de la _____.
9. (12:00 a.m.) Es la _____.
10. (3:45 a.m.) Son las cuatro menos _____ de la mañana.
11. (2:15 a.m.) Son las _____ y cuarto de la mañana.
12. (1:25 p.m.) Es la una y _____ de la tarde.
13. (6:50 a.m.) Son las _____ menos diez de la mañana.
14. (10:40 p.m.) Son las once menos veinte de la _____.

recursos

v̂Text

CA
pp. 3–4, 92

CP
pp. 7–8

CH
pp. 11–12

descubre1.
vhlcentral.com

Práctica

1

Ordenar Put these times in order, from the earliest to the latest.

a. Son las dos de la tarde.   d. Son las seis menos cuarto de la tarde.

b. Son las once de la mañana.   e. Son las dos menos diez de la tarde.

c. Son las siete y media de la noche.   f. Son las ocho y veintidós de la mañana.

2

¿Qué hora es? Give the times shown on each clock or watch.

> **modelo**
> Son las cuatro y cuarto/quince de la tarde.

p.m.   p.m.

1. _____   2. _____   3. _____   4. _____   5. _____

a.m.   a.m.   p.m.

6. _____   7. _____   8. _____   9. _____   10. _____

NOTA CULTURAL

Many Spanish-speaking countries use both the 12-hour clock and the 24-hour clock (that is, military time). The 24-hour clock is commonly used in written form on signs and schedules. For example, 1 p.m. is **13h**, 2 p.m. is **14h** and so on. See the photo on p. 33 for a sample schedule.

3

¿A qué hora? Ask your partner at what time these events take place. Your partner will answer according to the cues provided.

> **modelo**
> la clase de matemáticas (2:30 p.m.)
> **Estudiante 1:** ¿A qué hora es la clase de matemáticas?
> **Estudiante 2:** Es a las dos y media de la tarde.

1. el programa *Las cuatro amigas* (*11:30 a.m.*)
2. el drama *La casa de Bernarda Alba* (*7:00 p.m.*)
3. el programa *Las computadoras* (*8:30 a.m.*)
4. la clase de español (*10:30 a.m.*)
5. la clase de biología (*9:40 a.m.*)
6. la clase de historia (*10:50 a.m.*)
7. el partido (*game*) de béisbol (*5:15 p.m.*)
8. el partido de tenis (*12:45 p.m.*)
9. el partido de baloncesto (*basketball*) (*7:45 p.m.*)

 Practice more at **descubre1.vhlcentral.com**.

NOTA CULTURAL

La casa de Bernarda Alba is a famous play by Spanish poet and playwright **Federico García Lorca** (1898–1936). Lorca was one of the most famous writers of the 20th century and a close friend of Spain's most talented artists, including the painter Salvador Dalí and the filmmaker Luis Buñuel.

Comunicación

4

En la televisión With a partner, take turns asking and answering questions about these television listings.

> **modelo**
>
> **Estudiante 1:** *¿A qué hora es el documental Las computadoras?*
> **Estudiante 2:** *Es a las nueve en punto de la noche.*

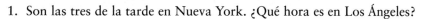

TV Hoy – Programación

11:00 am	Telenovela: *Cuatro viajeros y un autobús*	**5:00 pm**	Telenovela: *Tres mujeres*
12:00 pm	Película: *El cóndor* (drama)	**6:00 pm**	Noticias
2:00 pm	Telenovela: *Dos mujeres y dos hombres*	**7:00 pm**	Especial musical: *Música folklórica de México*
3:00 pm	Programa juvenil: *Fiesta*	**7:30 pm**	La naturaleza: *Jardín secreto*
3:30 pm	Telenovela: *¡Sí, sí, sí!*	**8:00 pm**	Noticiero: *Veinticuatro horas*
4:00 pm	Telenovela: *El diario de la Sra. González*	**9:00 pm**	Documental: *Las computadoras*

5

Preguntas With a partner, answer these questions based on your own knowledge.

1. Son las tres de la tarde en Nueva York. ¿Qué hora es en Los Ángeles?

2. Son las ocho y media en Chicago. ¿Qué hora es en Miami?

3. Son las dos menos cinco en San Francisco. ¿Qué hora es en San Antonio?

4. ¿A qué hora es el programa *60 Minutes*? ¿A qué hora es el programa *Today Show*?

6

Más preguntas Using the questions in the previous activity as a model, make up four questions of your own. Then, get together with a classmate and take turns asking and answering each other's questions.

Síntesis

7

Situación With a partner, play the roles of a student on the school newspaper interviewing the new Spanish teacher (**profesor(a) de español**) from Venezuela. Be prepared to act out the conversation for your classmates.

Estudiante	**Profesor(a) de español**
Ask the teacher his/her name.	→ Ask the student his/her name.
Ask the teacher what time his/her Spanish classes are.	→ Ask the student where he/she is from.
Ask how many students are in his/her classes.	→ Ask to whom his/her tape recorder belongs.
Say thank you and goodbye.	→ Say thank you and you are pleased to meet him/her.

Recapitulación

S *Repaso*
Diagnostics

Review the grammar concepts you have learned in this lesson by completing these activities.

1 Completar Complete the charts according to the models. `14 pts.`

MASCULINO	FEMENINO
el chico	la chica
	la profesora
	la amiga
el señor	
	la pasajera
el estudiante	
	la turista
el joven	

SINGULAR	PLURAL
una cosa	unas cosas
un libro	
	unas clases
una lección	
un conductor	
	unos países
	unos lápices
un problema	

2 En la clase Complete each conversation with the correct word. `11 pts.`

César

Beatriz

CÉSAR ¿(1) _____ (Cuántos/Cuántas) chicas hay en la (2) _____ (maleta/clase)?

BEATRIZ Hay (3) _____ (catorce/cuatro) [*14*] chicas.

CÉSAR Y, ¿(4) _____ (cuántos/cuántas) chicos hay?

BEATRIZ Hay (5) _____ (tres/trece) [*13*] chicos.

CÉSAR Entonces (*Then*), en total hay (6) _____ (veintiséis/veintisiete) (7) _____ (estudiantes/chicas) en la clase.

Ariana

Daniel

ARIANA ¿Tienes (*Do you have*) (8) _____ (un/una) diccionario?

DANIEL No, pero (*but*) aquí (9) _____ (es/hay) uno.

ARIANA ¿De quién (10) _____ (eres/es)?

DANIEL (11) _____ (Soy/Es) de Carlos.

RESUMEN GRAMATICAL

1.1 **Nouns and articles** *pp. 12–14*

Gender of nouns

Nouns that refer to living things

	Masculine		Feminine
-o	el chico	-a	la chica
-or	el profesor	-ora	la profesora
-ista	el turista	-ista	la turista

Nouns that refer to non-living things

	Masculine		Feminine
-o	el libro	-a	la cosa
-ma	el programa	-ción	la lección
-s	el autobús	-dad	la nacionalidad

Plural of nouns

► ending in vowels + *-s*   la chica → las chicas

► ending in consonant + *-es*
  el señor → los señores

  (-z → -ces un lápiz → unos lápices)

Definite articles: el, la, los, las

Indefinite articles: un, una, unos, unas

1.2 **Numbers 0–30** *p. 16*

0	cero	8	ocho	16	dieciséis
1	uno	9	nueve	17	diecisiete
2	dos	10	diez	18	dieciocho
3	tres	11	once	19	diecinueve
4	cuatro	12	doce	20	veinte
5	cinco	13	trece	21	veintiuno
6	seis	14	catorce	22	veintidós
7	siete	15	quince	30	treinta

1.3 **Present tense of *ser*** *pp. 19–21*

yo	soy	nosotros/as	somos
tú	eres	vosotros/as	sois
Ud./él/ella	es	Uds./ellos/ellas	son

3 **Presentaciones** Complete this conversation with the correct form of the verb **ser**. 6 pts.

JUAN ¡Hola! Me llamo Juan. (1) _____ estudiante en la clase de español.

DANIELA ¡Hola! Mucho gusto. Yo (2) _____ Daniela y ella (3) _____ Mónica. ¿De dónde (4) _____ (tú), Juan?

JUAN De California. Y ustedes, ¿de dónde (5) _____ ?

MÓNICA Nosotras (6) _____ de Florida.

1.4	Telling time	pp. 24–25

Es la **una**.	It's 1:00.
Son las **dos**.	It's 2:00.
Son las tres y diez.	It's 3:10.
Es la una y cuarto/ quince.	It's 1:15.
Son las siete y media/ treinta.	It's 7:30.
Es la una menos cuarto/quince.	It's 12:45.
Son las once menos veinte.	It's 10:40.
Es el mediodía/ la medianoche.	It's noon/ midnight.

4 **¿Qué hora es?** Write out in words the following times, indicating whether it's morning, noon, afternoon, or night. 10 pts.

1. It's 12:00 p.m.

_____

2. It's 7:05 a.m.

_____

3. It's 9:35 p.m.

_____

4. It's 5:15 p.m.

_____

5. It's 1:30 p.m.

_____

5 **¡Hola!** Write five sentences introducing yourself and talking about your classes. You may want to include: your name, where you are from, who your Spanish teacher is, the time of your Spanish class, how many students are in the class, etc. 9 pts.

_____

_____

_____

_____

6 **Canción** Write the missing words to complete this children's song. 2 EXTRA points!

"¿ _____ patas°
tiene un gato°?
Una, dos, tres y
_____ ."

patas *legs* tiene un gato *does a cat have*

: Practice more at **descubre1.vhlcentral.com**.

Lectura

Antes de leer

Estrategia
Recognizing cognates

As you learned earlier in this lesson, cognates are words that share similar meanings and spellings in two or more languages. When reading in Spanish, it's helpful to look for cognates and use them to guess the meaning of what you're reading. But watch out for false cognates. For example, **librería** means *bookstore*, not *library*, and **embarazada** means *pregnant*, not *embarrassed*. Look at this list of Spanish words, paying special attention to prefixes and suffixes. Can you guess the meaning of each word?

importante	oportunidad
farmacia	cultura
inteligente	activo
dentista	sociología
decisión	**espectacular**
televisión	restaurante
médico	policía

Examinar el texto
Glance quickly at the reading selection and guess what type of document it is. Explain your answer.

Cognados
Read the document and make a list of the cognates you find. Guess their English equivalents, then compare your answers with those of a classmate.

Teléfonos importantes

- Policía
- Médico
- Dentista
- Pediatra
- Farmacia
- Banco Central
- Aerolíneas Nacionales
- Cine Metro
- Hora/Temperatura
- Profesora Salgado (escuela)
- Papá (oficina)
- Gimnasio Gente Activa
- Restaurante Roma
- Supermercado Famoso
- Librería El Inteligente

54.11.11

54.36.92

54.87.11

53.14.57

54.03.06

54.90.83

54.87.40

53.45.96

53.24.81

54.15.33

54.84.99

54.36.04

53.75.44

54.77.23

54.66.04

Después de leer

¿Cierto o falso?

Indicate whether each statement is **cierto** or **falso**. Then correct the false statements.

1. There is a child in this household.
   _____

2. To renew a prescription you would dial 54.90.83.
   _____

3. If you wanted the exact time and information about the weather you'd dial 53.24.81.
   _____

4. Papá probably works outdoors.
   _____

5. This household probably orders a lot of Chinese food.
   _____

6. If you had a toothache, you would dial 54.87.11.
   _____

7. You would dial 54.87.40 to make a flight reservation.
   _____

8. To find out if a best-selling book were in stock, you would dial 54.66.04.
   _____

9. If you needed information about aerobics classes, you would dial 54.15.33.
   _____

10. You would call **Cine Metro** to find out what time a movie starts.
    _____

Números de teléfono

Make your own list of phone numbers like the one shown in this reading. Include emergency phone numbers as well as frequently called numbers. Use as many cognates from the reading as you can.

 Practice more at **descubre1.vhlcentral.com**.

Escritura

Estrategia

Writing in Spanish

Why do we write? All writing has a purpose. For example, we may write a poem to reveal our innermost feelings, a letter to impart information, or an essay to persuade others to accept a point of view. Proficient writers are not born, however. Writing requires time, thought, effort, and a lot of practice. Here are some tips to help you write more effectively in Spanish.

DO

▸ Try to write your ideas in Spanish

▸ Use the grammar and vocabulary that you know

▸ Use your textbook for examples of style, format, and expression in Spanish

▸ Use your imagination and creativity

▸ Put yourself in your reader's place to determine if your writing is interesting

AVOID

▸ Translating your ideas from English to Spanish

▸ Simply repeating what is in the textbook or on a web page

▸ Using a dictionary until you have learned how to use foreign language dictionaries

recursos

v̂Text

CA pp. 141–142

CH pp. 15–16

descubre1.vhlcentral.com

Tema

Hacer una lista

Create a telephone/address list that includes important names, numbers, and websites that will be helpful to you in your study of Spanish. Make whatever entries you can in Spanish without using a dictionary. You might want to include this information:

▸ The names, phone numbers, and e-mail addresses of at least four classmates

▸ Your teacher's name, e-mail address, and phone number

▸ Three phone numbers and e-mail addresses of locations related to your study of Spanish

▸ Five electronic resources for students of Spanish, such as international keypal sites and sites dedicated to the study of Spanish as a second language

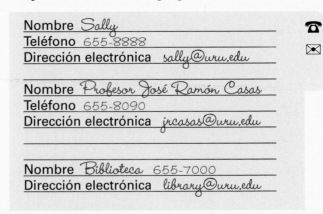

Nombre Sally
Teléfono 655-8888
Dirección electrónica sally@uru.edu

Nombre Profesor José Ramón Casas
Teléfono 655-8090
Dirección electrónica jrcasas@uru.edu

Nombre Biblioteca 655-7000
Dirección electrónica library@uru.edu

Escuchar

Preparación

Based on the photograph, what do you think
Dr. Cavazos and Srta. Martínez are talking about?
How would you get the gist of their conversation,
based on what you know about Spanish?

Ahora escucha

Now you are going to hear Dr. Cavazos's
conversation with Srta. Martínez. List the
familiar words and phrases each person says.

Dr. Cavazos	Srta. Martínez
1. _____	9. _____
2. _____	10. _____
3. _____	11. _____
4. _____	12. _____
5. _____	13. _____
6. _____	14. _____
7. _____	15. _____
8. _____	16. _____

With a classmate, use your lists of familiar words
as a guide to come up with a summary of what
happened in the conversation.

Comprensión

Identificar

Who would say the following things, Dr. Cavazos
or Srta. Martínez?

1. Me llamo…
2. De nada.
3. Gracias. Muchas gracias.
4. Aquí tiene usted los documentos de viaje,
   señor.
5. Usted tiene tres maletas, ¿no?
6. Tengo dos maletas.
7. Hola, señor.
8. ¿Viaja usted a Buenos Aires?

Contestar

1. Does this scene take place in the morning, afternoon, or
   evening? How do you know?

2. How many suitcases does Dr. Cavazos have?

3. Using the words you already know to determine
   the context, what might the following words and
   expressions mean?

   - boleto
   - pasaporte
   - un viaje de ida y vuelta
   - ¡Buen viaje!

En pantalla

Hispanics form the largest minority group in the United States, and, by the year 2050, one in four Americans will be Hispanic. Viewership of the two major Spanish-language TV stations, **Univisión** and **Telemundo**, has skyrocketed, at times surpassing that of the four major English-language networks. With Hispanic purchasing power estimated at one trillion dollars for 2007, many companies have responded by adapting successful marketing campaigns to target a Spanish-speaking audience. Turn on a Spanish-language channel any night of the week, and you'll see ads for the world's biggest consumer brands, from soft drinks to car makers; many of these advertisements are adaptations of English-language counterparts. Bilingual ads, using English and Spanish in a way that is accessible to all viewers, are also becoming a popular alternative during events such as the Super Bowl, where advertisers want to appeal to a diverse market.

Vocabulario útil	
no tiene precio	*priceless*
naranjas	*oranges*

Emparejar

Match each item with its price according to the ad. **¡Ojo!** (*Careful!*) One of the responses will not be used.

_____ 1. pelota de cuero   a. tres pesos
_____ 2. pelotita de tenis   b. ocho pesos
_____ 3. un kilo de naranjas   c. doce pesos
                               d. treinta pesos

Un comercial

With a partner, brainstorm and write a MasterCard-like TV ad about something you consider priceless. Then read it to the class. Use as much Spanish as you can.

Anuncio de MasterCard

Pelota° de cuero°...

Pelotita de tenis...

Que haya° una ilusión° después de° Diego...

recursos

v̂ Text · descubre1.vhlcentral.com

pelota *ball* cuero *leather* Que haya *To have* ilusión *hope* después de *after*

Oye cómo va

Tito Puente

Ernesto Antonio Puente (1923–2000) was born of Puerto Rican parents in New York City. This legendary musician played the vibraphone, claves, piano, saxophone, and clarinet extraordinarily well, but his specialty was the **timbales** (*kettledrums*) and, in general, all types of percussion. In the fifties, Tito Puente helped popularize Afro-Cuban and Caribbean rhythms, such as mambo, son, and cha-cha-cha, in the United States. Later, he also recorded bossa nova, Latin jazz, and salsa albums. Throughout his career, Puente won five Grammy awards for his albums *Un tributo a Beny Moré, On Broadway, Mambo Diablo, Goza mi timbal,* and *Mambo Birdland.*

To the right you see an excerpt from one of Tito Puente's songs. Read it and then complete these activities.

Comprensión

Indicate whether these statements are **cierto** or **falso**.

	Cierto	Falso
1. Tito Puente was born in Puerto Rico.	○	○
2. Puente helped popularize Afro-Cuban rhythms in the U.S.	○	○
3. His specialty was the saxophone.	○	○
4. Puente won three Grammy awards.	○	○
5. Carlos Santana recorded *Oye cómo va* in 1970.	○	○
6. Tito Puente has never performed with Carlos Santana.	○	○

Música hispana

Match each musical genre with its country of origin.
¡Ojo! (*Careful!*) One of the countries will not be used.

1. ranchera	a. España
2. vallenato	b. Estados Unidos
3. flamenco	c. México
4. tango	d. Cuba
5. tex-mex	e. Argentina
6. son	f. Guatemala
	g. Colombia

Oye cómo va

Oye cómo va° mi ritmo°,
bueno pa' gozar°, mulata°.

Oye cómo va mi ritmo,
bueno pa' gozar, mulata.

La transculturización

Tito Puente's eclectic sound has transcended generations and cultures. Rocker Carlos Santana recorded a best-selling rendition of *Oye cómo va* in 1970. Seven years later, Puente and Santana performed the song together during a live show.

Carlos Santana

recursos

 vText

 descubre1.vhlcentral.com

 Practice more at **descubre1.vhlcentral.com.**

va *goes* mi ritmo *my rhythm* pa' gozar *to enjoy* mulata *(fem.) person of mixed ethnic heritage*

Estados Unidos

El país en cifras°

▶ **Población° de EE.UU.:** 325 millones
  SOURCE: Population Division, UN Secretariat, 2015 Projections

▶ **Población de origen hispano:** 53 millones
  SOURCE: U.S. Census Bureau, 2015 Projections

▶ **País de origen de hispanos en EE.UU.:**

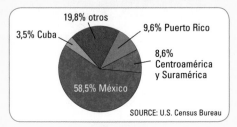

19,8% otros
3,5% Cuba
9,6% Puerto Rico
8,6% Centroamérica y Suramérica
58,5% México

SOURCE: U.S. Census Bureau

▶ **Estados con la mayor° población hispana:**

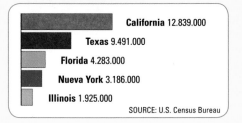

California 12.839.000
Texas 9.491.000
Florida 4.283.000
Nueva York 3.186.000
Illinois 1.925.000

SOURCE: U.S. Census Bureau

Canadá

El país en cifras

▶ **Población de Canadá:** 35 millones

▶ **Población de origen hispano:** 300.000

▶ **País de origen de hispanos en Canadá:**

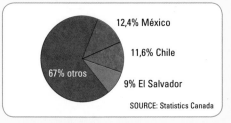

12,4% México
11,6% Chile
9% El Salvador
67% otros

SOURCE: Statistics Canada

▶ **Ciudades° con la mayor población hispana:**
  Montreal, Toronto, Vancouver

en cifras *in figures* Población *Population* mayor *largest* Ciudades *Cities* creció *grew* cada *each* niños *children* Se estima *It is estimated* va a ser *it is going to be*

Mission District, en San Francisco

AK   HI

CANADÁ

Vancouver • Calgary

Ottawa ★ • Mont

Toronto •

San Francisco

Chicago • Nueva York

Las Vegas

EE.UU.

Los Ángeles

San Diego

Washington, D.C. ★

San Antonio •

Océano Atlántic

Miami

Golfo de México

MÉXICO

El Álamo, en San Antonio, Texas

Mar Caribe

recursos

v̂Text   CA pp. 69–70   CP pp. 9–10   **S** descubre1.vhlcentral.com

¡Increíble pero cierto!

La población hispana en los EE.UU. creció° un 3.3% entre los años 2004 (dos mil cuatro) y 2005 (dos mil cinco)—1.3 millones de personas más. Hoy, uno de cada° cinco niños° en los EE.UU. es de origen hispano. Se estima° que en el año 2050 va a ser° uno de cada cuatro.

SOURCE: U.S. Census Bureau and The Associated Press

Comida • **La comida mexicana**

La comida° mexicana es muy popular en los Estados Unidos. Los tacos, las enchiladas, las quesadillas y los frijoles son platos° mexicanos que frecuentemente forman parte de las comidas de muchos norteamericanos. También° son populares las variaciones de la comida mexicana en los Estados Unidos: el tex-mex y el cali-mex.

Lugares • **La Pequeña Habana**

La Pequeña Habana° es un barrio° de Miami, Florida, donde viven° muchos cubanoamericanos. Es un lugar° donde se encuentran° las costumbres° de la cultura cubana, los aromas y sabores° de su comida y la música salsa. La Pequeña Habana es una parte de Cuba en los Estados Unidos.

Costumbres • **Desfile puertorriqueño**

Cada junio desde° 1951 (mil novecientos cincuenta y uno), los puertorriqueños celebran su cultura con un desfile° en Nueva York. Es un gran espectáculo con carrozas° y música salsa, merengue y hip-hop. Muchos espectadores llevan° la bandera° de Puerto Rico en su ropa° o pintada en la cara°.

Sociedad • **La influencia hispánica en Canadá**

La presencia hispana en Canadá es importante en la cultura del país. En 1998 (mil novecientos noventa y ocho) se establecieron° los *Latin American Achievement Awards Canada*, para reconocer° los logros° de la comunidad en varios campos°. Dos figuras importantes de origen argentino son Alberto Manguel (novelista) y Sergio Marchi (político°). Osvaldo Núñez es un político de origen chileno. Hay grupos musicales que son parte de la cultura hispana en Canadá: Dominicanada, Bomba, Norteño y Rasca.

 ¿Qué aprendiste? Completa las frases con la información adecuada (*appropriate*).

1. Hay _____ de personas de origen hispano en los Estados Unidos.

2. Los cuatro estados con las poblaciones hispanas más grandes son (en orden) _____, Texas, Florida y _____.

3. Toronto, Montreal y _____ son las tres ciudades con mayor población hispana del Canadá.

4. Las quesadillas y las enchiladas son platos _____.

5. La Pequeña _____ es un barrio de Miami.

6. En Miami hay muchas personas de origen _____.

7. Cada junio se celebra en Nueva York un gran desfile para personas de origen _____.

8. Dominicanada es un _____ de Canadá.

Conexión Internet Investiga estos temas en **descubre1.vhlcentral.com**.

1. Haz (*Make*) una lista de seis hispanos célebres de los EE.UU. o Canadá. Explica (*Explain*) por qué (*why*) son célebres.

2. Escoge (*Choose*) seis lugares en los Estados Unidos con nombres hispanos e investiga sobre el origen y el significado (*meaning*) de cada nombre.

comida *food* platos *dishes* También *Also* La Pequeña Habana *Little Havana* barrio *neighborhood* viven *live* lugar *place*
se encuentran *are found* costumbres *customs* sabores *flavors* Cada junio desde *Each June since* desfile *parade*
con carrozas *with floats* llevan *wear* bandera *flag* ropa *clothing* cara *face* se establecieron *were established* reconocer
to recognize logros *achievements* campos *fields* político *politician*

 Practice more at **descubre1.vhlcentral.com**.

Saludos

Hola.	Hello; Hi.
Buenos días.	Good morning.
Buenas tardes.	Good afternoon.
Buenas noches.	Good evening; Good night.

Despedidas

Adiós.	Goodbye.
Nos vemos.	See you.
Hasta luego.	See you later.
Hasta la vista.	See you later.
Hasta pronto.	See you soon.
Hasta mañana.	See you tomorrow.
Saludos a...	Greetings to…
Chau.	Bye.

¿Cómo está?

¿Cómo está usted?	How are you? (form.)
¿Cómo estás?	How are you? (fam.)
¿Qué hay de nuevo?	What's new?
¿Qué pasa?	What's happening?; What's going on?
¿Qué tal?	How are you?; How is it going?
(Muy) bien, gracias.	(Very) well, thanks.
Nada.	Nothing.
No muy bien.	Not very well.
Regular.	So-so; OK.

Expresiones de cortesía

Con permiso.	Pardon me; Excuse me.
De nada.	You're welcome.
Lo siento.	I'm sorry.
(Muchas) gracias.	Thank you (very much); Thanks (a lot).
No hay de qué.	You're welcome.
Perdón.	Pardon me; Excuse me.
por favor	please

Títulos

señor (Sr.); don	Mr.; sir
señora (Sra.); doña	Mrs.; ma'am
señorita (Srta.)	Miss

Presentaciones

¿Cómo se llama usted?	What's your name? (form.)
¿Cómo te llamas (tú)?	What's your name? (fam.)
Me llamo...	My name is…
¿Y tú?	And you? (fam.)
¿Y usted?	And you? (form.)
Mucho gusto.	Pleased to meet you.
El gusto es mío.	The pleasure is mine.
Encantado/a.	Delighted; Pleased to meet you.
Igualmente.	Likewise.
Éste/Ésta es...	This is…
Le presento a...	I would like to introduce (name) to you… (form.)
Te presento a...	I would like to introduce (name) to you… (fam.)
el nombre	name

¿De dónde es?

¿De dónde es usted?	Where are you from? (form.)
¿De dónde eres?	Where are you from? (fam.)
Soy de...	I'm from…

Palabras adicionales

¿cuánto(s)/a(s)?	how much/many?
¿de quién...?	whose…? (sing.)
¿de quiénes...?	whose…? (plural)
(no) hay	there is (not); there are (not)

Países

Canadá	Canada
Ecuador	Ecuador
España	Spain
Estados Unidos (EE.UU.)	United States
México	Mexico
Puerto Rico	Puerto Rico

Verbo

ser	to be

Sustantivos

el autobús	bus
la capital	capital city
el chico	boy
la chica	girl
la computadora	computer
la comunidad	community
el/la conductor(a)	driver
la conversación	conversation
la cosa	thing
el cuaderno	notebook
el día	day
el diario	diary
el diccionario	dictionary
la escuela	school
el/la estudiante	student
la foto(grafía)	photograph
la grabadora	tape recorder
el hombre	man
el/la joven	youth; young person
el lápiz	pencil
la lección	lesson
la maleta	suitcase
la mano	hand
el mapa	map
la mujer	woman
la nacionalidad	nationality
el número	number
el país	country
la palabra	word
el/la pasajero/a	passenger
el problema	problem
el/la profesor(a)	teacher
el programa	program
el/la turista	tourist
el video	video

Numbers 0–30	See page 16.
Telling time	See pages 24–25.
Expresiones útiles	See page 7.

En la clase

Communicative Goals

You will learn how to:

- Talk about your classes and school life
- Discuss everyday activities
- Ask questions in Spanish
- Describe the location of people and things

pages 40–43
- The classroom and school life
- Days of the week
- Fields of study and school subjects
- Class schedules

pages 44–47
Maite, Inés, Álex, and Javier begin to get to know each other on the bus as they talk about their classes. Maite pretends to be a radio host and interviews the other students about their current classes. Álex and Javier discuss their favorite subjects.

pages 48–49
- Secondary school in the Spanish-speaking world
- The **INFRAMEN**

pages 50–67
- Present tense of **-ar** verbs
- Forming questions in Spanish
- Present tense of **estar**
- Numbers 31 and higher
- **Recapitulación**

pages 68–75
Lectura: A brochure for a summer course in Madrid
Escritura: A description of yourself
Escuchar: A conversation about courses
En pantalla
Oye cómo va
Panorama: España

fotonovela

cultura

estructura

adelante

A PRIMERA VISTA
- ¿Hay dos chicas en la foto?
- ¿Hay una computadora o dos?
- ¿Son turistas o estudiantes?
- ¿Qué hora es, la una de la mañana o de la tarde?

En la clase

Más vocabulario

la biblioteca	library
la cafetería	cafeteria
la casa	house; home
el estadio	stadium
el laboratorio	laboratory
la librería	bookstore
la residencia estudiantil	dormitory
la universidad	university; college
el/la compañero/a de clase	classmate
el/la compañero/a de cuarto	roommate
la clase	class
el curso	course
la especialización	major
el examen	test; exam
el horario	schedule
la prueba	test; quiz
el semestre	semester
la tarea	homework
el trimestre	trimester; quarter
la administración de empresas	business administration
el arte	art
la biología	biology
las ciencias	sciences
la computación	computer science
la contabilidad	accounting
la economía	economics
el español	Spanish
la física	physics
la geografía	geography
la música	music

Variación léxica

pluma ⟷ bolígrafo
pizarra ⟷ tablero (*Col.*)

el reloj

la ventana

la puerta

la profesora

el estudiante

la mesa

el libro

la mochila

la pluma

LAS MATERIAS — *COURSES*
la historia — *history*
las humanidades — *humanities*
el inglés — *English*
las lenguas extranjeras — *foreign languages*
la literatura — *literature*
las matemáticas — *mathematics*
el periodismo — *journalism*
la psicología — *psychology*
la química — *chemistry*
la sociología — *sociology*

el mapa
la pizarra
el papel
el borrador
la tiza
la papelera
el escritorio
la estudiante
la silla

Práctica

1 **Escuchar** 🎧 Listen to Professor Morales talk about her Spanish classroom, then check the items she mentions.

puerta	◯	tiza	◯	plumas	◯
ventanas	◯	escritorios	◯	mochilas	◯
pizarra	◯	sillas	◯	papel	◯
borrador	◯	libros	◯	reloj	◯

2 **Identificar** 🎧 You will hear a series of words. Write each one in the appropriate category.

Personas	Lugares	Materias
estudiante	estadio	química
profesora	biblioteca	lenguas extranjeras
com. clase	residencia estudiantil	inglés

3 **Emparejar** Match each question with its most logical response. **¡Ojo!** (*Careful!*) One response will not be used.

D 1. ¿Qué clase es?
G 2. ¿Quiénes son?
E 3. ¿Quién es?
C 4. ¿De dónde es?
F 5. ¿A qué hora es la clase de inglés?
A 6. ¿Cuántos estudiantes hay?

a. Hay veinticinco.
b. Es un reloj.
c. Es del Perú.
d. Es la clase de química.
e. Es el señor Bastos.
f. Es a las nueve en punto.
g. Son los profesores.

4 **Identificar** Identify the word that does not fit in each group.

1. examen • grabadora • tarea • prueba
2. economía • matemáticas • biblioteca • contabilidad
3. pizarra • tiza • borrador • librería
4. lápiz • cafetería • papel • cuaderno
5. veinte • diez • pluma • treinta
6. conductor • laboratorio • autobús • pasajero

5 **¿Qué clase es?** Name the class associated with the subject matter.

> **modelo**
> los elementos, los átomos   Es la clase de química.

1. Abraham Lincoln, Winston Churchill historia
2. Picasso, Leonardo da Vinci arte
3. Freud, Jung pisicología
4. África, el océano Pacífico geografía
5. la cultura de España, verbos español
6. Hemingway, Shakespeare ingles
7. geometría, trigonometría matamaticas

Los días de la semana

septiembre

lunes	martes	miércoles	jueves	viernes	sábado	domingo
	1	2	3	4	5	6
7	8	9	10			

¡LENGUA VIVA!

The days of the week are never capitalized in Spanish.

• • •

Monday is considered the first day of the week in Spanish-speaking countries.

CONSULTA

Note that September in Spanish is **septiembre**. For all of the months of the year, go to **Contextos, Lección 5,** p. 154.

---

6   **¿Qué día es hoy?** Complete each statement with the correct day of the week.

1. Hoy es martes. Mañana es _miércoles_ (será). Ayer fue (*Yesterday was*) _lunes_ .
2. Ayer fue sábado. Mañana es _lunes_ (será). Hoy es _domingo_ .
3. Mañana es viernes (será). Hoy es _jueves_ . Ayer fue _miércoles_ .
4. Ayer fue domingo. Hoy es _domingo_ . Mañana es _martes_ (será).
5. Hoy es jueves. Ayer fue _miércoles_ . Mañana es _viernes_ .
6. Mañana es lunes. Hoy es _sábado_ . Ayer fue _viernes_ .

---

7   **Analogías** Use these words to complete the analogies. Some words will not be used.

arte	día	martes	pizarra
biblioteca	domingo	matemáticas	profesor
catorce	estudiante	mujer	reloj

1. maleta ⟷ pasajero ⊜ mochila ⟷ _estudiante_
2. chico ⟷ chica ⊜ hombre ⟷ _mujer_
3. pluma ⟷ papel ⊜ tiza ⟷ _pizarra_
4. inglés ⟷ lengua ⊜ miércoles ⟷ _día_
5. papel ⟷ cuaderno ⊜ libro ⟷ _biblioteca_
6. quince ⟷ dieciséis ⊜ lunes ⟷ _martes_
7. Cervantes ⟷ literatura ⊜ Dalí ⟷ _arte_
8. autobús ⟷ conductor ⊜ clase ⟷ _profesor_
9. los EE.UU. ⟷ mapa ⊜ hora ⟷ _reloj_
10. veinte ⟷ veintitrés ⊜ jueves ⟷ _domingo_

Practice more at **descubre1.vhlcentral.com.**

Comunicación

8

Horario Choose three classes to create your own class schedule, then discuss it with a classmate.

¡ATENCIÓN!

Use **el** + [*day of the week*] when an activity occurs on a specific day and **los** + [*day of the week*] when an activity occurs regularly.

El lunes tengo un examen.

***On Monday** I have an exam.*

Los lunes y miércoles tomo biología.

***On Mondays and Wednesdays** I take biology.*

•••

Except for **sábados** and **domingos,** the singular and plural forms for days of the week are the same.

materia	hora	días	profesor(a)
inglés	9:50	lunes, miércoles, viernes	Ordóñez
historia	9–10:30	martes, jueves	Dávila
biología	1:30–3	martes, jueves	Quiñones
matemáticas	2:10–3:00	lunes, miércoles, viernes	Jiménez
arte	10:40–12:10	jueves	Molina

modelo

Estudiante 1: *Tomo (I take) historia los martes y jueves con (with) la profesora Dávila.*

Estudiante 2: *¿Sí? Yo no tomo historia. Yo tomo arte los jueves con el profesor Molina.*

9

La clase First, look around your classroom to get a mental image, then close your eyes. Your partner will then use these words or other vocabulary to ask you questions about the classroom. After you have answered six questions, switch roles.

modelo

Estudiante 1: *¿Cuántas ventanas hay?*

Estudiante 2: *Hay cuatro ventanas.*

escritorio	mochila	puerta
estudiante	pizarra	reloj
libro	profesor(a)	silla

10

Nuevos amigos During the first week of class, you meet a new student in the cafeteria. With a partner, prepare a conversation using these cues.

Estudiante 1		Estudiante 2
Greet your new acquaintance.	→	Introduce yourself.
Find out about him or her.	→	Tell him or her about yourself.
Ask about your partner's class schedule.	→	Compare your schedule to your partner's.
Say nice to meet you and goodbye.	→	Say nice to meet you and goodbye.

¿Qué clases tomas?

Maite, Inés, Javier y Álex hablan de las clases.

PERSONAJES

MAITE

INÉS

ÁLEX

JAVIER

1

ÁLEX Hola, Ricardo…
Aquí estamos en la Mitad del Mundo. ¿Qué tal las clases en la UNAM?

2

exactly

MAITE Es exactamente como las fotos en los libros de geografía.

INÉS ¡Sí! ¿También tomas tú geografía?

MAITE Yo no. Yo tomo inglés y literatura. También tomo una clase de periodismo.

3

MAITE Muy buenos días. María Teresa Fuentes, de Radio Andina FM 93. Hoy estoy con estudiantes de la Universidad San Francisco de Quito. ¡A ver! La señorita que está cerca de la ventana… ¿Cómo te llamas y de dónde eres?

6

MAITE ¿En qué clase hay más chicos?

INÉS Bueno, eh… en la clase de historia.

MAITE ¿Y más chicas?

INÉS En la de sociología hay más chicas, casi un ochenta y cinco por ciento.

almost

7

MAITE Y tú, joven, ¿cómo te llamas y de dónde eres?

JAVIER Me llamo Javier Gómez y soy de San Juan, Puerto Rico.

MAITE ¿Tomas muchas clases este semestre?

JAVIER Sí, tomo tres: historia y arte los lunes, miércoles y viernes y computación los martes y jueves.

8

MAITE ¿Te gustan las computadoras, Javier?

JAVIER No me gustan nada. Me gusta mucho más el arte… y sobre todo me gusta dibujar.

ÁLEX ¿Cómo que no? ¿No te gustan las computadoras?

INÉS Hola. Me llamo Inés Ayala Loor y soy del Ecuador... de Portoviejo.

MAITE Encantada. ¿Qué clases tomas en la universidad?

INÉS Tomo geografía, inglés, historia, sociología y arte.

MAITE Tomas muchas clases, ¿no?

INÉS Pues sí, me gusta estudiar mucho.

ÁLEX Pero si son muy interesantes, hombre.

JAVIER Sí, ¡muy interesantes!

Expresiones útiles

Talking about classes

- **¿Qué tal las clases en la UNAM?**
  How are classes going at UNAM?

- **¿También tomas tú geografía?**
  Are you also taking geography?
  No, tomo inglés y literatura.
  No, I'm taking English and literature.

- **Tomas muchas clases, ¿no?**
  You're taking lots of classes, aren't you?
  Pues sí.   *Well, yes.*

- **¿En qué clase hay más chicos?**
  In which class are there more guys?
  En la clase de historia.
  In history class.

Talking about likes/dislikes

- **¿Te gusta estudiar?**
  Do you like to study?
  Sí, me gusta mucho. Pero también me gusta mirar la televisión.
  Yes, I like it a lot. But I also like to watch television.

- **¿Te gusta la clase de sociología?**
  Do you like sociology class?
  Sí, me gusta muchísimo.
  Yes, I like it very much.

- **¿Te gustan las computadoras?**
  Do you like computers?
  No, no me gustan nada.
  No, I don't like them at all.

Talking about location

- **Aquí estamos en...**
  Here we are at/in...

- **¿Dónde está la señorita?**
  Where is the young woman?
  Está cerca de la ventana.
  She's near the window.

Expressing hesitation

- **A ver...**
  Let's see...

- **Bueno...**
  Well...

¿Qué pasó?

1

Escoger Choose the answer that best completes each sentence.

1. Maite toma (*is taking*) _____ en la universidad.
   a. geografía, inglés y periodismo   b. economía, periodismo y literatura
   c. periodismo, inglés y literatura

2. Inés toma sociología, geografía, _____.
   a. inglés, historia y arte   b. periodismo, computación y arte
   c. historia, literatura y biología

3. Javier toma _____ clases este semestre.
   a. cuatro   b. tres   c. dos

4. Javier toma historia y _____ los _____.
   a. computación; martes y jueves   b. arte; lunes, martes y miércoles
   c. arte; lunes, miércoles y viernes

2

Identificar Indicate which person would make each statement.
The names may be used more than once.

1. Sí, me gusta estudiar.
2. ¡Hola! ¿Te gustan las clases en la UNAM?
3. ¿La clase de periodismo? Sí, me gusta mucho.
4. Hay más chicas en la clase de sociología.
5. Buenos días. Yo soy de Radio Andina FM 93.
6. ¡Uf! ¡No me gustan las computadoras!
7. Las computadoras son muy interesantes.
8. Me gusta dibujar en la clase de arte.

INÉS

JAVIER   MAITE

ÁLEX

3

Completar These sentences are similar to things said in the **Fotonovela**.
Complete each sentence with the correct word(s).

| la sociología | el arte | la Universidad San Francisco de Quito |
| la clase de historia | geografía | la Mitad del Mundo |

1. Maite, Javier, Inés y yo estamos en...
2. Hay fotos impresionantes de la Mitad del Mundo en los libros de...
3. Me llamo Maite. Estoy aquí con estudiantes de...
4. Hay muchos chicos en...
5. No me gustan las computadoras. Me gusta más...

NOTA CULTURAL

In the **Fotonovela**, Álex, Maite, Javier, and Inés visit **la Mitad del Mundo** (*Midpoint of the World*), a monument north of Quito, Ecuador. It marks the line at which the equator divides the Earth's northern and southern hemispheres.

4

Preguntas personales Interview a classmate about his/her classes.

1. ¿Cuántas clases tomas?
2. ¿Qué clases tomas los martes?
3. ¿Qué clases tomas los viernes?
4. ¿En qué clase hay más chicos?
5. ¿En qué clase hay más chicas?
6. ¿Te gusta la clase de español?

 Practice more at **descubre1.vhlcentral.com.**

Pronunciación
Spanish vowels

a **e** **i** **o** **u**

Spanish vowels are never silent; they are always pronounced in a short, crisp way without the glide sounds used in English.

Álex	**clase**	**nada**	**encantada**

The letter **a** is pronounced like the *a* in *father*, but shorter.

el	**ene**	**mesa**	**elefante**

The letter **e** is pronounced like the *e* in *they*, but shorter.

Inés	**chica**	**tiza**	**señorita**

The letter **i** sounds like the *ee* in *beet*, but shorter.

hola	**con**	**libro**	**don Francisco**

The letter **o** is pronounced like the *o* in *tone*, but shorter.

uno	**regular**	**saludos**	**gusto**

The letter **u** sounds like the *oo* in *room*, but shorter.

Práctica Practice the vowels by saying the names of these places in Spain.

1. Madrid 3. Tenerife 5. Barcelona 7. Burgos
2. Alicante 4. Toledo 6. Granada 8. La Coruña

Oraciones Read the sentences aloud, focusing on the vowels.

1. Hola. Me llamo Ramiro Morgado.
2. Estudio arte en la Universidad de Salamanca.
3. Tomo también literatura y contabilidad.
4. Ay, tengo clase en cinco minutos. ¡Nos vemos!

Refranes Practice the vowels by reading these sayings aloud.

Cada loco con su tema.[2]

Del dicho al hecho hay un gran trecho.[1]

1 *Easier said than done.* 2 *To each his own.*

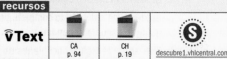

recursos

v̂Text CA p. 94 CH p. 19 descubre1.vhlcentral.com

EN DETALLE

La escuela
secundaria

Manuel, a 15-year-old student in Mexico, is taking an intense third level course focused on **la química** (*chemistry*). This is a typical part of the studies for his grade. **Escuela secundaria** (*secondary school*), which in Mexico begins after six years of **escuela primaria** (*primary school*), has three grades for students between the ages of 12 and 15.

Students like Manuel must study courses in mathematics, science, Spanish, foreign languages (English or French), music, and

more every year. After that, students choose a **plan de estudio** (*program of study*) in **preparatoria,** the three years (or two, depending on the program)

of school after **escuela secundaria** and before university studies. The program of study that students choose requires them to study specific **materias** (*subjects*) that are needed in preparation for their future career.

Some **bachilleratos** (*high school degrees*) are **terminales**, which means that when students graduate they are prepared with all of the skills and requirements to begin their field of work.

These students are not expected to continue studying. Some **modalidades** (*programs of study*) that are terminal include:
- **Educación Tecnológica Agropecuaria** (*Agriculture and Fishing*)
- **Comercio y Administración** (*Commerce,* for administrative work)

Other programs are designed for students who plan to continue their studies in a **carrera universitaria** (*college major*). Some programs that prepare students for university studies are:
- **Ciencias Biológicas**
- **Ciencias Contables, Económicas y Bancarias** (*Economic and Banking Sciences*)
- **Música y Arte**

Each program has courses that are designed for a specific career. This means that although all high school students may take a mathematics course, the type of mathematics studied varies according to the needs of each degree.

La escuela y la universidad

Some Mexican high schools are designed and managed by universities as well as by the Secretary of Education. One university that directs such schools is the **Universidad Nacional Autónoma de México (UNAM),** Mexico's largest university.

ACTIVIDADES

1 **¿Cierto o falso?** Indicate whether each statement is **cierto** or **falso**. Correct the false statements.

1. High schools are specialized in certain areas of study.

2. Students in Mexico cannot study art in school.

3. Students do not need to complete primary school before going to **escuela secundaria**.

4. The length of high school **planes de estudio** in Mexico varies between two and three years.

5. Students need to go to college to study to do administrative work.

6. All students must take the same mathematics courses at the high school level.

7. **La escuela secundaria** is for students from the ages of 16 to 18 years old.

8. All students in Mexico complete university studies.

 Practice more at **descubre1.vhlcentral.com.**

Clases y exámenes

aprobar	*to pass*
el colegio/la escuela	*school*
la escuela secundaria/ la preparatoria (Méx.)/ el liceo (Ven.)/ el instituto (Esp.)	*high school*
el examen parcial	*midterm exam*
el horario	*schedule*
la matrícula	*inscription (to school)*
reprobar	*to fail*
la tarea	*homework*

La escuela en Latinoamérica

○ **In Latin America**, public secondary schools are free of charge. Private schools, however, can be quite costly. At **la Escuela Campo Alegre** in Venezuela, annual tuition is more than $18,000 a year.

○ **In Argentina**, 48% of high school students go on to attend college, the highest rate in all of Latin America.

○ **In Chile**, students begin the school year in March and finish in December. Of course—Chile lies south of the equator, so while it is winter in the United States, Chilean students are on their summer break!

El INFRAMEN

The **Instituto Nacional Francisco Menéndez (INFRAMEN)** is one of the largest public high schools in El Salvador. So it should be: it is named after General Francisco Menéndez, an ex-president of the country who was the founder of **enseñanza secundaria** (*secondary studies*) for the entire country! The 2,100 students at the INFRAMEN can choose to complete one of four kinds of diplomas: general studies, health care, tourism, and business. The institution has changed locales (and even cities) many times since it was founded in 1885 and is currently located in the capital city of San Salvador. Students at the INFRAMEN begin their school year in mid January and finish in early November.

Downtown San Salvador

Conexión Internet

How do dress codes vary in schools across Latin America?

Go to **descubre1.vhlcentral.com** to find more cultural information related to this **Cultura** section.

2 **Comprensión** Complete these sentences.

1. The INFRAMEN was founded in _____.
2. The programs of study available in the INFRAMEN are _____.
3. There are _____ students in the INFRAMEN.
4. General Francisco Menéndez was a _____ of El Salvador.
5. El _____ is a student's schedule.

3 **¡A estudiar!** All students have classes they like and classes they don't. What are your favorite classes? Which are your least favorite? With a partner, discuss what you like and don't like about your classes and make a short list of what could be done to improve the classes you don't like.

recursos

v̂ Text

CH p. 20

descubre1.vhlcentral.com

2.1 Present tense of -ar verbs

ANTE TODO In order to talk about activities, you need to use verbs. Verbs express actions or states of being. In English and Spanish, the infinitive is the base form of the verb. In English, the infinitive is preceded by the word *to*: *to study, to be*. The infinitive in Spanish is a one-word form and can be recognized by its endings: **-ar, -er,** or **-ir.**

-ar verb		*-er* verb		*-ir* verb	
estudiar	*to study*	**comer**	*to eat*	**escribir**	*to write*

▶ In this lesson, you will learn the forms of regular **-ar** verbs.

The verb estudiar (*to study*)

SINGULAR FORMS	yo	estud**io**	*I study*
	tú	estud**ias**	*you* (fam.) *study*
	Ud./él/ella	estud**ia**	*you* (form.) *study; he/she studies*
PLURAL FORMS	nosotros/as	estud**iamos**	*we study*
	vosotros/as	estud**iáis**	*you* (fam.) *study*
	Uds./ellos/ellas	estud**ian**	*you* (form.) *study; they study*

¿Tomas muchas clases este semestre?

Sí, tomo tres.

▶ To create the forms of most regular verbs in Spanish, drop the infinitive endings (**-ar, -er, -ir**). You then add to the stem the endings that correspond to the different subject pronouns. This diagram will help you visualize the process by which verb forms are created.

Conjugation of *-ar* verbs

INFINITIVE	VERB STEM	CONJUGATED FORM
estudi**ar**	estudi-	yo estudi**o**
bail**ar**	bail-	tú bail**as**
trabaj**ar**	trabaj-	nosotros trabaj**amos**

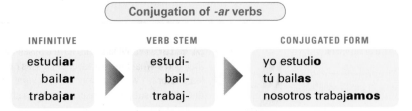

Common *-ar* verbs

bailar	to dance	**estudiar**	to study
buscar	to look for	**explicar**	to explain
caminar	to walk	**hablar**	to talk; to speak
cantar	to sing	**llegar**	to arrive
cenar	to have dinner	**llevar**	to carry
comprar	to buy	**mirar**	to look (at); to watch
contestar	to answer	**necesitar (+ *inf.*)**	to need
conversar	to converse, to chat	**practicar**	to practice
desayunar	to have breakfast	**preguntar**	to ask (a question)
descansar	to rest	**preparar**	to prepare
desear (+ *inf.*)	to desire; to wish	**regresar**	to return
dibujar	to draw	**terminar**	to end; to finish
enseñar	to teach	**tomar**	to take; to drink
escuchar	to listen (to)	**trabajar**	to work
esperar (+ *inf.*)	to wait (for); to hope	**viajar**	to travel

▶ **¡Atención!** The Spanish verbs **buscar, escuchar, esperar,** and **mirar** do not need
to be followed by prepositions as do their English equivalents.

Busco la tarea.
I'm looking for the homework.

Escucho la música.
I'm listening to the music.

Espero el autobús.
I'm waiting for the bus.

Miro la pizarra.
I'm looking at the blackboard.

COMPARE & CONTRAST

English uses three sets of forms to talk about the present: (1) the simple present
(*Paco works*), (2) the present progressive (*Paco is working*), and (3) the emphatic
present (*Paco does work*). In Spanish, the simple present can be used in all three cases.

Paco **trabaja** en la cafetería.
— 1. *Paco works in the cafeteria.*
— 2. *Paco is working in the cafeteria.*
— 3. *Paco does work in the cafeteria.*

In Spanish, the present tense is also sometimes used to express future action.

Marina **viaja** a Madrid mañana.
— 1. *Marina travels to Madrid tomorrow.*
— 2. *Marina will travel to Madrid tomorrow.*
— 3. *Marina is traveling to Madrid tomorrow.*

▶ When two verbs are used together with no change of subject, the second verb is
generally in the infinitive. To make a sentence negative in Spanish, the word **no** is
placed before the conjugated verb. In this case, **no** means *not*.

Deseo hablar con don Francisco.
I want to speak with Don Francisco.

Alicia **no** desea bailar ahora.
Alicia doesn't want to dance now.

▶ Spanish speakers often omit subject pronouns because the verb endings indicate who the subject is. In Spanish, subject pronouns are used for emphasis, clarification, or contrast.

> **Clarification/Contrast**

—¿Qué enseñan?
What do they teach?

—**Ella** enseña arte y **él** enseña física.
She teaches art, and he teaches physics.

> **Emphasis**

—¿Quién desea trabajar hoy?
Who wants to work today?

—**Yo** no deseo trabajar hoy.
I don't want to work today.

The verb gustar

▶ To express your own likes and dislikes, use the expression **me gusta** + [*singular noun*] or **me gustan** + [*plural noun*]. Never use a subject pronoun (such as **yo**) with this structure.

Me gusta la música clásica.
I like classical music.

Me gustan las clases de español y biología.
I like Spanish and biology classes.

▶ To express what you like to do, use the expression **me gusta** + [*infinitive(s)*].

Me gusta viajar.
I like to travel.

Me gusta cantar y **bailar**.
I like to sing and dance.

▶ To use the verb **gustar** with reference to another person, use the expressions **te gusta(n)** (**tú**) or **a** + [*name/pronoun*] **le gusta(n)** (**usted, él, ella**). To say that someone does not like something, insert the word **no** before the expression.

Te gusta la geografía.
You like geography.

A Javier no le gustan las computadoras.
Javier doesn't like computers.

▶ To use the verb **gustar** with reference to more than one person, use **nos gusta(n)** (**nosotros**) or **a** + [*name/pronoun*] **les gusta(n)** (**ustedes, ellos, ellas**).

Nos gusta dibujar.
We like to draw.

A ellos no **les gustan los exámenes**.
They don't like tests.

¡ATENCIÓN!

Note that **gustar** does not behave like other **-ar** verbs. You must study its use carefully and pay attention to prepositions, pronouns, and agreement.

AYUDA

Use the construction **a** + [*name/pronoun*] to clarify to whom you are referring. This construction is not always necessary.
A Gabriela le gusta bailar.
A Sara y a él les gustan los animales.

CONSULTA

For other verbs like **gustar**, see **Estructura 7.4**, pp. 246–247.

recursos

vText

CA
p. 95

CP
pp. 13–14

CH
pp. 21–22

descubre1.
vhlcentral.com

¡INTÉNTALO!   Provide the present tense forms of these verbs. The first items have been done for you.

> **hablar**

1. Yo ——hablo—— español.
2. Ellos _____ español.
3. Inés _____ español.
4. Nosotras _____ español.
5. Tú _____ español.

> **gustar**

1. __Me gusta__ el café. (yo)
2. ¿_____ las clases? (tú)
3. No _____ el café. (usted)
4. No _____ las clases. (ella)
5. No _____ el café. (nosotros)

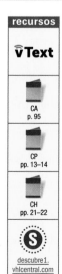

Práctica

1

Completar Complete the conversation with the appropriate forms of the verbs.

JUAN ¡Hola, Linda! ¿Qué tal las clases?

LINDA Bien. (1)___*tomo*___ (tomar) tres clases... química, biología y computación.
Y tú, ¿cuántas clases (2)_*tomas*_ (tomar)?

JUAN (3)___*tomo*___ (tomar) tres también... biología, arte y literatura. Yo
(4)_*tomo*_ (tomar) biología a las cuatro con el profesor Cárdenas. ¿Y tú?

LINDA Lily, Alberto y yo (5)_*tomamos*_(tomar) biología a las diez con la
profesora Garza.

JUAN ¿(6)_*estudia*_ (estudiar) mucho ustedes?

LINDA Sí, porque hay muchos exámenes. Alberto y yo (7)_*estudiamos*_(estudiar)
dos horas todos los días (*every day*).

2

Oraciones Form sentences using the words provided. Remember to conjugate the verbs and add
any other necessary words.

1. ustedes / practicar / vocabulario   *Ustedes practican el vocab.*
2. ¿preparar (tú) / tarea?   *Tú preparas tu tarea?*
3. clase de español / terminar / once   *termino es once.*
4. ¿qué / buscar / ustedes?   *busca*
5. (nosotros) buscar / computadora   *buscamos*
6. (yo) comprar / pluma   *compro*

hm 1-3

3

Gustos Read what these people do. Then use the information in parentheses to tell what
they like to do.

> **modelo**
> Álvaro enseña en la universidad. (las clases)   *Le gustan las clases.*

1. Los jóvenes desean mirar cuadros (*paintings*) de Picasso. (el arte)   *Les gustan*
2. Soy estudiante de economía. (estudiar)   *Me gusta*
3. Tú estudias italiano y español. (las lenguas extranjeras)   *te gustan*
4. Ustedes no descansan los sábados. (cantar y bailar)   *les gustan*
5. Nosotros buscamos una computadora. (la computación)   *nos gusto*

4

Actividades Get together with a classmate and take turns asking each other if you do these
activities. Which activities does your partner like? Which do you both like?

bailar merengue	escuchar música rock	practicar el español
cantar bien	estudiar física	conversar con amigos
dibujar en clase	mirar la televisión	viajar a Europa

> **modelo**
> tomar el autobús
> **Estudiante 1:** ¿Tomas el autobús?
> **Estudiante 2:** Sí, tomo el autobús, pero (*but*) no me gusta./ No, no tomo el autobús.

 Practice more at **descubre1.vhlcentral.com.**

Comunicación

5

Describir With a partner, describe what you see in the pictures using the given verbs. Then ask your partner whether or not he/she likes one of the activities.

 modelo

enseñar
La profesora enseña química. ¿Te gusta la química?

1. caminar, hablar, llevar

2. buscar, descansar, estudiar

3. dibujar, cantar, escuchar

4. llevar, tomar, viajar

6

Charadas In groups of three students, play a game of charades using the verbs in the word bank. For example, if someone is studying, you say "**Estudias.**" The first person to guess correctly acts out the next charade.

bailar	cantar	descansar	enseñar	mirar
caminar	conversar	dibujar	escuchar	preguntar

Síntesis

7

Conversación Pretend that you and a classmate are friends who have not seen each other at school for a few days. Have a conversation in which you catch up on things. Mention how you're feeling, what classes you're taking, what days and times you have classes, and which classes you like and don't like.

2.2 Forming questions in Spanish

ANTE TODO There are three basic ways to ask questions in Spanish. Can you guess what they are by looking at the photos and photo captions on this page?

¿Dibujas mucho?

Las computadoras son muy interesantes, ¿no?

¿También tomas tú geografía?

▶ One way to form a question is to raise the pitch of your voice at the end of a declarative sentence. When writing any question in Spanish, be sure to use an upside down question mark (¿) at the beginning and a regular question mark (?) at the end of the sentence.

Statement	Question
Ustedes trabajan los sábados.	¿Ustedes trabajan los sábados?
You work on Saturdays.	*Do you work on Saturdays?*
Miguel busca un mapa.	¿Miguel busca un mapa?
Miguel is looking for a map.	*Is Miguel looking for a map?*

▶ You can also form a question by inverting the order of the subject and the verb of a declarative statement. The subject may even be placed at the end of the sentence.

Statement	Question
SUBJECT VERB	VERB SUBJECT
Ustedes trabajan los sábados.	¿**Trabajan ustedes** los sábados?
You work on Saturdays.	*Do you work on Saturdays?*
SUBJECT VERB	VERB SUBJECT
Carlota regresa a las seis.	¿**Regresa** a las seis **Carlota**?
Carlota returns at six.	*Does Carlota return at six?*

▶ Questions can also be formed by adding the tags **¿no?** or **¿verdad?** at the end of a statement.

Statement	Question
Ustedes trabajan los sábados.	Ustedes trabajan los sábados, **¿no?**
You work on Saturdays.	*You work on Saturdays, don't you?*
Carlota regresa a las seis.	Carlota regresa a las seis, **¿verdad?**
Carlota returns at six.	*Carlota returns at six, right?*

Question words

Interrogative words

¿Adónde?	*Where (to)?*	**¿De dónde?**	*From where?*
¿Cómo?	*How?*	**¿Dónde?**	*Where?*
¿Cuál?, ¿Cuáles?	*Which?; Which one(s)?*	**¿Por qué?**	*Why?*
¿Cuándo?	*When?*	**¿Qué?**	*What?; Which?*
¿Cuánto/a?	*How much?*	**¿Quién?**	*Who?*
¿Cuántos/as?	*How many?*	**¿Quiénes?**	*Who (plural)?*

▶ To ask a question that requires more than a *yes* or *no* answer, use an interrogative word.

¿Cuál de ellos estudia en la biblioteca?
Which one of them studies in the library?

¿Adónde caminamos?
Where are we walking?

¿Cuántos estudiantes hablan español?
How many students speak Spanish?

¿Por qué necesitas hablar con ella?
Why do you need to talk to her?

¿Dónde trabaja Ricardo?
Where does Ricardo work?

¿Quién enseña la clase de arte?
Who teaches the art class?

¿Qué clases tomas?
What classes are you taking?

¿Cuánta tarea hay?
How much homework is there?

▶ When pronouncing this type of question, the pitch of your voice falls at the end of the sentence.

¿Cómo llegas a clase?
How do you get to class?

¿Por qué necesitas estudiar?
Why do you need to study?

▶ Notice the difference between **¿por qué?**, which is written as two words and has an accent, and **porque**, which is written as one word without an accent.

¿Por qué estudias español?
Why do you study Spanish?

¡Porque es divertido!
Because it's fun!

▶ In Spanish **no** can mean both *no* and *not*. Therefore, when answering a yes/no question in the negative, you need to use **no** twice.

¿Caminan a clase?
Do you walk to class?

No, no caminamos a clase.
No, we do not walk to class.

 **¡INTÉNTALO!** Make questions out of these statements. Use intonation in column 1 and the tag **¿no?** in column 2. The first item has been done for you.

Statement	Intonation	Tag question
1. Hablas inglés.	*¿Hablas inglés?*	*Hablas inglés, ¿no?*
2. Trabajamos mañana.		
3. Ustedes desean bailar.		
4. Raúl estudia mucho.		
5. Enseño a las nueve.		
6. Luz mira la televisión.		

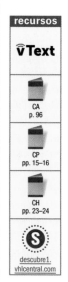

Práctica

1 **Preguntas** Change these sentences into questions by inverting the word order.

> **modelo**
>
> Ernesto habla con su compañero de clase.
>
> ¿Habla Ernesto con su compañero de clase? /
>
> ¿Habla con su compañero de clase Ernesto?

1. La profesora Cruz prepara la prueba.
   ¿Prepara la prueba la profesora cruz?
2. Sandra y yo necesitamos estudiar.
   ¿Necesitamos estudiar sandra y yo?
3. Los chicos practican el vocabulario.
   ¿Practican el vocabulario los chicos?
4. Jaime termina la tarea.
   ¿Termina la tarea Jaime?
5. Tú trabajas en la biblioteca.
   ¿Trabajas en la biblioteca tú?

2 **Completar** Irene and Manolo are chatting in the library. Complete their conversation with the appropriate questions.

IRENE Hola, Manolo. (1) *¿Como estás?*

MANOLO Bien, gracias. (2) *¿Y tú?*

IRENE Muy bien. (3) *¿Que hora es?*

MANOLO Son las nueve.

IRENE (4) *¿Que estudias?*

MANOLO Estudio historia.

IRENE (5) *¿Por qué?*

MANOLO Porque hay un examen mañana.

IRENE (6) *¿Te gusta la clase?*

MANOLO Sí, me gusta mucho la clase.

IRENE (7) *¿Quien enseña la clase?*

MANOLO El profesor Padilla enseña la clase.

IRENE (8) *¿Tomas pisologia?*

MANOLO No, no tomo psicología este semestre.

IRENE (9) *¿A que hora regras?*

MANOLO Regreso a la casa a las tres y media.

IRENE (10) *¿Deseas tomar soda?*

MANOLO No, no deseo tomar soda. ¡Deseo estudiar!

3 **Dos profesores** In pairs, create a dialogue, similar to the one in **Actividad 2**, between two teachers, señor Padilla and his colleague señora Martínez. Use question words.

> **modelo**
>
> **Señor Padilla:** ¿Qué enseñas este semestre?
> **Señora Martínez:** Enseño dos cursos de sociología.

 Practice more at **descubre1.vhlcentral.com**.

Comunicación

4

Encuesta Your teacher will give you a worksheet. Change the categories in the first column into questions, then use them to survey your classmates. Find at least one person for each category. Be prepared to report the results of your survey to the class.

Categorías	Nombres
1. estudiar computación	
2. tomar una clase de psicología	
3. dibujar bien	
4. cantar bien	
5. escuchar música clásica	

recursos

v̂Text

CA
p. 9

5

Un juego In groups of four or five, play a game (**un juego**) of Jeopardy®. Each person has to write two clues. Then take turns reading the clues and guessing the questions. The person who guesses correctly reads the next clue.

Es algo que...	**Es un lugar donde...**	**Es una persona que...**
It's something that...	*It's a place where...*	*It's a person that...*

modelo

Estudiante 1: Es un lugar donde estudiamos.
Estudiante 2: ¿Qué es la biblioteca?

Estudiante 1: Es algo que escuchamos.
Estudiante 2: ¿Qué es la música?

Estudiante 1: Es un director de España.
Estudiante 2: ¿Quién es Pedro Almodóvar?

NOTA CULTURAL

Pedro Almodóvar is an award-winning film director from Spain. His films are full of both humor and melodrama, and their controversial subject matter has often sparked great debate. His 1999 film *Todo sobre mi madre* (*All About My Mother*) received an Oscar for Best Foreign Film and Best Director at the Cannes Film Festival.

Síntesis

6

Entrevista Imagine that you are a reporter for the school newspaper. Write five questions about student life at your school and use them to interview two classmates. Be prepared to report your findings to the class.

2.3 Present tense of estar

CONSULTA

To review the forms of **ser**, see **Estructura 1.3**, pp. 19–21.

ANTE TODO In **Lección 1**, you learned how to conjugate and use the verb **ser** *(to be)*. You will now learn a second verb which means *to be*, the verb **estar**. Although **estar** ends in **-ar**, it does not follow the pattern of regular **-ar** verbs. The **yo** form (**estoy**) is irregular. Also, all forms have an accented **á** except the **yo** and **nosotros/as** forms.

The verb estar (*to be*)		
SINGULAR FORMS		
yo	est**oy**	*I am*
tú	est**ás**	*you* (fam.) *are*
Ud./él/ella	est**á**	*you* (form.) *are; he/she is*
PLURAL FORMS		
nosotros/as	est**amos**	*we are*
vosotros/as	est**áis**	*you* (fam.) *are*
Uds./ellos/ellas	est**án**	*you* (form.) *are; they are*

Hola, Ricardo… Aquí estamos en la Mitad del Mundo.

Inés y Maite están en el autobús.

COMPARE & CONTRAST

Compare the uses of the verb **estar** to those of the verb **ser**.

Uses of *estar*	Uses of *ser*

Location
Estoy en casa.
I am at home.

Inés **está** al lado de Javier.
Inés is next to Javier.

Health
Álex **está** enfermo hoy.
Álex is sick today.

Well-being
—¿Cómo **estás**, Maite?
How are you, Maite?

—**Estoy** muy bien, gracias.
I'm very well, thank you.

Identity
Hola, **soy** Maite.
Hello, I'm Maite.

Occupation
Soy estudiante.
I'm a student.

Origin
—¿**Eres** de España?
Are you from Spain?

—Sí, **soy** de España.
Yes, I'm from Spain.

Telling time
Son las cuatro.
It's four o'clock.

AYUDA

Use **la casa** to express *the house*, but **en casa** to express *at home*.

CONSULTA

To learn more about the difference between **ser** and **estar**, see **Estructura 5.3**, pp. 170–171.

▶ **Estar** is often used with certain prepositions to describe the location of a person or an object.

Prepositions often used with estar

al lado de	*next to; beside*	**delante de**	*in front of*
a la derecha de	*to the right of*	**detrás de**	*behind*
a la izquierda de	*to the left of*	**encima de**	*on top of*
en	*in; on*	**entre**	*between; among*
cerca de	*near*	**lejos de**	*far from*
con	*with*	**sin**	*without*
debajo de	*below*	**sobre**	*on; over*

La clase **está al lado de** la biblioteca.
The class is next to the library.

Los libros **están encima del** escritorio.
The books are on top of the desk.

El laboratorio **está cerca de** la clase.
The lab is near the classroom.

Maribel **está delante de** José.
Maribel is in front of José.

El estadio no **está lejos de** la librería.
The stadium isn't far from the bookstore.

El mapa **está entre** la pizarra y la puerta.
The map is between the blackboard and the door.

Los estudiantes **están en** la clase.
The students are in class.

El libro **está sobre** la mesa.
The book is on the table.

¡A ver! La señorita que está cerca de la ventana…

Aquí estoy con cuatro estudiantes de la universidad…

¡INTÉNTALO!   Provide the present tense forms of **estar**. The first item has been done for you.

1. Ustedes ___están___ en la clase.
2. José _____ en la biblioteca.
3. Yo _____ bien, gracias.
4. Nosotras _____ en la cafetería.
5. Tú _____ en el laboratorio.
6. Elena _____ en la librería.
7. Ellas _____ en la clase.

8. Ana y yo _____ en la clase.
9. ¿Cómo _____ usted?
10. Javier y Maribel _____ en el estadio.
11. Nosotros _____ en la cafetería.
12. Yo _____ en el laboratorio.
13. Carmen y María _____ enfermas.
14. Tú _____ en la clase.

recursos

v Text

CA
p. 97

CP
pp. 17–18

CH
pp. 25–26

S

descubre1.
vhlcentral.com

Práctica

1

Completar Daniela has just returned home from school. Complete this conversation with the appropriate forms of **ser** or **estar**.

MAMÁ   Hola, Daniela. ¿Cómo (1)_____?

DANIELA   Hola, mamá. (2)_____ bien. ¿Dónde (3)_____ papá?
               ¡Ya (*Already*) (4)_____ las seis de la tarde!

MAMÁ   No (5)_____ aquí. (6)_____ en la oficina.

DANIELA   Y Andrés y Margarita, ¿dónde (7)_____ ellos?

MAMÁ   (8)_____ en el restaurante La Palma con Martín.

DANIELA   ¿Quién (9)_____ Martín?

MAMÁ   (10)_____ un compañero de clase. (11)_____ de México.

DANIELA   Ah. Y el restaurante La Palma, ¿dónde (12)_____?

MAMÁ   (13)_____ cerca de la Plaza Mayor, en San Modesto.

DANIELA   Gracias, mamá. Voy (*I'm going*) al restaurante. ¡Hasta pronto!

2

Escoger Choose the preposition that best completes each sentence.

1. La pluma está (encima de / detrás de) la mesa.
2. La ventana está (a la izquierda de / debajo de) la puerta.
3. La pizarra está (debajo de / delante de) los estudiantes.
4. Las sillas están (encima de / detrás de) los escritorios.
5. Los estudiantes llevan los libros (en / sobre) la mochila.
6. La biblioteca está (sobre / al lado de) la residencia estudiantil.
7. España está (cerca de / lejos de) Puerto Rico.
8. Cuba está (cerca de / lejos de) los Estados Unidos.
9. Felipe trabaja (con / en) Ricardo en la cafetería.

3

La librería Imagine that you are in a bookstore and can't find various items. Ask the clerk (your partner) where the items in the drawing are located. Then switch roles.

> **modelo**
> **Estudiante 1:** ¿Dónde están los diccionarios?
> **Estudiante 2:** Los diccionarios están debajo de los libros de literatura.

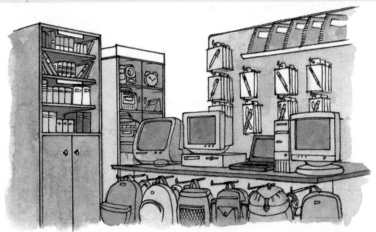

Practice more at **descubre1.vhlcentral.com**.

Comunicación

4

¿Dónde estás...? With a partner, take turns asking where you are at these times.

> **modelo**
>
> lunes / 10:00 a.m.
> **Estudiante 1:** *¿Dónde estás los lunes a las diez de la mañana?*
> **Estudiante 2:** *Estoy en la clase de español.*

1. sábados / 6:00 a.m.
2. miércoles / 9:15 a.m.
3. lunes / 11:10 a.m.
4. jueves / 12:30 a.m.
5. viernes / 2:25 p.m.
6. martes / 3:50 p.m.
7. jueves / 5:45 p.m.
8. miércoles / 8:20 p.m.

5

La ciudad universitaria You are visiting your older sister, who is an exchange student at a Spanish university. Tell a classmate which buildings you are looking for and ask for their location relative to where you are.

> **modelo**
>
> **Estudiante 1:** *¿La Facultad de Medicina está lejos?*
> **Estudiante 2:** *No, está cerca. Está a la izquierda de la Facultad de Administración de Empresas.*

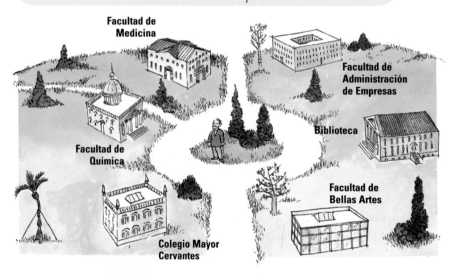

Facultad de Medicina
Facultad de Administración de Empresas
Biblioteca
Facultad de Química
Facultad de Bellas Artes
Colegio Mayor Cervantes

¡LENGUA VIVA!

La Facultad (*School*) **de Filosofía y Letras** includes departments such as language, literature, philosophy, history, and linguistics. Fine arts can be studied in **la Facultad de Bellas Artes**. In Spain the business school is sometimes called **la Facultad de Administración de Empresas**. **Residencias estudiantiles** are referred to as **colegios mayores**.

Síntesis

6

Entrevista Use these questions to interview two classmates. Then switch roles.

1. ¿Cómo estás?
2. ¿Dónde estamos ahora?
3. ¿Dónde está tu (*your*) padre ahora?
4. ¿Cuántos estudiantes hay en la clase de español?
5. ¿Quién(es) no está(n) en la clase hoy?
6. ¿A qué hora termina la clase hoy?
7. ¿Estudias mucho?
8. ¿Cuántas horas estudias para (*for*) una prueba?

Numbers 31 and higher

ANTE TODO You have already learned numbers 0–30. Now you will learn the rest of the numbers.

Numbers 31–100

▶ Numbers 31–99 follow the same basic pattern as 21–29.

Numbers 31–100					
31	treinta y uno	**40**	cuarenta	**50**	cincuenta
32	treinta y dos	**41**	cuarenta y uno	**51**	cincuenta y uno
33	treinta y tres	**42**	cuarenta y dos	**52**	cincuenta y dos
34	treinta y cuatro	**43**	cuarenta y tres	**60**	sesenta
35	treinta y cinco	**44**	cuarenta y cuatro	**63**	sesenta y tres
36	treinta y seis	**45**	cuarenta y cinco	**64**	sesenta y cuatro
37	treinta y siete	**46**	cuarenta y seis	**70**	setenta
38	treinta y ocho	**47**	cuarenta y siete	**80**	ochenta
39	treinta y nueve	**48**	cuarenta y ocho	**90**	noventa
		49	cuarenta y nueve	**100**	cien, ciento

▶ **Y** is used in most numbers from **31** through **99**. Unlike numbers 21–29, these numbers must be written as three separate words.

Hay **noventa y dos** exámenes.
There are ninety-two exams.

Hay **cuarenta y dos** estudiantes.
There are forty-two students.

¿En qué clase hay más chicas?

En la de sociología… casi un ochenta y cinco por ciento.

▶ With numbers that end in **uno** (31, 41, etc.), **uno** becomes **un** before a masculine noun and **una** before a feminine noun.

Hay **treinta y un** chicos.
There are thirty-one guys.

Hay **treinta y una** chicas.
There are thirty-one girls.

▶ **Cien** is used before nouns and in counting. The words **un, una,** and **uno** are never used before **cien** in Spanish. **Ciento** is used for numbers over one hundred.

¿Cuántos libros hay? **Cientos.**
How many books are there?
Hundreds.

Hay **cien** libros y **cien** sillas.
There are one hundred books
and one hundred chairs.

Numbers 101 and higher

▶ As shown in the chart, Spanish uses a period to indicate thousands and millions, rather than a comma as used in English.

Numbers 101 and higher			
101	ciento uno	**1.000**	mil
200	doscientos/as	**1.100**	mil cien
300	trescientos/as	**2.000**	dos mil
400	cuatrocientos/as	**5.000**	cinco mil
500	quinientos/as	**100.000**	cien mil
600	seiscientos/as	**200.000**	doscientos/as mil
700	setecientos/as	**550.000**	quinientos/as cincuenta mil
800	ochocientos/as	**1.000.000**	un millón (de)
900	novecientos/as	**8.000.000**	ocho millones (de)

▶ The numbers 200 through 999 agree in gender with the nouns they modify.

324 plum**as**   605 lib**ros**
trescientas veinticuatro plum**as**   **seiscientos** cinco lib**ros**

Hay tres mil quinien**tos** lib**ros** en la biblioteca.

▶ The word **mil**, which can mean *a thousand* and *one thousand*, is not usually used in the plural form when referring to numbers. **Un millón** (*a million* or *one million*), has the plural form **millones,** in which the accent is dropped.

1.000 relojes   25.000 pizarras   2.000.000 de estudiantes
mil relojes   veinticinco **mil** pizarras   dos **millones** de estudiantes

▶ To express a complex number (including years), string together its component parts.

55.422   cincuenta y cinco mil cuatrocientos veintidós

¡LENGUA VIVA!

In Spanish, years are not expressed as pairs of two-digit numbers as they are in English (1979, *nineteen seventy-nine*): **1776, mil setecientos setenta y seis; 1945, mil novecientos cuarenta y cinco; 2007, dos mil siete.**

¡ATENCIÓN!

When **millón** or **millones** is used before a noun, the word **de** is placed between the two:
1.000.000 de hombres = un millón de hombres
12.000.000 de casas = doce millones de casas.

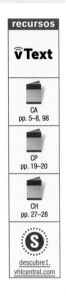

recursos

v̂ Text

CA
pp. 5–8, 98

CP
pp. 19–20

CH
pp. 27–28

(S)

descubre1.
vhlcentral.com

¡INTÉNTALO!   Give the Spanish equivalent of each number. The first item has been done for you.

1. **102** _____ciento dos_____   7. **235** _____

2. **5.000.000** _____   8. **79** _____

3. **201** _____   9. **113** _____

4. **76** _____   10. **88** _____

5. **92** _____   11. **17.123** _____

6. **550.300** _____   12. **497** _____

Práctica y Comunicación

1

Baloncesto Provide these basketball scores in Spanish.

1. Ohio State 76, Michigan 65
2. Florida 92, Florida State 104
3. Stanford 78, UCLA 89
4. Purdue 81, Indiana 78
5. Princeton 67, Harvard 55
6. Duke 115, Virginia 121

2

Completar Complete these sequences of numbers.

1. 50, 150, 250 ... 1.050
2. 5.000, 20.000, 35.000 ... 95.000
3. 100.000, 200.000, 300.000 ... 1.000.000
4. 100.000.000, 90.000.000, 80.000.000 ... 0

3

Resolver Read the math problems aloud and solve them.

AYUDA

+ → **más**
– → **menos**
= → **son**

> **modelo**
> ▶   200 + 300 = *Doscientos más trescientos son quinientos.*

1. 1.000 + 753 =
2. 1.000.000 – 30.000 =
3. 10.000 + 555 =
4. 15 + 150 =
5. 100.000 + 205.000 =
6. 29.000 – 10.000 =

4

Entrevista Find out the telephone numbers and e-mail addresses of four classmates.

> **modelo**
> **Estudiante 1:** *¿Cuál es tu (your) número de teléfono?*
> **Estudiante 2:** *Es el 635-19-51.*
> **Estudiante 1:** *¿Y tu dirección de correo electrónico?*
> **Estudiante 2:** *Es a-Smith-arroba-pe-ele-punto-e-de-u. (asmith@pl.edu)*

AYUDA

arroba *at* (@)
punto *dot* (.)

▶

Síntesis

recursos

v̂Text

CA
pp. 5–6

5

¿A qué distancia...? Your teacher will give you and a partner incomplete charts that indicate the distances between Madrid and various locations. Fill in the missing information on your chart by asking your partner questions.

> **modelo**
> **Estudiante 1:** *¿A qué distancia está Arganda del Rey?*
> **Estudiante 2:** *Está a veintisiete kilómetros de Madrid.*

 Practice more at **descubre1.vhlcentral.com.**

Recapitulación

S *Repaso*
Diagnostics

Review the grammar concepts you have learned in this lesson by completing these activities.

1 **Completar** Complete the chart with the correct verb forms. `12 pts.`

yo	tú	nosotros	ellas
compro			
	deseas		
		miramos	
			preguntan

2 **Números** Write these numbers in Spanish. `8 pts.`

> **modelo**
> 645: *seiscientos cuarenta y cinco*

1. **49:** _____
2. **97:** _____
3. **113:** _____
4. **632:** _____
5. **1.781:** _____
6. **3.558:** _____
7. **1.006.015:** _____
8. **67.224.370:** _____

3 **Preguntas** Write questions for these answers. `12 pts.`

1. —¿_____ Patricia?
   —Patricia es de Colombia.
2. —¿_____ él?
   —Él es mi amigo (*friend*).
3. —¿_____ (tú)?
   —Hablo dos lenguas.
4. —¿_____ (ustedes)?
   —Deseamos tomar dos cafés.
5. —¿_____?
   —Tomo biología porque me gusta.
6. —¿_____?
   —Camilo descansa por las mañanas.

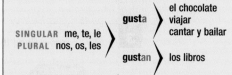

RESUMEN GRAMATICAL

2.1 **Present tense of *-ar* verbs** *pp. 50–52*

estudiar	
estudio	estudiamos
estudias	estudiáis
estudia	estudian

The verb gustar

SINGULAR me, te, le
PLURAL nos, os, les

gusta → el chocolate / viajar / cantar y bailar

gustan → los libros

2.2 **Forming questions in Spanish** *pp. 55–56*

► ¿Ustedes trabajan los sábados?
► ¿Trabajan ustedes los sábados?
► Ustedes trabajan los sábados, ¿verdad?/¿no?

Interrogative words		
¿Adónde?	¿Cuánto/a?	¿Por qué?
¿Cómo?	¿Cuántos/as?	¿Qué?
¿Cuál(es)?	¿(De) dónde?	¿Quién(es)?
¿Cuándo?		

2.3 **Present tense of *estar*** *pp. 59–60*

► estar: estoy, estás, está, estamos, estáis, están

2.4 **Numbers 31 and higher** *pp. 63–64*

31	treinta y uno	101	ciento uno
32	treinta y dos	200	doscientos/as
	(and so on)	500	quinientos/as
40	cuarenta	700	setecientos/as
50	cincuenta	900	novecientos/as
60	sesenta	1.000	mil
70	setenta	2.000	dos mil
80	ochenta	5.100	cinco mil cien
90	noventa	100.000	cien mil
100	cien, ciento	1.000.000	un millón (de)

4 **Al teléfono** Complete this telephone conversation with the correct forms of the verb **estar**. **8 pts.**

MARÍA TERESA Hola, señora López. (1) ¿_____ Elisa en casa?

SRA. LÓPEZ ¿Quién es?

MARÍA TERESA Soy María Teresa. Elisa y yo (2) _____ en la misma (*same*) clase de literatura.

SRA. LÓPEZ ¡Ah, María Teresa! ¿Cómo (3) _____?

MARÍA TERESA (4) _____ muy bien, gracias. Y usted, ¿cómo (5) _____?

SRA. LÓPEZ Bien, gracias. Pues, no, Elisa no (6) _____ en casa. Ella y su hermano (*her brother*) (7) _____ en la Biblioteca Cervantes.

MARÍA TERESA ¿Cervantes?

SRA. LÓPEZ Es la biblioteca que (8) _____ al lado del Café Bambú.

MARÍA TERESA ¡Ah, sí! Gracias, señora López.

SRA. LÓPEZ Hasta luego, María Teresa.

5 **¿Qué te gusta?** Write a paragraph of at least five sentences stating what you like and don't like about your school. If possible, explain your likes and dislikes. **10 pts.**

Me gusta la clase de música porque no hay muchos exámenes. No me gusta estudiar en la cafetería...

6 **Canción** Write the missing words to complete the beginning of a popular song by Manu Chao. **2 EXTRA points!**

❝Me _____ los aviones°,
me gustas tú,
me _____ viajar,
me gustas tú,
me gusta la mañana,
me gustas tú.❞

aviones *airplanes*

Practice more at **descubre1.vhlcentral.com.**

Lectura

Antes de leer

Estrategia

Predicting Content Through Formats

Recognizing the format of a document can help you to predict its content. For instance, invitations, greeting cards, and classified ads follow an easily identifiable format, which usually gives you a general idea of the information they contain. Look at the text and identify it based on its format.

	lunes	martes	miércoles	jueves	viernes
8:30	biología		biología		biología
9:00		historia		historia	
9:30	inglés		inglés		inglés
10:00					
10:30					
11:00					
12:00					
12:30					
1:00					
2:00	arte		arte		arte

If you guessed that this is a page from a student's schedule, you are correct. You can now infer that the document contains information about a student's weekly schedule, including days, times, and activities.

Cognados

With a classmate, make a list of the cognates in the document entitled *¡Español en Madrid!* and guess their English meanings. What do cognates reveal about the content of the document?

Examinar el texto

Look at the format of the document. What type of text is it? What information do you expect to find in a document of this kind?

recursos

vText | CH pp. 29–30 | (S) descubre1.vhlcentral.com

¡ESPAÑOL EN MADRID!

UAM

Programa de Cursos Intensivos de Español
Universidad Autónoma de Madrid

Madrid, la capital cultural de Europa, y la UAM te ofrecen cursos intensivos de verano° para aprender° español como nunca antes°.

Después de leer

Correspondencias

Match each item in Column B with the correct word in Column A. Two items will not be used.

A

1. profesores
2. vivienda
3. Madrid
4. número de teléfono
5. Español 2
6. número de fax

B

a. (34) 91 523 4500
b. (34) 91 524 0210
c. 23 junio–30 julio
d. capital cultural de Europa
e. 23 junio–22 julio
f. especializados en enseñar español como lengua extranjera
g. (34) 91 523 4623
h. familias españolas

¿Dónde?
En la Facultad de Filosofía y Letras de la UAM.

¿Quiénes son los profesores?
Son todos hablantes nativos de español especializados en enseñar el español como lengua extranjera.

¿Qué niveles se ofrecen?
Se ofrecen tres niveles° básicos:
1. Español Elemental
2. Español Intermedio
3. Español Avanzado

Vivienda
Para estudiantes extranjeros se ofrece vivienda° con familias españolas.

¿Cuándo?
Este verano desde° el 16 de junio hasta el 10 de agosto. Los cursos tienen una duración de 6 semanas.

Cursos	Empieza°	Termina
Español 1	16 junio	22 julio
Español 2	23 junio	30 julio
Español 3	30 junio	10 agosto

Información
Para mayor información, sirvan comunicarse con la siguiente° oficina:

Universidad Autónoma de Madrid
Programa de Español como Lengua Extranjera
Ctra. Colmenar Viejo, Km. 15
28049 Madrid, ESPAÑA
Tel. (34) 91 523 4500
Fax (34) 91 523 4623
www.uam.es

verano *summer* aprender *to learn* nunca antes *never before* niveles *levels* vivienda *housing* desde *from*
Empieza *Begins* siguiente *following*

¿Cierto o falso?

Indicate whether each statement is **cierto** or **falso**. Then correct the false statements.

	Cierto	Falso
1. La Universidad Autónoma de Madrid ofrece (*offers*) cursos intensivos de italiano.	○	○
2. La lengua nativa de los profesores del programa es el inglés.	○	○
3. Los cursos de español son en la Facultad de Ciencias.	○	○
4. Los estudiantes pueden vivir (*can live*) con familias españolas.	○	○

	Cierto	Falso
5. La universidad que ofrece los cursos intensivos está en Salamanca.	○	○
6. Español 2 termina en agosto.	○	○
7. Si deseas información sobre (*about*) los cursos intensivos de español, puedes llamar al (34) 91 523 4500.	○	○
8. Español 1 empieza en julio.	○	○

Practice more at **descubre1.vhlcentral.com.**

Escritura

Estrategia

Brainstorming

How do you find ideas to write about? In the early stages of writing, brainstorming can help you generate ideas on a specific topic. You should spend ten to fifteen minutes brainstorming and jotting down any ideas about the topic that occur to you. Whenever possible, try to write down your ideas in Spanish. Express your ideas in single words or phrases, and jot them down in any order. While brainstorming, don't worry about whether your ideas are good or bad. Selecting and organizing ideas should be the second stage of your writing. Remember that the more ideas you write down while you're brainstorming, the more options you'll have to choose from later when you start to organize your ideas.

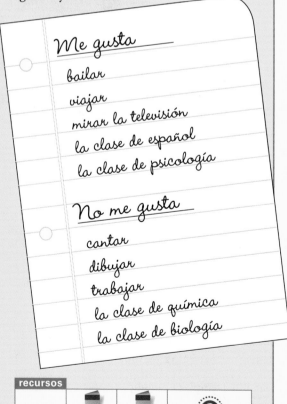

Me gusta

bailar
viajar
mirar la televisión
la clase de español
la clase de psicología

No me gusta

cantar
dibujar
trabajar
la clase de química
la clase de biología

recursos

vText

CA
pp. 143–144

CH
pp. 31–32

(S)
descubre1.vhlcentral.com

Tema

Una descripción

Write a description of yourself to post in a chat room on a website in order to meet Spanish-speaking people. Include this information in your description:

▶ your name and where you are from, and a photo (optional) of yourself
▶ where you go to school
▶ the courses you are taking
▶ where you work if you have a job
▶ some of your likes and dislikes

¡Hola! Me
llamo Alicia
Roberts. Estudio
matemáticas y
economía. Me
gusta dibujar,
cantar y viajar.

Escuchar

Estrategia
Listening for cognates

You already know that cognates are words that have similar spellings and meanings in two or more languages: for example, *group* and **grupo** or *stereo* and **estéreo**. Listen for cognates to increase your comprehension of spoken Spanish.

 To help you practice this strategy, you will now listen to two sentences. Make a list of all the cognates you hear.

Preparación

Based on the photograph, who do you think Armando and Julia are? What do you think they are talking about?

Ahora escucha

Now you are going to hear Armando and Julia's conversation. Make a list of the cognates they use.

Armando	Julia
_____	_____
_____	_____
_____	_____
_____	_____

Based on your knowledge of cognates, decide whether the following statements are **cierto** or **falso**.

	Cierto	Falso
1. Armando y Julia hablan de la familia.	○	○
2. Armando y Julia toman una clase de matemáticas.	○	○
3. Julia toma clases de ciencias.	○	○
4. Armando estudia lenguas extranjeras.	○	○
5. Julia toma una clase de religión.	○	○

Comprensión

Preguntas
Answer these questions about Armando and Julia's conversation.

1. ¿Qué clases toma Armando?
   _____

2. ¿Qué clases toma Julia?
   _____

Seleccionar
Choose the answer that best completes each sentence.

1. Armando toma _____ clases en la universidad.
   a. cuatro   b. cinco   c. seis
2. Julia toma dos clases de _____.
   a. matemáticas   b. lengua   c. ciencias
3. Armando toma italiano y _____.
   a. astronomía   b. japonés   c. geología
4. Armando y Julia estudian _____ los martes y jueves.
   a. filosofía   b. matemáticas   c. italiano

Preguntas personales
1. ¿Cuántas clases tomas tú este semestre?
2. ¿Qué clases tomas este semestre?
3. ¿Qué clases te gustan y qué clases no te gustan?

En pantalla

Christmas isn't always in winter. During the months of cold weather and snow in North America, the southern hemisphere enjoys warm weather and longer days. Since Chile's summer lasts from December to February, school vacation coincides with these months. In Chile, the school year starts in early March and finishes toward the end of December. All schools, from preschools to universities, observe this scholastic calendar, with only a few days' variation between institutions.

Vocabulario útil

quería	*I wanted*
pedirte	*to ask you*
te preocupa	*it worries you*
ahorrar	*to save (money)*
Navidad	*Christmas*
aprovecha	*take advantage of*
nuestras	*our*
ofertas	*offers, deals*
calidad	*quality*
no cuesta	*doesn't cost*

¿Qué hay?

For each item, write **sí** if it appears in the TV clip or **no** if it does not.

_____ 1. papelera   _____ 5. diccionario

_____ 2. lápiz   _____ 6. cuaderno

_____ 3. mesa   _____ 7. tiza

_____ 4. computadora   _____ 8. ventana

¿Qué quieres?

Write a list of things that you want for your next birthday. Then read it to the class so they know what to get you. Use as much Spanish as you can.

	Lista de cumpleaños°
	Quiero°...

cumpleaños *birthday* Quiero *I want* Viejito Pascuero *Santa Claus (Chile)*

Anuncio de Jumbo

Viejito Pascuero°...

¿Cómo se escribe *mountain bike*?

M... O...

Practice more at **descubre1.vhlcentral.com**.

Oye cómo va

Sarita Montiel

Sara Montiel was born **María Antonia Abad Fernández** in 1928 in the village of Campo de Criptana, Spain. Discovered by a producer when she was just fifteen, during the following three decades she starred in movies in Spain, Mexico, and Hollywood. Films, such as *Veracruz* (1954, with Gary Cooper and Burt Lancaster) and the classic musicals *El último cuplé* (1957) and *La violetera* (1958), elevated her to mythical status as both a singer and an actress. Her many honors include two best actress awards from Spain's prestigious **Círculo de Escritores Cinematográficos**. After retiring from the screen in the seventies, Sarita—as she is popularly known—has continued to thrive on stage and television, singing the popular **cuplés** and **boleros** that won her fame on film.

To the right you see an excerpt from one of Sarita Montiel's songs. Read it and then complete these activities.

Comprensión

Put these statements about Sara Montiel's life in order.

_____ a. Sara begins working on stage and television.
_____ b. *La violetera* is released.
_____ c. She appears in a movie with Gary Cooper.
_____ d. She stops working in the film industry.
_____ e. A producer discovers Sara at fifteen.
_____ f. Sara stars in *El último cuplé*.

Interpretación

Discuss these questions with a classmate. Then share your answers with the class.

1. Do you think the singer is joyful or heartbroken? What word is used to convey this feeling?

2. What does the singer want? What words in the first verse suggest this?

3. What answer does the singer always receive? Why do you think this is so?

4. Do you think the singer will continue in the same situation or move on?

Quizás, quizás, quizás

Siempre° que te pregunto
que cuándo, cómo y dónde,
tú siempre me respondes°
quizás°, quizás, quizás.

Y así° pasan los días
y yo, desesperando°,
y tú, tú contestando°
quizás, quizás, quizás.

Nat King Cole

Música sin fronteras°
Written in 1947 by Cuban composer Osvaldo Farrés, the popularity of *Quizás, quizás, quizás* has persisted over generations, with renditions existing in many languages and musical styles. Nat King Cole sang perhaps the most well-known version; other artists include Sonora Matancera, Doris Day, Xavier Cugat, Cake, and the Turkish group Athena, who made a ska-punk version. The song featured in the soundtracks for *America's Sweethearts* (2001), *La mala educación* (2004), and *Brokeback Mountain* (2005).

Siempre *Always* responde *you answer* quizás *perhaps* así *like this* desesperando *despairing* contestando *answering* fronteras *borders*

recursos

v̂Text

descubre1.vhlcentral.com

 Practice more at **descubre1.vhlcentral.com**.

España

El país en cifras

▶ **Área:** 504.750 km² (kilómetros cuadrados) ó 194.884 millas cuadradas°, incluyendo las islas Baleares y las islas Canarias

▶ **Población:** 44.372.000

▶ **Capital:** Madrid—6.086.000

▶ **Ciudades° principales:** Barcelona—5.057.000, Valencia—813.000, Sevilla, Zaragoza

SOURCE: Population Division, UN Secretariat

▶ **Moneda°:** euro

▶ **Idiomas°:** español o castellano, catalán, gallego, valenciano, euskera

Gallego · Euskera · Catalán · Español · Valenciano

Regiones lingüísticas

Bandera de España

Españoles célebres

▶ **Miguel de Cervantes,** escritor° (1547–1616)

▶ **Pedro Almodóvar,** director de cine° (1949–)

▶ **Rosa Montero,** escritora y periodista° (1951–)

▶ **Fernando Alonso,** corredor de autos° (1981–)

▶ **Paz Vega,** actriz° (1976–)

millas cuadradas *square miles* Ciudades *Cities* Moneda *Currency* Idiomas Languages escritor *writer* cine *film* periodista *reporter* corredor de autos *racing driver* actriz *actress* pueblo *town* Cada año *Every year* Durante todo un día *All day long* se tiran *throw at each other* varias toneladas *many tons*

Plaza Mayor en Madrid

La Sagrada Familia en Barcelona

Mar Cantábrico · La Coruña · San Sebastián · Salamanca · Zaragoza · Río Ebro · Barcelona · FRANCIA · ANDORRA · Pirineos · PORTUGAL · ESPAÑA · Madrid · Valencia · Menorca · Mallorca · Ibiza · Islas Baleares · Sevilla · Sierra Nevada · Mar Mediterráneo · Estrecho de Gibraltar · Ceuta · Melilla · MARRUECOS

Islas Canarias · Lanzarote · La Palma · Tenerife · Gran Canaria · Fuerteventura · Gomera · Hierro

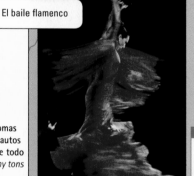

El baile flamenco

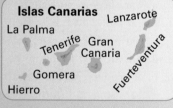

¡Increíble pero cierto!

En Buñol, un pueblo° de Valencia, la producción de tomates es un recurso económico muy importante. Cada año° se celebra el festival de *La Tomatina*. Durante todo un día°, miles de personas se tiran° tomates. Llegan turistas de todo el país, y se usan varias toneladas° de tomates.

setenta y cinco **75**

Lugares • **La Universidad de Salamanca**

La Universidad de Salamanca, fundada en 1218, es la más antigua° de España. Más de 35.000 estudiantes toman clases en la universidad. La universidad está en la ciudad de Salamanca, famosa por sus edificios° históricos, tales como° los puentes° romanos y las catedrales góticas.

Economía • **La Unión Europea**

Desde° 1992 España es miembro de la Unión Europea, un grupo de países europeos que trabaja para desarrollar° una política° económica y social común en Europa. La moneda de la mayoría de países de la Unión Europea es el euro.

Las meninas,
Diego Velázquez, 1656

Artes • **Velázquez y el Prado**

El Prado, en Madrid, es uno de los museos más famosos del mundo°. En el Prado hay pinturas° importantes de Botticelli, de El Greco y de los españoles Goya y Velázquez. *Las meninas* es la obra° más conocida° de Diego Velázquez, pintor° oficial de la corte real° durante el siglo° XVII.

Comida • **La paella**

La paella es uno de los platos más típicos de España. Siempre se prepara° con arroz° y azafrán°, pero hay diferentes recetas°. La paella valenciana, por ejemplo, es de pollo° y conejo°, y la paella marinera es de mariscos°.

Una playa de Ibiza

¿Qué aprendiste? Completa las oraciones con la información adecuada.

1. La _____ trabaja para desarrollar una política económica común en Europa.
2. El arroz y el azafrán son ingredientes básicos de la _____.
3. El Prado está en _____.
4. La universidad más antigua de España es la _____.
5. La ciudad de _____ es famosa por sus edificios históricos, tales como los puentes romanos.
6. El gallego es una de las lenguas oficiales de _____.

Conexión Internet Investiga estos temas en **descubre1.vhlcentral.com.**

1. Busca (*Look for*) información sobre la Universidad de Salamanca u otra universidad española. ¿Qué cursos ofrece (*does it offer*)?
2. Busca información sobre un español o una española célebre (por ejemplo, un(a) político/a, un actor, una actriz, un(a) artista). ¿De qué parte de España es y por qué es célebre?

más antigua *oldest* edificios *buildings* tales como *such as* puentes *bridges* Desde *Since* desarrollar *develop* política *policy* mundo *world* pinturas *paintings* obra *work* más conocida *best-known* pintor *painter* corte real *royal court* siglo *century* Siempre se prepara *It is always prepared* arroz *rice* azafrán *saffron* recetas *recipes* pollo *chicken* conejo *rabbit* mariscos *seafood*

Practice more at
descubre1.vhlcentral.com.

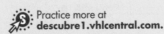

La clase

el/la compañero/a de clase	classmate
el/la compañero/a de cuarto	roommate
el/la estudiante	student
el/la profesor(a)	teacher
el borrador	eraser
el escritorio	desk
el libro	book
el mapa	map
la mesa	table
la mochila	backpack
el papel	paper
la papelera	wastebasket
la pizarra	blackboard
la pluma	pen
la puerta	door
el reloj	clock; watch
la silla	seat
la tiza	chalk
la ventana	window
la biblioteca	library
la cafetería	cafeteria
la casa	house; home
el estadio	stadium
el laboratorio	laboratory
la librería	bookstore
la residencia estudiantil	dormitory
la universidad	university; college
la clase	class
el curso, la materia	course
la especialización	major
el examen	test; exam
el horario	schedule
la prueba	test; quiz
el semestre	semester
la tarea	homework
el trimestre	trimester; quarter

Las materias

la administración de empresas	business administration
el arte	art
la biología	biology
las ciencias	sciences
la computación	computer science
la contabilidad	accounting
la economía	economics
el español	Spanish
la física	physics
la geografía	geography
la historia	history
las humanidades	humanities
el inglés	English
las lenguas extranjeras	foreign languages
la literatura	literature
las matemáticas	mathematics
la música	music
el periodismo	journalism
la psicología	psychology
la química	chemistry
la sociología	sociology

Preposiciones

al lado de	next to; beside
a la derecha de	to the right of
a la izquierda de	to the left of
en	in; on
cerca de	near
con	with
debajo de	below; under
delante de	in front of
detrás de	behind
encima de	on top of
entre	between; among
lejos de	far from
sin	without
sobre	on; over

Palabras adicionales

¿Adónde?	Where (to)?
ahora	now
¿Cuál?, ¿Cuáles?	Which?; Which one(s)?
¿Por qué?	Why?
porque	because

Verbos

bailar	to dance
buscar	to look for
caminar	to walk
cantar	to sing
cenar	to have dinner
comprar	to buy
contestar	to answer
conversar	to converse, to chat
desayunar	to have breakfast
descansar	to rest
desear	to wish; to desire
dibujar	to draw
enseñar	to teach
escuchar la radio/ música	to listen (to) the radio/music
esperar (+ *inf.*)	to wait (for); to hope
estar	to be
estudiar	to study
explicar	to explain
gustar	to like
hablar	to talk; to speak
llegar	to arrive
llevar	to carry
mirar	to look (at); to watch
necesitar (+ *inf.*)	to need
practicar	to practice
preguntar	to ask (a question)
preparar	to prepare
regresar	to return
terminar	to end; to finish
tomar	to take; to drink
trabajar	to work
viajar	to travel

Los días de la semana

¿Cuándo?	When?
¿Qué día es hoy?	What day is it?
Hoy es…	Today is…
la semana	week
lunes	Monday
martes	Tuesday
miércoles	Wednesday
jueves	Thursday
viernes	Friday
sábado	Saturday
domingo	Sunday

Numbers 31 and higher	See pages 63–64.
Expresiones útiles	See page 45.

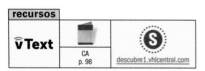

La familia

3

Communicative Goals

You will learn how to:

- Talk about your family and friends
- Describe people and things
- Express ownership

A PRIMERA VISTA

- ¿Hay cuatro personas en la foto?
- ¿Hay una mujer a la izquierda? ¿Y a la derecha?
- ¿Está el hombre al lado de la mujer?
- ¿Conversan ellos? ¿Trabajan? ¿Viajan? ¿Caminan?

La familia

Más vocabulario

los abuelos	grandparents
el/la bisabuelo/a	great-grandfather/great-grandmother
el/la gemelo/a	twin
el/la hermanastro/a	stepbrother/stepsister
el/la hijastro/a	stepson/stepdaughter
la madrastra	stepmother
el medio hermano/ la media hermana	half-brother/ half-sister
el padrastro	stepfather
los padres	parents
los parientes	relatives
el/la cuñado/a	brother-in-law/ sister-in-law
la nuera	daughter-in-law
el/la suegro/a	father-in-law/ mother-in-law
el yerno	son-in-law
el/la amigo/a	friend
el apellido	last name
la gente	people
el/la muchacho/a	boy/girl
el/la niño/a	child
el/la novio/a	boyfriend/girlfriend
la persona	person
el/la artista	artist
el/la ingeniero/a	engineer
el/la doctor(a), el/la médico/a	doctor; physician
el/la periodista	journalist
el/la programador(a)	computer programmer

Variación léxica

madre ⟷ mamá, mami (colloquial)
padre ⟷ papá, papi (colloquial)
muchacho/a ⟷ chico/a

La familia de José Miguel Pérez Santoro

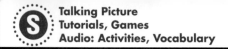

Juan Santoro Sánchez

mi abuelo (*my grandfather*)

Ernesto Santoro González

mi tío (*uncle*)
hijo (*son*) de Juan y Socorro

Marina Gutiérrez de Santoro

mi tía (*aunt*)
esposa (*wife*) de Ernesto

Silvia Socorro Santoro Gutiérrez

mi prima (*cousin*)
hija (*daughter*) de Ernesto y Marina

Héctor Manuel Santoro Gutiérrez

mi primo (*cousin*)
nieto (*grandson*) de Juan y Socorro

Carmen Santoro Gutiérrez

mi prima
hija de Ernesto y Marina

¡LENGUA VIVA!

In Spanish-speaking countries, it is common for people to go by both first name and middle name, such as **José Miguel**. You will learn more about names and naming conventions on p. 86.

Socorro González de Santoro

mi abuela (*my grandmother*)

Mirta Santoro de Pérez

mi madre (*mother*)
hija de Juan y Socorro

Rubén Ernesto Pérez Gómez

mi padre (*father*)
esposo de mi madre

José Miguel Pérez Santoro

hijo de Rubén y de Mirta

Beatriz Alicia Pérez de Morales

mi hermana (*sister*)

Felipe Morales Zapata

esposo (*husband*)
de Beatriz Alicia

Víctor Miguel Morales Pérez

mi sobrino (*nephew*)
hermano (*brother*)
de Anita

Anita Morales Pérez

mi sobrina (*niece*)
nieta (*granddaughter*)
de mis padres

los hijos (*children*) **de Beatriz Alicia y de Felipe**

Práctica

1 **Escuchar** 🎧 Listen to each statement made by José Miguel Pérez Santoro, then indicate whether it is **cierto** or **falso**, based on his family tree.

	Cierto	Falso		Cierto	Falso
1.	○	○	6.	○	○
2.	○	○	7.	○	○
3.	○	○	8.	○	○
4.	○	○	9.	○	○
5.	○	○	10.	○	○

2 **Personas** 🎧 Indicate each word that you hear mentioned in the narration.

1. _____ cuñado
2. _____ tía
3. _____ periodista
4. _____ niño
5. _____ esposo
6. _____ abuelos
7. _____ ingeniera
8. _____ primo

3 **Emparejar** Match the letter of each phrase with the correct description. Two items will not be used.

1. Mi hermano programa las computadoras.
2. Son los padres de mi esposo.
3. Son los hijos de mis (*my*) tíos.
4. Mi tía trabaja en un hospital.
5. Es el hijo de mi madrastra y el hijastro de mi padre.
6. Es el esposo de mi hija.
7. Es el hijo de mi hermana.
8. Mi primo dibuja y pinta mucho.
9. Mi hermanastra enseña en la universidad.
10. Mi padre trabaja con planos (*blueprints*).

a. Es médica.
b. Es mi hermanastro.
c. Es programador.
d. Es ingeniero.
e. Son mis suegros.
f. Es mi novio.
g. Es mi padrastro.
h. Son mis primos.
i. Es artista.
j. Es profesora.
k. Es mi sobrino.
l. Es mi yerno.

4 **Definiciones** Define these family terms in Spanish.

> **modelo**
> hijastro *Es el hijo de mi esposo/a, pero no es mi hijo.*

1. abuela
2. bisabuelo
3. tío
4. parientes
5. suegra
6. cuñado
7. nietos
8. medio hermano

5   **Escoger** Complete the description of each photo using words you have learned in **Contextos**.

1. La _____ de Sara es muy grande.

2. Héctor y Lupita son _____.

3. Alberto Díaz es _____.

4. Rubén camina con su _____.

5. Los dos _____ están en el parque.

6. Don Manuel es el _____ de Martín.

7. Elena Vargas Soto es _____.

8. Irene es _____.

 Practice more at **descubre1.vhlcentral.com.**

Comunicación

6

Una familia With a classmate, identify the members in the family tree by asking questions about how each family member is related to Graciela Vargas García.

> **modelo**
>
> **Estudiante 1:** ¿Quién es Beatriz Pardo de Vargas?
> **Estudiante 2:** Es la abuela de Graciela.

CONSULTA

To see the cities where these family members live, look at the map in **Panorama** on p. 112.

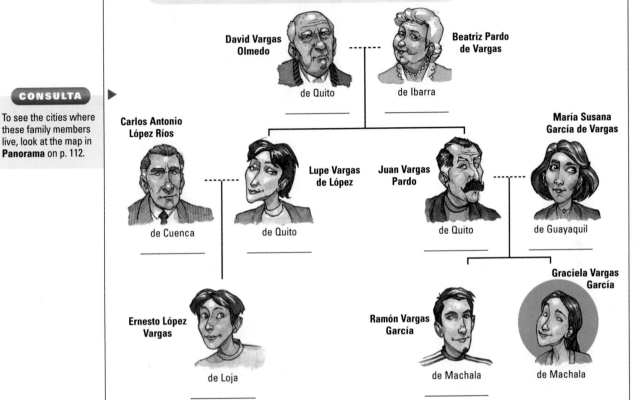

David Vargas Olmedo — de Quito

Beatriz Pardo de Vargas — de Ibarra

Carlos Antonio López Ríos — de Cuenca

Lupe Vargas de López — de Quito

Juan Vargas Pardo — de Quito

María Susana García de Vargas — de Guayaquil

Ernesto López Vargas — de Loja

Ramón Vargas García — de Machala

Graciela Vargas García — de Machala

Now take turns asking each other these questions. Then invent three original questions.

1. ¿Cómo se llama el primo de Graciela?
2. ¿Cómo se llama la hija de David y de Beatriz?
3. ¿De dónde es María Susana?
4. ¿De dónde son Ramón y Graciela?
5. ¿Cómo se llama el yerno de David y de Beatriz?
6. ¿De dónde es Carlos Antonio?
7. ¿De dónde es Ernesto?
8. ¿Cuáles son los apellidos del sobrino de Lupe?

7

Preguntas personales With a classmate, take turns asking each other these questions.

1. ¿Cuántas personas hay en tu familia?
2. ¿Cómo se llaman tus padres? ¿De dónde son? ¿Dónde trabajan?
3. ¿Cuántos hermanos tienes? ¿Cómo se llaman? ¿Dónde estudian o trabajan?
4. ¿Cuántos primos tienes? ¿Cuáles son los apellidos de ellos? ¿Cuántos son niños y cuántos son adultos? ¿Hay más chicos o más chicas en tu familia?
5. ¿Quién es tu pariente favorito?
6. ¿Tienes mejor amigo/a? ¿Cómo se llama?

AYUDA

tu *your* (sing.)
tus *your* (plural)
mi *my* (sing.)
mis *my* (plural)
tienes *you have*
tengo *I have*

¿Es grande tu familia?

Los chicos hablan de sus familias en el autobús.

PERSONAJES

MAITE

INÉS

DON FRANCISCO

ÁLEX

JAVIER

MAITE Inés, ¿tienes una familia grande?

INÉS Pues, sí... mis papás, mis abuelos, cuatro hermanas y muchos tíos y primos.

INÉS Sólo tengo un hermano mayor, Pablo. Su esposa, Francesca, es médica. No es ecuatoriana, es italiana. Sus papás viven en Roma, creo. Vienen de visita cada año. Ah... y Pablo es periodista.

MAITE ¡Qué interesante!

INÉS ¿Y tú, Javier? ¿Tienes hermanos?

JAVIER No, pero aquí tengo unas fotos de mi familia.

INÉS ¡Ah! ¡Qué bien! ¡A ver!

INÉS ¿Y cómo es él?

JAVIER Es muy simpático. Él es viejo, pero es un hombre muy trabajador.

MAITE Oye, Javier, ¿qué dibujas?

JAVIER ¿Eh? ¿Quién? ¿Yo? ¡Nada!

MAITE ¡Venga! ¡No seas tonto!

MAITE Jaaavieeer... Oye, pero ¡qué bien dibujas!

JAVIER Este... pues... ¡Sí! ¡Gracias!

recursos

vText | CA pp. 55–56 | descubre1.vhlcentral.com

4

JAVIER ¡Aquí están!

INÉS ¡Qué alto es tu papá!
Y tu mamá, ¡qué bonita!

5

JAVIER Mira, aquí estoy yo.
Y éste es mi abuelo. Es el
padre de mi mamá.

INÉS ¿Cuántos años tiene tu
abuelo?

JAVIER Noventa y dos.

9

MAITE Álex, mira, ¿te gusta?

ÁLEX Sí, mucho. ¡Es muy bonito!

10

DON FRANCISCO Epa, ¿qué pasa
con Inés y Javier?

Expresiones útiles

Talking about your family

- **¿Tienes una familia grande?**
  Do you have a large family?
  **Sí... mis papás, mis abuelos,
  cuatro hermanas y muchos tíos.**
  *Yes... my parents, my
  grandparents, four sisters, and
  many (aunts and) uncles.*
  **Sólo tengo un hermano
  mayor/menor.**
  *I only have one older/younger
  brother.*

- **¿Tienes hermanos?**
  *Do you have siblings (brothers
  or sisters)?*
  No, soy hijo único.
  No, I'm an only (male) child.

- **Su esposa, Francesca, es médica.**
  His wife, Francesca, is a doctor.
  No es ecuatoriana, es italiana.
  She's not Ecuadorian; she's Italian.
  Pablo es periodista.
  Pablo is a journalist.
  Es el padre de mi mamá.
  He is my mother's father.

Describing people

- **¡Qué alto es tu papá!**
  How tall your father is!
- **Y tu mamá, ¡qué bonita!**
  And your mother, how pretty!

- **¿Cómo es tu abuelo?**
  What is your grandfather like?
  Es simpático.
  He's nice.
  Es viejo.
  He's old.
  Es un hombre muy trabajador.
  He's a very hard-working man.

Saying how old people are

- **¿Cuántos años tienes?**
  How old are you?
- **¿Cuántos años tiene tu abuelo?**
  How old is your grandfather?
  Noventa y dos.
  Ninety-two.

¿Qué pasó?

1 ¿Cierto o falso? Indicate whether each sentence is **cierto** or **falso**. Correct the false statements.

	Cierto	Falso
1. Inés tiene una familia grande.	○	○
2. El hermano de Inés es médico.	○	○
3. Francesca es de Italia.	○	○
4. Javier tiene cuatro hermanos.	○	○
5. El abuelo de Javier tiene ochenta años.	○	○
6. Javier habla del padre de su (*his*) padre.	○	○

2 Identificar Indicate which person would make each statement. The names may be used more than once. **¡Ojo!** One name will not be used.

1. Tengo una familia grande. Tengo un hermano, cuatro hermanas y muchos primos.
2. Mi abuelo tiene mucha energía. Trabaja mucho.
3. ¿Es tu mamá? ¡Es muy bonita!
4. Oye, chico... ¿qué dibujas?
5. ¿Fotos de mi familia? ¡Tengo muchas!
6. Mmm... Inés y Javier... ¿qué pasa con ellos?
7. ¡Dibujas muy bien! Eres un artista excelente.
8. Mmm... ¿Yo? ¡No dibujo nada!

ÁLEX

JAVIER

INÉS   **MAITE**

DON FRANCISCO

3 Escribir In pairs, choose Don Francisco, Álex, or Maite and write a brief description of his or her family. Be creative!

MAITE

Maite es de España. ¿Cómo es su familia?

ÁLEX

Álex es de México. ¿Cómo es su familia?

DON FRANCISCO

Don Francisco es del Ecuador. ¿Cómo es su familia?

4 Conversar With a partner, use these questions to talk about your families.

1. ¿Cuántos años tienes?
2. ¿Tienes una familia grande?
3. ¿Tienes hermanos o hermanas?
4. ¿Cuántos años tiene tu abuelo (tu hermana, tu primo, etc.)?
5. ¿De dónde son tus padres?

AYUDA

Here are some expressions to help you talk about age.

Yo tengo... años.
I am... years old.

Mi abuelo tiene... años.
My grandfather is... years old.

 Practice more at **descubre1.vhlcentral.com.**

Pronunciación 🎧
Diphthongs and linking

hermano	**niña**	**cuñado**

In Spanish, **a**, **e**, and **o** are considered strong vowels. The weak vowels are **i** and **u**.

ruido	**parientes**	**periodista**

A diphthong is a combination of two weak vowels or of a strong vowel and a weak vowel. Diphthongs are pronounced as a single syllable.

mi hijo   **una clase excelente**

Two identical vowel sounds that appear together are pronounced like one long vowel.

la abuela

con Natalia	**sus sobrinos**	**las sillas**

Two identical consonants together sound like a single consonant.

es ingeniera	**mis abuelos**	**sus hijos**

A consonant at the end of a word is linked with the vowel at the beginning of the next word.

mi hermano	**su esposa**	**nuestro amigo**

A vowel at the end of a word is linked with the vowel at the beginning of the next word.

Práctica Say these words aloud, focusing on the diphthongs.

1. historia	5. residencia	9. lenguas
2. nieto	6. prueba	10. estudiar
3. parientes	7. puerta	11. izquierda
4. novia	8. ciencias	12. ecuatoriano

Oraciones Read these sentences aloud to practice diphthongs and linking words.

1. Hola. Me llamo Anita Amaral. Soy del Ecuador.
2. Somos seis en mi familia.
3. Tengo dos hermanos y una hermana.
4. Mi papá es del Ecuador y mi mamá es de España.

Refranes Read these sayings aloud to practice diphthongs and linking sounds.

Cuando una puerta se cierra, otra se abre.[1]

Hablando del rey de Roma, por la puerta se asoma.[2]

1 When one door closes, another opens.
2 Speak of the devil and he will appear.

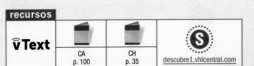

recursos			
v̂ Text	CA p. 100	CH p. 35	descubre1.vhlcentral.com

EN DETALLE

¿Cómo te llamas?

In the Spanish-speaking world, it is common to have two last names. The first last name is inherited from the father and the second from the mother. In some cases, the conjunctions **de** or **y** are used to connect the two last names. For example, in the name **Juan Martínez de Velasco,** *Martínez* is the paternal surname (**el apellido paterno**), and *Velasco* is the maternal surname (**el apellido materno**); **de** simply links the two names. This convention of using two last names (**doble apellido**) is a European tradition that Spaniards brought to the Americas and continues to be practiced in many countries, including Chile, Colombia, Mexico, Peru, and Venezuela. There are exceptions, however; in Argentina, the prevailing custom is to use only the father's last name.

When a woman marries in a country where two last names are used, legally she retains her two maiden surnames. However, socially she may take her husband's paternal surname in

Gabriel García Márquez   **Mercedes Barcha Pardo**

Rodrigo García Barcha

place of her inherited maternal surname. Therefore, now that **Mercedes Barcha Pardo** is married to Colombian writer **Gabriel García Márquez,** she could use **Mercedes Barcha García** or **Mercedes Barcha de García** in social situations, although officially her name remains **Mercedes Barcha Pardo**. (Adopting a husband's last name for social purposes, though widespread, is only legally recognized in Ecuador and Peru.)

Regardless of the surnames the mother uses, most parents do not break tradition upon naming their children; they maintain the father's first surname followed by the mother's first surname, as in the name **Rodrigo García Barcha.** However, one should note that both surnames come from the grandfathers, and therefore all **apellidos** are effectively paternal.

Hijos en la casa

In Spanish-speaking countries, family and society place very little pressure on young adults to live on one's own (**independizarse**), and children often live with their parents well into their thirties. Although reluctance to live on one's own is partly cultural, the main reason is economic—lack of job security or low wages coupled with a high cost of living make it impractical for young adults to live independently before they marry. For example, about 60% of Spaniards under 34 years of age live at home with their parents.

ACTIVIDADES

1 **¿Cierto o falso?** Indicate whether these statements are **cierto** or **falso**. Correct the false statements.

1. Most Spanish-speaking people have three last names.

2. Hispanic last names generally consist of the paternal last name followed by the maternal last name.

3. It is common to see **de** or **y** used in a Hispanic last name.

4. Someone from Argentina would most likely have two last names.

5. Generally, married women legally retain two maiden surnames.

6. In social situations, a married woman often uses her husband's last name in place of her inherited paternal surname.

7. Adopting a husband's surname is only legally recognized in Peru and Ecuador.

8. Hispanic last names are effectively a combination of the maternal surnames from the previous generation.

ASÍ SE DICE

Familia y amigos

el/la bisnieto/a	*great-grandson/daughter*
el/la chamaco/a (Méx.); el/la chamo/a (Ven.); el/la chaval(a) (Esp.)	el/la muchacho/a
el/la colega (Esp.)	el/la amigo/a
mi cuate (Méx.); mi parcero/a (Col.); mi pana (Ven., P. Rico, Rep. Dom.)	*my pal; my buddy*
la madrina	*godmother*
el padrino	*godfather*
el/la tatarabuelo/a	*great-great-grandfather/ great-great-grandmother*

EL MUNDO HISPANO

Las familias

Although worldwide population trends show a decrease in average family size, households in many Spanish-speaking countries are still larger than their U.S. counterparts.

○ **Colombia** 3,9 personas

○ **México** 4,3 personas

○ **Argentina** 3,6 personas

○ **Uruguay** 3,0 personas

○ **España** 2,9 personas

○ **Estados Unidos** 2,6 personas

La familia real española

Undoubtedly, Spain's most famous family is **la familia real** (*Royal*). In 1962, then-prince **Juan Carlos de Borbón**, living in exile in Italy, married Princess **Sofía** of Greece. Then, in the late 1970s, **el rey** (*King*) **Juan Carlos** and **la reina** (*Queen*) **Sofía** returned to Spain and helped to transition the country to democracy after a forty-year dictatorship. The royal couple, who enjoys immense public support, has three children: **las infantas** (*Princesses*) **Elena** and **Cristina**, and a son, **el príncipe** (*Prince*) **Felipe**, whose official title is **el príncipe de Asturias**. In 2004, Felipe married **Letizia Ortiz Rocasolano** (now **la princesa de Asturias**), a journalist and TV presenter. A year later, the future king and queen had their first child, **la infanta Leonor**.

Conexión Internet

What role do **padrinos** and **madrinas** have in today's Hispanic family?

Go to descubre1.vhlcentral.com to find more cultural information related to this **Cultura** section.

ACTIVIDADES

2 Comprensión Complete these sentences.

1. Spain's royals were responsible for guiding in _____.
2. In Spanish, your godmother is called _____.
3. Princess Leonor is the _____ of Queen Sofía.
4. Uruguay's average household has _____ people.
5. If a Venezuelan calls you **mi pana**, you are that person's _____.

3 Una familia famosa Create a genealogical tree of a famous family, using photos or drawings labeled with names and ages. Present the family tree to a classmate and explain who the people are and their relationships to each other.

Practice more at **descubre1.vhlcentral.com**.

recursos

v Text

CH p. 36

descubre1.vhlcentral.com

3.1 Descriptive adjectives

ANTE TODO Adjectives are words that describe people, places, and things. In Spanish, descriptive adjectives are used with the verb **ser** to point out characteristics such as nationality, size, color, shape, personality, and appearance.

Forms and agreement of adjectives

COMPARE & CONTRAST

In English, the forms of descriptive adjectives do not change to reflect the gender (masculine/feminine) and number (singular/plural) of the noun or pronoun they describe.

*Juan is **nice**.*   *Elena is **nice**.*   *They are **nice**.*

In Spanish, the forms of descriptive adjectives agree in gender and/or number with the nouns or pronouns they describe.

Juan es simpátic**o**.   Elena es simpátic**a**.   Ellos son simpátic**os**.

▶ Adjectives that end in **-o** have four different forms. The feminine singular is formed by changing the **-o** to **-a**. The plural is formed by adding **-s** to the singular forms.

Masculine		Feminine	
SINGULAR	**PLURAL**	**SINGULAR**	**PLURAL**
el muchach**o** alt**o**	los muchach**os** alt**os**	la muchach**a** alt**a**	las muchach**as** alt**as**

Mi abuelo es muy simpático.

¡Qué alto es tu papá! Y tu mamá, ¡qué bonita!

▶ Adjectives that end in **-e** or a consonant have the same masculine and feminine forms.

Masculine		Feminine	
SINGULAR	**PLURAL**	**SINGULAR**	**PLURAL**
el chico inteligent**e**	los chicos inteligent**es**	la chica inteligent**e**	las chicas inteligent**es**
el examen difícil	los exámenes difíci**les**	la clase difícil	las clases difíci**les**

▶ Adjectives that end in **-or** are variable in both gender and number.

Masculine		Feminine	
SINGULAR	**PLURAL**	**SINGULAR**	**PLURAL**
el hombre trabajad**or**	los hombres trabajad**ores**	la mujer trabajad**ora**	las mujeres trabajad**oras**

▶ Adjectives that refer to nouns of different genders use the masculine plural form.

Manuel es alto.   Lola es alta.   Manuel y Lola son altos.

Common adjectives

alto/a	tall	**gordo/a**	fat	**moreno/a**	brunet(te)
antipático/a	unpleasant	**grande**	big; large	**mucho/a**	much; many; a lot of
bajo/a	short (in height)	**guapo/a**	good-looking		
		importante	important	**pelirrojo/a**	red-haired
bonito/a	pretty	**inteligente**	intelligent	**pequeño/a**	small
bueno/a	good	**interesante**	interesting	**rubio/a**	blond(e)
delgado/a	thin; slender	**joven**	young	**simpático/a**	nice; likeable
difícil	hard; difficult	**(jóvenes)**		**tonto/a**	silly; foolish
fácil	easy	**malo/a**	bad	**trabajador(a)**	hard-working
feo/a	ugly	**mismo/a**	same	**viejo/a**	old

AYUDA

Many adjectives are cognates, that is, words that share similar spellings and meanings in Spanish and English.

A cognate can be a noun like **profesor** or a descriptive adjective like **interesante**.

Adjectives of nationality

▶ Unlike in English, Spanish adjectives of nationality are **not** capitalized. Proper names of countries, however, are capitalized.

Some adjectives of nationality

alemán, alemana	German	**inglés, inglesa**	English
canadiense	Canadian	**italiano/a**	Italian
chino/a	Chinese	**japonés, japonesa**	Japanese
ecuatoriano/a	Ecuadorian	**mexicano/a**	Mexican
español(a)	Spanish	**norteamericano/a**	(North) American
estadounidense	from the U.S.	**puertorriqueño/a**	Puerto Rican
francés, francesa	French	**ruso/a**	Russian

▶ Adjectives of nationality are formed like other descriptive adjectives. Those that end in **-o** form the feminine by changing the **-o** to **-a**.

chino ⟶ china   mexicano ⟶ mexicana

The plural is formed by adding an **-s** to the masculine or feminine form.

chino ⟶ chinos   mexicana ⟶ mexicanas

▶ Adjectives of nationality that end in **-e** have only two forms, singular and plural.

canadiense ⟶ canadienses   estadounidense ⟶ estadounidenses

▶ Adjectives of nationality that end in a consonant form the feminine by adding **–a.**

alemán ⟶ alemana   español ⟶ española
japonés   japonesa   inglés   inglesa

▶ Adjectives of nationality which carry an accent mark on the last syllable drop it in the feminine and plural forms.

inglés ⟶ inglesa   alemán ⟶ alemanes

Position of adjectives

▶ Descriptive adjectives and adjectives of nationality generally follow the nouns they modify.

El niño **rubio** es de España.
The blond boy is from Spain.

La mujer **española** habla inglés.
The Spanish woman speaks English.

▶ Unlike descriptive adjectives, adjectives of quantity are placed before the modified noun.

Hay **muchos** libros en la biblioteca.
There are many books in the library.

Hablo con **dos** turistas puertorriqueños.
I am talking with two Puerto Rican tourists.

▶ **Bueno/a** and **malo/a** can be placed before or after a noun. When placed before a masculine singular noun, the forms are shortened: **bueno** → **buen; malo** → **mal**.

Joaquín es un **buen** amigo.
Joaquín es un amigo **bueno.**   ⟶   *Joaquín is a good friend.*

Hoy es un **mal** día.
Hoy es un día **malo.**   ⟶   *Today is a bad day.*

▶ When **grande** appears before a singular noun, it is shortened to **gran,** and the meaning of the word changes: **gran** = *great* and **grande** = *big, large.*

Don Francisco es un **gran** hombre.
Don Francisco is a great man.

La familia de Inés es **grande.**
Inés' family is large.

¡INTÉNTALO!   Provide the appropriate forms of the adjectives. The first item in each group has been done for you.

simpático

1. Mi hermano es ___simpático___.
2. La profesora Martínez es simpatica.
3. Rosa y Teresa son simpaticas
4. Nosotros somos simpaticos

alemán

1. Hans es ___alemán___.
2. Mis primas son alemanas
3. Marcus y yo somos alemanes
4. Mi tía es aleman

difícil

1. La química es ___difícil___.
2. El curso es dificil.
3. Las pruebas son dificiles.
4. Los libros son dificiles

guapo

1. Su esposo es ___guapo___.
2. Mis sobrinas son guapas
3. Los padres de ella son guapos.
4. Marta es guapa

Práctica

1

Emparejar Find the words in column B that are the opposite of the words in column A. One word in B will not be used.

Marcos

Jorge

A	**B**
1. guapo	a. delgado
2. moreno	b. pequeño
3. alto	c. malo
4. gordo	d. feo
5. joven	e. viejo
6. grande	f. rubio
7. simpático	g. antipático
	h. bajo

2

Completar Indicate the nationalities of these people by selecting the correct adjectives and changing their forms when necessary.

NOTA CULTURAL

Carlos Fuentes (1928–) is one of Mexico's best-known living writers. His novel, **La muerte** (*death*) **de Artemio Cruz**, explores the psyche of a Mexican revolutionary.

1. Una persona del Ecuador es _____.
▶ 2. Carlos Fuentes es un gran escritor (*writer*) de México; es _____.
3. Los habitantes de Vancouver son _____.
4. Giorgio Armani es un diseñador de modas (*fashion designer*) _____.
5. Gérard Depardieu es un actor _____.
6. Tony Blair y Margaret Thatcher son _____.
7. Claudia Schiffer y Boris Becker son _____.
8. Los habitantes de Puerto Rico son _____.

3

Describir Look at the drawing and describe each family member using as many adjectives as possible.

Carlos Romero Sandoval

Josefina Barcos de Romero

Susana Romero Barcos

Tomás Romero Barcos

Alberto Romero Pereda

1. Susana Romero Barcos es _____.
2. Tomás Romero Barcos es _____.
3. Los dos hermanos son _____.
4. Josefina Barcos de Romero es _____.
5. Carlos Romero Sandoval es _____.
6. Alberto Romero Pereda es _____.
7. Tomás y su (*his*) padre son _____.
8. Susana y su (*her*) madre son _____.

Comunicación

4

¿Cómo es? With a partner, take turns describing each item on the list. Tell your partner whether you agree (**Estoy de acuerdo**) or disagree (**No estoy de acuerdo**) with the descriptions.

AYUDA

Here are some tips to help you complete the descriptions:
- **Jim Carrey es actor de cine.**
- **Celine Dion es cantante.**
- **Steven Spielberg es director de cine.**

> *modelo*
> San Francisco
> **Estudiante 1:** *San Francisco es una ciudad (city) muy bonita.*
> **Estudiante 2:** *No estoy de acuerdo. Es muy fea.*

1. Nueva York
2. Jim Carrey
3. las canciones (*songs*) de Celine Dion
4. el presidente de los Estados Unidos
5. Steven Spielberg
6. la primera dama (*first lady*) de los Estados Unidos
7. el/la profesor(a) de español
8. las personas de Los Ángeles
9. las flores de primavera (*spring*)
10. mi clase de español

5

Perfil personal Write a personal profile for your school newspaper. Describe yourself and your ideal best friend. Then compare your profile with a classmate's. How are you similar and how are you different? Are you looking for the same things in a best friend?

SOY ALTA, morena y bonita. Soy ecuatoriana, de Quito. Estudio arte en la universidad. Busco un chico similar. Mi novio ideal es alto, moreno, inteligente y muy simpático.

 Practice more at **descubre1.vhlcentral.com.**

Síntesis

6

Diferencias Your teacher will give you and a partner each a drawing of a family. Find at least five more differences between your picture and your partner's.

> *modelo*
> **Estudiante 1:** *Susana, la madre, es rubia.*
> **Estudiante 2:** *No, la madre es morena.*

recursos

vText

CA
pp. 11–12

3.2 Possessive adjectives

ANTE TODO Possessive adjectives, like descriptive adjectives, are words that are used to qualify people, places, or things. Possessive adjectives express the quality of ownership or possession.

Forms of possessive adjectives

SINGULAR FORMS	PLURAL FORMS	
mi	**mis**	*my*
tu	**tus**	*your* (fam.)
su	**sus**	*his, her, its, your* (form.)
nuestro/a	**nuestros/as**	*our*
vuestro/a	**vuestros/as**	*your* (fam.)
su	**sus**	*their, your* (form.)

COMPARE & CONTRAST

In English, possessive adjectives are invariable; that is, they do not agree in gender and number with the nouns they modify. Spanish possessive adjectives, however, do agree in number with the nouns they modify.

my cousin	*my cousins*	*my aunt*	*my aunts*
mi primo	**mis** primos	**mi** tía	**mis** tías

The forms **nuestro** and **vuestro** agree in both gender and number with the nouns they modify.

| nuestr**o** prim**o** | nuestr**os** prim**os** | nuestr**a** tí**a** | nuestr**as** tí**as** |

AYUDA

Look at the context, focusing on nouns and pronouns, to help you determine the meaning of **su(s)**.

▶ Possessive adjectives are always placed before the nouns they modify.

—¿Está **tu novio** aquí?   —No, **mi novio** está en la biblioteca.
Is your boyfriend here?   *No, my boyfriend is in the library.*

▶ Because **su** and **sus** have multiple meanings (*your, his, her, their, its*), you can avoid confusion by using this construction instead: [*article*] + [*noun*] + **de** + [*subject pronoun*].

	los parientes **de él/ella**	*his/her relatives*
sus parientes	los parientes **de Ud./Uds.**	*your relatives*
	los parientes **de ellos/ellas**	*their relatives*

recursos

v̂Text

CA
p. 102

CP
pp. 27–28

CH
pp. 39–40

descubre1.
vhlcentral.com

¡INTÉNTALO! Provide the appropriate form of each possessive adjective.

Singular

1. Es ____mi____ (*my*) libro.
2. _____ (*My*) familia es ecuatoriana.
3. ____ (*Your,* fam.) novio es italiano.
4. _____ (*Our*) profesor es español.
5. Es _____ (*her*) reloj.
6. Es _____ (*your,* fam.) mochila.
7. Es _____ (*your,* form.) maleta.
8. ____ (*Their*) sobrina es alemana.

Plural

1. ____Sus____ (*Her*) primos son franceses.
2. _____ (*Our*) primos son canadienses.
3. Son _____ (*their*) lápices.
4. _____ (*Their*) nietos son japoneses.
5. Son _____ (*our*) plumas.
6. Son _____ (*my*) papeles.
7. _____ (*My*) amigas son inglesas.
8. Son _____ (*his*) cuadernos.

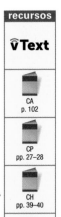

Práctica

1 **La familia de Manolo** Complete each sentence with the correct possessive adjective. Use the subject of each sentence as a guide.

1. Me llamo Manolo, y _____ (nuestro, mi, sus) hermano es Federico.
2. _____ (Nuestra, Sus, Mis) madre Silvia es profesora y enseña química.
3. Ella admira a _____ (tu, nuestro, sus) estudiantes porque trabajan mucho.
4. Yo estudio en la misma escuela, pero no tomo clases con _____ (mi, nuestras, tus) madre.
5. Federico trabaja en una oficina con _____ (mis, tu, nuestro) padre.
6. _____ (Mi, Su, Tu) oficina está en el centro de Quito.
7. Javier y Óscar son _____ (mis, mi, sus) tíos de Guayaquil.
8. ¿Y tú? ¿Cómo es _____ (mi, su, tu) familia?

2 **Clarificar** Clarify each sentence with a prepositional phrase. Follow the model.

> **modelo**
> **Su hermana es muy bonita. (ella)**
> *La hermana de ella es muy bonita.*

1. Su casa es muy grande. (ellos) _____
2. ¿Cómo se llama su hermano? (ellas) _____
3. Sus padres trabajan en el centro. (ella) _____
4. Sus abuelos son muy simpáticos. (él) _____
5. Maribel es su prima. (ella) _____
6. Su primo lee los libros. (ellos) _____

3 **¿Dónde está?** With a partner, imagine that you can't remember where you put some of the belongings you see in the pictures. Your partner will help you by reminding you where your things are. Take turns playing each role.

CONSULTA

For a list of useful prepositions, refer to the table *Prepositions often used with* **estar**, in **Estructura 2.3**, p. 60.

> **modelo**
> **Estudiante 1:** *¿Dónde está mi mochila?*
> **Estudiante 2:** *Tu mochila está encima del escritorio.*

1.

2.

3.

4.

5.

6.

 Practice more at **descubre1.vhlcentral.com.**

Comunicación

4

Describir With a partner, take turns describing the people and places in the list.

> **modelo**
>
> la biblioteca de su escuela
> La biblioteca de nuestra escuela es muy grande. Hay muchos libros
> en la biblioteca. Mis amigos y yo estudiamos en la biblioteca.

1. tu profesor favorito
2. tu profesora favorita
3. su clase de español
4. la biblioteca de su escuela
5. tus padres
6. tus abuelos
7. tu mejor (*best*) amigo
8. tu mejor amiga
9. su escuela
10. tu país de origen

5

Una familia In small groups, each student pretends to be a different member of the family pictured and shares that person's private thoughts about the others in the family. Make two positive comments and two negative ones.

> **modelo**
>
> **Estudiante 1:** Mi hijo Roberto es muy trabajador. Estudia mucho y siempre
> termina su tarea.
>
> **Estudiante 2:** Nuestra familia es difícil. Mis padres no escuchan mis opiniones.

Síntesis

6

Describe a tu familia Describe your family to two classmates, using several sentences (**Mi padre es alto y moreno. Mi madre es delgada y muy bonita. Mis hermanos son...**). They will work together to try to repeat your description (**Su padre es alto y moreno. Su madre...**). If they forget any details, they will ask you questions (**¿Es alto tu hermano?**). Alternate roles until all of you have described your families.

[3.3] Present tense of -er and -ir verbs

ANTE TODO   In **Lección 2,** you learned how to form the present tense of regular **-ar** verbs. You also learned about the importance of verb forms, which change to show who is performing the action. The chart below shows the forms of verbs from two other important verb groups, **-er** verbs and **-ir** verbs.

CONSULTA

To review the conjugation of **-ar** verbs, see **Estructura 2.1**, p. 50.

Present tense of -er and -ir verbs		
	comer *(to eat)*	**escribir** *(to write)*
SINGULAR FORMS		
yo	com**o**	escrib**o**
tú	com**es**	escrib**es**
Ud./él/ella	com**e**	escrib**e**
PLURAL FORMS		
nosotros/as	com**emos**	escrib**imos**
vosotros/as	com**éis**	escrib**ís**
Uds./ellos/ellas	com**en**	escrib**en**

▶ **-Er** and **-ir** verbs have very similar endings. Study the preceding chart to detect the patterns that make it easier for you to use them to communicate in Spanish.

AYUDA

Here are some tips on learning Spanish verbs:
1) Learn to identify the stem of each verb, to which all endings attach.
2) Memorize the endings that go with each verb and verb tense.
3) As often as possible, practice using different forms of each verb in speech and writing.
4) Devote extra time to learning irregular verbs, such as **ser** and **estar**.

Inés y Javier comen.

Maite escribe.

▶ Like **-ar** verbs, the **yo** forms of **-er** and **-ir** verbs end in **-o.**

    Yo com**o**.   Yo escrib**o**.

▶ Except for the **yo** form, all of the verb endings for **-er** verbs begin with **-e.**

-es	-emos	-en
-e	-éis	

▶ **-Er** and **-ir** verbs have the exact same endings, except in the **nosotros/as** and **vosotros/as** forms.

   nosotros ◀ com**emos** / escrib**imos**   vosotros ◀ com**éis** / escrib**ís**

Common -er and -ir verbs

-er verbs			-ir verbs	
aprender (a + *inf.*)	*to learn*		**abrir**	*to open*
beber	*to drink*		**asistir (a)**	*to attend*
comer	*to eat*		**compartir**	*to share*
comprender	*to understand*		**decidir (+ *inf.*)**	*to decide*
correr	*to run*		**describir**	*to describe*
creer (en)	*to believe (in)*		**escribir**	*to write*
deber (+ *inf.*)	*should; must; ought to*		**recibir**	*to receive*
leer	*to read*		**vivir**	*to live*

Ellos **corren** en el parque.

Él **escribe** una carta.

¡INTÉNTALO! Provide the appropriate present tense forms of these verbs. The first item in each column has been done for you.

correr

1. Graciela ___*corre*___.
2. Tú _____.
3. Yo _____.
4. Sara y Ana _____.
5. Usted _____.
6. Ustedes _____.
7. La gente _____.
8. Marcos y yo _____.

abrir

1. Ellos ___*abren*___ la puerta.
2. Carolina _____ la maleta.
3. Yo _____ las ventanas.
4. Nosotras _____ los libros.
5. Usted _____ el cuaderno.
6. Tú _____ la ventana.
7. Ustedes _____ las maletas.
8. Los muchachos _____ los cuadernos.

aprender

1. Él ___*aprende*___ español.
2. Maribel y yo _____ inglés.
3. Tú _____ japonés.
4. Tú y tu hermanastra _____ francés.
5. Mi hijo _____ chino.
6. Yo _____ alemán.
7. Usted _____ inglés.
8. Nosotros _____ italiano.

Práctica

1 **Completar** Complete Susana's sentences about her family with the correct forms of the verbs in parentheses. One of the verbs will remain in the infinitive.

1. Mi familia y yo _____ (vivir) en Guayaquil.
2. Tengo muchos libros. Me gusta _____ (leer).
3. Mi hermano Alfredo es muy inteligente. Alfredo _____ (asistir) a clases los lunes, miércoles y viernes.
4. Los martes y jueves Alfredo y yo _____ (correr).
5. Mis padres _____ (comer) mucho.
6. Yo _____ (creer) que (*that*) mis padres deben comer menos (*less*).

2 **Oraciones** Juan is talking about what he and his friends do after school. Form complete sentences.

> **modelo**
> yo / correr / amigos / lunes y miércoles
> *Yo corro con mis amigos los lunes y miércoles.*

1. Manuela / asistir / clase / yoga
2. Eugenio / abrir / correo electrónico (*e-mail*)
3. Isabel y yo / leer / biblioteca
4. Sofía y Roberto / aprender / hablar / inglés
5. tú / comer / cafetería / escuela
6. mi novia y yo / compartir / libro de historia

3 **Consejos** Mario teaches Japanese at a university in Quito and is spending a year in Tokyo with his family. In pairs, use the words below to say what he and/or his family members are doing or should do to adjust to life in Japan. Then, create one more sentence using a verb not in the list.

> **modelo**
> recibir libros / deber practicar japonés
> **Estudiante 1:** *Mario y su esposa reciben muchos libros en japonés.*
> **Estudiante 2:** *Los hijos deben practicar japonés.*

aprender japonés	decidir explorar el país
asistir a clases	escribir listas de palabras en japonés
beber té (*tea*)	leer novelas japonesas
deber comer cosas nuevas	vivir con una familia japonesa
¿?	¿?

Comunicación

4 **Entrevista** With a classmate, use these questions to interview each other. Be prepared to report the results of your interviews to the class.

1. ¿Dónde comes al mediodía? ¿Comes mucho?
2. ¿Debes comer más (*more*) o menos (*less*)?
3. ¿Cuándo asistes a tus clases?
4. ¿Cuál es tu clase favorita? ¿Por qué?
5. ¿Dónde vives?
6. ¿Con quién vives?
7. ¿Qué cursos debes tomar el próximo (*next*) semestre?
8. ¿Lees el periódico (*newspaper*)? ¿Qué periódico lees y cuándo?
9. ¿Recibes muchas cartas (*letters*)? ¿De quién(es)?
10. ¿Escribes poemas?

recursos

vText

CA
p. 15

5 **Encuesta** Your teacher will give you a worksheet. Walk around the class and ask a different classmate each question about his/her family members. Be prepared to report the results of your survey to the class.

Actividades	Miembros de la familia
1. vivir en una casa	
2. beber café	los padres de Juan
3. correr todos los días (*every day*)	
4. comer mucho en restaurantes	
5. recibir mucho correo electrónico (*e-mail*)	
6. comprender tres lenguas	
7. deber estudiar más (*more*)	
8. leer muchos libros	

Síntesis

6 **Horario** Your teacher will give you and a partner incomplete versions of Alicia's schedule. Fill in the missing information on the schedule by talking to your partner. Be prepared to reconstruct Alicia's complete schedule with the class.

recursos

vText

CA
pp. 13–14

modelo

> **Estudiante 1:** A las ocho, Alicia corre.
> **Estudiante 2:** ¡Ah, sí! (*Writes down information.*) A las nueve, ella...

 Practice more at **descubre1.vhlcentral.com**.

[3.4] Present tense of **tener** and **venir**

 **ANTE TODO**   The verbs **tener** (*to have*) and **venir** (*to come*) are among the most frequently used in Spanish. Because most of their forms are irregular, you will have to learn each one individually.

The verbs **tener** and **venir**

		tener	**ven**ir
SINGULAR FORMS	yo	ten**go**	ven**go**
	tú	tien**es**	vien**es**
	Ud./él/ella	tien**e**	vien**e**
PLURAL FORMS	nosotros/as	ten**emos**	ven**imos**
	vosotros/as	ten**éis**	ven**ís**
	Uds./ellos/ellas	tien**en**	vien**en**

▶ The endings are the same as those of regular **-er** and **-ir** verbs, except for the **yo** forms, which are irregular: **tengo, vengo.**

▶ In the **tú, Ud.,** and **Uds.** forms, the **e** of the stem changes to **ie** as shown below.

INFINITIVE	VERB STEM	VERB FORM
tener ⟶	ten- ⟶	tú **tie**nes
		Ud./él/ella **tie**ne
		Uds./ellos/ellas **tie**nen
venir ⟶	ven- ⟶	tú **vie**nes
		Ud./él/ella **vie**ne
		Uds./ellos/ellas **vie**nen

¿Tienes hermanos?

Sí, tengo cuatro hermanas y un hermano mayor.

▶ The **nosotros** and **vosotros** forms are the only ones which are regular. Compare them to the forms of **comer** and **escribir** that you learned on page 96.

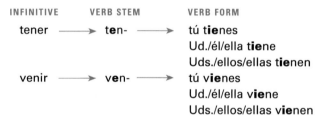

	tener	comer	venir	escribir
nosotros/as	ten**emos**	com**emos**	ven**imos**	escrib**imos**
vosotros/as	ten**éis**	com**éis**	ven**ís**	escrib**ís**

Expressions with **tener**

tener... años	*to be... years old*	**tener (mucha) prisa**	*to be in a (big) hurry*
tener (mucho) calor	*to be (very) hot*	**tener razón**	*to be right*
tener (mucho) cuidado	*to be (very) careful*	**no tener razón**	*to be wrong*
tener (mucho) frío	*to be (very) cold*	**tener (mucha) sed**	*to be (very) thirsty*
tener (mucha) hambre	*to be (very) hungry*	**tener (mucho) sueño**	*to be (very) sleepy*
tener (mucho) miedo (de)	*to be (very) afraid/ scared (of)*	**tener (mucha) suerte**	*to be (very) lucky*

▶ In certain idiomatic or set expressions in Spanish, you use the construction **tener** + [*noun*] to express *to be* + [*adjective*]. The chart above contains a list of the most common expressions with **tener**.

—¿**Tienen** hambre ustedes?
Are you hungry?

—Sí, y **tenemos** sed también.
Yes, and we're thirsty, too.

▶ To express an obligation, use **tener que** (*to have to*) + [*infinitive*].

—¿Qué **tienes que** estudiar hoy?
What do you have to study today?

—**Tengo que** estudiar biología.
I have to study biology.

▶ To ask people if they feel like doing something, use **tener ganas de** (*to feel like*) + [*infinitive*].

—¿**Tienes ganas de** comer?
Do you feel like eating?

—No, **tengo ganas de** dormir.
No, I feel like sleeping.

miciudad.com
Usted tiene que visitarnos.

¡INTÉNTALO! Provide the appropriate forms of **tener** and **venir**. The first item in each column has been done for you.

tener

1. Ellos _____tienen_____ dos hermanos.
2. Yo _tengo_ una hermana.
3. El artista _tiene_ tres primos.
4. Nosotros _tenemos_ diez tíos.
5. Eva y Diana _tienen_ un sobrino.
6. Usted _tiene_ cinco nietos.
7. Tú _tienes_ dos hermanastras.
8. Ustedes _tienen_ cuatro hijos.
9. Ella _tiene_ una hija.

venir

1. Mis padres _____vienen_____ de México.
2. Tú _vienes_ de España.
3. Nosotras _venemos_ de Cuba.
4. Pepe _viene_ de Italia.
5. Yo _vengo_ de Francia.
6. Ustedes _vienes_ de Canadá.
7. Alfonso y yo _venemos_ de Portugal.
8. Ellos _vienen_ de Alemania.
9. Usted _viene_ de Venezuela.

Práctica

1

Emparejar Find the phrase in column B that best matches each phrase in column A. One phrase in column B will not be used.

A	B
1. el Polo Norte	a. tener calor
2. una sauna	b. tener sed
3. la comida salada (*salty food*)	c. tener frío
4. una persona muy inteligente	d. tener razón
5. un abuelo	e. tener ganas de
6. una dieta	f. tener hambre
	g. tener 75 años

2 **Completar** Complete the sentences with the forms of **tener** or **venir**.

1. Hoy nosotros _tenemos_ una reunión familiar (*family reunion*).
2. Yo _vengo_ en autobús del aeropuerto (*airport*) de Quito.
3. Todos mis parientes _vienen_, excepto mi tío Manolo y su esposa.
4. Ellos no _tienen_ ganas de venir porque viven en Portoviejo.
5. Mi prima Susana y su novio no _vienen_ hasta las ocho porque ella _tiene_ que trabajar.
6. En las fiestas, mi hermana siempre (*always*) _viene_ muy tarde (*late*).
7. Nosotros _tenemos_ mucha suerte porque las reuniones son divertidas (*fun*).
8. Mi madre cree que mis sobrinos son muy simpáticos. Creo que ella _tiene_ razón.

3 **Describir** Look at the drawings and describe these people using an expression with **tener**.

1. _El hombre tiene prisa_

2. _Ella tiene calor_

3. _Ella tiene ventiuno años_

4. _Ellos tienen hambre_

5. _Ellos tienen frío_

6. _El tiene sed_

Practice more at **descubre1.vhlcentral.com**.

Comunicación

4

¿Sí o no? Using complete sentences, indicate whether these statements apply to you.

1. Mi padre tiene 50 años.
2. Mis amigos vienen a mi casa todos los días (*every day*).
3. Vengo a clase a tiempo (*on time*).
4. Tengo hambre.
5. Tengo dos computadoras.
6. Tengo sed.
7. Tengo que estudiar los domingos.
8. Tengo una familia grande.

Now interview a classmate by transforming each statement into a question. Be prepared to report the results of your interview to the class.

> **Estudiante 1:** ¿Tiene tu padre 50 años?
> **Estudiante 2:** No, no tiene 50 años. Tiene 40.

5

Preguntas With a classmate, ask each other these questions.

1. ¿Tienes que estudiar hoy?
2. ¿Cuántos años tienes? ¿Y tus hermanos/as?
3. ¿Cuándo vienes a la clase de español?
4. ¿Cuándo vienen tus amigos a tu casa o apartamento?
5. ¿De qué tienes miedo? ¿Por qué?
6. ¿Qué tienes ganas de hacer esta noche (*tonight*)?

6

Conversación Use an expression with **tener** to hint at what's on your mind. Your partner will ask questions to find out why you feel that way. If your partner cannot guess what's on your mind after three attempts, tell him/her. Then switch roles.

> **modelo**
>
> **Estudiante 1:** Tengo miedo.
> **Estudiante 2:** ¿Tienes que hablar en público?
> **Estudiante 1:** No.
> **Estudiante 2:** ¿Tienes un examen hoy?
> **Estudiante 1:** Sí, y no tengo tiempo para estudiar.

Síntesis

7

Minidrama Act out this situation with a partner: you are introducing your best friend to your extended family. To avoid any surprises before you go, talk about who is coming and what each family member is like. Switch roles.

Recapitulación

S *Repaso*
Diagnostics

Review the grammar concepts you have learned in this lesson
by completing these activities.

1 **Adjetivos** Complete each sentence with the appropriate adjective from
the list. Make all necessary changes. **6 pts.**

antipático	interesante	mexicano
difícil	joven	moreno

1. Mi tía es _____. Vive en Guadalajara.
2. Mi primo no es rubio, es _____.
3. Mi amigo cree que la clase no es fácil; es _____.
4. Los libros son _____; me gustan mucho.
5. Mis hermanos son _____; no tienen muchos amigos.
6. Las gemelas tienen quince años. Son _____.

2 **Completar** For each set of sentences, provide the appropriate form of
the verb **tener** and the possessive adjective. Follow the model. **12 pts.**

> **modelo**
> Él *tiene* un libro. Es *su* libro.

1. Esteban y Julio _____ una tía. Es _____ tía.
2. Yo _____ muchos amigos. Son _____ amigos.
3. Tú _____ tres primas. Son _____ primas.
4. María y tú _____ un hermano. Es _____ hermano.
5. Nosotras _____ unas mochilas. Son _____ mochilas.
6. Usted _____ dos sobrinos. Son _____ sobrinos.

3 **Oraciones** Arrange the words in the correct order to form complete
logical sentences. ¡Ojo! Don't forget to conjugate the verbs. **10 pts.**

1. libros / unos / tener / interesantes / tú / muy

   _____

2. dos / tener / grandes / escuela / mi / cafeterías

   _____

3. mi / francés / ser / amigo / buen / Hugo

   _____

4. ser / simpáticas / dos / personas / nosotras

   _____

5. menores / rubios / sus / ser / hermanos

   _____

RESUMEN GRAMATICAL

3.1 **Descriptive adjectives** *pp. 88–90*

Forms and agreement of adjectives

Masculine		Feminine	
Singular	**Plural**	**Singular**	**Plural**
alto	altos	alta	altas
inteligente	inteligentes	inteligente	inteligentes
trabajador	trabajadores	trabajadora	trabajadoras

▶ Descriptive adjectives follow the noun:
   el chico rubio

▶ Adjectives of nationality also follow the noun:
   la mujer española

▶ Adjectives of quantity precede the noun:
   muchos libros, dos turistas

Note: When placed before a masculine noun,
these adjectives are shortened.

   bueno → buen   malo → mal   grande → gran

3.2 **Possessive adjectives** *p. 93*

Singular		**Plural**	
mi	nuestro/a	mis	nuestros/as
tu	vuestro/a	tus	vuestros/as
su	su	sus	sus

3.3 **Present tense of -er and -ir verbs** *pp. 96–97*

comer		escribir	
como	comemos	escribo	escribimos
comes	coméis	escribes	escribís
come	comen	escribe	escriben

3.4 **Present tense of tener and venir** *pp. 100–101*

tener		venir	
tengo	tenemos	vengo	venimos
tienes	tenéis	vienes	venís
tiene	tienen	viene	vienen

4 **Carta** Complete this letter with the appropriate forms of the verbs in the word list. Not all verbs will be used. **10 pts.**

abrir	correr	recibir
asistir	creer	tener
compartir	escribir	venir
comprender	leer	vivir

Hola, Ángel,

¿Qué tal? (Yo) (1) _____ esta carta (this letter) en la biblioteca. Todos los días (2) _____ aquí y (3) _____ un buen libro. Yo (4) _____ que es importante leer por diversión. Mi compañero de clase no (5) _____ por qué me gusta leer. Él sólo (6) _____ los libros de texto. Pero nosotros (7) _____ unos intereses. Por ejemplo, los dos somos atléticos; por las mañanas nosotros (8) _____ . También nos gustan las ciencias; por las tardes (9) _____ a nuestra clase de biología. Y tú, ¿cómo estás? ¿(Tú) (10) _____ mucho trabajo?

5 **Su familia** Write a brief description of a friend's family. Describe the family members using vocabulary and structures from this lesson. Write at least five sentences. **12 pts.**

> **modelo**
>
> La familia de mi amiga Gabriela es grande. Ella tiene tres hermanos y una hermana. Su hermana mayor es periodista...

6 **Proverbio** Write the missing words to complete this proverb. **2 EXTRA points!**

❝Dos andares° _____ el dinero°, _____ despacio° y se va° ligero.❞

andares *gaits* dinero *money* despacio *slowly*
se va *it leaves* ligero *fast*

 Practice more at **descubre1.vhlcentral.com**.

Lectura

Antes de leer

Estrategia

Guessing meaning from context

As you read in Spanish, you'll often come across words you haven't learned. You can guess what they mean by looking at the surrounding words and sentences. Look at the following text and guess what **tía abuela** means, based on the context.

¡Hola, Claudia!
  ¿Qué hay de nuevo?
  ¿Sabes qué? Ayer fui a ver a mi tía abuela, la hermana de mi abuela. Tiene 85 años, pero es muy independiente. Vive en un apartamento en Quito con su prima Lorena, quien también tiene 85 años.

If you guessed *great-aunt*, you are correct, and you can conclude from this word and the format clues that this is a letter about someone's visit with his or her great-aunt.

Examinar el texto

Quickly read through the paragraphs and find two or three words you don't know. Using the context as your guide, guess what these words mean. Then glance at the paragraphs where these words appear and try to predict what the paragraphs are about.

Examinar el formato

Look at the format of the reading. What clues do the captions, photos, and layout give you about its content?

Gente ··· Las familias

1. Me llamo Armando y tengo setenta años pero no me considero viejo. Tengo seis nietas y un nieto. Vivo con mi hija y tengo la oportunidad de pasar mucho tiempo con ella y con mi nieto. Por las tardes salgo a pasear° por el parque con mi nieto y por la noche le leo cuentos°.

Armando. Tiene seis nietas y un nieto.

2. Mi prima Victoria y yo nos llevamos muy bien. Estudiamos juntas° en la universidad y compartimos un apartamento. Ella es muy inteligente y me ayuda° con los estudios. Además°, es muy simpática y generosa. Si no tengo dinero°, ¡ella me lo presta!

Diana. Vive con su prima.

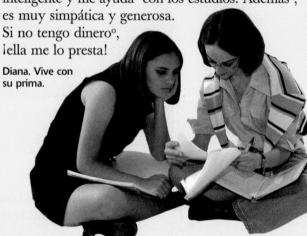

3. Me llamo Ramona y soy paraguaya, aunque° ahora vivo en los Estados Unidos. Tengo tres hijos, uno de nueve años, uno de doce y el mayor de quince. Es difícil a veces, pero mi esposo y yo tratamos° de ayudarlos y comprenderlos siempre°.

Ramona. Sus hijos son muy importantes para ella.

4. Tengo mucha suerte. Aunque mis padres están divorciados, tengo una familia muy unida. Tengo dos hermanos y dos hermanas. Me gusta hablar y salir a fiestas con ellos. Ahora tengo novio en la universidad y él no conoce a mis hermanos. ¡Espero que se lleven bien!

Ana María. Su familia es muy unida.

5. Antes quería° tener hermanos pero ya no° es tan importante. Ser hijo único tiene muchas

ventajas°: no tengo que compartir mis cosas con hermanos, no hay discusiones° y, como soy nieto único también, ¡mis abuelos piensan° que soy perfecto!

Fernando.
Es hijo único.

6. Como soy joven todavía°, no tengo ni esposa ni hijos. Pero tengo un sobrino, el hijo de mi hermano, que es muy especial para mí. Se llama Benjamín y tiene ocho años. Es un muchacho muy simpático. Siempre tiene hambre y por lo tanto vamos° frecuentemente a comer hamburguesas. Nos gusta también ir al cine° a ver películas de acción. Hablamos de todo. ¡Creo que ser tío es mejor que ser padre!

Santiago. Ser tío es divertido.

salgo a pasear *I go take a walk* cuentos *stories* juntas *together*
me ayuda *she helps me* Además *Besides* dinero *money* aunque *although*
tratamos *we try* siempre *always* quería *I wanted* ya no *no longer*
ventajas *advantages* discusiones *arguments* piensan *think* todavía *still*
vamos *we go* ir al cine *to go to the movies*

Después de leer

Emparejar

Glance at the paragraphs and see how the words and phrases in column A are used in context. Then find their definitions in column B.

A	B
1. me lo presta	a. the oldest
2. nos llevamos bien	b. movies
3. no conoce	c. the youngest
4. películas	d. loans it to me
5. mejor que	e. borrows it from me
6. el mayor	f. we see each other
	g. doesn't know
	h. we get along
	i. portraits
	j. better than

Seleccionar

Choose the sentence that best summarizes each paragraph.

1. Párrafo 1
   a. Me gusta mucho ser abuelo.
   b. No hablo mucho con mi nieto.
   c. No tengo nietos.
2. Párrafo 2
   a. Mi prima es antipática.
   b. Mi prima no es muy trabajadora.
   c. Mi prima y yo somos muy buenas amigas.
3. Párrafo 3
   a. Tener hijos es un gran sacrificio, pero es muy bonito también.
   b. No comprendo a mis hijos.
   c. Mi esposo y yo no tenemos hijos.
4. Párrafo 4
   a. No hablo mucho con mis hermanos.
   b. Comparto mis cosas con mis hermanos.
   c. Mis hermanos y yo somos como (*like*) amigos.
5. Párrafo 5
   a. Me gusta ser hijo único.
   b. Tengo hermanos y hermanas.
   c. Vivo con mis abuelos.
6. Párrafo 6
   a. Mi sobrino tiene diez años.
   b. Me gusta mucho ser tío.
   c. Mi esposa y yo no tenemos hijos.

 Practice more at **descubre1.vhlcentral.com**.

Escritura

Estrategia

Using idea maps

How do you organize ideas for a first draft? Often, the organization of ideas represents the most challenging part of the process. Idea maps are useful for organizing pertinent information. Here is an example of an idea map you can use:

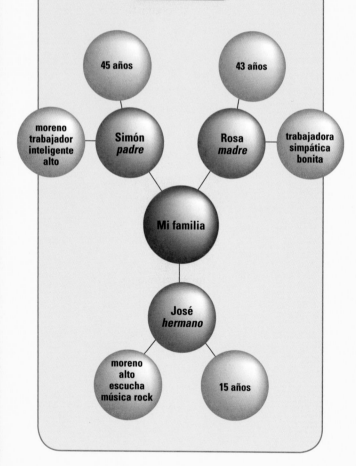

MAPA DE IDEAS

- 45 años
- 43 años
- moreno trabajador inteligente alto
- Simón *padre*
- Rosa *madre*
- trabajadora simpática bonita
- Mi familia
- José *hermano*
- moreno alto escucha música rock
- 15 años

Tema

Escribir una carta

A friend you met in a chat room for Spanish speakers wants to know about your family. Using some of the verbs and adjectives you have learned in this lesson, write a brief letter describing your family or an imaginary family, including:

- ▶ Names and relationships
- ▶ Physical characteristics
- ▶ Hobbies and interests

Here are some useful expressions for letter writing in Spanish:

Salutations

Estimado/a Julio/Julia:	*Dear Julio/Julia,*
Querido/a Miguel/Ana María:	*Dear Miguel/Ana María,*

Closings

Un abrazo,	*A hug,*
Abrazos,	*Hugs,*
Cariños,	*Much love,*
¡Hasta pronto!	*See you soon!*
¡Hasta la próxima semana!	*See you next week!*

Escuchar

Estrategia

Asking for repetition/ Replaying the recording

Sometimes it is difficult to understand what people say, especially in a noisy environment. During a conversation, you can ask someone to repeat by saying **¿Cómo?** (*What?*) or **¿Perdón?** (*Pardon me?*). In class, you can ask your teacher to repeat by saying **Repita, por favor** (*Repeat, please*). If you don't understand a recorded activity, you can simply replay it.

 To help you practice this strategy, you will listen to a short paragraph. Ask your professor to repeat it or replay the recording, and then summarize what you heard.

Preparación

Based on the photograph, where do you think Cristina and Laura are? What do you think Laura is saying to Cristina?

Ahora escucha

Now you are going to hear Laura and Cristina's conversation. Use **R** to indicate which adjectives describe Cristina's boyfriend, Rafael. Use **E** for adjectives that describe Laura's boyfriend, Esteban. Some adjectives will not be used.

____ **rubio**   ____ **interesante**

____ **feo**   ____ **antipático**

____ **alto**   ____ **inteligente**

____ **trabajador**   ____ **moreno**

____ **un poco gordo** ____ **viejo**

Comprensión

Identificar

Which person would make each statement: Cristina or Laura?

	Cristina	Laura
1. Mi novio habla sólo de fútbol y de béisbol.	O	O
2. Tengo un novio muy interesante y simpático.	O	O
3. Mi novio es alto y moreno.	O	O
4. Mi novio trabaja mucho.	O	O
5. Mi amiga no tiene buena suerte con los muchachos.	O	O
6. El novio de mi amiga es un poco gordo, pero guapo.	O	O

¿Cierto o falso?

Indicate whether each sentence is **cierto** or **falso,** then correct the false statements.

	Cierto	Falso
1. Esteban es un chico interesante y simpático.	O	O
2. Laura tiene mala suerte con los chicos.	O	O
3. Rafael es muy interesante.	O	O
4. Laura y su novio hablan de muchas cosas.	O	O

En pantalla

The American concept of dating does not exist in the same way in countries like Mexico, Spain, and Argentina. In the Spanish-speaking world, at the beginning of a relationship couples can go out without the social or psychological pressures and expectations of "being on a date." Relationships develop just like in the rest of the world, but perhaps in a more spontaneous manner and without insisting on labels.

Vocabulario útil

has sido	you have been
maravillosa	wonderful
conmigo	with me
te sorprenda	it catches you by surprise
quiero que me dejes	I want you to let me
explicarte	explain to you
por muy bajo que te parezca	however low it seems to you
lo que hago	what I do
Gracias por haberme querido escuchar.	Thank you for having wanted to listen to me.
que me dejes	that you leave me
haberme querido	having loved me
vida	life

Preguntas

Answer these questions.

1. Who wrote the letter to the young woman?
2. What do you think she was expecting from the letter?
3. How does she feel at the end of the ad? Why?

 Conversar

Answer these questions with a classmate.

1. What is your opinion about the young woman's reaction to the letter?
2. What do you think about ending a relationship by mail?
3. What other ways do people use to break up?

algo falla *something is wrong* por eso *that's why* hay que acabar *we must break up* Sería *It would be* lo que ha sido *what has been*

Anuncio de Pentel

Eres una buena chica.

Pero algo falla°, por eso° hay que acabar°.

Sería° tonto convertir en feo lo que ha sido° bonito.

 Practice more at **descubre1.vhlcentral.com.**

Oye cómo va

Olimpo Cárdenas

Ecuadorian vocalist **Olimpo Cárdenas Moreira** was born in the town of Vinces in 1919. A singer from the age of eight, at ten years old he began participating in children's music competitions in Guayaquil and Quito. In 1946 Cárdenas recorded, as a duet with Carlos Rubira Infante, the song *En las lejanías*. Of the more than fifty albums he completed during his career, six were joint endeavors with another famous Ecuadorian singer, Julio Jaramillo. Some of the songs Cárdenas made famous are *Temeridad*, *Hay que saber perder*, *Nuestro juramento*, and *Lágrimas de amor*. He often performed internationally, in countries such as Colombia, Venezuela, Mexico, and the United States. In 1991, Olimpo Cárdenas died in Tuluá, Colombia, the country where he had resided for many years.

To the right you see an excerpt from one of Olimpo Cárdenas's songs. Read it and then complete these activities.

Chacha linda

Chacha°,
mi chacha linda°,
cómo te adoro, mi linda muchacha;
no sé° si pueda° dejar de° quererte°,
no sé si pueda dejarte de amar°.

Completar

Complete each sentence.

1. Olimpo Cárdenas started singing when he was _____ years old.
2. He recorded _____ with Carlos Rubira Infante.
3. He visited Colombia, _____, Mexico, and the U.S. with his music.
4. Cárdenas died in 1991 in _____, Colombia.

El pasillo
Olimpo Cárdenas and Julio Jaramillo were famous for their interpretations of **pasillo**, which is considered the national music of Ecuador. **El pasillo**, a sentimental and romantic musical style, descended from the waltz and is closely related to the **bolero**.

Julio Jaramillo

Interpretación

Answer these questions in Spanish. Then, share your answers with a classmate.

1. Describe the girl to whom this song is dedicated.
2. What do you think her relationship is with the singer?
3. If the girl had to reply to this song, what do you think she would say?

Chacha *short for* Muchacha linda *pretty* no sé *I don't know* si pueda *if I could* dejar de *stop* quererte *loving you* dejarte de amar *stop loving you*

 Practice more at **descubre1.vhlcentral.com**.

Ecuador

El país en cifras

▶ **Área:** 283.560 km² (109.483 millas²),
*incluyendo las islas Galápagos,
aproximadamente el área de Colorado*

▶ **Población:** 15.144.400

▶ **Capital:** Quito — 1.839.000

▶ **Ciudades° principales:**
Guayaquil — 2.975.000, Cuenca, Machala,
Portoviejo

SOURCE: Population Division, UN Secretariat

▶ **Moneda:** dólar estadounidense

▶ **Idiomas:** español (oficial), quichua

*La lengua oficial del Ecuador es el
español, pero también se hablan°
otras° lenguas en el país.
Aproximadamente unos
4.000.000 de ecuatorianos
hablan lenguas indígenas;
la mayoría° de ellos habla
quichua. El quichua es el
dialecto ecuatoriano del
quechua, la lengua de los incas.*

Bandera del Ecuador

Ecuatorianos célebres

▶ **Francisco Eugenio De Santa Cruz y Espejo,**
médico, periodista y patriota (1747–1795)

▶ **Juan León Mera,** novelista (1832–1894)

▶ **Eduardo Kingman,** pintor° (1913–1998)

▶ **Rosalía Arteaga,** abogada°, política y
ex-vicepresidenta (1956–)

Ciudades *Cities* se hablan *are spoken* otras *other* mayoría *majority*
pintor *painter* abogada *lawyer* sur *south* mundo *world* pies *feet*
dos veces más alto que *twice as tall as*

Las islas
Galápagos

COLOMBIA

Indígenas del
Amazonas

Río Esmeraldas

• Ibarra

Quito ☆

Volcán Cotopaxi

Río Napo

Portoviejo

Volcán Tungurahua

Río Pastaza

Río Daule

Cordillera de los Andes

Guayaquil

Volcán
Chimborazo

Océano
Pacífico

Cuenca

Los indígenas del
Ecuador hablan quichua.

Machala

• Loja

La ciudad de Quito y la
Cordillera de los Andes

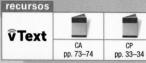

PERÚ

Catedral de Guayaquil

recursos

vText

CA
pp. 73–74

CP
pp. 33–34

Ⓢ
descubre1.vhlcentral.com

¡Increíble pero cierto!

El volcán Cotopaxi, situado a unos 60 kilómetros
al sur° de Quito, es considerado el volcán activo
más alto del mundo°. Tiene una altura de 5.897
metros (19.340 pies°). Es dos veces más alto
que° el monte St. Helens (2.550 metros o 9.215
pies) en el estado de Washington.

Lugares • Las islas Galápagos

Muchas personas vienen de lejos a visitar las islas Galápagos porque son un verdadero tesoro° ecológico. Aquí Charles Darwin estudió° las especies que inspiraron° sus ideas sobre la evolución. Como las islas están lejos del continente, sus plantas y animales son únicos. Las islas son famosas por sus tortugas° gigantes.

Artes • Oswaldo Guayasamín

Oswaldo Guayasamín fue° uno de los artistas latinoamericanos más famosos del mundo. Fue escultor° y muralista. Su expresivo estilo viene del cubismo y sus temas preferidos son la injusticia y la pobreza° sufridas° por los indígenas de su país.

Madre y niño en azul, 1986, Oswaldo Guayasamín

Deportes • El *trekking*

El sistema montañoso de los Andes cruza° y divide el Ecuador en varias regiones. La Sierra, que tiene volcanes, grandes valles y una variedad increíble de plantas y animales, es perfecta para el *trekking*. Muchos turistas visitan el Ecuador cada° año para hacer° *trekking* y escalar montañas°.

Lugares • Latitud 0

Hay un monumento en el Ecuador, a unos 22 kilómetros (14 millas) de Quito, donde los visitantes están en el hemisferio norte y el hemisferio sur a la vez°. Este monumento se llama la Mitad del Mundo°, y es un destino turístico muy popular.

Explosión del volcán Tungurahua en 1999

¿Qué aprendiste? Completa las oraciones con la información correcta.

1. La ciudad más grande (*biggest*) del Ecuador es _____.
2. La capital del Ecuador es _____.
3. Unos 4.000.000 de ecuatorianos hablan _____.
4. Darwin estudió el proceso de la evolución en _____.
5. Dos temas del arte de _____ son la pobreza y la _____.
6. Un monumento muy popular es _____.
7. La Sierra es un lugar perfecto para el _____.
8. El volcán _____ es el volcán activo más alto del mundo.

Conexión Internet Investiga estos temas en **descubre1.vhlcentral.com.**

1. Busca información sobre una ciudad (*city*) del Ecuador. ¿Te gustaría (*Would you like*) visitar la ciudad? ¿Por qué?
2. Haz una lista de tres animales o plantas que viven sólo en las islas Galápagos. ¿Dónde hay animales o plantas similares?

verdadero tesoro *true treasure* **estudió** *studied* **inspiraron** *inspired* **tortugas** *tortoises* **fue** *was* **escultor** *sculptor* **pobreza** *poverty* **sufridas** *suffered* **cruza** *crosses* **cada** *every* **hacer** *to do* **escalar montañas** *to climb mountains* **a la vez** *at the same time* **Mitad del Mundo** *Equatorial Line Monument (lit. Midpoint of the World)*

Practice more at **descubre1.vhlcentral.com.**

La familia

el/la abuelo/a	grandfather/ grandmother
los abuelos	grandparents
el apellido	last name
el/la bisabuelo/a	great-grandfather/ great-grandmother
el/la cuñado/a	brother-in-law/ sister-in-law
el/la esposo/a	husband; wife; spouse
la familia	family
el/la gemelo/a	twin
el/la hermanastro/a	stepbrother/ stepsister
el/la hermano/a	brother/sister
el/la hijastro/a	stepson/ stepdaughter
el/la hijo/a	son/daughter
los hijos	children
la madrastra	stepmother
la madre	mother
el/la medio/a hermano/a	half-brother/ half-sister
el/la nieto/a	grandson/ granddaughter
la nuera	daughter-in-law
el padrastro	stepfather
el padre	father
los padres	parents
los parientes	relatives
el/la primo/a	cousin
el/la sobrino/a	nephew/niece
el/la suegro/a	father-in-law/ mother-in-law
el/la tío/a	uncle/aunt
el yerno	son-in-law

Otras personas

el/la amigo/a	friend
la gente	people
el/la muchacho/a	boy/girl
el/la niño/a	child
el/la novio/a	boyfriend/girlfriend
la persona	person

Profesiones

el/la artista	artist
el/la doctor(a), el/la médico/a	doctor; physician
el/la ingeniero/a	engineer
el/la periodista	journalist
el/la programador(a)	computer programmer

Adjetivos

alto/a	tall
antipático/a	unpleasant
bajo/a	short (in height)
bonito/a	pretty
buen, bueno/a	good
delgado/a	thin; slender
difícil	difficult; hard
fácil	easy
feo/a	ugly
gordo/a	fat
gran, grande	big; large
guapo/a	good-looking
importante	important
inteligente	intelligent
interesante	interesting
joven (jóvenes)	young
mal, malo/a	bad
mismo/a	same
moreno/a	brunet(te)
mucho/a	much; many; a lot of
pelirrojo/a	red-haired
pequeño/a	small
rubio/a	blond(e)
simpático/a	nice; likeable
tonto/a	silly; foolish
trabajador(a)	hard-working
viejo/a	old

Nacionalidades

alemán, alemana	German
canadiense	Canadian
chino/a	Chinese
ecuatoriano/a	Ecuadorian
español(a)	Spanish
estadounidense	from the U.S.
francés, francesa	French
inglés, inglesa	English
italiano/a	Italian
japonés, japonesa	Japanese
mexicano/a	Mexican
norteamericano/a	(North) American
puertorriqueño/a	Puerto Rican
ruso/a	Russian

Verbos

abrir	to open
aprender (a + inf.)	to learn
asistir (a)	to attend
beber	to drink
comer	to eat
compartir	to share
comprender	to understand
correr	to run
creer (en)	to believe (in)
deber (+ inf.)	should; must; ought to
decidir (+ inf.)	to decide
describir	to describe
escribir	to write
leer	to read
recibir	to receive
tener	to have
venir	to come
vivir	to live

Possessive adjectives	See page 93.
Expressions with tener	See page 101.
Expresiones útiles	See page 83.

Los pasatiempos

4

Communicative Goals

You will learn how to:

- Talk about pastimes, weekend activities, and sports
- Make plans and invitations

contextos

fotonovela

cultura

estructura

adelante

A PRIMERA VISTA
- ¿Qué son estas personas, atletas o artistas?
- ¿En qué tienen interés, en el fútbol o el tenis?
- ¿Son viejos? ¿Son delgados?
- ¿Tienen frío o calor?

Los pasatiempos

Más vocabulario

el béisbol	baseball
el ciclismo	cycling
el esquí (acuático)	(water) skiing
el fútbol americano	football
el golf	golf
el hockey	hockey
la natación	swimming
el tenis	tennis
el vóleibol	volleyball
el equipo	team
el parque	park
el partido	game; match
la plaza	city or town square
andar en patineta	to skateboard
bucear	to scuba dive
escalar montañas (*f. pl.*)	to climb mountains
esquiar	to ski
ganar	to win
ir de excursión	to go on a hike
practicar deportes (*m. pl.*)	to play sports
escribir una carta/ un mensaje electrónico	to write a letter/ an e-mail message
leer correo electrónico	to read e-mail
leer una revista	to read a magazine
deportivo/a	sports-related

Variación léxica

piscina ⟷ pileta (*Arg.*); alberca (*Méx.*)
baloncesto ⟷ básquetbol (*Amér. L.*)
béisbol ⟷ pelota (*P. Rico, Rep. Dom.*)

Lee el periódico. (leer)

Pasea en bicicleta. (pasear)

la pelota

la jugadora

el fútbol

Visitan el monumento. (visitar)

Pasean. (pasear)

Toma el sol. (tomar)

Nada. (nadar)

la piscina

Práctica

Patina en línea. (patinar)

el jugador

el baloncesto

1 **Escuchar** 🎧 Indicate the letter of the activity in Column B that best corresponds to each statement you hear. Two items in Column B will not be used.

A	B
1. _____	a. leer correo electrónico
2. _____	b. tomar el sol
3. _____	c. pasear en bicicleta
4. _____	d. ir a un partido de fútbol americano
5. _____	e. escribir una carta
6. _____	f. practicar muchos deportes
	g. nadar
	h. ir de excursión

2 **Ordenar** 🎧 Order these activities according to what you hear in the narration.

_5_ pasear en bicicleta   _3_ tomar el sol

_1_ nadar   _6_ practicar deportes

_4_ leer una revista   _2_ patinar en línea

3 **¿Cierto o falso?** Indicate whether each statement is **cierto** or **falso** based on the illustration.

	Cierto	Falso
1. Un hombre nada en la piscina.	⊙	○
2. Un hombre lee una revista.	○	⊙
3. Un chico pasea en bicicleta.	⊙	○
4. Dos muchachos esquían.	○	○
5. Una mujer y dos niños visitan un monumento.	⊙	○
6. Un hombre bucea.	○	○
7. Hay un equipo de hockey.	○	⊙
8. Una mujer toma el sol.	⊙	○

4 **Clasificar** Fill in the chart below with as many terms from **Contextos** as you can.

Actividades	Deportes	Personas
_____	_____	_____
_____	_____	_____
_____	_____	_____
_____	_____	_____
_____	_____	_____
_____	_____	_____

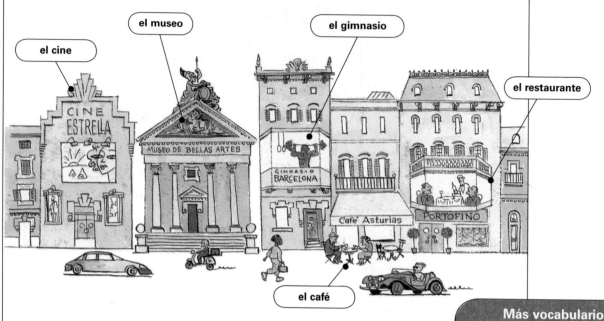

el cine
el museo
el gimnasio
el restaurante
el café

CINE ESTRELLA
MUSEO DE BELLAS ARTES
GIMNASIO BARCELONA
Café Asturias
PORTOFINO

En el centro

Más vocabulario

la diversión	*fun activity; entertainment; recreation*
el fin de semana	*weekend*
el pasatiempo	*pastime; hobby*
los ratos libres	*spare (free) time*
el videojuego	*video game*
la iglesia	*church*
el lugar	*place*
ver películas (*f. pl.*)	*to see movies*
favorito/a	*favorite*

5 **Identificar** Identify the place where these activities would take place.

> modelo
>
> Esquiamos.
> Es una montaña.

1. Tomamos una limonada.
2. Vemos una película.
3. Nadamos y tomamos el sol.
4. Hay muchos monumentos.
5. Comemos tacos y fajitas.
6. Miramos pinturas (*paintings*) de Diego Rivera y Frida Kahlo.
7. Hay mucho tráfico.
8. Practicamos deportes.

6 **Entrevista** In pairs, take turns asking and answering the questions.

1. ¿Hay un café cerca de la escuela? ¿Dónde está?
2. ¿Cuál es tu restaurante favorito?
3. ¿Te gusta viajar y visitar monumentos? ¿Por qué?
4. ¿Te gusta ir al cine los fines de semana?
5. ¿Cuáles son tus películas favoritas?
6. ¿Te gusta practicar deportes?
7. ¿Cuáles son tus deportes favoritos? ¿Por qué?
8. ¿Cuáles son tus pasatiempos favoritos?

CONSULTA

To review the verb **gustar**, see **Estructura 2.1**, p. 52.

UN DÍA CON ÁNGELA

Un día inolvidable.

 Practice more at **descubre1.vhlcentral.com**.

Comunicación

7 **Preguntar** Ask a classmate what he or she does in the places mentioned below. Your classmate will respond using verbs from the word bank.

beber	escribir	patinar
caminar	leer	practicar
correr	mirar	tomar
escalar	nadar	visitar

modelo

una plaza

Estudiante 1: ¿Qué haces (*do you do*) cuando estás en una plaza?

Estudiante 2: Camino por la plaza y miro a las personas.

1. una biblioteca
2. un estadio
3. una plaza
4. una piscina
5. las montañas
6. un parque
7. un café
8. un museo

8 **Conversación** Using the words and expressions provided, work with a partner to prepare a short conversation about your pastimes.

¿a qué hora?	¿con quién(es)?	¿dónde?
¿cómo?	¿cuándo?	¿qué?

modelo

Estudiante 1: ¿Cuándo patinas en línea?

Estudiante 2: Patino en línea los domingos. Y tú, ¿patinas en línea?

Estudiante 1: No, no me gusta patinar en línea. Me gusta practicar el béisbol.

9 **Pasatiempos** In pairs, tell each other what pastimes three of your friends and family members enjoy. Be prepared to share with the class any pastimes they have in common.

modelo

Estudiante 1: Mi hermana pasea mucho en bicicleta. Pero mis padres practican la natación. Mi hermano no nada, pero visita muchos museos.

Estudiante 2: Mi primo lee muchas revistas, pero no practica muchos deportes. Mis tíos esquían y practican el golf...

¡Vamos al parque!

Los estudiantes pasean por la ciudad y hablan de sus pasatiempos.

PERSONAJES

DON FRANCISCO

JAVIER

INÉS

ÁLEX

MAITE

JOVEN

DON FRANCISCO Tienen una hora libre. Pueden explorar la ciudad, si quieren.

JAVIER Inés, ¿quieres ir a pasear por la ciudad?

INÉS Sí, vamos.

ÁLEX ¿Por qué no vamos al parque, Maite? Podemos hablar y tomar el sol.

MAITE ¡Buena idea! También quiero escribir unas postales.

ÁLEX ¡Maite!

MAITE ¡Dios mío!

JOVEN Mil perdones. Lo siento muchísimo.

MAITE ¡No es nada! Estoy bien.

ÁLEX Ya son las dos y treinta. Debemos regresar al autobús, ¿no?

MAITE Tienes razón.

ÁLEX Oye, Maite, ¿qué vas a hacer esta noche?

MAITE No tengo planes. ¿Por qué?

recursos

v̂ Text

CA
pp. 57–58

Ⓢ descubre1.vhlcentral.com

MAITE ¿Eres aficionado a los deportes, Álex?

ÁLEX Sí, me gusta mucho el fútbol. Me gusta también nadar, correr e ir de excursión a las montañas.

MAITE Yo también corro mucho.

ÁLEX Oye, Maite, ¿por qué no jugamos al fútbol con él?

MAITE Mmm... no quiero. Voy a terminar de escribir unas postales.

ÁLEX Eh, este... a veces salgo a correr por la noche. ¿Quieres venir a correr conmigo?

MAITE Sí, vamos. ¿A qué hora?

ÁLEX ¿A las seis?

MAITE Perfecto.

DON FRANCISCO Esta noche van a correr. ¡Y yo no tengo energía para pasear!

Expresiones útiles

Making invitations

- **¿Por qué no vamos al parque?**
  Why don't we go to the park?
  ¡Buena idea!
  Good idea!

- **¿Por qué no jugamos al fútbol?**
  Why don't we play soccer?
  Mmm... no quiero.
  Hmm... I don't want to.
  Lo siento, pero no puedo.
  I'm sorry, but I can't.

- **¿Quieres ir a pasear por la ciudad/ el pueblo conmigo?**
  Do you want to walk around the city/the town with me?
  Sí, vamos.
  Yes, let's go.
  Sí, si tenemos tiempo.
  Yes, if we have time.

Making plans

- **¿Qué vas a hacer esta noche?**
  What are you going to do tonight?
  No tengo planes.
  I don't have any plans.
  Voy a terminar de escribir unas postales.
  I'm going to finish writing some postcards.

Talking about pastimes

- **¿Eres aficionado/a a los deportes?**
  Are you a sports fan?
  Sí, me gustan todos los deportes.
  Yes, I like all sports.
  Sí, me gusta mucho el fútbol.
  Yes, I like soccer a lot.

- **Me gusta también nadar, correr e ir de excursión a las montañas.**
  I also like to swim, run, and go hiking in the mountains.
  Yo también corro mucho.
  I also run a lot.

Apologizing

- **Mil perdones./Lo siento muchísimo.**
  I'm so sorry.

¿Qué pasó?

1

Escoger Choose the answer that best completes each sentence.

1. Inés y Javier_____.
   a. toman el sol b. pasean por la ciudad c. corren por el parque

2. Álex desea _____ en el parque.
   a. hablar y tomar el sol b. hablar y leer el periódico c. nadar y tomar el sol

3. A Álex le gusta nadar, _____.
   a. jugar al fútbol y escribir postales b. escalar montañas y esquiar
   c. ir de excursión y correr

4. A Maite le gusta _____.
   a. nadar y correr b. correr y escribir postales c. correr y jugar al fútbol

5. Maite desea _____.
   a. ir de excursión b. jugar al fútbol c. ir al parque

2

Identificar Identify the person who would make each statement.

1. No me gusta practicar el fútbol pero me gusta correr. _____

2. ¿Por qué no vamos a pasear por la ciudad? _____

3. ¿Por qué no exploran ustedes la ciudad? Tienen tiempo. _____

4. ¿Por qué no corres conmigo esta noche? _____

5. No voy al parque. Prefiero estar con mi amigo. _____

JAVIER

INÉS

MAITE

ÁLEX

DON FRANCISCO

3

Preguntas Answer the questions using the information from the **Fotonovela**.

1. ¿Qué desean hacer Inés y Javier?

2. ¿Qué desea hacer Álex en el parque?

3. ¿Qué desea hacer Maite en el parque?

4. ¿Qué deciden hacer Maite y Álex esta noche?

4

Conversación With a partner, prepare a conversation in which you talk about pastimes and invite each other to do some activity together. Use these expressions and also look at **Expresiones útiles** on the previous page.

contigo *with you*	**¿Dónde?** *Where?*	**Nos vemos a las siete.**
¿A qué hora? *(At) What time?*	**No puedo porque...** *I can't because...*	*See you at seven.*

▶ ¿Eres aficionado/a a...?
▶ ¿Te gusta...?

▶ ¿Por qué no...?
▶ ¿Quieres... conmigo?

▶ ¿Qué vas a hacer esta noche?

 Practice more at **descubre1.vhlcentral.com**.

Pronunciación 🎧
Word stress and accent marks

pe-lí-cu-la   **e-di-fi-cio**   **ver**   **yo**

Every Spanish syllable contains at least one vowel. When two vowels (two weak vowels or one strong and one weak) are joined in the same syllable they form a **diphthong**. A **monosyllable** is a word formed by a single syllable.

bi-blio-te-ca   **vi-si-tar**   **par-que**   **fút-bol**

The syllable of a Spanish word that is pronounced most emphatically is the "stressed" syllable.

pe-lo-ta   **pis-ci-na**   **ra-tos**   **ha-blan**

Words that end in **n**, **s**, or a **vowel** are usually stressed on the next-to-last syllable.

na-ta-ción   **pa-pá**   **in-glés**   **Jo-sé**

If words that end in **n**, **s**, or a **vowel** are stressed on the last syllable, they must carry an accent mark on the stressed syllable.

bai-lar   **es-pa-ñol**   **u-ni-ver-si-dad**   **tra-ba-ja-dor**

Words that do *not* end in **n**, **s**, or a **vowel** are usually stressed on the last syllable.

béis-bol   **lá-piz**   **ár-bol**   **Gó-mez**

If words that do *not* end in **n**, **s**, or a **vowel** are stressed on the next-to-last syllable, they must carry an accent mark on the stressed syllable.

Práctica Pronounce each word, stressing the correct syllable. Then give the word stress rule for each word.

1. profesor
2. Puebla
3. ¿Cuántos?
4. Mazatlán
5. examen
6. ¿Cómo?
7. niños
8. Guadalajara
9. programador
10. México
11. están
12. geografía

En la unión está la fuerza.²

Oraciones Read the conversation aloud to practice word stress.

MARINA Hola, Carlos. ¿Qué tal?
CARLOS Bien. Oye, ¿a qué hora es el partido de fútbol?
MARINA Creo que es a las siete.
CARLOS ¿Quieres ir?
MARINA Lo siento, pero no puedo. Tengo que estudiar biología.

Quien ríe de último, ríe mejor.¹

Refranes Read these sayings aloud to practice word stress.

1 He who laughs last, laughs loudest.
2 United we stand.

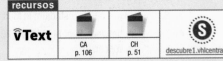

recursos

| v̂Text | CA p. 106 | CH p. 51 | descubre1.vhlcentral.com |

EN DETALLE

Real Madrid y Barça:
rivalidad total

Soccer in Spain is a force to be reckoned with, and no two teams draw more attention than **Real Madrid** and the **Fútbol Club Barcelona**. Whether the venue is Madrid's **Santiago Bernabéu** or Barcelona's **Camp Nou**, the two cities shut down for the showdown, paralyzed by **fútbol** fever. A ticket to the actual game is always the hottest ticket in town.

The rivalry between **Real Madrid** and **Barça** is about more than soccer. As the two biggest, most powerful cities in Spain, Barcelona and Madrid are constantly compared to one another and have a natural rivalry. There is also a political component to the dynamic. Barcelona, with its distinct language and culture, has long struggled for increased autonomy from Madrid's centralized government. Under Francisco Franco's rule (1939–1975), when repression of the Catalan identity was at its height, a game between **Real Madrid** and **FC Barcelona** was wrapped up with all the symbolism of the regime versus the resistance, even though both teams suffered casualties in Spain's civil war and the subsequent Franco dictatorship.

Although the dictatorship is far behind, the momentum of all those decades of competition still transforms both cities into a frenzied, tense panic leading up to the game. Once the final score is announced, one of those cities transforms again, this time into the best party in the country.

Rivalidades del fútbol

Argentina:	Boca Juniors vs River Plate
México:	Águilas del América vs Chivas del Guadalajara
Chile:	Colo Colo vs Universidad de Chile
Guatemala:	Comunicaciones vs Municipal
Uruguay:	Peñarol vs Nacional
Colombia:	Millonarios vs Independiente Santa Fe

ACTIVIDADES

1 **¿Cierto o falso?** Indicate whether each statement is **cierto** or **falso**. Correct the false statements.

1. People from Spain don't like soccer.
2. Seville is the largest city in Spain.
3. Santiago Bernabéu is a stadium in Madrid.
4. The rivalry between Real Madrid and FC Barcelona is not only in soccer.
5. Only the FC Barcelona team was affected by the civil war.
6. Barcelona has resisted Madrid's centralized government.
7. During Franco's regime, the Catalan culture thrived.
8. There are many famous rivalries between soccer teams in the Spanish-speaking world.

 Practice more at **descubre1.vhlcentral.com**.

ASÍ SE DICE

Los deportes

el/la árbitro/a	referee
el/la atleta	athlete
la bola; el balón	**la pelota**
el campeón/ la campeona	champion
la carrera	race
competir	to compete
empatar	to draw; to tie
la medalla	medal
el/la mejor	the best
mundial	worldwide
el torneo	tournament

EL MUNDO HISPANO

Atletas importantes

World-renowned Hispanic athletes:

○ **Rafael Nadal** (España) is one of the best tennis players in the world.

○ **Sofía Mulanovich** (Perú) was the world champion for surfing in 2004.

○ **Óscar Freire** (España) has been the cycling world champion three times.

○ **Ana Gabriela Guevara** (México) won the silver medal in the 400 meters race at the 2004 Olympic Games in Athens.

PERFILES

Anier García y Luciana Aymar

The sprinter **Anier García Ortiz** was born in Santiago de Cuba in 1976. In 2000, he won the gold medal at the Summer Olympics in Sydney for the 110-meter hurdles (**vallas**). Four years later, in Athens, Greece, he won the bronze medal for the same event.

Luciana Paula Aymar was born in 1977 in Rosario, Argentina. The International Hockey Federation named her the best female player in the world in 2001, 2004, 2005, 2007, and 2008, making her the only female player to receive this title five times. With the national women's field hockey team, **La Maga** (*The Magician*), as Luciana is called, won the silver medal at the Sydney Olympics in the year 2000, and a bronze medal in Athens in 2004.

Conexión Internet

¿Qué deportes son populares en los países hispanos?

Go to **descubre1.vhlcentral.com** to find more cultural information related to this **Cultura** section.

ACTIVIDADES

2 Comprensión Write the name of the athlete described in each sentence.

1. Es un atleta de Cuba. _____
2. Es una chica que practica el hockey. _____
3. Es un chico español al que le gusta pasear en bicicleta. _____
4. Es una chica peruana que practica el surfing. _____

3 ¿Quién es? Write a short paragraph describing an athlete that you like, but do not mention his or her name. What does that person look like? What sport does he/she play? Where does he/she live? Read your description to the class to see if other students can guess who the athlete is.

recursos

 v̄Text CH p. 52 descubre1.vhlcentral.com

4.1 Present tense of ir

ANTE TODO The verb **ir** (*to go*) is irregular in the present tense. Note that, except for the **yo** form (**voy**) and the lack of a written accent on the **vosotros** form (**vais**), the endings are the same as those for **–ar** verbs.

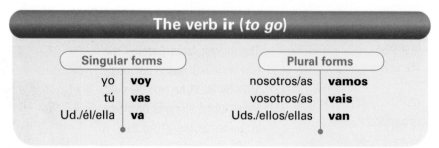

The verb **ir** (*to go*)			
Singular forms		**Plural forms**	
yo	**voy**	nosotros/as	**vamos**
tú	**vas**	vosotros/as	**vais**
Ud./él/ella	**va**	Uds./ellos/ellas	**van**

▶ **Ir** is often used with the preposition **a** (*to*). If **a** is followed by the definite article **el**, they combine to form the contraction **al**. If **a** is followed by the other definite articles (**la, las, los**), there is no contraction.

a + el = al

Voy **al** parque con Juan.
I'm going to the park with Juan.

Mis amigos van **a las** montañas.
My friends are going to the mountains.

▶ The construction **ir a** + *[infinitive]* is used to talk about actions that are going to happen in the future. It is equivalent to the English *to be going to* + *[infinitive]*.

Va a leer el periódico.
He is going to read the newspaper.

Van a pasear por el pueblo.
They are going to walk around town.

Voy a escribir unas postales.

Álex y Maite van a volver al autobús.

CONSULTA

To review the contraction **de** + **el**, see **Estructura 1.3**, pp. 20–21.

AYUDA

When asking a question that contains a form of the verb **ir**, remember to use **adónde**:

¿Adónde vas?
(To) Where are you going?

▶ **Vamos a** + *[infinitive]* can also express the idea of *let's (do something)*.

Vamos a pasear.
Let's take a stroll.

¡Vamos a ver!
Let's see!

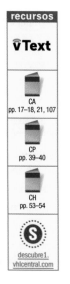

recursos

v Text

CA
pp. 17–18, 21, 107

CP
pp. 39–40

CH
pp. 53–54

S

descubre1. vhlcentral.com

¡INTÉNTALO!  Provide the present tense forms of **ir**. The first item has been done for you.

1. Ellos ___van___.
2. Yo _____.
3. Tu novio _____.
4. Adela _____.

5. Mi prima y yo _____.
6. Tú _____.
7. Ustedes _____.
8. Nosotros _____.

9. Usted _____.
10. Nosotras _____.
11. Miguel _____.
12. Ellas _____.

Práctica

1

¿Adónde van? Everyone in your neighborhood is dashing off to various places. Say where they are going.

1. la señora Castillo / el centro
2. las hermanas Gómez / la piscina
3. tu tío y tu papá / el partido de fútbol
4. yo / el Museo de Arte Moderno
5. nosotros / el restaurante Miramar

2

¿Qué van a hacer? These sentences describe what several students in a high school hiking club are doing today. Use **ir a** + [*infinitive*] to say that they are also going to do the same activities tomorrow.

> **modelo**
>
> Martín y Rodolfo nadan en la piscina.
> Van a nadar en la piscina mañana también.

1. Sara lee una revista.
2. Yo practico deportes.
3. Ustedes van de excursión.
4. El presidente del club patina.
5. Tú tomas el sol.
6. Paseamos con nuestros amigos.

3

Preguntas With a partner, take turns asking and answering questions about where the people are going and what they are going to do there.

> **modelo**
>
> **Estudiante 1:** ¿Adónde va Estela?
> **Estudiante 2:** Va a la Librería Sol.
> **Estudiante 1:** Va a comprar un libro.

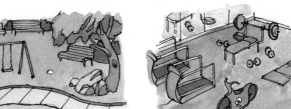

1. Álex y Miguel   2. mi amigo   3. tú

4. los estudiantes   5. profesora Torres   6. ustedes

Comunicación

4   **Situaciones** Work with a partner and say where you and your friends go in these situations.

1. Cuando deseo descansar...
2. Cuando mi mejor amigo/a tiene que estudiar...
3. Si mis compañeros de clase necesitan practicar el español...
4. Si deseo hablar con unos amigos...
5. Cuando tengo dinero (*money*)...
6. Cuando mis amigos y yo tenemos hambre...
7. En mis ratos libres...
8. Cuando mis amigos desean esquiar...
9. Si estoy de vacaciones...
10. Si tengo ganas de leer...

recursos

v̂ Text

CA
p. 21

5   **Encuesta** Your teacher will give you a worksheet. Walk around the class and ask your classmates if they are going to do these activities today. Find one person to answer **Sí** and one to answer **No** for each item and note their names on the worksheet in the appropriate column. Be prepared to report your findings to the class.

modelo

Tú: ¿Vas a leer el periódico hoy?
Ana: Sí, voy a leer el periódico hoy.
Luis: No, no voy a leer el periódico hoy.

Actividades	Sí	No
1. comer en un restaurante chino		
2. leer el periódico		
3. escribir un mensaje electrónico	Ana	Luis
4. correr 20 kilómetros		
5. ver una película de horror		
6. pasear en bicicleta		

6   **Entrevista** Interview two classmates to find out where they are going and what they are going to do on their next vacation.

modelo

Estudiante 1: ¿Adónde vas de vacaciones (*on vacation*)?
Estudiante 2: Voy a Guadalajara con mi familia.
Estudiante 1: ¿Y qué van a hacer (*to do*) ustedes en Guadalajara?
Estudiante 2: Vamos a visitar unos monumentos y museos.

 Practice more at **descubre1.vhlcentral.com.**

Síntesis

7   **El fin de semana** Create a schedule with your activities for this weekend.

▶ For each day, list at least three things you have to do.
▶ For each day, list at least two things you will do for fun.
▶ Tell a classmate what your weekend schedule is like. He or she will write down what you say.
▶ Switch roles to see if you have any plans in common.
▶ Take turns asking each other to participate in some of the activities you listed.

4.2 Stem-changing verbs: e:ie, o:ue

ANTE TODO Stem-changing verbs deviate from the normal pattern of regular verbs. In stem-changing verbs, the stressed vowel of the stem changes when the verb is conjugated.

CONSULTA

To review the present tense of regular –ar verbs, see **Estructura 2.1**, p. 50.

•••

To review the present tense of regular –er and –ir verbs, see **Estructura 3.3**, p. 96.

INFINITIVE	VERB STEM	STEM CHANGE	CONJUGATED FORM
empezar	empez-	emp**ie**z-	emp**ie**zo
volver	v**o**lv-	v**ue**lv-	v**ue**lvo

▶ In many verbs, such as **empezar** *(to begin)*, the stem vowel changes from **e** to **ie**. Note that the **nosotros/as** and **vosotros/as** forms don't have a stem change.

The verb empezar (e:ie) (*to begin*)

Singular forms		Plural forms	
yo	emp**ie**zo	nosotros/as	empezamos
tú	emp**ie**zas	vosotros/as	empezáis
Ud./él/ella	emp**ie**za	Uds./ellos/ellas	emp**ie**zan

Álex y Maite vuelven al autobús.

Álex empieza a enviar mensajes.

▶ In many other verbs, such as **volver** *(to return)*, the stem vowel changes from **o** to **ue**. The **nosotros/as** and **vosotros/as** forms have no stem change.

The verb volver (o:ue) (*to return*)

Singular forms		Plural forms	
yo	v**ue**lvo	nosotros/as	volvemos
tú	v**ue**lves	vosotros/as	volvéis
Ud./él/ella	v**ue**lve	Uds./ellos/ellas	v**ue**lven

▶ To help you identify stem-changing verbs, they will appear as follows throughout the text:

empezar (e:ie), volver (o:ue)

Common stem-changing verbs

e:ie		o:ue	
cerrar	to close	**almorzar**	to have lunch
comenzar (a + *inf.***)**	to begin	**contar**	to count; to tell
empezar (a + *inf.***)**	to begin	**dormir**	to sleep
entender	to understand	**encontrar**	to find
pensar	to think	**mostrar**	to show
perder	to lose; to miss	**poder (+** *inf.***)**	to be able to; can
preferir (+ *inf.***)**	to prefer	**recordar**	to remember
querer (+ *inf.***)**	to want; to love	**volver**	to return

¡LENGUA VIVA!

The verb **perder** can mean *to lose* or *to miss*, in the sense of "to miss a train":

Siempre pierdo mis llaves.
I always lose my keys.

Es importante no perder el autobús.
It's important not to miss the bus.

▶ **Jugar** (*to play* a sport or game) is the only Spanish verb that has a **u:ue** stem change. **Jugar** is followed by **a** + [*definite article*] when the name of a sport or game is mentioned.

Oye, Maite, ¿por qué no jugamos al fútbol?

Álex y el joven juegan al fútbol.

▶ **Comenzar** and **empezar** require the preposition **a** when they are followed by an infinitive.

> **Comienzan a** jugar a las siete.
> *They begin playing at seven.*

> Ana **empieza a** escribir una postal.
> *Ana starts to write a postcard.*

▶ **Pensar** + [*infinitive*] means *to plan* or *to intend to do something*. **Pensar en** means *to think about someone* or *something*.

> **¿Piensan** ir al gimnasio?
> *Are you planning to go to the gym?*

> **¿En** qué **piensas**?
> *What are you thinking about?*

recursos

vText

CA
pp. 19–20, 108

CP
pp. 41–42

CH
pp. 55–56

S

descubre1.
vhlcentral.com

¡INTÉNTALO! Provide the present tense forms of these verbs. The first item in each column has been done for you.

cerrar (e:ie)

1. Ustedes ___cierran___.
2. Tú _cierras_.
3. Nosotras _cerramos_.
4. Mi hermano _cierra_.
5. Yo _cierro_.
6. Usted _cierra_.
7. Los chicos _cierran_.
8. Ella _cierra_.

dormir (o:ue)

1. Mi abuela no ___duerme___.
2. Yo no _duermo_.
3. Tú no _duermes_.
4. Mis hijos no _duermen_.
5. Usted no _duerme_.
6. Nosotros no _dormimos_.
7. Él no _duerme_.
8. Ustedes no _duermen_.

Práctica

1 Completar Complete this conversation with the appropriate forms of the verbs. Then act it out with a partner.

PABLO Óscar, voy al centro ahora.

ÓSCAR ¿A qué hora (1) _piensas_ (pensar) volver? El partido de fútbol (2) _empieza_ (empezar) a las dos.

PABLO (3) _vuelvo_ (Volver) a la una. (4) _quiere_ (Querer) ver el partido.

ÓSCAR (5)¿ _Recuerdas_ (Recordar) que (that) nuestro equipo es muy bueno? (6)¡ _pueden_ (Poder) ganar!

PABLO No, (7) _pienso_ (pensar) que va a (8) _perder_ (perder). Los jugadores de Guadalajara son salvajes (wild) cuando (9) _juegan_ (jugar).

2 Preferencias With a partner, take turns asking and answering questions about what these people want to do, using the cues provided.

> **modelo**
> Guillermo: estudiar / pasear en bicicleta
> **Estudiante 1:** ¿Quiere estudiar Guillermo?
> **Estudiante 2:** No, prefiere pasear en bicicleta.

1. tú: trabajar / dormir
2. ustedes: mirar la televisión / jugar al dominó
3. tus amigos: ir de excursión / descansar
4. tú: comer en la cafetería / ir a un restaurante
5. Elisa: ver una película / leer una revista
6. María y su hermana: tomar el sol / practicar el esquí acuático

3 Describir Use a verb from the list to describe what these people are doing.

almorzar   cerrar   contar   dormir   encontrar   mostrar

1. las niñas

2. yo

3. nosotros

4. tú

5. Pedro

6. Teresa

Practice more at **descubre1.vhlcentral.com**.

Comunicación

4

Frecuencia In pairs, use the verbs from the list and other stem-changing verbs you know to create sentences telling your partner which activities you do daily (**todos los días**), which you do once a month (**una vez al mes**), and which you do once a year (**una vez al año**). Then switch roles.

> **modelo**
>
> **Estudiante 1:** Yo recuerdo a mis abuelos todos los días.
>
> **Estudiante 2:** Yo pierdo uno de mis libros una vez al año.

cerrar	perder
dormir	poder
empezar	preferir
encontrar	querer
jugar	recordar
¿?	¿?

todos los días	una vez al mes	una vez al año

5

En la televisión Read the television listings for Saturday. In pairs, write a conversation between two siblings arguing about what to watch. Be creative and be prepared to act out your conversation for the class.

> **modelo**
>
> **Hermano:** Quiero ver la Copa Mundial.
>
> **Hermana:** ¡No! Prefiero ver...

	13:00	14:00	15:00	16:00	17:00	18:00	19:00	20:00	21:00	22:00	23:00
7	Copa Mundial (*World Cup*) de fútbol			El tiempo libre		Fútbol internacional: Copa América: México-Argentina				Torneo de Natación	
8	Abierto (*Open*) Mexicano de Tenis: Alejandro Hernández (México) vs. Jacobo Díaz (España). Semifinales			Campeonato (*Championship*) de baloncesto: Los Correcaminos de Tampico vs. los Santos de San Luis				Aficionados al buceo		Cozumel: Aventuras	
12	Gente famosa		Amigos	Médicos jóvenes			Película: **El centro de la ciudad**			Película: **Terror en la plaza mayor**	
13	El padrastro		Periodistas en peligro (*danger*)			El esquí acuático				Patinaje artístico	
17	Biografías: La artista Frida Kahlo			Música de la semana		Entrevista del día: Miguel Indurain y su pasión por el ciclismo				Cine de la noche: **La carta misteriosa**	

Síntesis

6

Situación Your teacher will give you and your partner a partially illustrated itinerary of a city tour. Complete the itineraries by asking each other questions using the verbs in the captions and vocabulary you have learned.

> **modelo**
>
> **Estudiante 1:** Por la mañana, empiezan en el café.
>
> **Estudiante 2:** Y luego...

4.3 Stem-changing verbs: e:i

ANTE TODO You've already seen that many verbs in Spanish change their stem vowel when conjugated. There is a third kind of stem-vowel change in some verbs, such as **pedir** (*to ask for; to request*). In these verbs, the stressed vowel in the stem changes from **e** to **i**, as shown in the diagram.

INFINITIVE		VERB STEM		STEM CHANGE		CONJUGATED FORM
pedir	▶	p**e**d-	▶	p**i**d-	▶	p**i**do

▶ As with other stem-changing verbs you have learned, there is no stem change in the **nosotros/as** or **vosotros/as** forms in the present tense.

The verb pedir (e:i) (*to ask for; to request*)

Singular forms		Plural forms	
yo	p**i**do	nosotros/as	pedimos
tú	p**i**des	vosotros/as	pedís
Ud./él/ella	p**i**de	Uds./ellos/ellas	p**i**den

¡LENGUA VIVA!

As you learned in **Lección 2, preguntar** means *to ask a question*. **Pedir**, however, means *to ask for something*:

Ella me pregunta cuántos años tengo.
She asks me how old I am.

Él me pide ayuda.
He asks me for help.

▶ To help you identify verbs with the **e:i** stem change, they will appear as follows throughout the text:

pedir (e:i)

▶ These are the most common **e:i** stem-changing verbs:

conseguir	**decir**	**repetir**	**seguir**
to get; to obtain	*to say;* *to tell*	*to repeat*	*to follow; to continue;* *to keep (doing something)*

Pido favores cuando es necesario.
I ask for favors when it's necessary.

Sigue esperando.
He keeps waiting.

Javier **dice** la verdad.
Javier is telling the truth.

Consiguen ver buenas películas.
They get to see good movies.

▶ **¡Atención!** The verb **decir** is irregular in its **yo** form: **yo digo.**

▶ The **yo** forms of **seguir** and **conseguir** have a spelling change as well as the stem change **e→i**.

Sigo su plan.
I'm following their plan.

Consigo novelas en la librería.
I get novels at the bookstore.

recursos

vText

CA
p. 109

CP
pp. 43–44

CH
pp. 57–58

descubre1.
vhlcentral.com

¡INTÉNTALO! Provide the correct forms of the verbs.

repetir (e:i)
1. Arturo y Eva _repiten_.
2. Yo _repito_.
3. Nosotros _repetimos_.
4. Julia _repite_.
5. Sofía y yo _repetimos_.

decir (e:i)
1. Yo _digo_.
2. Él _dice_.
3. Tú _dices_.
4. Usted _dice_.
5. Ellas _dicen_.

seguir (e: i)
1. Yo _sigo_.
2. Nosotros _seguimos_.
3. Tú _sigues_.
4. Los chicos _siguen_.
5. Usted _sigue_.

Práctica

1

Completar Complete these sentences with the correct form of the verb provided.

1. Cuando mi familia pasea por la ciudad, mi madre siempre (*always*) va al café y _pido_ (pedir) una soda.
2. Pero mi padre _dice_ (decir) que perdemos mucho tiempo. Tiene prisa por llegar al Bosque de Chapultepec.
3. Mi padre tiene suerte, porque él siempre _consegue_ (conseguir) lo que (*that which*) desea.
4. Cuando llegamos al parque, mis hermanos y yo _seguimos_ (seguir) conversando (*talking*) con nuestros padres.
5. Mis padres siempre _repiten_ (repetir) la misma cosa: "Nosotros tomamos el sol aquí sin ustedes".
6. Yo siempre _pido_ (pedir) permiso para volver a casa un poco más tarde porque me gusta mucho el parque.

NOTA CULTURAL

A popular weekend destination for residents and tourists, **el Bosque de Chapultepec** is a beautiful park located in Mexico City. It occupies over 1.5 square miles and includes lakes, wooded areas, several museums, and a botanical garden.

2

Combinar Combine words from the columns to create sentences about yourself and people you know.

A

yo
la gente
mi mejor (*best*) amigo/a
mi familia
mis amigos/as
mis amigos/as y yo
mis padres
mi hermano/a
mi profesor(a) de español

B

(no) pedir muchos favores
nunca (*never*) pedir perdón
nunca seguir las instrucciones
siempre seguir las instrucciones
conseguir libros en Internet
repetir el vocabulario

3

Opiniones Work in pairs to guess how your partner completed the sentences from **Actividad 2**. If you guess incorrectly, your partner must supply the correct answer. Switch roles.

CONSULTA

To review possessive adjectives, see **Estructura 3.2**, p. 93.

modelo

Estudiante 1: En mi opinión, tus padres consiguen libros en Internet.
Estudiante 2: ¡No! Mi hermana consigue libros en Internet.

Practice more at **descubre1.vhlcentral.com**.

Comunicación

4

Las películas Use these questions to interview a classmate.

1. ¿Prefieres las películas románticas, las películas de acción o las películas de horror? ¿Por qué?

2. ¿Dónde consigues información sobre (*about*) una película?

3. ¿Dónde consigues las entradas (*tickets*) para una película?

4. Para decidir qué películas vas a ver, ¿sigues las recomendaciones de tus amigos? ¿Qué dicen tus amigos en general?

5. ¿Qué cines en tu comunidad muestran las mejores (*best*) películas?

6. ¿Vas a ver una película esta semana? ¿A qué hora empieza la película?

Síntesis

5

El cine In pairs, first scan the ad and jot down all the stem-changing verbs. Then answer the questions. Be prepared to share your answers with the class.

1. ¿Qué palabras indican que *Un mundo azul oscuro (Dark Blue World)* es una película dramática?

2. ¿Cuántas personas hay en el póster?

3. ¿Cómo son las personas del póster? ¿Qué relación tienen?

4. ¿Te gustan las películas como ésta (*this one*)?

5. Describe tu película favorita con los verbos de la **Lección 4.**

4.4 Verbs with irregular **yo** forms

ANTE TODO In Spanish, several verbs have irregular **yo** forms in the present tense. You have already seen three verbs with the **–go** ending in the **yo** form: **decir → digo, tener → tengo,** and **venir → vengo.**

▶ Here are some common expressions with **decir.**

decir la verdad
to tell the truth

decir mentiras
to tell lies

decir que
to say that

decir la respuesta
to say the answer

▶ The verb **hacer** is often used to ask questions about what someone does. Note that, when answering, **hacer** is frequently replaced with another, more specific, action verb.

Verbs with irregular yo forms

	hacer *(to do; to make)*	poner *(to put; to place)*	salir *(to leave)*	suponer *(to suppose)*	traer *(to bring)*
SINGULAR FORMS	**hago** haces hace	**pongo** pones pone	**salgo** sales sale	**supongo** supones supone	**traigo** traes trae
PLURAL FORMS	hacemos hacéis hacen	ponemos ponéis ponen	salimos salís salen	suponemos suponéis suponen	traemos traéis traen

¿Qué haces los fines de semana?

Salgo con mis amigos y practico deportes.

Yo no salgo, prefiero poner la televisión y ver películas.

▶ **Poner** can also mean *to turn on* a household appliance.

Carlos **pone** la radio.
Carlos turns on the radio.

María **pone** la televisión.
María turns on the television.

▶ **Salir de** is used to indicate that someone is leaving a particular place.

Hoy **salgo del** hospital.
Today I leave the hospital.

Sale de la clase a las cuatro.
He leaves class at four.

▶ **Salir para** is used to indicate someone's destination.

Mañana **salgo para** México.   Hoy **salen para** España.
Tomorrow I leave for Mexico.   *Today they leave for Spain.*

▶ **Salir con** means *to leave with someone* or *something*, or *to date someone*.

Alberto **sale con** su mochila.   Margarita **sale con** Guillermo.
Alberto is leaving with his backpack. *Margarita is going out with Guillermo.*

The verbs ver and oír

▶ The verb **ver** (*to see*) has an irregular **yo** form. The other forms of **ver** are regular.

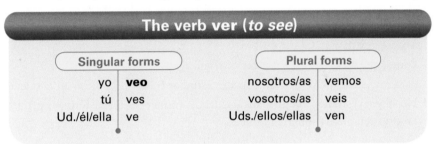

The verb **ver** (*to see*)			
Singular forms		**Plural forms**	
yo	**veo**	nosotros/as	vemos
tú	ves	vosotros/as	veis
Ud./él/ella	ve	Uds./ellos/ellas	ven

▶ The verb **oír** (*to hear*) has an irregular **yo** form and the spelling change **i→y** in the **tú, usted/él/ella** and **ustedes/ellos/ellas** forms. The **nosotros/as** and **vosotros/as** forms have an accent mark.

The verb **oír** (*to hear*)			
Singular forms		**Plural forms**	
yo	**oigo**	nosotros/as	oímos
tú	o**y**es	vosotros/as	oís
Ud./él/ella	o**y**e	Uds./ellos/ellas	o**y**en

▶ While most commonly translated as *to hear*, **oír** is also used in contexts where English would use *to listen*.

Oigo a unas personas en la otra sala.   ¿**Oyes** la radio por la mañana?
I hear some people in the other room.   *Do you listen to the radio in the morning?*

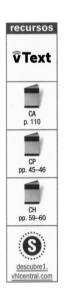
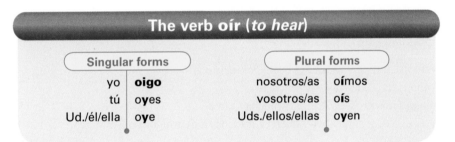

¡INTÉNTALO! Provide the appropriate forms of these verbs. The first item has been done for you.

1. salir   Isabel ___sale___.   Nosotros _____.   Yo _____.
2. ver   Yo _____.   Uds. _____.   Tú _____.
3. poner   Rita y yo _____.   Yo _____.   Los niños _____.
4. hacer   Yo _____.   Tú _____.   Ud. _____.
5. oír   Él _____.   Nosotros _____.   Yo _____.
6. traer   Ellas _____.   Yo _____.   Tú _____.
7. suponer Yo _____.   Mi amigo _____.   Nosotras _____.

Práctica

1   **Completar** Complete this conversation with the appropriate forms of the verbs. Then act it out with a partner.

ERNESTO David, ¿qué (1)_____ (hacer) hoy?

DAVID Ahora estudio biología, pero esta noche (2)_____ (salir) con Luisa. Vamos al cine. (3)_____ (Decir) que la nueva (*new*) película de Almodóvar es buena.

ERNESTO ¿Y Diana? ¿Qué (4)_____ (hacer) ella?

DAVID (5)_____ (Salir) a comer con sus padres.

ERNESTO ¿Qué (6)_____ (hacer) Andrés y Javier?

DAVID Tienen que (7)_____ (hacer) las maletas. (8)_____ (Salir) para Monterrey mañana.

ERNESTO Pues, ¿qué (9)_____ (hacer) yo?

DAVID (10)_____ (Suponer) que puedes estudiar o (11)_____ (ver) la televisión.

ERNESTO No quiero estudiar. Mejor (12)_____ (poner) la televisión. Mi programa favorito empieza en unos minutos.

2   **Oraciones** Form sentences using the cues provided and verbs from **Estructura 4.4**.

> **modelo**
>
> tú / _____ / cosas / en / su lugar / antes de (*before*) / salir
> *Tú pones las cosas en su lugar antes de salir.*

1. mis amigos / _____ / conmigo / centro
2. tú / _____ / verdad
3. Alberto / _____ / música del café Pasatiempos
4. yo / no / _____ / muchas películas
5. domingo / nosotros / _____ / mucha / tarea
6. si / yo / _____ / que / yo / querer / ir / cine / mis amigos / ir / también

3   **Describir** Use a verb from **Estructura 4.4** to describe what these people are doing.

1. Fernán

2. los aficionados

3. yo

4. nosotros

5. la señora Vargas

6. el estudiante

Comunicación

4

Preguntas With a classmate, ask each other these questions.

1. ¿Qué traes a clase?
2. ¿Quiénes traen un diccionario a clase? ¿Por qué traen un diccionario?
3. ¿A qué hora sales de tu casa por la mañana? ¿A qué hora salen tus hermanos/as o tus padres?
4. ¿Dónde pones tus libros cuando regresas de clase? ¿Siempre (*Always*) pones tus cosas en su lugar?
5. ¿Pones fotos de tu familia en tu dormitorio (*bedroom*)? ¿Quiénes son las personas que están en las fotos?
6. ¿Oyes la radio cuando estudias?
7. ¿En qué circunstancias dices mentiras?
8. ¿Haces mucha tarea los fines de semana?
9. ¿Sales con tus amigos los fines de semana? ¿A qué hora? ¿Qué hacen?
10. ¿Te gusta ver deportes en la televisión o prefieres ver otros programas? ¿Cuáles?

5

Charadas In groups, play a game of charades. Each person should think of two phrases using the verbs **hacer, oír, poner, salir, traer,** or **ver.** The first person to guess correctly acts out the next charade.

6

Entrevista You are doing a market research report on lifestyles. Interview a classmate to find out when he or she goes out with the following people and what they do for entertainment.

▶ los amigos/as
▶ los hermanos/as
▶ los padres
▶ otros parientes

Síntesis

7

Situación Imagine that you are speaking with a member of your family or your best friend. With a partner, prepare a conversation using these cues.

Estudiante 1	Estudiante 2
Ask your partner what he or she is doing.	Tell your partner that you are watching TV.
Say what you suppose he or she is watching.	Say that you like the show _____. Ask if he or she wants to watch.
Say no, because you are going out with friends and tell where you are going.	Say you think it's a good idea, and ask what your partner and his or her friends are doing there.
Say what you are going to do, and ask your partner whether he or she wants to come along.	Say no and tell your partner what you prefer to do.

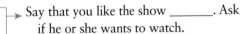

Recapitulación

Repaso
Diagnostics

Review the grammar concepts you have learned in this lesson by completing these activities.

1 **Completar** Complete the chart with the correct verb forms. `15 pts.`

Infinitive	yo	nosotros/as	ellos/as
	vuelvo		
comenzar		**comenzamos**	
		hacemos	**hacen**
ir			
	juego		
repetir			**repiten**

2 **Un día típico** Complete the paragraph with the appropriate forms of the stem-changing verbs in the word list. Not all verbs will be used. Some may be used more than once. `10 pts.`

almorzar	ir	salir
cerrar	jugar	seguir
empezar	mostrar	ver
hacer	querer	volver

¡Hola! Me llamo Cecilia y vivo en Puerto Vallarta, México. ¿Cómo es un día típico en mi vida (*life*)? Por la mañana como con mis padres y juntos (*together*) (1)_____ las noticias (*news*) en la televisión. A las siete y media, (yo) (2)_____ de mi casa y tomo el autobús. Me gusta llegar temprano (*early*) a la escuela porque siempre (*always*) (3)_____ a mis amigos en la cafetería. Conversamos y planeamos lo que (4)_____ hacer cada (*each*) día. A las ocho y cuarto, mi amiga Sandra y yo (5)_____ al laboratorio de lenguas. La clase de francés (6)_____ a las ocho y media. ¡Es mi clase favorita! A las doce y media (yo) (7)_____ en la cafetería con mis amigos. Después (*Afterwards*), yo (8)_____ con mis clases. Por las tardes, mis amigos (9)_____ a sus casas, pero yo (10)_____ al vóleibol con mi amigo Tomás.

RESUMEN GRAMATICAL

4.1 **Present tense of ir** *p. 126*

yo	voy	nosotros	vamos
tú	vas	vosotros	vais
él	va	ellas	van

▶ ir a + [*infinitive*] = *to be going to* + [*infinitive*]

▶ a + el = al

▶ vamos a + [*infinitive*] = *let's* (*do something*)

4.2 **Stem-changing verbs** *e:ie, o:ue, u:ue* *pp. 129–130*

	empezar	volver	jugar
yo	empiezo	vuelvo	juego
tú	empiezas	vuelves	juegas
él	empieza	vuelve	juega
nos.	empezamos	volvemos	jugamos
vos.	empezáis	volvéis	jugáis
ellas	empiezan	vuelven	juegan

▶ Other **e:ie** verbs: **cerrar, comenzar, entender, pensar, perder, preferir, querer**

▶ Other **o:ue** verbs: **almorzar, contar, dormir, encontrar, mostrar, poder, recordar**

4.3 **Stem-changing verbs** *e:i* *p. 133*

		pedir	
yo	pido	nos.	pedimos
tú	pides	vos.	pedís
él	pide	ellas	piden

▶ Other **e:i** verbs: **conseguir, decir, repetir, seguir**

4.4 **Verbs with irregular yo forms** *pp. 136–137*

hacer	poner	salir	suponer	traer
hago	pongo	salgo	supongo	traigo

▶ **ver:** veo, ves, ve, vemos, veis, ven

▶ **oír:** oigo, oyes, oye, oímos, oís, oyen

3 **Oraciones** Arrange the cues provided in the correct order to form complete sentences. Make all necessary changes. **14 pts.**

1. tarea / los / hacer / sábados / nosotros / la

_____

2. en / pizza / Andrés / una / restaurante / el / pedir

_____

3. a / ? / museo / ir / ¿ / el / (tú)

_____

4. de / oír / amigos / bien / los / no / Elena

_____

5. libros / traer / yo / clase / mis / a

_____

6. película / ver / en / Jorge y Carlos / pensar / cine / una / el

_____

7. unos / escribir / Mariana / electrónicos / querer / mensajes

_____

4 **Escribir** Write a short paragraph about what you do on a typical day. Use at least six of the verbs you have learned in this lesson. You can use the paragraph on the opposite page (**Actividad 2**) as a model. **11 pts.**

Un día típico

Hola, me llamo Julia y vivo en Vancouver, Canadá. Por la mañana, yo...

5 **Adivinanza** Write the missing verbs to solve the rhyme. **2 EXTRA points!**

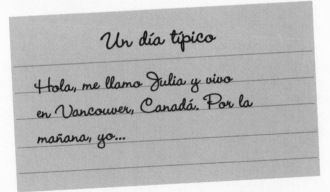

"Si no _____ dormir
y el sueño deseas,
lo vas a conseguir
si _____ ovejas°."

ovejas *sheep*

 Practice more at **descubre1.vhlcentral.com.**

Lectura

Antes de leer

Estrategia
Predicting content from visuals

When you are reading in Spanish, be sure to look for visual clues that will orient you to the content and purpose of what you are reading. Photos and illustrations, for example, will often give you a good idea of the main points that the reading covers. You may also encounter very helpful visuals that are used to summarize large amounts of data in a way that is easy to comprehend; these include bar graphs, pie charts, flow charts, lists of percentages, and other sorts of diagrams.

Examinar el texto

Take a quick look at the visual elements of the magazine article in order to generate a list of ideas about its content. Then compare your list with a classmate's. Are your lists the same or are they different? Discuss your lists and make any changes needed to produce a final list of ideas.

Contestar

Read the list of ideas you wrote in **Examinar el texto,** and look again at the visual elements of the magazine article. Then answer these questions:

1. Who is the woman in the photo, and what is her role?
2. What is the article about?
3. What is the subject of the pie chart?
4. What is the subject of the bar graph?

recursos

vText

CH
pp. 61–62

S
descubre1.vhlcentral.com

por María Úrsula Echevarría

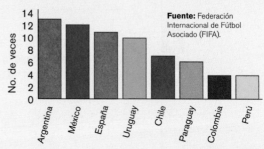

El fútbol es el deporte más popular en el mundo° hispano, según° una encuesta° reciente realizada entre jóvenes universitarios. Mucha gente practica este deporte y tiene un equipo de fútbol favorito. Cada cuatro años se realiza la Copa Mundial°. Argentina y Uruguay han ganado° este campeonato° más de una vez°. Los aficionados siguen los partidos de fútbol en casa por tele y en muchos otros lugares como bares, restaurantes, estadios y clubes deportivos. Los jóvenes juegan al fútbol con sus amigos en parques y gimnasios.

Países hispanos en campeonatos mundiales de fútbol (1930–2002)

Fuente: Federación Internacional de Fútbol Asociado (FIFA).

No. de veces (y-axis: 0, 2, 4, 6, 8, 10, 12, 14)
Argentina, México, España, Uruguay, Chile, Paraguay, Colombia, Perú

Pero, por supuesto°, en los países de habla hispana también hay otros deportes populares. ¿Qué deporte sigue al fútbol en estos países? Bueno, ¡depende del país y de otros factores!

Después de leer
Evaluación y predicción

Which of the following sports events would be most popular among the college students surveyed? Rate them from one (most popular) to five (least popular). Which would be the most popular at your school?

_____ 1. La Copa Mundial de Fútbol

_____ 2. Los Juegos Olímpicos

_____ 3. El torneo de tenis de Wimbledon

_____ 4. La Serie Mundial de Béisbol

_____ 5. El Tour de Francia

No sólo el fútbol

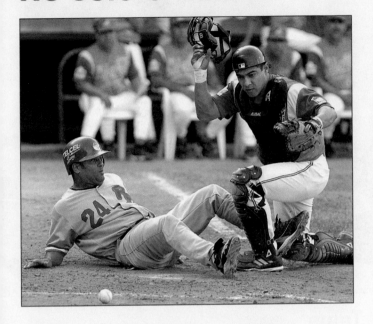

En Colombia, por ejemplo, el béisbol es muy popular después del fútbol, aunque° esto varía según la región del país. En la costa del norte de Colombia, el béisbol es una pasión. Y el ciclismo también es un deporte que los colombianos siguen con mucho interés.

Dónde es más popular el béisbol

En los países del Caribe, el béisbol es el deporte predominante. Éste es el caso en Puerto Rico, Cuba y la República Dominicana. Los niños empiezan a jugar cuando son muy pequeños. En Puerto Rico y la República Dominicana, la gente también quiere participar en otros deportes, como el baloncesto, o ver los partidos en la tele. Y para los espectadores aficionados del Caribe, el boxeo es número dos.

Dónde es más popular el fútbol

En México el béisbol es el segundo° deporte más popular después° del fútbol. Pero en Argentina, después del fútbol, el rugby tiene mucha importancia. En Perú a la gente le gusta mucho ver partidos de vóleibol. ¿Y en España? Mucha gente prefiere el baloncesto, el tenis y el ciclismo.

Deportes más populares

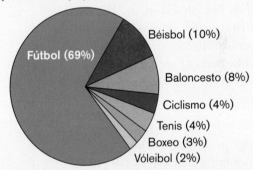

Fútbol (69%)
Béisbol (10%)
Baloncesto (8%)
Ciclismo (4%)
Tenis (4%)
Boxeo (3%)
Vóleibol (2%)

---

mundo *world* según *according to* encuesta *survey* se realiza la Copa Mundial *the World Cup is held* han ganado *have won* campeonato *championship* más de una vez *more than once* por supuesto *of course* segundo *second* después *after* aunque *although*

¿Cierto o falso?

Indicate whether each sentence is **cierto** or **falso,** then correct the false statements.

	Cierto	Falso
1. El vóleibol es el segundo deporte más popular en México.	O	O
2. En España a la gente le gustan varios deportes como el baloncesto y el ciclismo.	O	O
3. En la costa del norte de Colombia, el tenis es una pasión.	O	O
4. En el Caribe el deporte más popular es el béisbol.	O	O

Preguntas

Answer these questions in Spanish.

1. ¿Dónde ven el fútbol los aficionados? Y tú, ¿cómo ves tus deportes favoritos?
2. ¿Te gusta el fútbol? ¿Por qué?
3. ¿Miras la Copa Mundial en la televisión?
4. ¿Qué deportes miras en la televisión?
5. En tu opinión, ¿cuáles son los tres deportes más populares en tu escuela? ¿En tu comunidad? ¿En los Estados Unidos?
6. ¿Qué haces en tus ratos libres?

Escritura

Estrategia
Using a dictionary

A common mistake made by beginning language learners is to embrace the dictionary as the ultimate resource for reading, writing, and speaking. While it is true that the dictionary is a useful tool that can provide valuable information about vocabulary, using the dictionary correctly requires that you understand the elements of each entry.

If you glance at a Spanish-English dictionary, you will notice that its format is similar to that of an English dictionary. The word is listed first, usually followed by its pronunciation. Then come the definitions, organized by parts of speech. Sometimes the most frequently used definitions are listed first.

To find the best word for your needs, you should refer to the abbreviations and the explanatory notes that appear next to the entries. For example, imagine that you are writing about your pastimes. You want to write, "I want to buy a new racket for my match tomorrow," but you don't know the Spanish word for "racket." In the dictionary, you may find an entry like this:

> **racket** *s* 1. alboroto; 2. raqueta (*dep.*)

The abbreviation key at the front of the dictionary says that *s* corresponds to **sustantivo** (*noun*). Then, the first word you see is **alboroto**. The definition of **alboroto** is *noise* or *racket*, so **alboroto** is probably not the word you're looking for. The second word is **raqueta,** followed by the abbreviation *dep.*, which stands for **deportes**. This indicates that the word **raqueta** is the best choice for your needs.

Tema

Escribir un folleto

Choose one topic.

1. You are on the Homecoming Committee at your school this year. Create a pamphlet that lists events for Friday night, Saturday, and Sunday. Include a brief description of each event and its time and location. Include activities for different age groups, since some alumni will bring their families.

2. You are on the Freshman Student Orientation Committee and are in charge of creating a pamphlet for new students describing the sports offered at your school. Write the flyer, including a variety of activities.

3. You volunteer at your community's recreation center. It is your job to market your community to potential residents. Write a brief pamphlet that describes the recreational opportunities your community provides, the areas where the activities take place, and the costs, if any. Be sure to include activities that will appeal to singles as well as couples and families; you should include activities for all age groups and for both men and women.

recursos

vText

CA pp. 147–148

CH pp. 63–64

descubre1.vhlcentral.com

Escuchar

Estrategia

Listening for the gist

Listening for the general idea, or gist, can help you follow what someone is saying even if you can't hear or understand some of the words. When you listen for the gist, you simply try to capture the essence of what you hear without focusing on individual words.

 To help you practice this strategy, you will listen to a paragraph made up of three sentences. Jot down a brief summary of what you hear.

Preparación

Based on the photo, what do you think Anabela is like? Do you and Anabela have similar interests?

Ahora escucha

You will hear first José talking, then Anabela. As you listen, check off each person's favorite activities.

Pasatiempos favoritos de José

1. _____ leer el correo electrónico
2. _____ jugar al béisbol
3. _____ ver películas de acción
4. _____ ir al café
5. _____ ir a partidos de béisbol
6. _____ ver películas románticas
7. _____ dormir la siesta
8. _____ escribir mensajes electrónicos

Pasatiempos favoritos de Anabela

9. _____ esquiar
10. _____ nadar
11. _____ practicar el ciclismo
12. _____ jugar al golf
13. _____ jugar al baloncesto
14. _____ ir a ver partidos de tenis
15. _____ escalar montañas
16. _____ ver televisión

Comprensión

Preguntas

Answer these questions about José's and Anabela's pastimes.

1. ¿Quién practica más deportes?
2. ¿Quién piensa que es importante descansar?
3. ¿A qué deporte es aficionado José?
4. ¿Por qué Anabela no practica el baloncesto?
5. ¿Qué películas le gustan a la novia de José?
6. ¿Cuál es el deporte favorito de Anabela?

Seleccionar

Which person do these statements best describe?

1. Le gusta practicar deportes.
2. Prefiere las películas de acción.
3. Le gustan las computadoras.
4. Le gusta nadar.
5. Siempre (*Always*) duerme una siesta por la tarde.
6. Quiere ir de vacaciones a las montañas.

En pantalla

In many Spanish-speaking countries, soccer isn't just a game; it's a way of life. Many countries have professional and amateur leagues, and soccer is even played in the streets. Every four years, during the World Cup, even those who aren't big fans of the sport find it impossible not to get swept up in "soccer fever." During the month-long Cup, passions only increase with each of the sixty-four matches played. Companies also get caught up in the soccer craze, launching ad campaigns and offering promotions with prizes ranging from commemorative glasses to all-expenses-paid trips to the World Cup venue.

Vocabulario útil	
cracks	*stars, aces (sports)*
lo tuvo a Pelé de hijo	*he was a better player than Pelé (coll. expr. Peru)*
Dios me hizo	*God made me*
patito feo	*ugly duckling*
plata	*money (S. America)*
jugando	*playing*

Comprensión

Indicate whether each statement is **cierto** or **falso**.

	Cierto	Falso
1. La familia juega al baloncesto.	○	○
2. No hay mujeres en el anuncio (*ad*).	○	○
3. La pareja tiene cinco hijos.	○	○
4. El hijo más joven es un mariachi.	○	○

Conversación

With a partner, discuss these questions in Spanish.

1. En el anuncio (*ad*) hay varios elementos culturales representativos de la cultura de los países hispanos. ¿Cuáles son?
2. ¿Qué otros elementos culturales de los países hispanos conocen (*do you know*)?

jugaba used to play **cuna** *crib* **barriga** *womb* **Por eso** *That's why* **esperaban que yo fuera** *they expected that I be* **el mejor de todos** *the best of all*

Anuncio de Totofútbol

Mi hermano mayor jugaba° desde la cuna°.

Mi segundo hermano, desde la barriga°.

Por eso° esperaban que yo fuera° el mejor de todos°.

 Practice more at **descubre1.vhlcentral.com**.

Oye cómo va

Café Tacuba

Rubén, Quique, Joselo y **Meme** have come a long way since playing rock music for fun in a garage. The foursome, close friends since they met at a suburban high school just outside Mexico City, chose the name Café Tacuba and started playing publicly in 1989. Besides the usual instruments one would expect a rock band to play—drums, bass, and electric guitar—Café Tacuba incorporates more traditional instruments to produce a particular blend of rock, ska, and Mexican folk rhythms. This fusion of genres characterizes their distinctive style, one so diverse that some say no two songs sound alike. In addition to having recorded more than seven albums, the group has participated in soundtracks for movies like *Y tu mamá también, Vivir mata,* and *Amores perros.*

To the right you see an excerpt from one of Café Tacuba's songs. Read it and then complete these activities.

Eres

Eres,
lo que° más quiero en este mundo° eso eres°,
mi pensamiento° más profundo también eres,
tan sólo dime° lo que hago, aquí me tienes.

Eres,
cuando despierto° lo primero eso eres,
lo que a mi vida° le hace falta° si no vienes,
lo único°, preciosa, que en mi mente habita hoy.

Comprensión

Complete the sentences with the correct option.

1. Café Tacuba tiene _____ miembros (*members*).
   a. seis   b. tres   c. cuatro
2. Ellos se conocieron en _____.
   a. una casa   b. una escuela   c. un garaje
3. Su música es una _____ de diferentes géneros.
   a. separación   b. fusión   c. falta (*lack*)
4. En la canción *Eres*, el autor le canta a _____.
   a. una mujer   b. un parque   c. una pelota
5. _____ Downs es una roquera mexicana.
   a. Lisa   b. Linda   c. Lila

Interpretación

Answer these questions in Spanish. Then, share your answers with a classmate.

1. ¿Cómo piensas que es la mujer que inspiró (*inspired*) esta canción?
2. Escribe tres oraciones que comiencen con *Eres...* sobre una persona que tú quieres mucho.

Historia y rock

Since opening in 1912, **Café de Tacuba** has maintained its colonial ambiance: ceramic tiles, oil paintings, and brass lamps. This landmark restaurant in the center of Mexico City inspired the name of the band, Café Tacuba. Other Mexican rockers, each with their own unique style, are: Maná, Lila Downs, Jaguares, Julieta Venegas, Molotov, Ely Guerra, and Salón Victoria.

recursos

vText   descubre1.vhlcentral.com

lo que *what* mundo *world* eso eres *that's what you are* pensamiento *thought* dime *tell me* despierto *I wake up* vida *life* le hace falta *is missing* lo único *the only thing*

Practice more at **descubre1.vhlcentral.com.**

México

El país en cifras

▶ **Área:** 1.972.550 km^2
(761.603 millas^2), *casi° tres veces°
el área de Texas*

*La situación geográfica de México, al sur° de
los Estados Unidos, ha influido en° la economía
y la sociedad de los dos países. Una de las
consecuencias es la emigración de la población
mexicana al país vecino°. Hoy día, más de
30 millones de personas de ascendencia mexicana
viven en los Estados Unidos.*

▶ **Población:** 119.146.000

▶ **Capital:** México, D.F.—21.568.000

▶ **Ciudades principales:**
Guadalajara—4.456.000,
Monterrey—4.140.000, Ciudad
Juárez—2.008.000, Puebla—1.861.000

SOURCE: Population Division, UN Secretariat

▶ **Moneda:** peso mexicano

▶ **Idiomas:** español (oficial), náhuatl,
otras lenguas indígenas

Bandera de México

Mexicanos célebres

▶ **Benito Juárez,** héroe nacional (1806–1872)

▶ **Octavio Paz,** poeta (1914–1998)

▶ **Elena Poniatowska,** periodista y escritora
(1933–)

▶ **Julio César Chávez,** boxeador (1962–)

casi *almost* veces *times* sur *south* ha influido en *has influenced*
vecino *neighboring* se llenan de luz *get filled with light* flores *flowers*
Muertos *Dead* se ríen *laugh* muerte *death* lo cual se refleja *which is
reflected* calaveras de azúcar *sugar skulls* pan *bread* huesos *bones*

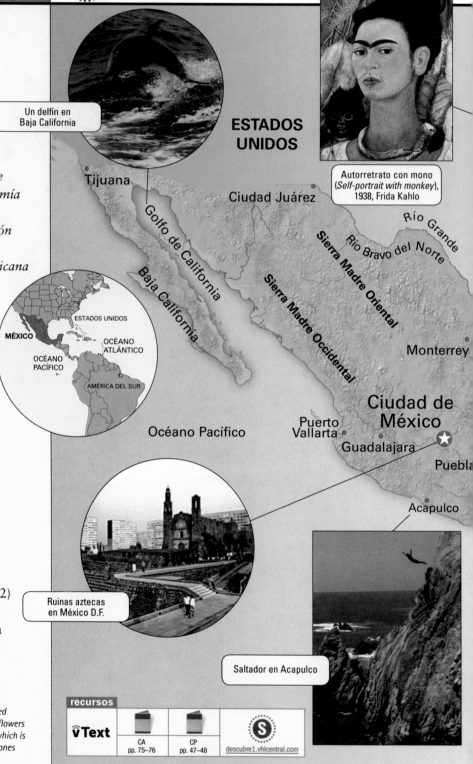

Un delfín en
Baja California

**ESTADOS
UNIDOS**

Tijuana

Ciudad Juárez

Río Grande

Río Bravo del Norte

Sierra Madre Oriental

Golfo de California

Baja California

Sierra Madre Occidental

ESTADOS UNIDOS

MÉXICO

OCÉANO
ATLÁNTICO

OCÉANO
PACÍFICO

AMÉRICA DEL SUR

Monterrey

Océano Pacífico

Puerto
Vallarta

**Ciudad de
México**

Guadalajara

Puebla

Acapulco

Autorretrato con mono
(*Self-portrait with monkey*),
1938, Frida Kahlo

Ruinas aztecas
en México D.F.

Saltador en Acapulco

recursos

v̂ Text

CA
pp. 75–76

CP
pp. 47–48

descubre1.vhlcentral.com

¡Increíble pero cierto!

Cada dos de noviembre los cementerios de
México se llenan de luz°, música y flores°. El Día
de Muertos° no es un evento triste; es una fiesta
en honor a las personas muertas. En ese día,
los mexicanos se ríen° de la muerte°, lo cual se
refleja° en detalles como las calaveras de azúcar°
y el pan° de muerto —pan en forma de huesos°.

Ciudades • México, D.F.

La Ciudad de México, fundada° en 1525, también se llama el D.F. o Distrito Federal. Muchos turistas e inmigrantes vienen a la ciudad porque es el centro cultural y económico del país. El crecimiento° de la población es de los más altos° del mundo. El D.F. tiene una población mayor que las de Nueva York, Madrid o París.

Artes • Diego Rivera y Frida Kahlo

Frida Kahlo y Diego Rivera eran° artistas mexicanos muy famosos. Casados° en 1929, los dos se interesaron° en las condiciones sociales de la gente indígena de su país. Puedes ver algunas° de sus obras° en el Museo de Arte Moderno de la Ciudad de México.

Historia • Los aztecas

Los aztecas dominaron° México desde el siglo° XIV hasta el siglo XVI. Sus canales, puentes° y pirámides con templos religiosos eran muy importantes. El imperio azteca terminó° cuando llegaron° los españoles en 1519, pero la presencia azteca sigue hoy. La Ciudad de México está situada en la capital azteca de Tenochtitlán, y muchos turistas van a visitar sus ruinas.

Economía • La plata

México es el mayor productor de plata° del mundo°. Estados como Zacatecas y Durango tienen ciudades fundadas cerca de los más grandes yacimientos° de plata del país. Estas ciudades fueron° en la época colonial unas de las más ricas e importantes. Hoy en día, aún° conservan mucho de su encanto° y esplendor.

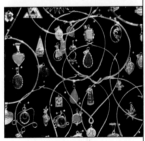

Golfo de México

Península de Yucatán

Mérida

Bahía de Campeche

Cancún

Veracruz

Istmo de Tehuantepec

BELICE

GUATEMALA

 ¿Qué aprendiste? Responde a cada pregunta con una oración completa.

1. ¿Qué lenguas hablan los mexicanos?

2. ¿Cómo es la población del D.F. en comparación con otras ciudades?

3. ¿En qué se interesaron Frida Kahlo y Diego Rivera?

4. Nombra algunas de las estructuras de la arquitectura azteca.

5. ¿Dónde está situada la capital de México?

6. ¿Qué estados de México tienen los mayores yacimientos de plata?

Conexión Internet Investiga estos temas en **descubre1.vhlcentral.com.**

1. Busca información sobre dos lugares de México. ¿Te gustaría (*Would you like*) vivir allí? ¿Por qué?

2. Busca información sobre dos artistas mexicanos. ¿Cómo se llaman sus obras más famosas?

....

fundada *founded* crecimiento *growth* más altos *highest* eran *were* Casados *Married* se interesaron *were interested in* algunas *some* obras *works* dominaron *dominated* siglo *century* puentes *bridges* terminó *ended* llegaron *arrived* plata *silver* mundo *world* yacimientos *deposits* fueron *were* aún *still* encanto *charm*

Pasatiempos

andar en patineta	to skateboard
bucear	to scuba dive
escalar montañas (f. pl.)	to climb mountains
escribir una carta	to write a letter
escribir un mensaje electrónico	to write an e-mail message
esquiar	to ski
ganar	to win
ir de excursión	to go on a hike
leer correo electrónico	to read e-mail
leer un periódico	to read a newspaper
leer una revista	to read a magazine
nadar	to swim
pasear	to take a walk; to stroll
pasear en bicicleta	to ride a bicycle
patinar (en línea)	to (in-line) skate
practicar deportes (m. pl.)	to play sports
tomar el sol	to sunbathe
ver películas (f. pl.)	to see movies
visitar monumentos (m. pl.)	to visit monuments
la diversión	fun activity; entertainment; recreation
el fin de semana	weekend
el pasatiempo	pastime; hobby
los ratos libres	spare (free) time
el videojuego	video game

Deportes

el baloncesto	basketball
el béisbol	baseball
el ciclismo	cycling
el equipo	team
el esquí (acuático)	(water) skiing
el fútbol	soccer
el fútbol americano	football
el golf	golf
el hockey	hockey
el/la jugador(a)	player
la natación	swimming
el partido	game; match
la pelota	ball
el tenis	tennis
el vóleibol	volleyball

Adjetivos

deportivo/a	sports-related
favorito/a	favorite

Lugares

el café	café
el centro	downtown
el cine	movie theater
el gimnasio	gymnasium
la iglesia	church
el lugar	place
el museo	museum
el parque	park
la piscina	swimming pool
la plaza	city or town square
el restaurante	restaurant

Verbos

almorzar (o:ue)	to have lunch
cerrar (e:ie)	to close
comenzar (e:ie)	to begin
conseguir (e:i)	to get; to obtain
contar (o:ue)	to count; to tell
decir (e:i)	to say; to tell
dormir (o:ue)	to sleep
empezar (e:ie)	to begin
encontrar (o:ue)	to find
entender (e:ie)	to understand
hacer	to do; to make
ir	to go
jugar (u:ue)	to play
mostrar (o:ue)	to show
oír	to hear
pedir (e:i)	to ask for; to request
pensar (e:ie)	to think
pensar (+ inf.)	to intend
pensar en	to think about
perder (e:ie)	to lose; to miss
poder (o:ue)	to be able to; can
poner	to put; to place
preferir (e:ie)	to prefer
querer (e:ie)	to want; to love
recordar (o:ue)	to remember
repetir (e:i)	to repeat
salir	to leave
seguir (e:i)	to follow; to continue
suponer	to suppose
traer	to bring
ver	to see
volver (o:ue)	to return

Decir expressions	See page 136.
Expresiones útiles	See page 121.

Las vacaciones

5

Communicative Goals

You will learn how to:

- Discuss and plan a vacation
- Describe a hotel
- Talk about how you feel
- Talk about the seasons and the weather

A PRIMERA VISTA
- ¿Dónde están ellos: en la playa o en una ciudad?
- ¿Son viejos o jóvenes?
- ¿Toman el sol o nadan?

Las vacaciones

Más vocabulario

la cama	bed
la habitación individual, doble	single, double room
el piso	floor (of a building)
la planta baja	ground floor
el campo	countryside
el paisaje	landscape
el equipaje	luggage
la estación de autobuses, del metro, de tren	bus, subway, train station
la llegada	arrival
el pasaje (de ida y vuelta)	(round-trip) ticket
la salida	departure; exit
acampar	to camp
estar de vacaciones	to be on vacation
hacer las maletas	to pack (one's suitcases)
hacer un viaje	to take a trip
ir de compras	to go shopping
ir de vacaciones	to go on vacation
ir en autobús (m.), auto(móvil) (m.), motocicleta (f.), taxi (m.)	to go by bus, car, motorcycle, taxi

Variación léxica

automóvil ⟷ coche (*Esp.*), carro (*Amér. L.*)
autobús ⟷ camión (*Méx.*), guagua (*P. Rico*)
motocicleta ⟷ moto (*coloquial*)

la agente de viajes

el pasaporte

Confirma una reservación. (confirmar)

En la agencia de viajes

la habitación

el ascensor

el empleado

la llave

la huésped

el botones

el huésped

En el hotel

Saca/Toma fotos.
(sacar, tomar)

BIENVENIDOS

el avión

ajero

la inspectora
de aduanas

En el aeropuerto

Pesca.
(pescar)

Monta a caballo.
(montar)

Va en barco.
(ir)

Juegan a las
cartas. (jugar)

el mar

la playa

En la playa

Práctica

1

Escuchar 🎧 Indicate who would probably make each statement you hear. Each answer is used twice.

a. el agente de viajes   1. ___a___   4. ___b___
b. la inspectora de aduanas   2. _a or c_   5. ___c___
c. un empleado del hotel   3. ___c___   6. _____

2

¿Cierto o falso? 🎧 Mario and his wife, Natalia, are planning their next vacation with a travel agent. Indicate whether each statement is **cierto** or **falso** according to what you hear in the conversation.

	Cierto	Falso
1. Mario y Natalia están en Puerto Rico.	○	○
2. Mario y Natalia quieren hacer un viaje a Puerto Rico.	○	○
3. Natalia prefiere ir a una montaña.	○	○
4. Mario quiere pescar en Puerto Rico.	○	○
5. La agente de viajes va a confirmar la reservación.	○	○

3

Escoger Choose the best answer for each sentence.

1. Un huésped es una persona que _____.
   a. toma fotos   b. está en un hotel   c. pesca en el mar
2. Abrimos la puerta con _____.
   a. una llave   b. un caballo   c. una llegada
3. Enrique tiene _____ porque va a viajar a otro (*another*) país.
   a. un pasaporte   b. una foto   c. una llegada
4. Antes de (*Before*) ir de vacaciones hay que _____.
   a. pescar   b. ir en tren   c. hacer las maletas
5. Nosotros vamos en _____ al aeropuerto.
   a. autobús   b. pasaje   c. viajero
6. Me gusta mucho ir al campo. El _____ es increíble.
   a. paisaje   b. pasaje   c. equipaje

4

Analogías Complete the analogies using the words below. Two words will not be used.

auto	huésped	mar	sacar
botones	llegada	pasaporte	tren

1. acampar ⟶ campo ⊜ pescar ⟶
2. agencia de viajes ⟶ agente ⊜ hotel ⟶
3. llave ⟶ habitación ⊜ pasaje ⟶
4. estudiante ⟶ libro ⊜ turista ⟶
5. aeropuerto ⟶ viajero ⊜ hotel ⟶
6. maleta ⟶ hacer ⊜ foto ⟶

Las estaciones y los meses del año

el invierno: diciembre, enero, febrero

la primavera: marzo, abril, mayo

el verano: junio, julio, agosto

el otoño: septiembre, octubre, noviembre

—**¿Cuál es la fecha de hoy?**   *What is today's date?*
—**Es el primero de octubre.**   *It's the first of October.*
—**Es el dos de marzo.**   *It's March 2nd.*
—**Es el diez de noviembre.**   *It's November 10th.*

El tiempo

—**¿Qué tiempo hace?**   *How's the weather?*
—**Hace buen/mal tiempo.**   *The weather is good/bad.*

Hace (mucho) calor.
It's (very) hot.

Hace (mucho) frío.
It's (very) cold.

Llueve. (llover o:ue)
It's raining.

Está lloviendo.
It's raining.

Nieva. (nevar e:ie)
It's snowing.

Está nevando.
It's snowing.

Más vocabulario

Está (muy) nublado.	*It's (very) cloudy.*
Hace fresco.	*It's cool.*
Hace (mucho) sol.	*It's (very) sunny.*
Hace (mucho) viento.	*It's (very) windy.*

5 | **El Hotel Regis** Label the floors of the hotel.

Números ordinales	
primer (before a masculine singular noun), **primero/a**	first
segundo/a	second
tercer (before a masculine singular noun), **tercero/a**	third
cuarto/a	fourth
quinto/a	fifth
sexto/a	sixth
séptimo/a	seventh
octavo/a	eighth
noveno/a	ninth
décimo/a	tenth

a. _séptimo_ piso
b. _sexto_ piso
c. _quinto_ piso
d. _cuarto_ piso
e. _tercer_ piso
f. _segundo_ piso
g. _primer_ piso
h. _la planta_ baja

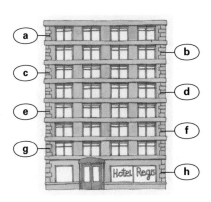

6 | **Contestar** Look at the illustrations of the months and seasons on the previous page and answer these questions in pairs.

> **modelo**
>
> **Estudiante 1:** ¿Cuál es el primer mes de la primavera?
> **Estudiante 2:** marzo

1. ¿Cuál es el primer mes del invierno?
2. ¿Cuál es el segundo mes de la primavera?
3. ¿Cuál es el tercer mes del otoño?
4. ¿Cuál es el primer mes del año?
5. ¿Cuál es el quinto mes del año?
6. ¿Cuál es el octavo mes del año?
7. ¿Cuál es el décimo mes del año?
8. ¿Cuál es el segundo mes del verano?
9. ¿Cuál es el tercer mes del invierno?
10. ¿Cuál es la cuarta estación del año?

7 | **Las estaciones** Name the season that applies to the description.

1. Las clases terminan.
2. Vamos a la playa.
3. Acampamos.
4. Nieva mucho.
5. Las clases empiezan.
6. Hace mucho calor.
7. Llueve mucho.
8. Esquiamos.
9. El entrenamiento (*training*) de béisbol
10. Día de Acción de Gracias (*Thanksgiving*)

8 | **¿Cuál es la fecha?** Give the dates for these holidays.

> **modelo**
>
> el día de San Valentín   14 de febrero

1. el día de San Patricio
2. el día de Halloween
3. el primer día de verano
4. el Año Nuevo
5. mi cumpleaños (*birthday*)
6. mi fiesta favorita

9 **Seleccionar** Paco is talking about his family and friends. Choose the word or phrase that best completes each sentence.

1. A mis padres les gusta ir a Cancún porque (hace sol, nieva).
2. Mi primo de Kansas dice que durante (*during*) un tornado, hace mucho (sol, viento).
3. Mis amigos van a esquiar si (nieva, está nublado).
4. Tomo el sol cuando (hace calor, llueve).
5. Nosotros vamos a ver una película si hace (buen, mal) tiempo.
6. Mi hermana prefiere correr cuando (hace mucho calor, hace fresco).
7. Mis tíos van de excursión si hace (buen, mal) tiempo.
8. Mi padre no quiere jugar al golf si (hace fresco, llueve).
9. Cuando hace mucho (sol, frío) no salgo de casa y tomo chocolate caliente (*hot*).
10. Hoy mi sobrino va al parque porque (está lloviendo, hace buen tiempo).

> **NOTA CULTURAL**
>
> **Cancún**, at the tip of Mexico's Yucatán Peninsula, is a popular tourist destination for foreigners and Mexicans alike. It offers beautiful beaches and excellent opportunities for snorkeling, diving, and sailing.

10 **El clima** With a partner, take turns asking and answering questions about the weather and temperatures in these cities.

> **modelo**
>
> **Estudiante 1:** ¿Qué tiempo hace hoy en Nueva York?
> **Estudiante 2:** Hace frío y hace viento.
> **Estudiante 1:** ¿Cuál es la temperatura máxima?
> **Estudiante 2:** Treinta y un grados (*degrees*).
> **Estudiante 1:** ¿Y la temperatura mínima?
> **Estudiante 2:** Diez grados.

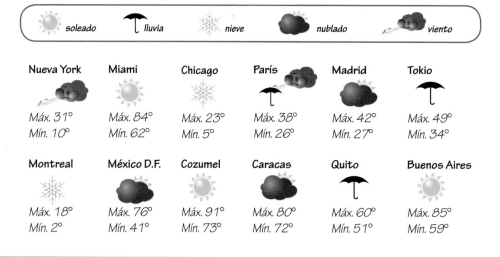

| soleado | lluvia | nieve | nublado | viento |

Nueva York	Miami	Chicago	París	Madrid	Tokio
Máx. 31°	Máx. 84°	Máx. 23°	Máx. 38°	Máx. 42°	Máx. 49°
Mín. 10°	Mín. 62°	Mín. 5°	Mín. 26°	Mín. 27°	Mín. 34°

Montreal	México D.F.	Cozumel	Caracas	Quito	Buenos Aires
Máx. 18°	Máx. 76°	Máx. 91°	Máx. 80°	Máx. 60°	Máx. 85°
Mín. 2°	Mín. 41°	Mín. 73°	Mín. 72°	Mín. 51°	Mín. 59°

> **NOTA CULTURAL**
>
> In most Spanish-speaking countries, temperatures are given in degrees Celsius. Use these formulas to convert between **grados centígrados** and **grados Fahrenheit**.
> degrees C. × 9 ÷ 5 + 32 = degrees F.
> degrees F. - 32 × 5 ÷ 9 = degrees C.

11 **Completar** Complete these sentences with your own ideas.

1. Cuando hace sol, yo…
2. Cuando llueve, mis amigos y yo…
3. Cuando hace calor, mi familia…
4. Cuando hace viento, la gente…
5. Cuando hace frío, yo…
6. Cuando hace mal tiempo, mis amigos…
7. Cuando nieva, muchas personas…
8. Cuando está nublado, mis amigos y yo…
9. Cuando hace fresco, mis padres…
10. Cuando hace buen tiempo, mis amigos…

Comunicación

12 **Preguntas personales** In pairs, ask each other these questions.

1. ¿Cuál es la fecha de hoy?
2. ¿Qué estación es?
3. ¿Te gusta esta estación? ¿Por qué?
4. ¿Qué estación prefieres? ¿Por qué?
5. ¿Prefieres el mar o las montañas? ¿La playa o el campo? ¿Por qué?
6. Cuando estás de vacaciones, ¿qué haces?
7. Cuando haces un viaje, ¿qué te gusta hacer y ver?
8. ¿Piensas ir de vacaciones este verano? ¿Adónde quieres ir? ¿Por qué?
9. ¿Qué deseas ver y qué lugares quieres visitar?
10. ¿Cómo te gusta viajar? ¿En avión? ¿En motocicleta...?

recursos

v̂ Text

CA
p. 27

13 **Encuesta** Your teacher will give you a worksheet. How does the weather affect what you do? Walk around the class and ask your classmates what they prefer or like to do in the weather conditions given. Note their responses on your worksheet. Be sure to personalize your survey by adding a few original questions to the list. Be prepared to report your findings to the class.

Tiempo	Actividades
1. Hace mucho calor.	
2. Nieva.	
3. Hace buen tiempo.	
4. Hace fresco.	
5. Llueve.	
6. Está nublado.	
7. Hace mucho frío.	

CONSULTA

Calor and **frío** can apply to both weather and people. Use **hacer** to describe weather conditions or climate.
(**Hace frío en Santiago.** *It's cold in Santiago.*)
Use **tener** to refer to people.
(**El viajero tiene frío.** *The traveler is cold.*)
See **Estructura 3.4** p. 101.

14 **Minidrama** With two or three classmates, prepare a skit about people who are on vacation or are planning a vacation. The skit should take place in one of these areas.

1. una agencia de viajes
2. una casa
3. un aeropuerto, una estación de tren o una estación de autobuses
4. un hotel
5. el campo o la playa

Síntesis

recursos

v̂ Text

CA
pp. 23–24

15 **Un viaje** You are planning a trip to Mexico and have many questions about your itinerary on which your partner, a travel agent, will advise you. Your teacher will give you and your partner each a sheet with different instructions for acting out the roles.

Tenemos una reservación.

Don Francisco y los estudiantes llegan al hotel.

EMPLEADA ¿En qué puedo servirles?

DON FRANCISCO Mire, yo soy Francisco Castillo Moreno y tenemos una reservación a mi nombre.

EMPLEADA Mmm... no veo su nombre aquí. No está.

DON FRANCISCO ¿Está segura, señorita? Quizás la reservación está a nombre de la agencia de viajes, Ecuatur.

EMPLEADA Pues sí, aquí está... dos habitaciones dobles y una individual, de la ciento uno a la ciento tres... todas en las primeras cabañas.

DON FRANCISCO Gracias, señorita. Muy amable.

BOTONES Bueno, la habitación ciento dos... Por favor.

INÉS Oigan, yo estoy aburrida. ¿Quieren hacer algo?

JAVIER ¿Por qué no vamos a explorar la ciudad un poco más?

INÉS ¡Excelente idea! ¡Vamos!

MAITE No, yo no voy. Estoy cansada y quiero descansar un poco porque a las seis voy a correr con Álex.

ÁLEX Y yo quiero escribir un mensaje electrónico antes de ir a correr.

JAVIER Pues nosotros estamos listos, ¿verdad, Inés?

INÉS Sí, vamos.

MAITE Adiós.

INÉS Y JAVIER ¡Chau!

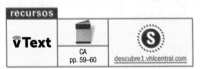

ÁLEX Hola, chicas. ¿Qué están haciendo?

MAITE Estamos descansando.

JAVIER Oigan, no están nada mal las cabañas, ¿verdad?

INÉS Y todo está muy limpio y ordenado.

ÁLEX Sí, es excelente.

MAITE Y las camas son tan cómodas.

ÁLEX Bueno, nos vemos a las seis.

MAITE Sí, hasta luego.

ÁLEX Adiós.

MAITE ¿Inés y Javier? Juntos otra vez.

Expresiones útiles

Talking with hotel personnel

- **¿En qué puedo servirles?**
  How can I help you?
  Tenemos una reservación a mi nombre.
  We have a reservation in my name.
- **No veo su nombre. No está.**
  I don't see your name. It's not here.
  ¿Está seguro/a? Quizás/Tal vez está a nombre de Ecuatur.
  Are you sure? Maybe it's under the name of Ecuatur.
- **Aquí está... dos habitaciones dobles y una individual.**
  Here it is, two double rooms and one single.
- **Aquí tienen las llaves.**
  Here are your keys.
  Gracias, señorita. Muy amable.
  Thank you, miss. You're very kind.
- **¿Dónde pongo las maletas?**
  Where do I put the suitcases?
  Allí, encima de la cama.
  There, on the bed.

Describing a hotel

- **No están nada mal las cabañas.**
  The cabins aren't bad at all.
- **Todo está muy limpio y ordenado.**
  Everything is very clean and orderly.
- **Es excelente/estupendo/ fabuloso/fenomenal.**
  It's excellent/stupendous/ fabulous/great.
- **Es increíble/magnífico/ maravilloso/perfecto.**
  It's incredible/magnificent/ marvelous/perfect.
- **Las camas son tan cómodas.**
  The beds are so comfortable.

Talking about how you feel

- **Estoy un poco aburrido/a/ cansado/a.**
  I'm a little bored/tired.

¿Qué pasó?

1

Completar Complete these sentences with the correct term from the word bank.

aburrida	cansada	habitaciones individuales
la agencia de viajes	descansar	hacer las maletas
las camas	habitaciones dobles	las maletas

1. La reservación para el hotel está a nombre de _____.
2. Los estudiantes tienen dos _____.
3. Maite va a _____ porque está _____.
4. El botones lleva _____ a las habitaciones.
5. Las habitaciones son buenas y _____ son cómodas.

2

Identificar Identify the person who would make each statement.

EMPLEADA   **ÁLEX**   **DON FRANCISCO**   **JAVIER**   **INÉS**

1. Antes de (*Before*) correr, voy a trabajar en la computadora un poco.
2. Estoy aburrido. Tengo ganas de explorar la ciudad. ¿Vienes tú también?
3. Lo siento mucho, señor, pero su nombre no está en la lista.
4. Creo que la reservación está a mi nombre, señorita.
5. Oye, el hotel es maravilloso, ¿no? Las habitaciones están muy limpias.

CONSULTA

The meanings of some adjectives, such as **aburrido,** change depending on whether they are used with **ser** or **estar.** See **Estructura 5.3**, pp. 170–171.

3

Ordenar Place these events in the correct order.

_____ a. Las chicas descansan en su habitación.
_____ b. Javier e Inés deciden ir a explorar la ciudad.
_____ c. Don Francisco habla con la empleada del hotel.
_____ d. Javier, Maite, Inés y Álex hablan en la habitación de las chicas.
_____ e. El botones pone las maletas en la cama.

4

Conversar With a partner, use these cues to create a conversation between a bellhop and a hotel guest in Spain.

Huésped	Botones
Ask the bellhop to carry your suitcases to your room.	→ Say "yes, sir/ma'am/miss."
Comment that the hotel is excellent and that everything is very clean.	→ Agree, then point out the guest's room, a single room on the sixth floor.
Ask if the bellhop is sure. You think you have room 86.	→ Confirm that the guest has room 68. Ask where you should put the suitcases.
Tell the bellhop to put them on the bed and thank him or her.	→ Say "you're welcome" and "goodbye."

NOTA CULTURAL

As in many other European countries, a large portion of the Spanish population goes on vacation for the entire month of August. Many shops and offices close, particularly in the larger cities. Life resumes its usual pace in September.

Practice more at **descubre1.vhlcentral.com.**

Pronunciación
Spanish b and v

| bueno | vóleibol | biblioteca | vivir |

There is no difference in pronunciation between the Spanish letters **b** and **v**. However, each letter can be pronounced two different ways, depending on which letters appear next to them.

| bonito | viajar | también | investigar |

B and **v** are pronounced like the English hard *b* when they appear either as the first letter of a word, at the beginning of a phrase, or after **m** or **n**.

| deber | novio | abril | cerveza |

In all other positions, **b** and **v** have a softer pronunciation, which has no equivalent in English. Unlike the hard **b**, which is produced by tightly closing the lips and stopping the flow of air, the soft **b** is produced by keeping the lips slightly open.

| bola | vela | Caribe | declive |

In both pronunciations, there is no difference in sound between **b** and **v**. The English *v* sound, produced by friction between the upper teeth and lower lip, does not exist in Spanish. Instead, the soft **b** comes from friction between the two lips.

Verónica y su esposo cantan boleros.

When **b** or **v** begins a word, its pronunciation depends on the previous word. At the beginning of a phrase or after a word that ends in **m** or **n**, it is pronounced as a hard **b**.

Benito   es de Boquerón   pero vive   en Victoria.

Words that begin with **b** or **v** are pronounced with a soft **b** if they appear immediately after a word that ends in a vowel or any consonant other than **m** or **n**.

Práctica Read these words aloud to practice the **b** and the **v**.

1. hablamos	4. van	7. doble	10. cabaña
2. trabajar	5. contabilidad	8. novia	11. llave
3. botones	6. bien	9. béisbol	12. invierno

No hay mal que por bien no venga.[1]

Hombre prevenido vale por dos.[2]

Oraciones Read these sentences aloud to practice the **b** and the **v**.

1. Vamos a Guaynabo en autobús.
2. Voy de vacaciones a la Isla Culebra.
3. Tengo una habitación individual en el octavo piso.
4. Víctor y Eva van por avión al Caribe.
5. La planta baja es bonita también.
6. ¿Qué vamos a ver en Bayamón?
7. Beatriz, la novia de Víctor, es de Arecibo, Puerto Rico.

Refranes Read these sayings aloud to practice the **b** and the **v**.

1 *Every cloud has a silver lining.*
2 *An ounce of prevention equals a pound of cure.*

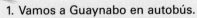

recursos			
v̂ Text	CA p. 112	CH p. 67	descubre1.vhlcentral.com

EN DETALLE

El Camino Inca

Early in the morning, Larry rises, packs up his campsite, fills his water bottle in a stream, eats a quick breakfast, and begins his day. By tonight, the seven miles he and his group hiked yesterday to a height of 9,700 feet will seem easy; today the hikers will cover seven miles to a height of almost 14,000 feet, all the while carrying fifty-pound backpacks.

caminos and enjoy the spectacular landscapes. The most popular trail, **el Camino Inca,** leads from Cuzco to the ancient mountain city of Machu Picchu. Many trekkers opt for a guided four-day itinerary, starting at a suspension bridge over the Urubamba River, and ending at **Intipunku** (*Sun Gate*), the entrance to Machu Picchu. Guides organize campsites and meals for travelers, as well as one night in a hostel en route.

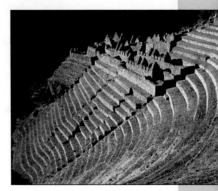

Wiñay Wayna

To preserve **el Camino Inca,** the National Cultural Institute of Peru limits the number of hikers to five hundred per day. Those who make the trip must book in advance and should be in good physical condition in order to endure altitude sickness and the terrain.

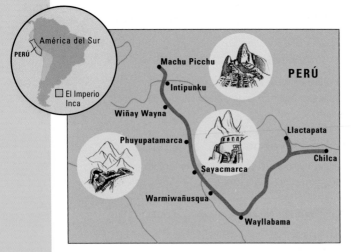

Ruta de cuatro días

While not everyone is cut out for such a rigorous trip, Larry is on the journey of a lifetime: **el Camino Inca.** Between 1438 and 1533, when the vast and powerful **Imperio Incaico** (*Incan Empire*) was at its height, the Incas built an elaborate network of **caminos** (*trails*) that traversed the Andes Mountains and converged on the empire's capital, Cuzco. Today, hundreds of thousands of tourists come to Peru annually to walk the surviving

Sitios en el Camino Inca

Highlights of a four-day hike along the Inca Trail:

Warmiwañusqua (*Dead Woman's Pass*), at 13,800 feet, hiker's first taste of the Andes' extreme sun and wind

Sayacmarca (*Inaccessible Town*), fortress ruins set on a sheer cliff

Phuyupatamarca (*Town in the Clouds*), an ancient town with stone baths, probably used for water worship

Wiñay Wayna (*Forever Young*), a town named for the pink orchid native to the area, famous for its innovative agricultural terraces which transformed the mountainside into arable land

ACTIVIDADES

1 **¿Cierto o falso?** Indicate whether these statements are **cierto** or **falso**. Correct the false statements.

1. **El Imperio Incaico** reached its height between 1438 and 1533.

2. Lima was the capital of the Incan Empire.

3. Hikers on **el Camino Inca** must camp out every night.

4. The Incas invented a series of terraces to make the rough mountain landscape suitable for farming.

5. Along **el Camino Inca**, one can see village ruins, native orchids, and agricultural terraces.

6. Altitude sickness is one of the challenges faced by hikers on **el Camino Inca**.

7. At Sayacmarca, hikers can see Incan pyramids set on a sheer cliff.

8. Travelers can complete **el Camino Inca** on their own at any time.

 Practice more at **descubre1.vhlcentral.com.**

ASÍ SE DICE

Viajes y turismo

el asiento del medio, del pasillo, de la ventanilla	*center, aisle, window seat*
el itinerario	*itinerary*
media pensión	*breakfast and one meal included*
el ómnibus (Perú)	**el autobús**
pensión completa	*all meals included*
el puente	*long weekend (lit., bridge)*

EL MUNDO HISPANO

Destinos populares

○ **Las playas del Parque Nacional Manuel Antonio** (Costa Rica) ofrecen° la oportunidad de nadar y luego caminar por el bosque tropical°.

○ **Teotihuacán** (México) Desde la época° de los aztecas, aquí se celebra el equinoccio de primavera en la Pirámide del Sol.

○ **Puerto Chicama** (Perú), con sus olas° de cuatro kilómetros de largo°, es un destino para surfistas expertos.

○ **Tikal** (Guatemala) Aquí puedes ver las maravillas de la selva° y ruinas de la civilización maya.

○ **Las playas de Rincón** (Puerto Rico) Son ideales para descansar y observar las ballenas°.

ofrecen *offer* bosque tropical *rainforest* Desde la época *Since the time* olas *waves* de largo *in length* selva *jungle* ballenas *whales*

PERFIL

Punta del Este

One of South America's largest and most fashionable beach resort towns is Uruguay's **Punta del Este**, a narrow strip of land containing twenty miles of pristine beaches. Its peninsular shape gives it two very different seascapes. **La Playa Mansa**, facing the bay and therefore the more protected side, has calm waters. Here, people practice water sports like swimming, water skiing, windsurfing, and diving. **La Playa Brava**, facing east, receives the Atlantic Ocean's powerful, wave-producing winds, making it popular for surfing, body boarding, and kite surfing. Besides the beaches, posh shopping, and world-famous nightlife, **Punta** offers its 600,000 yearly visitors yacht and fishing clubs, golf courses, and excursions to observe sea lions at the **Isla de Lobos** nature reserve.

Conexión Internet

¿Cuáles son los sitios más populares para el turismo en Puerto Rico?

Go to **descubre1.vhlcentral.com** to find more cultural information related to this **Cultura** section.

ACTIVIDADES

2 **Comprensión** Complete the sentences.

1. En las playas de Rincón puedes ver _____.
2. Cerca de 600.000 turistas visitan _____ cada año.
3. En el avión pides el _____ si te gusta ver el paisaje.
4. En Punta del Este, la gente prefiere nadar en la Playa _____.
5. El _____ es un medio de transporte en el Perú.

3 **De vacaciones** Spring break is coming up, and your class is going on a trip abroad. Working in a small group, decide where you will go, how you will get there, and what each of you will do. Present your trip to the class.

5.1 Estar with conditions and emotions

ANTE TODO As you learned in **Lecciones 1** and **2**, the verb **estar** is used to talk
about how you feel and to say where people, places, and things are located.
Estar is also used with adjectives to talk about certain emotional and physical conditions.

▶ Use **estar** with adjectives to describe the physical condition of places and things.

CONSULTA

To review the present
tense of **ser**, see
Estructura 1.3, p. 20.
•••
To review the present
tense of **estar**, see
Estructura 2.3, p. 59.

La habitación **está** sucia.
The room is dirty.

La puerta **está** cerrada.
The door is closed.

▶ Use **estar** with adjectives to describe how people feel, both mentally and physically.

Estoy aburrida.
¿Quieren hacer
algo?

No, estoy
cansada.

▶ **¡Atención!** Two important expressions with **estar** that you can use to talk about conditions
and emotions are **estar de buen humor** (*to be in a good mood*) and **estar de mal humor**
(*to be in a bad mood*).

Adjectives that describe emotions and conditions

abierto/a	*open*	**contento/a**	*happy; content*	**listo/a**	*ready*
aburrido/a	*bored*	**desordenado/a**	*disorderly*	**nervioso/a**	*nervous*
alegre	*happy; joyful*	**enamorado/a (de)**	*in love (with)*	**ocupado/a**	*busy*
avergonzado/a	*embarrassed*			**ordenado/a**	*orderly*
cansado/a	*tired*	**enojado/a**	*mad; angry*	**preocupado/a (por)**	*worried (about)*
cerrado/a	*closed*	**equivocado/a**	*wrong*	**seguro/a**	*sure*
cómodo/a	*comfortable*	**feliz**	*happy*	**sucio/a**	*dirty*
confundido/a	*confused*	**limpio/a**	*clean*	**triste**	*sad*

¡INTÉNTALO! Provide the present tense forms of **estar**, and choose which adjective best
completes the sentence. The first item has been done for you.

1. La biblioteca ___está___ (cerrada / nerviosa) los domingos por la noche. *cerrada*
2. Nosotros _____ muy (ocupados / equivocados) todos los lunes.
3. Ellas _____ (alegres / confundidas) porque tienen vacaciones.
4. Javier _____ (enamorado / ordenado) de Maribel.
5. Diana _____ (enojada / limpia) con su hermano.
6. Yo _____ (nerviosa / abierta) por el viaje.
7. La habitación siempre _____ (ordenada / segura) cuando vuelven sus padres.
8. Ustedes no comprenden; _____ (equivocados / tristes).

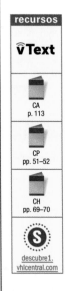

recursos

v̂Text

CA
p. 113

CP
pp. 51–52

CH
pp. 69–70

descubre1.
vhlcentral.com

Práctica

1

¿Cómo están? Complete Martín's statements about how he and other people are feeling. In the first blank, fill in the correct form of **estar**. In the second blank, fill in the adjective that best fits the context.

1. Yo ___estoy___ un poco ___nervioso___ porque tengo un examen mañana.
2. Mi hermana Patricia ___está___ muy ___contenta___ porque mañana va a hacer una excursión al campo.
3. Mis hermanos Juan y José salen de la casa a las cinco de la mañana. Por la noche, siempre ___están___ muy ___cansados___
4. Mi amigo Ramiro ___está enamorado___; su novia se llama Adela.
5. Mi papá y sus colegas ___están___ muy ___ocupados___ hoy. ¡Hay mucho trabajo!
6. Patricia y yo ___estamos___ un poco ___preocupados___ por ellos porque trabajan mucho.
7. Mi amiga Mónica ___está___ un poco ___enojada___ porque sus amigos no pueden salir esta noche.
8. Esta clase no es muy interesante. ¿Tú ___estás aburrida___ también?

2

Describir Describe these people and places.

1. Anabela

2. Juan y Luisa

3. la habitación de Teresa

4. la habitación de César

Comunicación

3

Situaciones With a partner, use **estar** to talk about how you feel in these situations.

1. Cuando hace sol…
2. Cuando tomas un examen…
3. Cuando estás de vacaciones…
4. Cuando tienes mucho trabajo…
5. Cuando viajas en avión…
6. Cuando estás con la familia…
7. Cuando estás en la clase de español…
8. Cuando ves una película con tu actor/actriz favorito/a…

Tutorial
Audio: Charts
Game

5.2 The present progressive

ANTE TODO   Both Spanish and English use the present progressive, which consists of the present tense of the verb *to be* and the present participle (the *-ing* form in English).

Hola, chicas. ¿Qué están haciendo?

Estamos descansando.

▶ Form the present progressive with the present tense of **estar** and a present participle.

FORM OF **ESTAR** + PRESENT PARTICIPLE	FORM OF **ESTAR** + PRESENT PARTICIPLE
Estoy **pescando.**	**Estamos** **comiendo.**
I am *fishing.*	*We are* *eating.*

▶ The present participle of regular **–ar**, **–er**, and **–ir** verbs is formed as follows:

INFINITIVE	STEM	ENDING	PRESENT PARTICIPLE
hablar	habl-	**-ando**	habl**ando**
comer	com-	**-iendo**	com**iendo**
escribir	escrib-	**-iendo**	escrib**iendo**

▶ **¡Atención!** When the stem of an **–er** or **–ir** verb ends in a vowel, the present participle ends in **–yendo**.

INFINITIVE	STEM	ENDING	PRESENT PARTICIPLE
leer	le-	**-yendo**	le**yendo**
oír	o-	**-yendo**	o**yendo**
traer	tra-	**-yendo**	tra**yendo**

▶ **Ir**, **poder**, and **venir** have irregular present participles (**yendo**, **pudiendo**, **viniendo**). Several other verbs have irregular present participles that you will need to learn.

▶ **–Ir** stem-changing verbs have a stem change in the present participle.

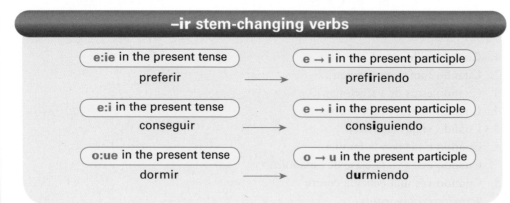

–ir stem-changing verbs

e:ie in the present tense	e → i in the present participle
preferir ⟶	prefiriendo
e:i in the present tense	e → i in the present participle
conseguir ⟶	consiguiendo
o:ue in the present tense	o → u in the present participle
dormir ⟶	durmiendo

The use of the present progressive is much more restricted in Spanish than in English. In Spanish, the present progressive is mainly used to emphasize that an action is in progress at the time of speaking.

Inés **está escuchando** música latina **ahora mismo**.
Inés is listening to Latin music right now.

Álex y su amigo **todavía están jugando** al fútbol.
Álex and his friend are still playing soccer.

In English, the present progressive is often used to talk about situations and actions that occur over an extended period of time or in the future. In Spanish, the simple present tense is often used instead.

Javier **estudia** computación este semestre.
Javier is studying computer science this semester.

Inés y Maite **salen** mañana para los Estados Unidos.
Inés and Maite are leaving tomorrow for the United States.

Estamos pensando en lo mismo:

su **F**uturo

Su asesor para ganar
FIDUCOLOMBIA
Sociedad Fiduciaria S.A.

¡INTÉNTALO! Create complete sentences by putting the verbs in the present progressive. The first item has been done for you.

1. mis amigos / descansar en la playa _Mis amigos están descansando en la playa._
2. nosotros / practicar deportes _____
3. Carmen / comer en casa _____
4. nuestro equipo / ganar el partido _____
5. yo / leer el periódico _____
6. él / pensar comprar una bicicleta _____
7. ustedes / jugar a las cartas _____
8. José y Francisco / dormir _____
9. Marisa / leer correo electrónico _____
10. yo / preparar sándwiches _____
11. Carlos / tomar fotos _____
12. ¿dormir / tú? _____

Práctica

1 **Completar** Alfredo's Spanish class is preparing to travel to Puerto Rico. Use the present progressive of the verb in parentheses to complete Alfredo's description of what everyone is doing.

1. Yo _____ (investigar) la situación política de la isla (*island*).
2. La esposa del profesor _____ (hacer) las maletas.
3. Marta y José Luis _____ (buscar) información sobre San Juan en Internet.
4. Enrique y yo _____ (leer) un correo electrónico de nuestro amigo puertorriqueño.
5. Javier _____ (aprender) mucho sobre la cultura puertorriqueña.
6. Y tú _____ (practicar) el español, ¿verdad?

2 **¿Qué están haciendo?** María and her friends are vacationing at a resort in San Juan, Puerto Rico. Complete her description of what everyone is doing right now.

CONSULTA

For more information about Puerto Rico, see **Panorama**, pp. 186–187.

1. Yo

2. Javier

3. Alejandra y Rebeca

4. Celia y yo

5. Samuel

6. Lorenzo

3 **Personajes famosos** Say what these celebrities are doing right now, using the cues provided.

modelo

Celine Dion: *Celine Dion está cantando una canción ahora mismo.*

A		B	
John Grisham	Avril Lavigne	bailar	hablar
Martha Stewart	Bode Miller	cantar	hacer
James Cameron	Las New York Rockettes	correr	jugar
Venus y Serena	¿?	escribir	¿?
Williams	¿?	esquiar	¿?
Tiger Woods			

AYUDA

John Grisham: **novelas**
Martha Stewart: **televisión, negocios** (*business*)
James Cameron: **cine**
Venus y Serena Williams: **tenis**
Tiger Woods: **golf**
Avril Lavigne: **canciones**
Bode Miller: **esquí**
Las New York Rockettes: **baile**

 Practice more at **descubre1.vhlcentral.com**.

Comunicación

4   **Preguntar** With a partner, take turns asking each other what you are doing at these times.

> **modelo**
>
> **Estudiante 1:** ¡Hola, Andrés! Son las ocho de la mañana. ¿Qué estás haciendo?
> **Estudiante 2:** Estoy desayunando.

1. 5:00 a.m.	3. 11:00 a.m.	5. 2:00 p.m.	7. 9:00 p.m.
2. 9:30 a.m.	4. 12:00 p.m.	6. 5:00 p.m.	8. 11:30 p.m.

5   **Describir** Work with a partner and use the present progressive to describe what is going on in this Spanish beach scene.

6   **Conversar** Imagine that you and a classmate are each babysitting a group of children. With a partner, prepare a telephone conversation using these cues. Be creative and add further comments.

Estudiante 1	**Estudiante 2**
Say hello and ask what the kids are doing.	→ Say hello and tell your partner that two of your kids are doing their homework. Then ask what the kids at his/her house are doing.
Tell your partner that two of your kids are running and dancing in the house.	→ Tell your partner that one of the kids is reading.
Tell your partner that you are tired and that two of your kids are watching TV and eating pizza.	→ Tell your partner that one of the kids is sleeping.
Tell your partner you have to go; the kids are playing soccer in the house.	→ Say goodbye and good luck (**¡Buena suerte!**).

Síntesis

7   **¿Qué están haciendo?** A group of classmates is traveling to San Juan, Puerto Rico for a week-long Spanish immersion program. The participants are running late before the flight, and you and your partner must locate them. Your teacher will give you and your partner different handouts that will help you do this.

5.3 Ser and estar

ANTE TODO You have already learned that **ser** and **estar** both mean *to be* but are used for different purposes. These charts summarize the key differences in usage between **ser** and **estar**.

Uses of ser

1. **Nationality and place of origin**	Martín **es** argentino. **Es** de Buenos Aires.
2. **Profession or occupation**	Adela **es** agente de viajes. Francisco **es** médico.
3. **Characteristics of people and things** . . .	José y Clara **son** simpáticos. El clima de Puerto Rico **es** agradable.
4. **Generalizations**	¡**Es** fabuloso viajar! **Es** difícil estudiar a la una de la mañana.
5. **Possession**	**Es** la pluma de Maite. **Son** las llaves de don Francisco.
6. **What something is made of**	La bicicleta **es** de metal. Los pasajes **son** de papel.
7. **Time and date**	Hoy **es** martes. **Son** las dos. Hoy **es** el primero de julio.
8. **Where or when an event takes place** . .	El partido **es** en el estadio Santa Fe. La conferencia **es** a las siete.

¡ATENCIÓN!

Note that **de** is generally used after **ser** to express not only origin (**Es de Buenos Aires.**) and possession (**Es la pluma de Maite.**), but also what material something is made of (**La bicicleta es de metal.**).

> Soy Francisco Castillo Moreno. Yo soy de la agencia Ecuatur.

> Su nombre no está en mi lista.

Uses of estar

1. **Location or spatial relationships**	El aeropuerto **está** lejos de la ciudad. Tu habitación **está** en el tercer piso.
2. **Health**	¿Cómo **estás**? **Estoy** bien, gracias.
3. **Physical states and conditions**	El profesor **está** ocupado. Las ventanas **están** abiertas.
4. **Emotional states**	Marisa **está** feliz hoy. **Estoy** muy enojado con Javier.
5. **Certain weather expressions**	**Está** lloviendo. **Está** nublado.
6. **Ongoing actions (progressive tenses)** . .	**Estamos** estudiando para un examen. Ana **está** leyendo una novela.

Ser and estar with adjectives

▶ With many descriptive adjectives, **ser** and **estar** can both be used, but the meaning will change.

Juan **es** delgado.
Juan is thin.

Juan **está** más delgado hoy.
Juan looks thinner today.

Ana **es** nerviosa.
Ana is a nervous person.

Ana **está** nerviosa por el examen.
Ana is nervous because of the exam.

▶ In the examples above, the statements with **ser** are general observations about the inherent qualities of Juan and Ana. The statements with **estar** describe conditions that are variable.

▶ Here are some adjectives that change in meaning when used with **ser** and **estar**.

With ser	With estar
El chico **es listo**. *The boy is smart.*	El chico **está listo**. *The boy is ready.*
La profesora **es mala**. *The professor is bad.*	La profesora **está mala**. *The professor is sick.*
Jaime **es aburrido**. *Jaime is boring.*	Jaime **está aburrido**. *Jaime is bored.*
Las peras **son verdes**. *The pears are green.*	Las peras **están verdes**. *The pears are not ripe.*
El gato **es muy vivo**. *The cat is very lively.*	El gato **está vivo**. *The cat is alive.*
El puente **es seguro**. *The bridge is safe.*	Él no **está seguro**. *He's not sure.*

¡INTÉNTALO! Form complete sentences by using the correct form of **ser** or **estar** and making any other necessary changes. The first item has been done for you.

1. Alejandra / cansado
   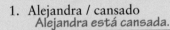 Alejandra está cansada.

2. ellos / pelirrojo
   _____

3. Carmen / alto
   _____

4. yo / la clase de español
   _____

5. película / a las once
   _____

6. hoy / viernes
   _____

7. nosotras / enojado
   _____

8. Antonio / médico
   _____

9. Romeo y Julieta / enamorado
   _____

10. libros / de Ana
    _____

11. Marisa y Juan / estudiando
    _____

12. partido de baloncesto / gimnasio
    _____

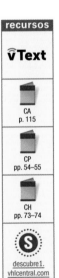

recursos

v̂Text

CA
p. 115

CP
pp. 54–55

CH
pp. 73–74

S

descubre1.
vhlcentral.com

Práctica

1

¿Ser o estar? Indicate whether each adjective takes **ser** or **estar**. **¡Ojo!** Three of them can take both verbs.

	ser	estar			ser	estar
1. delgada	○	○		5. seguro	○	○
2. canadiense	○	○		6. enojada	○	○
3. enamorado	○	○		7. importante	○	○
4. lista	○	○		8. avergonzada	○	○

2

Completar Complete this conversation with the appropriate forms of **ser** and **estar**.

EDUARDO ¡Hola, Ceci! ¿Cómo (1)_____?

CECILIA Hola, Eduardo. Bien, gracias. ¡Qué guapo (2)_____ hoy!

EDUARDO Gracias. (3)_____ muy amable. Oye, ¿qué (4)_____ haciendo? (5)¿_____ ocupada?

CECILIA No, sólo le (6)_____ escribiendo una carta a mi prima Pilar.

EDUARDO ¿De dónde (7)_____ ella?

CECILIA Pilar (8)_____ del Ecuador. Su papá (9)_____ médico en Quito. Pero ahora Pilar y su familia (10)_____ de vacaciones en Ponce, Puerto Rico.

EDUARDO Y… ¿cómo (11)_____ Pilar?

CECILIA (12)_____ muy lista. Y también (13)_____ alta, rubia y muy bonita.

3

Describir With a partner, describe the people in the drawing. Your descriptions should answer the questions provided.

1. ¿Quiénes son las personas?
2. ¿Dónde están?
3. ¿Cómo son?
4. ¿Cómo están?
5. ¿Qué están haciendo?
6. ¿Qué estación es?
7. ¿Qué tiempo hace?
8. ¿Quiénes están de vacaciones?

Comunicación

4

Describir With a classmate, take turns describing these people. First mention where each person is from. Then describe what each person is like, how each person is feeling, and what he or she is doing right now.

> **modelo**
>
> tu compañero/a de clase
>
> *Mi compañera de clase es de San Juan, Puerto Rico. Es muy inteligente.*
> *Está cansada pero está estudiando porque tiene un examen.*

1. tu mejor (*best*) amigo/a
2. tus padres
3. tu profesor(a) favorito/a

4. tu vecino/a
5. tu primo/a favorito/a
6. tus abuelos

5

Adivinar Describe a celebrity to your partner using these questions as a guide. Don't mention the celebrity's name. Can your partner guess who you are describing?

1. ¿Cómo es?
2. ¿Cómo está?
3. ¿De dónde es?

4. ¿Dónde está?
5. ¿Qué está haciendo?
6. ¿Cuál es su profesión?

6

En el aeropuerto In small groups, take turns using **ser** and **estar** to describe this scene at Luis Muñoz Marín International Airport. What do the people in the picture look like? How are they feeling? What are they doing?

NOTA CULTURAL

Luis Muñoz Marín International Airport in San Juan, Puerto Rico, is a major transportation hub of the Caribbean. It is named after Puerto Rico's first elected governor.

 Practice more at **descubre1.vhlcentral.com**.

Síntesis

7

Conversación You and your partner are two of the characters in the drawing in **Actividad 6**. After boarding, you discover that you are sitting next to each other and must make conversation. Act out what you would say to your fellow passenger. Choose one of the pairs below or pick your own.

1. Señor Villa y Elena
2. Señorita Esquivel y la señora Limón

3. Señora Villa y Luz
4. Emilio y Elena

5.4 Direct object nouns and pronouns

SUBJECT	VERB	DIRECT OBJECT NOUN
↓	↓	↓
Álex y Javier	están tomando	fotos.
Álex and Javier	*are taking*	*photos.*

▶ A direct object noun receives the action of the verb directly and generally follows the verb. In the example above, the direct object noun answers the question *What are Álex and Javier taking?*

▶ When a direct object noun in Spanish is a person or a pet, it is preceded by the word **a**. This is called the personal **a**; there is no English equivalent for this construction.

> Don Francisco visita **a** la señora Ramos.
> *Don Francisco is visiting Mrs. Ramos.*

> Don Francisco visita el Hotel Prado.
> *Don Francisco is visiting the Hotel Prado.*

▶ In the first sentence above, the personal **a** is required because the direct object is a person. In the second sentence, the personal **a** is not required because the direct object is a place, not a person.

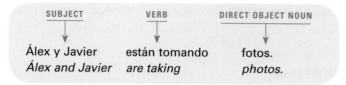

Direct object pronouns

SINGULAR		PLURAL	
me	*me*	**nos**	*us*
te	*you*	**os**	*you* (fam.)
lo	*you*	**los**	*you* (m., form.)
	him; it		*them* (m.)
la	*you her; it*	**las**	*you* (f., form.)
			them (f.)

▶ Direct object pronouns are words that replace direct object nouns. Like English, Spanish sometimes uses a direct object pronoun to avoid repeating a noun already mentioned.

	DIRECT OBJECT		DIRECT OBJECT PRONOUN
Maribel hace	las maletas.	▶	Maribel **las** hace.
Felipe compra	el sombrero.		Felipe **lo** compra.
Vicky tiene	la llave.		Vicky **la** tiene.

▶ In affirmative sentences, direct object pronouns generally appear before the conjugated verb. In negative sentences, the pronoun is placed between the word **no** and the verb.

Adela practica **el tenis**.   Gabriela no tiene **las llaves**.
Adela **lo** practica.   Gabriela **no las** tiene.

Carmen compra **los pasajes**.   Diego no hace **las maletas**.
Carmen **los** compra.   Diego **no las** hace.

▶ When the verb is an infinitive construction, such as **ir a** + [*infinitive*], the direct object pronoun can be placed before the conjugated form or attached to the infinitive.

Ellos van a escribir **unas postales**.
— Ellos **las** van a escribir.
— Ellos van a escribir**las**.

Lidia quiere ver **una película**.
— Lidia **la** quiere ver.
— Lidia quiere ver**la**.

▶ When the verb is in the present progressive, the direct object pronoun can be placed before the conjugated form or attached to the present participle. **¡Atención!** When a direct object pronoun is attached to the present participle, an accent mark is added to maintain the proper stress.

Gerardo está leyendo **la lección**.
— Gerardo **la** está leyendo.
— Gerardo está leyéndo**la**.

Toni está mirando **el partido**.
— Toni **lo** está mirando.
— Toni está mirándo**lo**.

 **¡INTÉNTALO!**   Choose the correct direct object pronoun for each sentence. The first one has been done for you.

1. Tienes el libro de español. *c*
    a. La tienes.   b. Los tienes.   c. Lo tienes.
2. Voy a ver el partido de baloncesto.
    a. Voy a verlo.   b. Voy a verte.   c. Voy a vernos.
3. El artista quiere dibujar a Luisa con su mamá.
    a. Quiere dibujarme.   b. Quiere dibujarla.   c. Quiere dibujarlas.
4. Marcos busca la llave.
    a. Me busca.   b. La busca.   c. Las busca.
5. Rita me lleva al aeropuerto y también lleva a Tomás.
    a. Nos lleva.   b. Las lleva.   c. Te lleva.
6. Puedo oír a Gerardo y a Miguel.
    a. Puedo oírte.   b. Puedo oírlos.   c. Puedo oírlo.
7. Quieren estudiar la gramática.
    a. Quieren estudiarnos.   b. Quieren estudiarlo.   c. Quieren estudiarla.
8. ¿Practicas los verbos irregulares?
    a. ¿Los practicas?   b. ¿Las practicas?   c. ¿Lo practicas?
9. Ignacio ve la película.
    a. La ve.   b. Lo ve.   c. Las ve.
10. Sandra va a invitar a Mario a la excursión. También me va a invitar a mí.
    a. Los va a invitar.   b. Lo va a invitar.   c. Nos va a invitar.

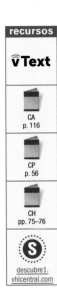

recursos

v̂Text

CA
p. 116

CP
p. 56

CH
pp. 75–76

S

descubre1.
vhlcentral.com

Práctica

1

Sustitución Señor Vega's class is planning a trip to Costa Rica. Describe their preparations by changing the direct object nouns into direct object pronouns.

> **modelo**
>
> La profesora Vega tiene su pasaporte.
>
> *La profesora Vega lo tiene.*

1. Gustavo y Héctor confirman las reservaciones.
2. Nosotros leemos los folletos (*brochures*).
3. Ana María estudia el mapa.
4. Yo aprendo los nombres de los monumentos de San José.
5. Alicia escucha a la profesora.
6. Miguel escribe las direcciones para ir al hotel.
7. Esteban busca el pasaje.
8. Nosotros planeamos una excursión.

2

Vacaciones Ramón is going to San Juan, Puerto Rico with his friends, Javier and Marcos. Express his thoughts more succinctly using direct object pronouns.

> **modelo**
>
> Quiero hacer una excursión.
>
> *Quiero hacerla./La quiero hacer.*

1. Voy a hacer mi maleta.
2. Necesitamos llevar los pasaportes.
3. Marcos está pidiendo el folleto turístico.
4. Javier debe llamar a sus padres.
5. Ellos esperan visitar el Viejo San Juan.
6. Puedo llamar a Javier por la mañana.
7. Prefiero llevar mi cámara.
8. No queremos perder nuestras reservaciones de hotel.

3

¿Quién? The Garza family is preparing to go on a vacation to Puerto Rico. Based on the clues, answer the questions. Use direct object pronouns in your answers.

> **modelo**
>
> ¿Quién hace las reservaciones para el hotel? (el Sr. Garza)
>
> *El Sr. Garza las hace.*

1. ¿Quién compra los pasajes para el vuelo (*flight*)? (la Sra. Garza)
2. ¿Quién tiene que hacer las maletas de los niños? (María)
3. ¿Quiénes buscan los pasaportes? (Antonio y María)
4. ¿Quién va a confirmar las reservaciones del hotel? (la Sra. Garza)
5. ¿Quién busca la cámara? (María)
6. ¿Quién compra un mapa de Puerto Rico? (Antonio)

 Practice more at **descubre1.vhlcentral.com.**

Comunicación

4

Entrevista Interview a classmate using these questions. Be sure to use direct object pronouns in your responses.

1. ¿Ves mucho la televisión?
2. ¿Cuándo vas a ver tu programa favorito?
3. ¿Quién prepara la comida (*food*) en tu casa?
4. ¿Te visita mucho tu abuelo/a?
5. ¿Visitas mucho a tus abuelos?
6. ¿Nos entienden nuestros padres a nosotros?
7. ¿Cuándo ves a tus amigos/as?
8. ¿Cuándo te llaman tus amigos/as?

5

En el aeropuerto With a partner, take turns asking each other questions about the drawing. Use the word bank and direct object pronouns.

> **modelo**
>
> **Estudiante 1:** ¿Quién está leyendo el libro?
> **Estudiante 2:** Susana lo está leyendo./Susana está leyéndolo.

buscar	confirmar	escribir	leer	tener	vender
comprar	encontrar	escuchar	llevar	traer	¿?

Sra. Sánchez   Orlando   Sr. López

Marta   Sr. Sánchez   Susana   Miguelito

Síntesis

6

Adivinanzas Play a guessing game in which you describe a person, place, or thing and your partner guesses who or what it is. Then switch roles. Each of you should give at least five descriptions.

> **modelo**
>
> **Estudiante 1:** Lo uso para (*I use it to*) escribir en mi cuaderno.
> No es muy grande y tiene borrador. ¿Qué es?
> **Estudiante 2:** ¿Es un lápiz?
> **Estudiante 1:** ¡Sí!

Recapitulación

S *Repaso*
Diagnostics

Review the grammar concepts you have learned in this lesson by completing these activities.

1 **Completar** Complete the chart with the correct present participle of these verbs. **8 pts.**

INFINITIVE	PRESENT PARTICIPLE	INFINITIVE	PRESENT PARTICIPLE
hacer		estar	
acampar		ser	
tener		vivir	
venir		estudiar	

2 **Vacaciones en París** Complete this paragraph about Julia's trip to Paris with the correct form of **ser** or **estar**. **12 pts.**

Hoy (1) _____ (es/está) el 3 de julio y voy a París por tres semanas. (Yo) (2) _____ (Soy/Estoy) muy feliz porque voy a ver a mi mejor amiga. Ella (3) _____ (es/está) de Puerto Rico, pero ahora (4) _____ (es/está) viviendo en París. También (yo) (5) _____ (soy/estoy) un poco nerviosa porque (6) _____ (es/está) mi primer viaje a Francia. El vuelo (*flight*) (7) _____ (es/está) hoy por la tarde pero ahora (8) _____ (es/está) lloviendo. Por eso (9) _____ (somos/estamos) preocupadas, porque probablemente el avión va a salir tarde. Mi equipaje ya (10) _____ (es/está) listo. (11) _____ (Es/Está) tarde y me tengo que ir. ¡Va a (12) _____ (ser/estar) un viaje fenomenal!

3 **¿Qué hacen?** Respond to these questions by indicating what people do with the items mentioned. Use direct object pronouns. **5 pts.**

> **modelo**
> ¿Qué hacen los viajeros con las vacaciones? (planear)
> Las planean.

1. ¿Qué haces tú con el libro de viajes? (leer) _____
2. ¿Qué hacen los turistas en la ciudad? (explorar) _____
3. ¿Qué hace el botones con el equipaje? (llevar) _____
4. ¿Qué hace la agente con las reservaciones? (confirmar) _____
5. ¿Qué hacen ustedes con los pasaportes? (mostrar) _____

RESUMEN GRAMATICAL

5.1 **Estar with conditions and emotions** *p. 164*

► Yo est**oy** aburrido/a, feliz, nervioso/a.
► El cuarto est**á** desordenado, limpio, ordenado.
► Estos libros est**án** abiertos, cerrados, sucios.

5.2 **The present progressive** *pp. 166–167*

► The present progressive is formed with the present tense of **estar** plus the present participle.

Forming the present participle

infinitive	stem	ending	present participle
hablar	habl-	-ando	hablando
comer	com-	-iendo	comiendo
escribir	escrib-	-iendo	escribiendo

-ir stem-changing verbs

	infinitive	present participle
e:ie	preferir	prefiriendo
e:i	conseguir	consiguiendo
o:ue	dormir	durmiendo

► Irregular present participles: **yendo (ir), pudiendo (poder), viniendo (venir)**

5.3 **Ser and estar** *pp. 170–171*

► Uses of **ser**: nationality, origin, profession or occupation, characteristics, generalizations, possession, what something is made of, time and date, time and place of events

► Uses of **estar**: location, health, physical states and conditions, emotional states, weather expressions, ongoing actions

► **Ser** and **estar** can both be used with many adjectives, but the meaning will change.

Juan **es** delgado.   Juan **está** más delgado hoy.
Juan is thin.   *Juan looks thinner today.*

4 Opuestos Complete these sentences with the appropriate form of the verb **estar** and an adjective with the opposite meaning of the underlined adjective. **5 pts.**

> **modelo**
>
> Yo estoy <u>interesado</u>, pero Susana
> está aburrida.

1. Las tiendas están <u>abiertas</u>, pero la agencia de viajes _____ _____.
2. No me gustan las habitaciones <u>desordenadas</u>. Incluso (*Even*) mi habitación de hotel _____ _____.
3. Nosotras estamos <u>tristes</u> cuando trabajamos. Hoy comienzan las vacaciones y _____ _____.
4. En esta ciudad los autobuses están <u>sucios</u>, pero los taxis _____ _____.
5. —El avión sale a las 5:30, ¿verdad? —No, estás <u>confundida</u>. Yo _____ _____ de que el avión sale a las 5:00.

5.4 Direct object nouns and pronouns *pp. 174–175*

Direct object pronouns

Singular		Plural	
me	lo	nos	los
te	la	os	las

In affirmative sentences:
Adela practica el tenis. → Adela lo practica.

In negative sentences: Adela **no** lo practica.

With an infinitive:
Adela lo va a practicar./Adela va a practicarlo.

With the present progressive:
Adela lo está practicando./Adela está practicándolo.

5 En la playa Describe what these people are doing. Complete the sentences using the present progressive tense. **8 pts.**

1. El señor Camacho _____.
2. Felicia _____.
3. Leo _____.
4. Nosotros _____.

6 Antes del viaje Write a paragraph of at least six sentences describing the time right before you go on a trip. Say how you feel and what you are doing. You can use **Actividad 2** as a model. **12 pts.**

> **modelo**
>
> Hoy es viernes, 27 de octubre. Estoy en mi habitación...

7 Refrán Complete this Spanish saying. Refer to the translation and the drawing. **2 EXTRA points!**

¡LA CIUDAD ESTÁ MUY SUCIA!

❝Se consigue más
_____ que
_____ .❞

(You can accomplish more by doing than by saying.)

Practice more at **descubre1.vhlcentral.com**.

Lectura

Antes de leer

Estrategia
Scanning

Scanning involves glancing over a document in search of specific information. For example, you can scan a document to identify its format, to find cognates, to locate visual clues about the document's content, or to find specific facts. Scanning allows you to learn a great deal about a text without having to read it word for word.

Examinar el texto

Scan the reading selection for cognates and write a few of them down.

1. _____ 4. _____
2. _____ 5. _____
3. _____ 6. _____

Based on the cognates you found, what do you think this document is about?

_____

Preguntas

Read these questions. Then scan the document again to look for answers.

1. What is the format of the reading selection?
   _____

2. Which place is the document about?
   _____

3. What are some of the visual cues this document provides? What do they tell you about the content of the document?
   _____

4. Who produced the document, and what do you think it is for?
   _____

Turismo ecológico en Puerto Rico

Hotel La Cabaña
~ Lajas, Puerto Rico ~

Habitaciones

- 40 individuales
- 15 dobles
- Teléfono/TV/Cable
- Aire acondicionado
- Restaurante (Bar)
- Piscina
- Área de juegos
- Cajero automático°

El hotel está situado en Playa Grande, un pequeño pueblo de pescadores del mar Caribe. Es el lugar perfecto para el viajero que viene de vacaciones. Las playas son seguras y limpias, ideales para tomar el sol, descansar, tomar fotografías y nadar. Está abierto los 365 días del año. Hay una rebaja° especial para estudiantes.

DIRECCIÓN: Playa Grande 406, Lajas, PR 00667, cerca del Parque Nacional Foresta.

Cajero automático *ATM* rebaja *discount*

Atracciones cercanas

Playa Grande ¿Busca la playa perfecta? Playa Grande es la playa que está buscando. Usted puede pescar, sacar fotos, nadar y pasear en bicicleta. Playa Grande es un paraíso para el turista que quiere practicar deportes acuáticos. El lugar es bonito e interesante y usted tiene muchas oportunidades para descansar y disfrutar en familia.

Valle Niebla Ir de excursión, tomar café, montar a caballo, caminar, acampar, hacer picnic. Más de cien lugares para acampar.

Bahía Fosforescente Sacar fotos, salidas de noche, excursión en barco. Una maravillosa experiencia con peces° fosforescentes.

Arrecifes de Coral Sacar fotos, bucear, explorar. Es un lugar único en el Caribe.

Playa Vieja Tomar el sol, pasear en bicicleta, jugar a las cartas, escuchar música. Ideal para la familia.

Parque Nacional Foresta Sacar fotos, visitar el Museo de Arte Nativo, Reserva Mundial de la Biosfera.

Santuario de las Aves Sacar fotos, observar aves°, seguir rutas de excursión.

peces *fish* **aves** *birds*

Después de leer

Listas

Which of the amenities of the Hotel La Cabaña would most interest these potential guests? Explain your choices.

1. dos padres con un hijo de seis años y una hija de ocho años

   _____

2. un hombre y una mujer en su luna de miel (*honeymoon*)

   _____

3. una persona en un viaje de negocios (*business trip*)

   _____

Conversaciones

With a partner, take turns asking each other these questions.

1. ¿Quieres visitar el Hotel La Cabaña? ¿Por qué?
2. Tienes tiempo de visitar sólo tres de las atracciones turísticas que están cerca del hotel. ¿Cuáles vas a visitar? ¿Por qué?
3. ¿Qué prefieres hacer en Valle Niebla? ¿En Playa Vieja? ¿En el Parque Nacional Foresta?

Situaciones

You have just arrived at the Hotel La Cabaña. Your classmate is the concierge. Use the phrases below to express your interests and ask for suggestions about where to go.

1. montar a caballo
2. bucear
3. pasear en bicicleta
4. pescar
5. observar aves

Contestar

Answer these questions.

1. ¿Quieres visitar Puerto Rico? Explica tu respuesta.

   _____

2. ¿Adónde quieres ir de vacaciones el verano que viene? Explica tu respuesta.

   _____

 Practice more at **descubre1.vhlcentral.com**.

Escritura

Mapa de ideas

Idea maps can be used to create outlines. The major sections of an idea map correspond to the Roman numerals in an outline. The minor idea map sections correspond to the outline's capital letters, and so on. Consider the idea map that led to the outline above.

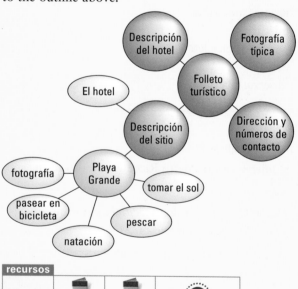

recursos

vText

CA
pp. 149–150

CH
pp. 79–80

descubre1.vhlcentral.com

Tema

Escribir un folleto

Write a tourist brochure for a hotel or resort you have visited. If you wish, you may write about an imaginary hotel or resort. You may want to include some of this information in your brochure:

▶ the name of the hotel or resort

▶ phone and fax numbers that tourists can use to make contact

▶ the address of a website that tourists can consult

▶ an e-mail address that tourists can use to request information

▶ a description of the exterior of the hotel or resort

▶ a description of the interior of the hotel or resort, including facilities and amenities

▶ a description of the area around the hotel or resort, including its climate

▶ a listing of scenic natural attractions that are near the hotel or resort

▶ a listing of nearby cultural attractions

▶ a listing of recreational activities that tourists can pursue in the vicinity of the hotel or resort

Escuchar

Estrategia

Listening for key words

By listening for key words or phrases, you can identify the subject and main ideas of what you hear, as well as some of the details.

 To practice this strategy, you will now listen to a short paragraph. As you listen, jot down the key words that help you identify the subject of the paragraph and its main ideas.

Preparación

Based on the illustration, who is Hernán Jiménez, and what is he doing? What key words might you listen for to help you understand what he is saying?

Ahora escucha

Now you are going to listen to a weather report by Hernán Jiménez. Note which phrases are correct according to the key words and phrases you hear.

Santo Domingo
1. hace sol
2. va a hacer frío
3. una mañana de mal tiempo
4. va a estar nublado
5. buena tarde para tomar el sol
6. buena mañana para la playa

San Francisco de Macorís
1. hace frío
2. hace sol
3. va a nevar
4. va a llover
5. hace calor
6. mal día para excursiones

Comprensión

¿Cierto o falso?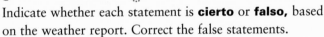

Indicate whether each statement is **cierto** or **falso,** based on the weather report. Correct the false statements.

1. Según el meteorólogo, la temperatura en Santo Domingo es de 26 grados.

2. La temperatura máxima en Santo Domingo hoy va a ser de 30 grados.

3. Está lloviendo ahora en Santo Domingo.

4. En San Francisco de Macorís la temperatura mínima de hoy va a ser de 20 grados.

5. Va a llover mucho hoy en San Francisco de Macorís.

Preguntas

Answer these questions about the weather report.

1. ¿Hace viento en Santo Domingo ahora?

2. ¿Está nublado en Santo Domingo ahora?

3. ¿Está nevando ahora en San Francisco de Macorís?

4. ¿Qué tiempo hace en San Francisco de Macorís?

En pantalla

Spain is divided into seventeen autonomous communities (**comunidades autónomas**). The **Comunidad de Madrid** is located at the center of the country and is home to Spain's capital city. Although it is one of Spain's smallest communities, it encompasses two different climate regions. The northern part, which is a mountainous area, experiences very cold winters and mild summers. The rest of the community enjoys a typical Mediterranean climate, with relatively cold winters and hot summers with an average annual temperature of 14 degrees Celsius (57° F).

Vocabulario útil	
acercando	approaching
frente	front
rozar	to graze
ha dejado	has left
perturbación	disturbance
tapan	they cover
deshilachadas	frayed
chubasco	shower
norte	north
rachas	on and off

Completar

Choose the correct option to complete each sentence.

1. Las nubes vienen del ____.
   a. Pacífico   b. Mediterráneo   c. Atlántico
2. ____ en Aranjuez.
   a. Hace sol   b. Está nublado   c. Está nevando
3. En la tarde, el ____ va a estar más tranquilo.
   a. tiempo   b. sol   c. viento
4. El viento va a venir ____.
   a. muy sucio   b. del norte   c. del sur (*south*)

 ### El reporte

With a partner, choose a country or city that you like. Use the present progressive and weather expressions to write this week's weather report for the place you chose.

jornada *day* nubes *clouds* marchándose hacia el sur *heading south*

Reporte del tiempo

La jornada° está siendo tranquila.

Vamos a ver las imágenes de satélite.

... las nubes° marchándose hacia el sur°...

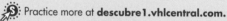 Practice more at **descubre1.vhlcentral.com.**

Oye cómo va

Ednita Nazario

Puerto Rican singer and actress **Ednita Nazario** was born in 1955 in the southern city of **Ponce**. At the age of seven she recorded her first song, *Mi amor lolipop*. After a stretch of local theater appearances, Ednita formed the musical group The Kids From Ponce. While still a teenager, Ednita hosted a TV variety show (*El show de Ednita Nazario*) that gained enormous popularity not only in Puerto Rico, but throughout the Americas. Since then, Ednita has made a steady succession of hit albums and theater performances. Some of her most famous songs include *Me quedo aquí abajo*, *Eres libre*, *Más grande que grande*, and *Bajo cero*.

To the right you see an excerpt from one of Ednita Nazario's songs. Read it and then complete these activities.

Cansada de estar cansada

Estoy cansada mas° no vencida°;
por esta noche voy a dormir.
Mañana es nuevo y estaré° viva
con nuevas fuerzas°, con nuevas ganas de vivir.

Emparejar

Match the information about Ednita Nazario. One item will not be used.

1. a band Ednita created
2. her hometown
3. Ednita's first recording
4. one of her hit songs
5. her television program

   a. San Juan
   b. *Mi amor lolipop*
   c. *Más grande que grande*
   d. The Kids From Ponce
   e. Ponce
   f. *El show de Ednita Nazario*

Emociones

With a classmate, describe Ednita's feelings in the song by completing the chart with as many adjectives or phrases as you can.

Hoy Ednita está...	porque...
cansada	
Mañana ella va a estar...	**porque...**

Una película en San Juan

Ednita Nazario contributed the song *Tres deseos* to the soundtrack of the film *Under Suspicion* (2000), a crime drama set in San Juan, Puerto Rico, starring Gene Hackman and Morgan Freeman. Other Puerto Rican artists whose songs appear in the movie: Millie Corretjer, José Feliciano, Vico C, Olga Tañón, Carlos Ponce, and Michael Stuart.

Scene from the movie *Under Suspicion*

mas *but* vencida *defeated* estaré *I will be* fuerzas *strength*

 Practice more at **descubre1.vhlcentral.com**.

Puerto Rico

El país en cifras

▶ **Área:** 8.959 km² (3.459 millas²)
menor° que el área de Connecticut

▶ **Población:** 4.157.000
*Puerto Rico es una de las islas más
densamente pobladas° del mundo. Más
de la mitad de la población vive en
San Juan, la capital.*

▶ **Capital:** San Juan—2.791.000

SOURCE: Population Division, UN Secretariat

▶ **Ciudades principales:** Arecibo, Bayamón,
Fajardo, Mayagüez, Ponce

▶ **Moneda:** dólar estadounidense

▶ **Idiomas:** español (oficial); inglés (oficial)
*Aproximadamente la cuarta parte de la población
puertorriqueña habla inglés; pero, en las zonas
turísticas, este porcentaje es mucho más alto. El uso
del inglés es obligatorio para documentos federales.*

Bandera
de Puerto Rico

Puertorriqueños célebres

▶ **Raúl Juliá,** actor (1940–1994)

▶ **Roberto Clemente,** beisbolista
(1934–1972)

▶ **Julia de Burgos,** escritora
(1914–1953)

▶ **Ricky Martin,** cantante y actor
(1971–)

▶ **Rita Moreno,** actriz, cantante, bailarina (1931–)

menor *less* pobladas *populated* río subterráneo *underground river* más largo
longest cuevas *caves* bóveda *vault* fortaleza *fort* caber *fit*

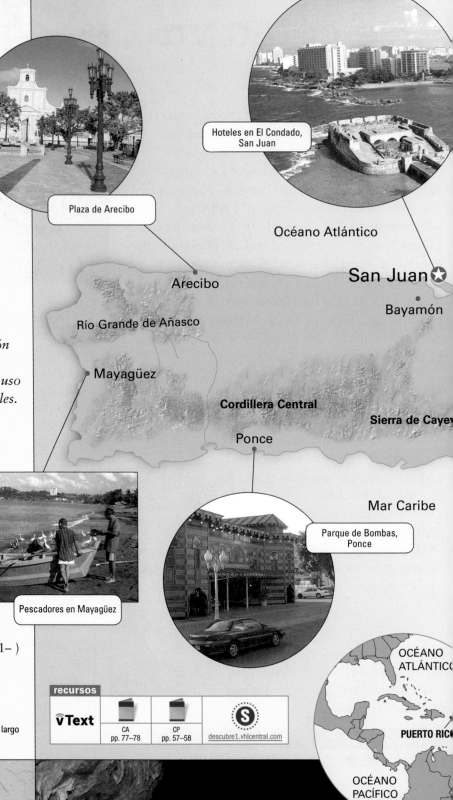

Plaza de Arecibo

Hoteles en El Condado,
San Juan

Océano Atlántico

Arecibo

San Juan ✪

Bayamón

Río Grande de Añasco

Mayagüez

Cordillera Central

Sierra de Cayey

Ponce

Mar Caribe

Parque de Bombas,
Ponce

Pescadores en Mayagüez

OCÉANO
ATLÁNTICO

PUERTO RICO

OCÉANO
PACÍFICO

recursos

v̂Text

CA
pp. 77–78

CP
pp. 57–58

(S) descubre1.vhlcentral.com

¡Increíble pero cierto!

El río Camuy es el tercer río subterráneo° más
largo° del mundo y tiene el sistema de cuevas°
más grande en el hemisferio occidental.
La Cueva de los Tres Pueblos es una gigantesca
bóveda°, tan grande que toda la fortaleza° del
Morro puede caber° en su interior.

Lugares • El Morro

El Morro es una fortaleza que se construyó° la bahía° de San Juan desde principios del siglo° XVI hasta principios del siglo XX. Hoy día muchos turistas visitan este lugar, convertido en un museo. Es el sitio más fotografiado de Puerto Rico. La arquitectura de la fortaleza es impresionante. Tiene misteriosos túneles, oscuras mazmorras° y vistas fabulosas de la bahía.

Artes • Salsa

La salsa, este estilo musical de origen puertorriqueño y cubano, nació° en el barrio latino de la ciudad de Nueva York. Dos de los músicos de salsa más famosos son Tito Puente y Willie Colón, los dos de Nueva York. Las estrellas° de la salsa en Puerto Rico son Felipe Rodríguez y Héctor Lavoe. Hoy en día, Puerto Rico es el centro internacional de la salsa. El Gran Combo de Puerto Rico es una de las orquestas de salsa más famosas del mundo°.

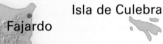

Isla de Culebra
Fajardo

Isla de Vieques

Ciencias • El Observatorio de Arecibo

El Observatorio de Arecibo tiene uno de los radiotelescopios más grandes del mundo. Gracias a este telescopio, los científicos° pueden estudiar las propiedades de la Tierra°, la Luna° y otros cuerpos celestes. También pueden analizar fenómenos celestiales, como los quasares y pulsares, y detectar emisiones de radio de otras galaxias, en busca de inteligencia extraterrestre.

Historia • Relación con los Estados Unidos

Puerto Rico pasó a ser° parte de los Estados Unidos después de° la guerra° de 1898 contra España y se hizo° un estado libre asociado en 1952. Los puertorriqueños, ciudadanos° estadounidenses desde° 1917, tienen representación política en el Congreso pero no votan en las elecciones presidenciales y no pagan impuestos° federales. Hay un debate entre los puertorriqueños: ¿debe la isla seguir como estado libre asociado, hacerse un estado como los otros° o volverse° independiente?

¿Qué aprendiste? Responde a las preguntas con una oración completa.
1. ¿Cuál es la moneda de Puerto Rico?
2. ¿Qué idiomas se hablan (*are spoken*) en Puerto Rico?
3. ¿Cuál es el sitio más fotografiado de Puerto Rico?
4. ¿Qué es el Gran Combo?
5. ¿Qué hacen los científicos en el Observatorio de Arecibo?

Conexión Internet Investiga estos temas en **descubre1.vhlcentral.com**.
1. Describe a dos puertorriqueños famosos. ¿Cómo son? ¿Qué hacen? ¿Dónde viven? ¿Por qué son célebres?
2. Busca información sobre lugares buenos para el ecoturismo en Puerto Rico. Luego presenta un informe a la clase.

proteger *protect* bahía *bay* siglo *century* mazmorras *dungeons* nació *was born* estrellas *stars* mundo *world* científicos *scientists* Tierra *Earth* Luna *Moon* pasó a ser *became* después de *after* guerra *war* se hizo *became* ciudadanos *citizens* desde *since* pagan impuestos *pay taxes* otros *others* volverse *to become*

 Practice more at **descubre1.vhlcentral.com**.

Los viajes y las vacaciones

acampar	to camp
confirmar una reservación	to confirm a reservation
estar de vacaciones (*f. pl.*)	to be on vacation
hacer las maletas	to pack (one's suitcases)
hacer un viaje	to take a trip
ir de compras (*f. pl.*)	to go shopping
ir de vacaciones	to go on vacation
ir en autobús (*m.*), auto(móvil) (*m.*), avión (*m.*), barco (*m.*), moto(cicleta) (*f.*), taxi (*m.*)	to go by bus, car, plane, boat, motorcycle, taxi
jugar a las cartas	to play cards
montar a caballo (*m.*)	to ride a horse
pescar	to fish
sacar/tomar fotos (*f. pl.*)	to take photos
el/la agente de viajes	travel agent
el/la inspector(a) de aduanas	customs inspector
el/la viajero/a	traveler
el aeropuerto	airport
la agencia de viajes	travel agency
la cabaña	cabin
el campo	countryside
el equipaje	luggage
la estación de autobuses, del metro, de tren	bus, subway, train station
la llegada	arrival
el mar	sea
el paisaje	landscape
el pasaje (de ida y vuelta)	(round-trip) ticket
el pasaporte	passport
la playa	beach
la salida	departure; exit

El hotel

el ascensor	elevator
el/la botones	bellhop
la cama	bed
el/la empleado/a	employee
la habitación individual, doble	single, double room
el hotel	hotel
el/la huésped	guest
la llave	key
el piso	floor (of a building)
la planta baja	ground floor

Adjetivos

abierto/a	open
aburrido/a	bored; boring
alegre	happy; joyful
amable	nice; friendly
avergonzado/a	embarrassed
cansado/a	tired
cerrado/a	closed
cómodo/a	comfortable
confundido/a	confused
contento/a	happy; content
desordenado/a	disorderly
enamorado/a (de)	in love (with)
enojado/a	mad; angry
equivocado/a	wrong
feliz	happy
limpio/a	clean
listo/a	ready; smart
nervioso/a	nervous
ocupado/a	busy
ordenado/a	orderly
preocupado/a (por)	worried (about)
seguro/a	sure; safe
sucio/a	dirty
triste	sad

Los números ordinales

primer, primero/a	first
segundo/a	second
tercer, tercero/a	third
cuarto/a	fourth
quinto/a	fifth
sexto/a	sixth
séptimo/a	seventh
octavo/a	eighth
noveno/a	ninth
décimo/a	tenth

Palabras adicionales

ahora mismo	right now
el año	year
¿Cuál es la fecha (de hoy)?	What is the date (today)?
de buen/mal humor	in a good/bad mood
la estación	season
el mes	month
todavía	yet; still

Seasons, months, and dates	See page 154.
Weather expressions	See page 154.
Direct object pronouns	See page 174.
Expresiones útiles	See page 159.

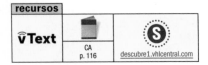

¡De compras!

6

Communicative Goals

You will learn how to:

- **Talk about and describe clothing**
- **Express preferences in a store**
- **Negotiate and pay for items you buy**

contextos

fotonovela

cultura

estructura

adelante

A PRIMERA VISTA
- ¿Están comprando algo las mujeres?
- ¿Están buscando una maleta?
- ¿Están contentas o enojadas?
- ¿Cómo son ellas?

¡De compras!

Más vocabulario

el abrigo	*coat*
los calcetines (el calcetín)	*sock(s)*
el cinturón	*belt*
las gafas (de sol)	*(sun)glasses*
los guantes	*gloves*
el impermeable	*raincoat*
la ropa	*clothing; clothes*
la ropa interior	*underwear*
las sandalias	*sandals*
el traje	*suit*
el vestido	*dress*
los zapatos de tenis	*tennis shoes; sneakers*
el regalo	*gift*
el almacén	*department store*
el centro comercial	*shopping mall*
el mercado (al aire libre)	*(open-air) market*
el precio (fijo)	*(fixed; set) price*
la rebaja	*sale*
la tienda	*shop; store*
costar (o:ue)	*to cost*
gastar	*to spend (money)*
pagar	*to pay*
regatear	*to bargain*
vender	*to sell*
hacer juego (con)	*to match (with)*
llevar	*to wear; to take*
usar	*to wear; to use*

Variación léxica

calcetines	⟷	medias (*Amér. L.*)
cinturón	⟷	correa (*Col., Venez.*)
gafas/lentes	⟷	espejuelos (*Cuba, P.R.*), anteojos (*Arg., Chile*)
zapatos de tenis	⟷	zapatillas de deporte (*Esp.*), zapatillas (*Arg., Perú*)

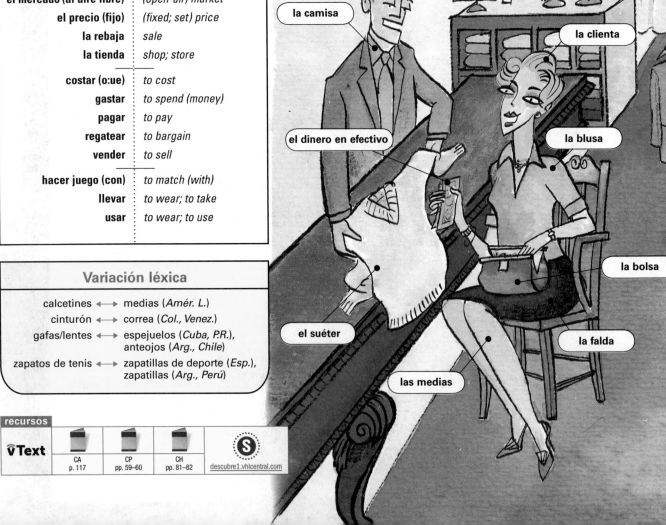

Damas

los pantalones cortos

el traje de baño

los pantalones

la camiseta

el dependiente/el vendedor

la camisa

la clienta

el dinero en efectivo

la blusa

la bolsa

el suéter

la falda

las medias

Práctica

el sombrero

un par de zapatos

los zapatos

la chaqueta

la caja

la cartera

la dependienta/la vendedora

la corbata

la tarjeta de crédito

los bluejeans

la bota

1 **Escuchar** 🎧 Listen to Juanita and Vicente talk about what they're packing for their vacations. Indicate who is packing each item. If both are packing an item, write both names. If neither is packing an item, write an X.

1. abrigo __V__
2. zapatos de tenis __JV__
3. impermeable __X__
4. chaqueta __V__
5. sandalias __J__
6. bluejeans __JV__

7. gafas de sol __V__
8. camisetas __JV__
9. traje de baño __V__
10. botas __V__
11. pantalones cortos __V__
12. suéter __V__

2 **Lógico o ilógico** 🎧 Listen to Guillermo and Ana talk about vacation destinations. Indicate whether each statement is **lógico** or **ilógico**.

1. ilógico
2. lógico
3. ilógico
4. lógico

3 **Completar** Anita is talking about going shopping. Complete each sentence with the correct word(s), adding definite or indefinite articles when necessary.

caja ✓	medias ✓	tarjeta de crédito ✓
centro comercial ✓	par ✓	traje de baño ✓
dependientas ✓	ropa	vendedores ✓

1. Hoy voy a ir de compras al _centro comercial_
2. Voy a ir a la tienda de ropa para mujeres. Siempre hay muchas rebajas y las _dependientes_ son muy simpáticas.
3. Necesito comprar _par_ de zapatos.
4. Y tengo que comprar _traje de baño_ porque el sábado voy a la playa con mis amigos.
5. También voy a comprar unas _medias_ para mi mamá.
6. Voy a pagar todo (*everything*) en _caja_.
7. Pero hoy no tengo dinero. Voy a tener que usar mi _tarjeta de crédito_
8. Mañana voy al mercado al aire libre. Me gusta regatear con los _vendedores_.

4 **Escoger** Choose the item in each group that does not belong.

1. almacén • centro comercial • mercado • sombrero
2. camisa • camiseta • blusa • botas (shirt, t-shirt, blouse, boots)
3. bluejeans • bolsa • falda • pantalones (Jeans, purse, skirt, pants)
4. abrigo • suéter • corbata • chaqueta (coat, sweater, tie, jacket)
5. mercado • tienda • almacén • cartera
6. pagar • llevar • hacer juego (con) • usar (pay, wear, to play with, use)
7. botas • sandalias • zapatos • traje (boots, sandals, shoes, suits)
8. vender • regatear • ropa interior • gastar

Los colores

amarillo/a   anaranjado/a   azul

blanco/a   gris   marrón, café   morado/a   negro/a

rojo/a   rosado/a   verde

¡LENGUA VIVA!

The names of colors vary throughout the Spanish-speaking world. For example, in some countries, **anaranjado/a** may be referred to as **naranja, morado/a** as **púrpura,** and **rojo/a** as **colorado/a.**

Other terms that will prove helpful include **claro** () and **oscuro** (): **azul claro, azul oscuro.**

Adjetivos

barato/a	*cheap*
bueno/a	*good*
cada	*each*
caro/a	*expensive*
corto/a	*short (in length)*
elegante	*elegant*
hermoso/a	*beautiful*
largo/a	*long*
loco/a	*crazy*
nuevo/a	*new*
otro/a	*other; another*
pobre	*poor*
rico/a	*rich*
viejo/a	*old*

5 **Contrastes** Complete each phrase with the opposite of the underlined word.

1. una corbata <u>barata</u> • unas camisas… *caras*
2. unas vendedoras <u>malas</u> • unos dependientes… *buenos*
3. un vestido <u>corto</u> • una falda… *larga*
4. un hombre muy <u>pobre</u> • una mujer muy… *rica*
5. una cartera <u>nueva</u> • un cinturón… *viejo*
6. unos trajes <u>hermosos</u> • unos bluejeans… *feos*
7. un impermeable <u>caro</u> • unos suéteres… *baratos*
8. unos calcetines <u>blancos</u> • unas medias… *negras*

CONSULTA

Like other adjectives you have seen, colors must agree in gender and number with the nouns they modify. Ex: **las camisas verdes, el vestido amarillo.** For a review of descriptive adjectives, see **Estructura 3.1,** pp. 88–89.

6 **Preguntas** Answer these questions with a classmate.

1. ¿De qué color es la rosa de Texas? *amarilla*
2. ¿De qué color es la bandera (*flag*) del Canadá? *roja y blanca*
3. ¿De qué color es la casa donde vive el presidente de los EE.UU.? *blanca*
4. ¿De qué color es el océano Atlántico? *azul*
5. ¿De qué color es la nieve? *blanca*
6. ¿De qué color es el café? *café / marrón*
7. ¿De qué color es el dólar de los EE.UU.? *verde*
8. ¿De qué color son las cebras (*zebras*)? *blanca y negra*

 Practice more at **descubre1.vhlcentral.com.**

Comunicación

7

Las maletas With a classmate, answer these questions about the drawings.

1. ¿Qué ropa hay al lado de la maleta de Carmela?

2. ¿Qué hay en la maleta?

3. ¿De qué color son las sandalias?

4. ¿Adónde va Carmela?

▶ 5. ¿Qué tiempo va a hacer?

6. ¿Qué hay al lado de la maleta de Pepe?

7. ¿Qué hay en la maleta?

8. ¿De qué color es el suéter?

▶ 9. ¿Qué va a hacer Pepe en Bariloche?

10. ¿Qué tiempo va a hacer?

CONSULTA

To review weather, see **Lección 5, Contextos,** p. 154.

NOTA CULTURAL

Bariloche is a popular resort for skiing in South America. Located in Argentina's Patagonia region, the town is also known for its chocolate factories and its beautiful lakes, mountains, and forests.

8

¿Adónde van? Imagine that you and your family are going on vacation with a classmate. Decide where you are going, then write what clothing each of you is taking. Present your lists to the class, answering these questions.

- ¿Adónde van?
- ¿Qué tiempo va a hacer allí?
- ¿Qué van a hacer allí?
- ¿Qué hay en sus maletas?
- ¿De qué color es la ropa que llevan?

9

Preferencias Use these questions to interview a classmate. Then switch roles.

1. ¿Adónde vas a comprar ropa? ¿Por qué?
2. ¿Qué tipo de ropa prefieres? ¿Por qué?
3. ¿Cuáles son tus colores favoritos?
4. En tu opinión, ¿es importante comprar ropa nueva frecuentemente? ¿Por qué?
5. Y tu familia, ¿gasta mucho dinero en ropa cada mes? ¿Buscan rebajas tus padres?
6. ¿Regatea tu familia cuando compra ropa? ¿Usan tus padres tarjetas de crédito?

¡Qué ropa más bonita!

Javier e Inés van de compras al mercado.

PERSONAJES

INÉS

JAVIER

**EL
VENDEDOR**

INÉS Javier, ¡qué ropa más bonita! A mí me gusta esa camisa blanca y azul. Debe ser de algodón. ¿Te gusta?

JAVIER Yo prefiero la camisa de la izquierda... la gris con rayas rojas. Hace juego con mis botas marrones.

INÉS Está bien, Javier. Mira, necesito comprarle un regalo a mi hermana Graciela. Acaba de empezar un nuevo trabajo...

JAVIER ¿Tal vez una bolsa?

VENDEDOR Esas bolsas son típicas de las montañas. ¿Le gustan?

INÉS Sí. Quiero comprarle una a mi hermana.

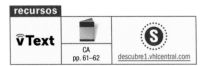

VENDEDOR Buenas tardes, joven. ¿Le puedo servir en algo?

JAVIER Sí. Voy a ir de excursión a las montañas y necesito un buen suéter.

VENDEDOR ¿Qué talla usa usted?

JAVIER Uso talla grande.

VENDEDOR Éstos son de talla grande.

JAVIER ¿Qué precio tiene ése?

VENDEDOR ¿Le gusta este suéter? Le cuesta ciento cincuenta mil sucres.

JAVIER Quiero comprarlo, pero, señor, no soy rico. ¿Ciento veinte mil sucres?

VENDEDOR Bueno, para usted... sólo ciento treinta mil sucres.

JAVIER Está bien, señor.

INÉS Me gusta aquélla. ¿Cuánto cuesta?

VENDEDOR Ésa cuesta ciento sesenta mil sucres. ¡Es de muy buena calidad!

INÉS Uy, demasiado cara. Quizás otro día.

JAVIER Acabo de comprarme un suéter. Y tú, ¿qué compraste?

INÉS Compré esta bolsa para mi hermana.

INÉS También compré una camisa y un sombrero. ¿Qué tal me veo?

JAVIER ¡Guápa, muy guapa!

Expresiones útiles

Talking about clothing

- **¡Qué ropa más bonita!**
  What nice clothing!
- **Me gusta esta/esa camisa blanca de rayas negras.**
  I like this/that white shirt with black stripes.
- **Está de moda.**
  It's in fashion.
- **Debe ser de algodón/lana/seda.**
  It must be cotton/wool/silk.
- **Es de cuadros/lunares/rayas.**
  It's plaid/polka-dotted/striped.
- **Me gusta este/ese suéter.**
  I like this/that sweater.
- **Es de muy buena calidad.**
  It's very good quality.
- **¿Qué talla lleva/usa usted?**
  What size do you (form.) wear?
  Llevo/Uso talla grande.
  I wear a large.
- **¿Qué número calza usted?**
  What (shoe) size do you (form.) wear?
  Calzo el treinta y seis.
  I wear a size thirty-six.

Talking about how much things cost

- **¿Cuánto cuesta?**
  How much does it cost?
  Sólo cuesta noventa mil sucres.
  It only costs ninety thousand sucres.
  Demasiado caro/a.
  Too expensive.
  Es una ganga.
  It's a bargain.

Saying what you bought

- **¿Qué compró Ud./él/ella?**
  What did you (form.)/he/she buy?
  Compré esta bolsa para mi hermana.
  I bought this purse for my sister.
- **¿Qué compraste?**
  What did you (fam.) buy?
  Acabo de comprarme un sombrero.
  I have just bought myself a hat.

¿Qué paso?

1

¿Cierto o falso? Indicate whether each sentence is **cierto** or **falso**. Correct the false statements.

	Cierto	Falso
1. A Inés le gusta la camisa ~~verde y amarilla.~~ *blanca y azul*	○	⊘
2. Javier necesita comprarle un regalo a su hermana.	○	⊘
3. Las bolsas en el mercado son típicas de las montañas.	⊘	○
4. Javier busca un ~~traje de baño.~~ *suéter*	○	⊘

Inés

2

Identificar Provide the first initial of the person who would make each statement.

<u>I</u> 1. ¿Te gusta el sombrero que compré?
<u>V</u> 2. Estos suéteres son de talla grande. ¿Qué talla usa usted?
<u>J</u> 3. ¿Por qué no compras una bolsa para Graciela?
<u>J</u> 4. Creo que mis botas hacen juego con la camisa.
<u>V</u> 5. Estas bolsas son excelentes, de muy buena calidad.
<u>I</u> 6. Creo que las blusas aquí son de algodón.

INÉS

JAVIER

EL VENDEDOR

*To answer in complete sentences
Ines/Javier/vendedor LO dice*

3

Completar Answer the questions using the information in the **Fotonovela**.

1. Inés quiere comprarle un regalo a su hermana. ¿Por qué?
2. ¿Cuánto cuesta la bolsa típica de las montañas?
3. ¿Por qué necesita Javier un buen suéter?
4. ¿Cuál es el precio final del suéter?
5. ¿Qué compra Inés en el mercado?

4

Conversar With a partner, role-play a conversation between a customer and a salesperson in an open-air market. Use these expressions and also look at **Expresiones útiles** on the previous page.

¿Qué desea?	Estoy buscando...	Prefiero el/la rojo/a.
What would you like?	*I'm looking for...*	*I prefer the red one.*

Cliente/a

Say good afternoon.

Explain that you are looking for a particular item of clothing.

Discuss colors and sizes.

Ask for the price and begin bargaining.

Settle on a price and purchase the item.

Vendedor(a)

Greet the customer and ask what he/she would like.

Show him/her some items and ask what he/she prefers.

Discuss colors and sizes.

Tell him/her a price. Negotiate a price.

Accept a price and say thank you.

Pronunciación 🎧
The consonants **d** and **t**

¿Dónde?   **vender**   **nadar**   **verdad**

Like **b** and **v**, the Spanish **d** can also have a hard sound or a soft sound, depending on which letters appear next to it.

Don   **dinero**   **tienda**   **falda**

At the beginning of a phrase and after **n** or **l**, the letter **d** is pronounced with a hard sound. This sound is similar to the English *d* in *dog*, but a little softer and duller. The tongue should touch the back of the upper teeth, not the roof of the mouth.

medias   **verde**   **vestido**   **huésped**

In all other positions, **d** has a soft sound. It is similar to the English *th* in *there*, but a little softer.

Don Diego no tiene el diccionario.

When **d** begins a word, its pronunciation depends on the previous word. At the beginning of a phrase or after a word that ends in **n** or **l**, it is pronounced as a hard **d**.

Doña Dolores es de la capital.

Words that begin with **d** are pronounced with a soft **d** if they appear immediately after a word that ends in a vowel or any consonant other than **n** or **l**.

traje   **pantalones**   **tarjeta**   **tienda**

When pronouncing the Spanish **t**, the tongue should touch the back of the upper teeth, not the roof of the mouth. Unlike the English *t*, no air is expelled from the mouth.

Práctica Read these phrases aloud to practice the **d** and the **t**.

1. Hasta pronto.
2. De nada.
3. Mucho gusto.
4. Lo siento.
5. No hay de qué.
6. ¿De dónde es usted?
7. ¡Todos a bordo!
8. No puedo.
9. Es estupendo.
10. No tengo computadora.
11. ¿Cuándo vienen?
12. Son las tres y media.

Oraciones Read these sentences aloud to practice the **d** and the **t**.

1. Don Teodoro tiene una tienda en un almacén en La Habana.
2. Don Teodoro vende muchos trajes, vestidos y zapatos todos los días.
3. Un día un turista, Federico Machado, entra en la tienda para comprar un par de botas.
4. Federico regatea con don Teodoro y compra las botas y también un par de sandalias.

Refranes Read these sayings aloud to practice the **d** and the **t**.

En la variedad está el gusto.[1]

Aunque la mona se vista de seda, mona se queda.[2]

1 *Variety is the spice of life.*
2 *You can't make a silk purse out of a sow's ear.*

EN DETALLE

Los mercados al aire libre

El Rastro

Daily or weekly mercados al aire libre in the Spanish-speaking world are an important part of commerce and culture, where locals, tourists, and vendors interact. People come to the marketplace to shop, socialize, taste local foods, and watch street performers. One can simply wander from one **puesto** (*stand*) to the next, browsing through fresh fruits and vegetables, clothing, CDs and DVDs, jewelry, tapestries, pottery, and crafts (**artesanías**). Used merchandise—such as antiques, clothing, and books—can also be found at markets.

When shoppers see an item they like, they can bargain with the vendor. Friendly bargaining is an expected ritual and usually results in lowering the price by about twenty-five percent. Occasionally vendors may give the customer a little extra quantity of the item they purchase; this free addition is known as **la ñapa**.

Many open-air markets are also tourist attractions. The market in Otavalo, Ecuador is world-famous and has taken place every Saturday since pre-Incan times. This market is well-known for the colorful textiles woven by the **otavaleños**, the indigenous people of the area. One can also find leather goods and wood carvings from nearby towns. Another popular market is **El Rastro**, held every Sunday in Madrid, Spain. Sellers set up **puestos** along the streets to display their wares, which range from local artwork and antiques to inexpensive clothing and electronics.

Mercado de Otavalo

Otros mercados famosos

Mercado	Lugar	Productos
Feria Artesanal de Recoleta	Buenos Aires, Argentina	artesanías
Mercado Central	Santiago, Chile	mariscos°, pescado°, frutas, verduras°
Tianguis Cultural del Chopo	Ciudad de México, México	ropa, música, revistas, libros, arte, artesanías
El mercado de Chichicastenango	Chichicastenango, Guatemala	frutas y verduras, flores°, cerámica, textiles

mariscos *seafood* pescado *fish* verduras *vegetables* flores *flowers*

ACTIVIDADES

1. **¿Cierto o falso?** Indicate whether these statements are **cierto** or **falso**. Correct the false statements.

1. Generally, open-air markets specialize in one type of goods.
2. Bargaining is commonplace at outdoor markets.
3. Only new goods can be found at open-air markets.
4. A Spaniard in search of antiques could search at **El Rastro**.
5. If you are in Guatemala and want to buy ceramics, you can go to Chichicastenango.
6. A **ñapa** is a tax on open-air market goods.
7. The **otavaleños** weave colorful textiles to sell on Saturdays.
8. Santiago's **Mercado Central** is known for books and music.

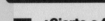 Practice more at **descubre1.vhlcentral.com**.

La ropa

la chamarra (Méx.)	la chaqueta
de manga corta/larga	*short/long-sleeved*
los mahones (P. Rico); el pantalón de mezclilla (Méx.); los tejanos (Esp.); los vaqueros (Arg., Cuba, Esp., Uru.)	los bluejeans
la marca	*brand*
la playera (Méx.); la remera (Arg.)	la camiseta

Diseñadores de moda

○ **Adolfo Domínguez** (España) Su ropa tiene un estilo minimalista y práctico. Usa telas° naturales y cómodas en sus diseños.

○ **Silvia Tcherassi** (Colombia) Los colores vivos y líneas asimétricas de sus vestidos y trajes muestran influencias tropicales.

○ **Óscar de la Renta** (República Dominicana) Diseña ropa opulenta para la mujer clásica.

○ **Narciso Rodríguez** (EE.UU.) En sus diseños delicados y finos predominan los colores blanco y negro. Hizo° el vestido de boda° de Carolyn Bessette Kennedy.

telas *fabrics* Hizo *He made* boda *wedding*

Carolina Herrera

In 1980, at the urging of some friends, **Carolina Herrera** created a fashion collection as a "test." The Venezuelan designer received such a favorable response that within one year she moved her family from Caracas to New York City and created her own label, Carolina Herrera, Ltd.

"I love elegance and intricacy, but whether it is in a piece of clothing or a fragrance, the intricacy must appear as simplicity," Herrera once stated. She quickly found that many sophisticated women agreed; from the start, her sleek

and glamorous designs have been in constant demand. Over the years, Herrera has grown her brand into a veritable fashion empire that encompasses her fashion and bridal collections, cosmetics, perfume, and accessories that are sold around the globe.

Conexión Internet

¿Qué marcas de ropa son populares en el mundo hispano?

Go to **descubre1.vhlcentral.com** to find more cultural information related to this **Cultura** section.

---

2 **Comprensión** Complete these sentences.

1. Adolfo Domínguez usa telas _____ y _____ en su ropa.
2. Si hace fresco en el D.F., puedes llevar una _____.
3. La diseñadora _____ hace ropa, perfumes y más.
4. La ropa de _____ muestra influencias tropicales.
5. Los _____ son una ropa casual en Puerto Rico.

3 **Mi ropa favorita** Write a brief description of your favorite article of clothing. Mention what store it is from, the brand, colors, fabric, style, etc. Then get together with a small group and take turns reading the descriptions aloud.

recursos

vText

CH p. 84

descubre1.vhlcentral.com

6.1 Saber and conocer

ANTE TODO Spanish has two verbs that mean *to know*: **saber** and **conocer**. They cannot be used interchangeably. Note the irregular **yo** forms.

The verbs saber and conocer

		saber *(to know)*	conocer *(to know)*
SINGULAR FORMS	yo	sé	conozco
	tú	sabes	conoces
	Ud./él/ella	sabe	conoce
PLURAL FORMS	nosotros/as	sabemos	conocemos
	vosotros/as	sabéis	conocéis
	Uds./ellos/ellas	saben	conocen

▶ **Saber** means *to know a fact or piece(s) of information* or *to know how to do something*.

No **sé** tu número de teléfono.
I don't know your telephone number.

Mi hermana **sabe** hablar francés.
My sister knows how to speak French.

▶ **Conocer** means *to know* or *be familiar/acquainted* with a person, place, or thing.

¿**Conoces** la ciudad de Nueva York?
Do you know New York City?

No **conozco** a tu amigo Esteban.
I don't know your friend Esteban.

▶ When the direct object of **conocer** is a person or pet, the personal **a** is used.

¿Conoces La Habana?   *but*   ¿Conoces **a** Celia Cruz?
Do you know Havana?   *Do you know Celia Cruz?*

▶ **¡Atención!** **Parecer** (*to seem*) and **ofrecer** (*to offer*) are conjugated like **conocer**.

▶ **¡Atención!** **Conducir** (*to drive*) and **traducir** (*to translate*) also have an irregular **yo** form, but since they are **-ir** verbs, they are conjugated differently from **conocer**.

conducir	conduzco, conduces, conduce, conducimos, conducís, conducen
traducir	traduzco, traduces, traduce, traducimos, traducís, traducen

 ¡INTÉNTALO! Provide the appropriate forms of these verbs. The first item in each column has been done for you.

saber

1. José no ___sabe___ la hora.
2. Sara y yo _sabemos_ jugar al tenis.
3. ¿Por qué no _sabes_ tú estos verbos?
4. Mis padres _saben_ hablar japonés.
5. Yo _Sé_____ a qué hora es la clase.
6. Usted no _sabe_ dónde vivo.
7. Mi hermano no _sabe_ nadar.
8. Nosotros _sabemos_ muchas cosas.

conocer

1. Usted y yo _conocemos_ bien Miami.
2. ¿Tú _conoces_ a mi amigo Manuel?
3. Sergio y Taydé _conocen_ mi pueblo.
4. Emiliano _conoce_ a mis padres.
5. Yo _conozco_ muy bien el centro.
6. ¿Ustedes _conocen_ la tienda Gigante?
7. Nosotras _conocemos_ una playa hermosa.
8. ¿Usted _conoce_ a mi profesora?

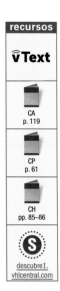

recursos

v**Text**

CA
p. 119

CP
p. 61

CH
pp. 85–86

descubre1.
vhlcentral.com

Práctica y Comunicación

1

Completar Indicate the correct verb for each sentence.

1. Mis hermanos (conocen/saben) conducir, pero yo no (sé/conozco).
2. —¿(Conocen/Saben) ustedes dónde está el estadio? —No, no (conocemos/sabemos).
3. —¿(Conoces/Sabes) a Cher? —Bueno, (sé/conozco) quién es, pero no la (conozco/sé).
4. Mi profesora (sabe/conoce) Cuba y también (conoce/sabe) bailar salsa.

2

Combinar Combine elements from each column to create sentences.

A	B	C
Shakira	(no) conocer	Jessica Simpson
los Yankees	(no) saber	cantar y bailar
el primer ministro		La Habana Vieja
de Canadá		muchas personas importantes
mis amigos y yo		hablar dos lenguas extranjeras
tú		jugar al béisbol

3

Preguntas In pairs, ask each other these questions. Answer with complete sentences.

1. ¿Conoces a un(a) cantante famoso/a? ¿Te gusta cómo canta?
2. En tu familia, ¿quién sabe cantar? ¿Tu opinión es objetiva?
3. Tus padres, ¿conducen bien o mal? ¿Y tus hermanos mayores?
4. Si una persona no conduce muy bien, ¿le ofreces crítica constructiva?
5. ¿Cómo parece estar el/la profesor(a) hoy? ¿Y tus compañeros de clase?

4

Entrevista Jot down three things you know how to do, three people you know, and three places you are familiar with. Then, in a small group, find out what you have in common.

> **modelo**
> **Estudiante 1:** ¿Conocen ustedes a David Lomas?
> **Estudiante 2:** Sí, conozco a David. Vivimos en el mismo barrio (*neighborhood*).
> **Estudiante 3:** No, no lo conozco. ¿Cómo es?

5

Anuncio In groups, read the ad and answer the questions.

1. Busquen ejemplos de los verbos **saber** y **conocer**.
2. ¿Qué saben del Centro Comercial Oviedo?
3. ¿Qué pueden hacer en el Centro Comercial Oviedo?
4. ¿Conocen otros centros comerciales similares? ¿Cómo se llaman? ¿Dónde están?
5. ¿Conocen un centro comercial en otro país? ¿Cómo es?

Él sabe dónde comer lo que más le gusta

Él sabe cómo jugar cuatro horas seguidas

Él sabe dónde está su regalo de cumpleaños

Él sabe dónde divertirse

... y usted sabe dónde puede encontrar un poco de todo. ¿Conoce algún otro lugar como éste?

Oviedo
Centro Comercial

Sabe lo que te gusta

 Practice more at **descubre1.vhlcentral.com**.

[6.2] Indirect object pronouns

ANTE TODO   In **Lección 5**, you learned that a direct object receives the action of the verb directly. In contrast, an indirect object receives the action of the verb indirectly.

SUBJECT	I.O. PRONOUN	VERB	DIRECT OBJECT	INDIRECT OBJECT
Roberto	**le**	presta	cien pesos	**a Luisa**.
Roberto		*lends*	*100 pesos*	*to Luisa.*

An indirect object is a noun or pronoun that answers the question *to whom* or *for whom* an action is done. In the preceding example, the indirect object answers this question: **¿A quién le presta Roberto cien pesos?** *To whom does Roberto lend 100 pesos?*

Indirect object pronouns

Singular forms		Plural forms	
me	(to, for) *me*	**nos**	(to, for) *us*
te	(to, for) *you* (fam.)	**os**	(to, for) *you* (fam.)
le	(to, for) *you* (form.)	**les**	(to, for) *you* (form.)
	(to, for) *him; her*		(to, for) *them*

▶ **¡Atención!** The forms of indirect object pronouns for the first and second persons (**me, te, nos, os**) are the same as the direct object pronouns. Indirect object pronouns agree in number with the corresponding nouns, but not in gender.

Buenas tardes.
¿Le puedo servir
en algo?

Quiero comprarle
una a mi hermana.

Using indirect object pronouns

▶ Spanish speakers commonly use both an indirect object pronoun and the noun to which it refers in the same sentence. This is done to emphasize and clarify to whom the pronoun refers.

I.O. PRONOUN	INDIRECT OBJECT	I.O. PRONOUN	INDIRECT OBJECT
Ella **le** vende la ropa **a Elena**.		**Les** prestamos el dinero **a Inés y a Álex**.	

▶ Indirect object pronouns are also used without the indirect object noun when the person for whom the action is being done is known.

Ana **le** presta la falda **a Elena**.
Ana lends her skirt to Elena.

También **le** presta unos bluejeans.
She also lends her a pair of blue jeans.

▶ Indirect object pronouns are usually placed before the conjugated form of the verb. In negative sentences the pronoun is placed between **no** and the conjugated verb.

Martín **me** compra un regalo.	Eva **no me** escribe cartas.
Martín buys me a gift.	*Eva doesn't write me letters.*

CONSULTA

For more information on accents, see **Lección 4, Pronunciación**, p. 123.

▶ When a conjugated verb is followed by an infinitive or the present progressive, the indirect object pronoun may be placed before the conjugated verb or attached to the infinitive or present participle. **¡Atención!** When an indirect object pronoun is attached to a present participle, an accent mark is added to maintain the proper stress.

Él no quiere **pagarte**./	Él está **escribiéndole** una postal a ella./
Él no **te** quiere pagar.	Él **le** está escribiendo una postal a ella.
He does not want to pay you.	*He is writing a postcard to her.*

▶ Because the indirect object pronouns **le** and **les** have multiple meanings, Spanish speakers often clarify to whom the pronouns refer with the preposition **a** + [*pronoun*] or **a** + [*noun*].

UNCLARIFIED STATEMENTS	CLARIFIED STATEMENTS
Yo **le** compro un abrigo.	Yo **le** compro un abrigo **a usted/él/ella.**
Ella **le** describe un libro.	Ella **le** describe un libro **a Juan.**

UNCLARIFIED STATEMENTS	CLARIFIED STATEMENTS
Él **les** vende unos sombreros.	Él **les** vende unos sombreros **a ustedes/ellos/ellas.**
Ellos **les** hablan muy claro.	Ellos **les** hablan muy claro **a los clientes.**

▶ The irregular verbs **dar** (*to give*) and **decir**, are often used with indirect object pronouns.

CONSULTA

Remember that **decir** is a stem-changing verb (**e:i**) with an irregular **yo** form: **digo**. To review the present tense of **decir**, see **Estructura 4.3**, p. 133.

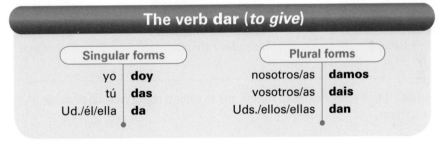

The verb dar (*to give*)

Singular forms		Plural forms	
yo	**doy**	nosotros/as	**damos**
tú	**das**	vosotros/as	**dais**
Ud./él/ella	**da**	Uds./ellos/ellas	**dan**

Me dan una fiesta cada año.	**Te digo** la verdad.
They give (throw) me a party every year.	*I'm telling you the truth.*
Voy a **darle** consejos.	No **les digo** mentiras a mis padres.
I'm going to give her advice.	*I don't tell lies to my parents.*

recursos

vText

CA
p. 120

CP
pp. 62–63

CH
pp. 87–88

descubre1.
vhlcentral.com

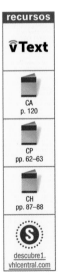

¡INTÉNTALO! Use the cues in parentheses to provide the indirect object pronoun for the sentence. The first item has been done for you.

1. Juan _____le_____ quiere dar un regalo. (*to Elena*)
2. María _____ prepara un café. (*for us*)
3. Beatriz y Felipe _____ escriben desde (*from*) Cuba. (*to me*)
4. Marta y yo _____ compramos unos guantes. (*for them*)
5. Los vendedores _____ venden ropa. (*to you, fam. sing.*)
6. La dependienta _____ muestra los guantes. (*to us*)

Práctica

1

Completar Fill in the correct pronouns to complete Mónica's description of her family's gift giving.

1. Juan y yo ___le___ damos una blusa a nuestra hermana Gisela.
2. Mi tía ___nos___ da a nosotros una mesa para la casa.
3. Gisela ___le___ da dos corbatas a su novio.
4. A mi mamá yo ___le___ doy un par de guantes negros.
5. A mi profesora ___le___ doy dos libros de José Martí.
6. Juan ___les___ da un regalo a mis padres.
7. Mis padres ___me___ dan un traje nuevo a mí.
8. Y a ti, yo ___te___ doy un regalo también. ¿Quieres verlo?

NOTA CULTURAL

Cuban writer and patriot **José Martí** (1853–1895) was born in **La Habana Vieja**, the old colonial center of Havana.

2

Describir Describe what is happening in these photos based on the cues provided and your background knowledge about the **Fotonovela**.

1. escribir / mensaje electrónico

2. mostrar / fotos

3. dar / documentos

4. pedir / llaves

5. vender / suéter

6. comprar / bolsa

3

Combinar Use an item from each column and an indirect object pronoun to create logical sentences.

modelo

Mis padres les dan regalos a mis primos.

A	B	C	D
yo	comprar	correo electrónico	mí
el dependiente	dar	corbata	ustedes
el profesor Arce	decir	dinero en efectivo	clienta
la vendedora	escribir	ejercicio	novia
mis padres	explicar	problemas	primos
tú	pagar	regalos	ti
nosotros/as	prestar	ropa	nosotros
¿?	vender	¿?	¿?

: Practice more at **descubre1.vhlcentral.com**.

Comunicación

4

Entrevista Take turns with a classmate asking and answering questions using the word bank.

> **modelo**
>
> escribir mensajes electrónicos
> **Estudiante 1:** *¿A quién le escribes mensajes electrónicos?*
> **Estudiante 2:** *Le escribo mensajes electrónicos a mi hermano.*

cantar	escribir mensajes electrónicos
comprar ropa	mostrar fotos de un viaje
dar una fiesta	pedir dinero
decir mentiras	preparar comida (*food*) mexicana

5

¡Somos ricos! You and your classmates just received a large sum of money. Now you want to spend money on your loved ones. In groups of three, discuss what each person is buying for family and friends.

> **modelo**
>
> **Estudiante 1:** *Quiero comprarle un vestido de Carolina Herrera a mi madre.*
> **Estudiante 2:** *Y yo voy a darles un automóvil nuevo a mis padres.*
> **Estudiante 3:** *Voy a comprarles una casa a mis padres, pero a mis amigos no les voy a dar nada.*

6

Entrevista Use these questions to interview a classmate.

1. ¿Qué tiendas, almacenes o centros comerciales prefieres?
2. ¿A quién le compras regalos cuando hay rebajas?
3. ¿A quién le prestas dinero cuando lo necesita?
4. Quiero ir de compras. ¿Cuánto dinero me puedes prestar?
5. ¿Te dan tus padres su tarjeta de crédito cuando vas de compras?

Síntesis

7

Minidrama With two classmates, take turns playing the roles of two shoppers and a clerk in a clothing store. The shoppers should take turns talking about the articles of clothing they want and for whom they are buying them. The clerk should recommend several items based on the shoppers' descriptions. Use these expressions and also look at **Expresiones útiles** on page 195.

Me queda grande/pequeño.
It's big/small on me.

¿Tiene otro color?
Do you have another color?

¿Está en rebaja?
Is it on sale?

6.3 Preterite tense of regular verbs

ANTE TODO   In order to talk about events in the past, Spanish uses two simple tenses: the preterite and the imperfect. In this lesson, you will learn how to form the preterite tense, which is used to express actions or states completed in the past.

Preterite of regular -ar, -er, and -ir verbs

		-ar verbs **comprar**	-er verbs **vender**	-ir verbs **escribir**
SINGULAR FORMS	yo	compr**é** / *bought*	vend**í** / *sold*	escrib**í** / *wrote*
	tú	compr**aste**	vend**iste**	escrib**iste**
	Ud./él/ella	compr**ó**	vend**ió**	escrib**ió**
PLURAL FORMS	nosotros/as	compr**amos**	vend**imos**	escrib**imos**
	vosotros/as	compr**asteis**	vend**isteis**	escrib**isteis**
	Uds./ellos/ellas	compr**aron**	vend**ieron**	escrib**ieron**

▶ **¡Atención!** The **yo** and **Ud./él/ella** forms of all three conjugations have written accents on the last syllable to show that it is stressed.

▶ As the chart shows, the endings for regular **-er** and **-ir** verbs are identical in the preterite.

¿Qué compraste?

Compré esta bolsa.

▶ Note that the **nosotros/as** forms of regular **-ar** and **-ir** verbs in the preterite are identical to the present tense forms. Context will help you determine which tense is being used.

En invierno **compramos** ropa.
In the winter, we buy clothing.

Anoche **compramos** unos zapatos.
Last night we bought some shoes.

▶ **-Ar** and **-er** verbs that have a stem change in the present tense are regular in the preterite. They do *not* have a stem change.

	PRESENT	PRETERITE
cerrar (e:ie)	La tienda **cierra** a las seis.	La tienda **cerró** a las seis.
volver (o:ue)	Carlitos **vuelve** tarde.	Carlitos **volvió** tarde.
jugar (u:ue)	Él **juega** al fútbol.	Él **jugó** al fútbol.

▶ **¡Atención!** **-Ir** verbs that have a stem change in the present tense also have a stem change in the preterite.

CONSULTA

You will learn about the preterite of stem-changing verbs in **Estructura 8.1**, p. 274.

▸ Verbs that end in **-car**, **-gar**, and **-zar** have a spelling change in the first person singular (**yo** form) in the preterite.

| bus**car** ll**gar** empe**zar** | ▶ | busc- lleg- empez- | ▶ | qu- gu- c- | ▶ | yo bus**qué** yo lle**gué** yo empe**cé** |

▸ Except for the **yo** form, all other forms of **-car**, **-gar**, and **-zar** verbs are regular in the preterite.

▸ Three other verbs—**creer**, **leer**, and **oír**—have spelling changes in the preterite. The **i** of the verb endings of **creer**, **leer**, and **oír** carries an accent in the **yo, tú, nosotros/as,** and **vosotros/as** forms, and changes to **y** in the **Ud./él/ella** and **Uds./ellos/ellas** forms.

| creer leer oír | ▶ | cre- le- o- | ▶ | creí, creíste, creyó, creímos, creísteis, creyeron leí, leíste, leyó, leímos, leísteis, leyeron oí, oíste, oyó, oímos, oísteis, oyeron |

▸ **Ver** is regular in the preterite, but none of its forms has an accent.

ver ⟶ vi, viste, vio, vimos, visteis, vieron

Words commonly used with the preterite

anoche	last night	pasado/a (*adj.*)	last; past
anteayer	the day before yesterday	el año pasado	last year
		la semana pasada	last week
ayer	yesterday	una vez	once; one time
de repente	suddenly	dos veces	twice; two times
desde... hasta...	from... until...	ya	already

Ayer llegué a Santiago de Cuba.
Yesterday I arrived in Santiago de Cuba.

Anoche oí un ruido extraño.
Last night I heard a strange noise.

▸ **Acabar de** + [*infinitive*] is used to say that something has just occurred. Note that **acabar** is in the present tense in this construction.

Acabo de comprar una falda.
I just bought a skirt.

Acabas de ir de compras.
You just went shopping.

recursos

v̂Text

CA pp. 29–30, 121

CP pp. 64–65

CH pp. 89–92

S descubre1. vhlcentral.com

¡INTÉNTALO! Provide the appropriate preterite forms of the verbs. The first item in each column has been done for you.

comer	salir	comenzar	leer
1. ellas comieron	salieron	comenzaron	leyeron
2. tú _____	_____	_____	_____
3. usted _____	_____	_____	_____
4. nosotros _____	_____	_____	_____
5. yo _____	_____	_____	_____

Práctica

1

Completar Andrea is talking about what happened last weekend. Complete each sentence by choosing the correct verb and putting it in the preterite.

1. El sábado a las diez de la mañana, la profesora Mora _____ (asistir, costar, usar) a una reunión (*meeting*) de profesores.
2. A la una, yo _____ (llegar, bucear, llevar) a la tienda con mis amigos.
3. Mis amigos y yo _____ (comprar, regatear, gastar) dos o tres cosas.
4. Yo _____ (costar, comprar, escribir) unos pantalones negros y mi amigo Mateo _____ (gastar, pasear, comprar) una camisa azul.
5. Después, nosotros _____ (llevar, vivir, comer) cerca de un mercado.
6. A las tres, Pepe _____ (hablar, pasear, nadar) con su novia por teléfono.
7. El sábado por la tarde, mi mamá _____ (escribir, beber, vivir) una carta.
8. El domingo mi tía _____ (decidir, salir, escribir) comprarme un traje.
9. A las cuatro de la tarde, mi tía _____ (beber, salir, encontrar) el traje y después nosotras _____ (acabar, ver, salir) una película.

2

Preguntas Imagine that you have a pesky friend who keeps asking you questions. Respond that you already did or have just done what he/she asks.

> **modelo**
>
> leer la lección
> **Estudiante 1:** ¿Leíste la lección?
> **Estudiante 2:** Sí, ya la leí./Sí, acabo de leerla.

1. escribir el correo electrónico
2. lavar (*to wash*) la ropa
3. oír las noticias (*news*)
4. comprar pantalones cortos
5. practicar los verbos
6. leer el artículo
7. empezar la composición
8. ver la nueva película de Almodóvar

3

¿Cuándo? Use the time expressions from the word bank to talk about when you and others did the activities listed.

| anoche | anteayer | el mes pasado | una vez |
| ayer | la semana pasada | el año pasado | dos veces |

1. mi compañero/a de clase: llegar tarde a clase
2. mi hermano/a mayor: salir con un(a) chico/a guapo/a
3. mis padres: ver una película
4. yo: llevar un traje/vestido
5. el presidente de los EE.UU.: no escuchar a la gente
6. mis amigos y yo: comer en un restaurante
7. ¿?: comprar algo (*something*) bueno, bonito y barato

 Practice more at **descubre1.vhlcentral.com**.

Comunicación

4

Las vacaciones Imagine that you took these photos on a vacation. Get together with a partner and use the pictures to tell him or her about your trip.

recursos

v̂Text

CA
pp. 29–30

5

El fin de semana Your teacher will give you and your partner different incomplete charts about what four employees at **Almacén Gigante** did last weekend. After you fill out the chart based on each other's information, you will fill out the final column about your partner.

Síntesis

6

Conversación With a partner, have a conversation about what you did last week, using verbs from the word bank. Don't forget to include school activities, shopping, and pastimes.

acampar	comprar	hablar	tomar
asistir	correr	jugar	trabajar
bailar	escribir	leer	vender
buscar	estudiar	oír	ver
comer	gastar	pagar	viajar

6.4 Demonstrative adjectives and pronouns

Demonstrative adjectives

ANTE TODO In Spanish, as in English, demonstrative adjectives are words that "demonstrate" or "point out" nouns. Demonstrative adjectives precede the nouns they modify and, like other Spanish adjectives you have studied, agree with them in gender and number. Observe these, then study the following chart.

esta camisa	**ese** vendedor	**aquellos** zapatos
this shirt	*that salesman*	*those shoes (over there)*

Demonstrative adjectives

Singular		Plural		
MASCULINE	FEMININE	MASCULINE	FEMININE	
este	**esta**	**estos**	**estas**	*this; these*
ese	**esa**	**esos**	**esas**	*that; those*
aquel	**aquella**	**aquellos**	**aquellas**	*that; those (over there)*

▶ There are three sets of demonstrative adjectives. To determine which one to use, you must establish the relationship between the speaker and the noun(s) being pointed out.

▶ The demonstrative adjectives **este, esta, estos,** and **estas** are used to point out nouns that are close to the speaker and the listener.

Me gustan estos zapatos.

▶ The demonstrative adjectives **ese, esa, esos,** and **esas** are used to point out nouns that are not close in space and time to the speaker. They may, however, be close to the listener.

Prefiero esos zapatos.

▶ The demonstrative adjectives **aquel, aquella, aquellos,** and **aquellas** are used to point out nouns that are far away from the speaker and the listener.

Aquel auto es de mi hermana.

Demonstrative pronouns

▶ Demonstrative pronouns are identical to their corresponding demonstrative adjectives, with the exception that they carry an accent mark on the stressed vowel.

—¿Quieres comprar **este suéter**?
Do you want to buy this sweater?

—No, no quiero **éste**. Quiero **ése**.
No, I don't want this one. I want that one.

—¿Vas a leer **estas revistas**?
Are you going to read these magazines?

—Sí, voy a leer **éstas**. También voy a leer **aquéllas**.
Yes, I'm going to read these. I'll also read those (over there).

Demonstrative pronouns			
Singular		**Plural**	
MASCULINE	FEMININE	MASCULINE	FEMININE
éste	**ésta**	**éstos**	**éstas**
ése	**ésa**	**ésos**	**ésas**
aquél	**aquélla**	**aquéllos**	**aquéllas**

▶ **¡Atención!** Like demonstrative adjectives, demonstrative pronouns agree in gender and number with the corresponding noun.

Este libro es de Pablito. **Éstos** son de Juana.

▶ There are three neuter demonstrative pronouns: **esto, eso,** and **aquello**. These forms refer to unidentified or unspecified nouns, situations, ideas, and concepts. They do not change in gender or number and never carry an accent mark.

—¿Qué es **esto**?
What's this?

—**Eso** es interesante.
That's interesting.

—**Aquello** es bonito.
That's pretty.

recursos

vText

CA
pp. 31–32, 122

CP
pp. 66–67

CH
pp. 93–94

S

descubre1.
vhlcentral.com

 **¡INTÉNTALO!** Provide the correct form of the demonstrative adjective for these nouns. The first item has been done for you.

1. la falda / este ___esta falda___
2. los estudiantes / este _____
3. los países / aquel _____
4. la ventana / ese _____
5. los periodistas / ese _____
6. el chico / aquel _____
7. las sandalias / este _____
8. las chicas / aquel _____

Práctica

1

Cambiar Make the singular sentences plural and the plural sentences singular.

> **modelo**
>
> Estas camisas son blancas.
> *Esta camisa es blanca.*

1. Aquellos sombreros son muy elegantes.
2. Ese abrigo es muy caro.
3. Estos cinturones son hermosos.
4. Esos precios son muy buenos.
5. Estas faldas son muy cortas.
6. ¿Quieres ir a aquel almacén?
7. Esas blusas son baratas.
8. Esta corbata hace juego con mi traje.

2

Completar Here are some things people might say while shopping. Complete the sentences with the correct demonstrative pronouns.

1. No me gustan esos zapatos. Voy a comprar _____. (*these*)
2. ¿Vas a comprar ese traje o _____? (*this one*)
3. Esta guayabera es bonita, pero prefiero _____. (*that one*)
4. Estas corbatas rojas son muy bonitas, pero _____ son fabulosas. (*those*)
5. Estos cinturones cuestan demasiado. Prefiero _____. (*those over there*)
6. ¿Te gustan esas botas o _____? (*these*)
7. Esa bolsa roja es bonita, pero prefiero _____. (*that one over there*)
8. No voy a comprar estas botas; voy a comprar _____. (*those over there*)
9. ¿Prefieres estos pantalones o _____? (*those*)
10. Me gusta este vestido, pero voy a comprar _____. (*that one*)
11. Me gusta ese almacén, pero _____ es mejor (*better*). (*that one over there*)
12. Esa blusa es bonita, pero cuesta demasiado. Voy a comprar _____. (*this one*)

> ◀ **NOTA CULTURAL**
>
> The **guayabera** is a men's shirt typically worn in some parts of the Caribbean. Never tucked in, it is casual wear, but variations exist for more formal occasions, such as weddings, parties, or the office.

3

Describir With your partner, look for two items in the classroom that are one of these colors: **amarillo, azul, blanco, marrón, negro, verde, rojo.** Take turns pointing them out to each other, first using demonstrative adjectives, and then demonstrative pronouns.

> **modelo**
>
> azul
> **Estudiante 1:** Esta silla *es azul. Aquella mochila es azul.*
> **Estudiante 2:** Ésta *es azul. Aquélla es azul.*

Now use demonstrative adjectives and pronouns to discuss the colors of your classmates' clothing. One of you can ask a question about an article of clothing, using the wrong color. Your partner will correct you and point out that color somewhere else in the room.

> **modelo**
>
> **Estudiante 1:** ¿Esa *camisa es negra?*
> **Estudiante 2:** No, *ésa es azul. Aquélla es negra.*

 Practice more at **descubre1.vhlcentral.com.**

Comunicación

4 **Conversación** With a classmate, use demonstrative adjectives and pronouns to ask each other questions about the people around you. Use expressions from the word bank and/or your own ideas.

¿Cómo se llama...?	¿Cuántos años tiene(n)...?
¿Cómo es (son)...?	¿A qué hora...?
¿De quién es (son)...?	¿Cuándo...?
¿De dónde es (son)...?	¿Qué clases toma(n)...?

modelo

Estudiante 1: ¿Cómo se llama esa chica?

Estudiante 2: Se llama Rebeca.

Estudiante 1: ¿A qué hora llegó aquel chico a la clase?

Estudiante 2: A las nueve.

5 **En una tienda** Imagine that you and a classmate are in Madrid shopping at Zara. Study the floor plan, then have a conversation about your surroundings. Use demonstrative adjectives and pronouns.

modelo

Estudiante 1: Me gusta este suéter azul.

Estudiante 2: Yo prefiero aquella chaqueta.

Síntesis

6 **Diferencias** Your teacher will give you and a partner each a drawing of a store. They are almost identical, but not quite. Use demonstrative adjectives and pronouns to find seven differences.

modelo

Estudiante 1: Aquellas gafas de sol son feas, ¿verdad?

Estudiante 2: No. Aquellas gafas de sol son hermosas.

Recapitulación

 *Repaso*
Diagnostics

Review the grammar concepts you have learned in this lesson by completing these activities.

1 Completar Complete the chart with the correct preterite or infinitive form of the verbs. **15 pts.**

Infinitive	yo	ella	ellos
			tomaron
		abrió	
comprender			
	leí		
pagar			

2 En la tienda Look at the drawing and complete the conversation with demonstrative adjectives and pronouns. **7 pts.**

CLIENTE Buenos días, señorita. Deseo comprar (1) _____ corbata.

VENDEDORA Muy bien, señor. ¿No le interesa mirar (2) _____ trajes que están allá? Hay unos que hacen juego con la corbata.

CLIENTE (3) _____ de allá son de lana, ¿no? Prefiero ver (4) _____ traje marrón que está detrás de usted.

VENDEDORA Estupendo. Como puede ver, es de seda. Cuesta ciento ochenta dólares.

CLIENTE Ah... eh... no, creo que sólo voy a comprar la corbata, gracias.

VENDEDORA Bueno... si busca algo más económico, hay rebaja en (5) _____ sombreros. Cuestan sólo treinta dólares.

CLIENTE ¡Magnífico! Me gusta (6) _____, el blanco que está arriba. Y quiero pagar todo con (7) _____ tarjeta.

VENDEDORA Sí, señor. Ahora mismo le traigo el sombrero.

3 **¿Saber o conocer?** Complete each dialogue with the correct form of **saber** or **conocer**. **10 pts.**

1. —¿Qué _____ hacer tú?
   —(Yo) _____ jugar al fútbol.

2. —¿_____ tú esta tienda de ropa?
   —No, (yo) no la _____. ¿Es buena?

3. —¿Tus padres no _____ a tu profesor?
   —No, ¡ellos no _____ quién es!

4. —Mi hermanastro todavía no me _____ bien.
   —Y tú, ¿lo quieres _____ a él?

5. —¿_____ ustedes dónde está el mercado?
   —No, nosotros no _____ bien esta ciudad.

6.4 Demonstrative adjectives and pronouns *pp. 210–211*

Demonstrative adjectives

Singular		Plural	
Masc.	Fem.	Masc.	Fem.
este	esta	estos	estas
ese	esa	esos	esas
aquel	aquella	aquellos	aquellas

Demonstrative pronouns

Singular		Plural	
Masc.	Fem.	Masc.	Fem.
éste	ésta	éstos	éstas
ése	ésa	ésos	ésas
aquél	aquélla	aquéllos	aquéllas

4 **Oraciones** Form complete sentences using the information provided. Use indirect object pronouns and the present tense of the verbs. **10 pts.**

1. Javier / prestar / el abrigo / a Maripili

   _____

2. nosotros / vender / ropa / a los clientes

   _____

3. el vendedor / traer / las camisetas / a mis amigos y a mí

   _____

4. yo / querer dar / consejos (*advice*) / a ti

   _____

5. ¿tú / ir a comprar / un regalo / a mí?

   _____

5 **Mi última compra** Write a short paragraph describing the last time you went shopping. Use at least four verbs in the preterite tense. **8 pts.**

> **modelo**
> El viernes pasado, busqué unos zapatos en el centro comercial...

6 **Poema** Write the missing words to complete the excerpt from the poem *Romance sonámbulo* by Federico García Lorca. **2 EXTRA points!**

> " Verde que __te__ quiero verde.
> Verde viento. Verdes ramas°.
> El barco sobre la mar
> y el caballo en la montaña, [...]
> Verde que te quiero _____ (*green*). "

ramas *branches*

S: Practice more at **descubre1.vhlcentral.com**.

Lectura

Antes de leer

Estrategia
Skimming

Skimming involves quickly reading through a document to absorb its general meaning. This allows you to understand the main ideas without having to read word for word. When you skim a text, you might want to look at its title and subtitles. You might also want to read the first sentence of each paragraph.

Examinar el texto
Look at the format of the reading selection. How is it organized? What does the organization of the document tell you about its content?

Buscar cognados
Scan the reading selection to locate at least five cognates. Based on the cognates, what do you think the reading selection is about?

1. _____   4. _____
2. _____   5. _____
3. _____

The reading selection is about _____.

Impresiones generales
Now skim the reading selection to understand its general meaning. Jot down your impressions. What new information did you learn about the document by skimming it? Based on all the information you now have, answer these questions in Spanish.

1. Who produced this document?
2. What is its purpose?
3. Who is its intended audience?

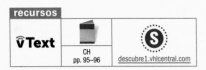

¡Corona tiene las ofertas más locas del verano!

30% 40% 50%

La tienda más elegante de la ciudad con precios increíbles y con la tarjeta de crédito más conveniente del mercado.

JÓVENES	NIÑOS
Bluejeans chicos y chicas **PACOS** Americanos. Tradicional Ahora: $9.000 **30% de rebaja**	**Vestido de niña** **GIRASOL** Tallas de la 2 a la 12. De cuadros y rayas Ahora: $8.625 **30% de rebaja**
Suéteres **CARAMELO** Algodón y lana. Colores blanco, gris y negro Antes°: $10.500 **Ahora: $6.825**	**Pantalón deportivo de niño** **MILÁN** Tallas de la 4 a la 16 Ahora: $13.500 **30% de rebaja**
Bolsas **LA MODERNA** Americanas. Estilos variados Antes: $15.000 **Ahora $10.000**	**Zapatos de tenis** **ACUARIO** Números del 20 al 25 Ahora: $15.000 el par **30% de rebaja**
Trajes de baño chicos y chicas **SUBMARINO** Microfibra. Todas las tallas Ahora: $12.500 **50% de rebaja**	**Pantalones cortos** **MACARENA** Talla mediana Ahora: $15.000 **30% de rebaja**
Gafas de sol **VISIÓN** Origen canadiense Antes: $23.000 **Ahora: $14.950**	**Camisetas de algodón** **POLO** Antes: $15.000 Ahora: $7.500 **50% de rebaja**

Por la compra de $40.000, puede llevar un regalo gratis.
- Un hermoso cinturón de señora
- Un par de calcetines
- Una corbata de seda
- Una bolsa para la playa
- Una mochila
- Unas medias

Real *Royal* Liquidación *Clearance sale* caballeros *gentlemen* Antes *Before*

Después de leer

Completar

Complete this paragraph about the reading selection with the correct forms of the words from the word bank.

almacén	hacer juego	tarjeta de crédito
caro	increíble	tienda
dinero	pantalones	verano
falda	rebaja	zapato

En este anuncio de periódico, el _____ Corona anuncia la liquidación de _____ con grandes _____ en todos los departamentos. Con muy poco _____ usted puede equipar a toda su familia. Si no tiene dinero en efectivo, puede utilizar su _____ y pagar luego. Para el caballero con gustos refinados, hay _____ importados de París y Roma. La señora elegante puede encontrar blusas de seda que _____ con todo tipo de _____ o _____. Los precios de esta liquidación son realmente _____.

¿Cierto o falso?

Indicate whether each statement is **cierto** or **falso**. Correct the false statements.

1. Hay ropa de algodón para jóvenes.
2. La ropa interior tiene una rebaja del 30%.
3. El almacén Corona tiene un departamento de zapatos.
4. Normalmente las sandalias cuestan $22.000 el par.
5. Cuando gastas $3.000 en la tienda, llevas un regalo gratis.
6. Tienen carteras amarillas.

Preguntas

Answer these questions in Spanish.

1. Imagina que vas a ir a la tienda Corona. ¿Qué departamentos vas a visitar? ¿El departamento de ropa para señoras, el departamento de ropa para caballeros...?
2. ¿Qué vas a buscar en Corona?
3. ¿Hay tiendas similares a la tienda Corona en tu pueblo o ciudad? ¿Cómo se llaman? ¿Tienen muchas gangas?

 Practice more at **descubre1.vhlcentral.com.**

Escritura

Estrategia

How to report an interview

There are several ways to prepare a written report about an interview. For example, you can transcribe the interview verbatim, you can simply summarize it, or you can summarize it but quote the speakers occasionally. In any event, the report should begin with an interesting title and a brief introduction, which may include the five Ws (*what, where, when, who, why*) and the H (*how*) of the interview. The report should end with an interesting conclusion. Note that when you transcribe dialogue in Spanish, you should pay careful attention to format and punctuation.

Writing dialogue in Spanish

- If you need to transcribe an interview verbatim, you can use speakers' names to indicate a change of speaker.

CARMELA	¿Qué compraste? ¿Encontraste muchas gangas?
ROBERTO	Sí, muchas. Compré un suéter, una camisa y dos corbatas. Y tú, ¿qué compraste?
CARMELA	Una blusa y una falda muy bonitas. ¿Cuánto costó tu camisa?
ROBERTO	Sólo diez dólares. ¿Cuánto costó tu blusa?
CARMELA	Veinte dólares.

- You can also use a dash (*raya*) to mark the beginning of each speaker's words.

— ¿Qué compraste?
— Un suéter y una camisa muy bonitos. Y tú, ¿encontraste muchas gangas?
— Sí... compré dos blusas, tres camisetas y un par de zapatos.
— ¡A ver!

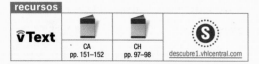
Tema

Escribe un informe

Write a report for the school newspaper about an interview you conducted with a student about his or her shopping habits and clothing preferences. First, brainstorm a list of interview questions. Then conduct the interview using the questions below as a guide, but feel free to ask other questions as they occur to you.

Examples of questions:

- ¿Cuándo vas de compras?
- ¿Adónde vas de compras?
- ¿Con quién vas de compras?
- ¿Qué tiendas, almacenes o centros comerciales prefieres?
- ¿Compras ropa de catálogos o por Internet?
- ¿Prefieres comprar ropa cara o barata? ¿Por qué? ¿Te gusta buscar gangas?
- ¿Qué ropa llevas cuando vas a clase?
- ¿Qué ropa llevas cuando sales con tus amigos/as?
- ¿Qué ropa llevas cuando practicas un deporte?
- ¿Cuáles son tus colores favoritos? ¿Compras mucha ropa de esos colores?
- ¿Les das ropa a tu familia o a tus amigos/as?

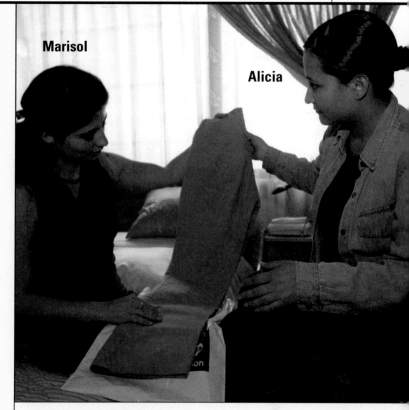

Marisol

Alicia

Escuchar

Preparación

Based on the photograph, what do you think Marisol has recently done? What do you think Marisol and Alicia are talking about? What else can you guess about their conversation from the visual clues in the photograph?

Ahora escucha

Now you are going to hear Marisol and Alicia's conversation. Make a list of the clothing items that each person mentions. Then put a check mark after the item if the person actually purchased it.

Marisol		Alicia
1. _____		1. _____
2. _____		2. _____
3. _____		3. _____
4. _____		4. _____

Comprensión

¿Cierto o falso?

Indicate whether each statement is **cierto** or **falso**. Then correct the false statements.

1. Marisol y Alicia acaban de ir de compras juntas (*together*).
2. Marisol va a comprar unos pantalones y una blusa mañana.
3. Marisol compró una blusa de cuadros.
4. Alicia compró unos zapatos nuevos hoy.
5. Alicia y Marisol van a ir al café.
6. Marisol gastó todo el dinero de la semana en ropa nueva.

Preguntas

Discuss the following questions with a classmate. Be sure to explain your answers.

1. ¿Crees que Alicia y Marisol son buenas amigas? ¿Por qué?
2. ¿Cuál de las dos estudiantes es más ahorradora (*frugal*)? ¿Por qué?
3. ¿Crees que a Alicia le gusta la ropa que Marisol compró?
4. ¿Crees que la moda es importante para Alicia? ¿Para Marisol? ¿Por qué?
5. ¿Es importante para ti estar a la moda? ¿Por qué?

En pantalla

In Spain, during Francisco Franco's dictatorship (1939–1975), students in public schools were required to wear uniforms. After the fall of Franco's regime and the establishment of democracy, educational authorities rejected this former policy and decided it should no longer be obligatory to wear uniforms in public schools. Today, only some private schools in Spain enforce the use of uniforms; even Catholic schools do not have anything more than a basic dress code.

Vocabulario útil

anoraks	anoraks (Spain)
anchas	loose-fitting
vaqueros	jeans (Spain)
trencas	duffel coats (Spain)
lavables	washable
carteras	book bags (Spain)
chándals	tracksuits (Spain)
resiste	withstands
tanto como	as much as

Identificar

Check off each word that you hear in the ad.

_____ 1. camisetas   _____ 5. chaquetas

_____ 2. hijos   _____ 6. clientas

_____ 3. zapatos   _____ 7. lana

_____ 4. algodón   _____ 8. precio

 ### Conversar

Work with a classmate to ask each other these questions. Use as much Spanish as you can.

1. ¿Qué ropa llevas normalmente cuando vienes a la escuela?
2. ¿Y los fines de semana?
3. ¿Tienes una prenda (*garment*) favorita? ¿Cómo es?
4. ¿Qué tipo de ropa no te gusta usar? ¿Por qué?

Anuncio de tiendas Galerías

Presentamos la moda para el próximo° curso.

Formas geométricas y colores vivos.

Tejidos° resistentes°.

próximo *next* Tejidos *Fabrics* resistentes *strong, tough*

 Practice more at **descubre1.vhlcentral.com.**

Oye cómo va

Celia Cruz

Known as the Queen of Salsa, **Úrsula Hilaria Celia Caridad Cruz Alfonso (Celia Cruz)** was born in Havana, Cuba, on October 21, 1924. She began singing at an early age and studied music at Havana's **Conservatorio Musical**. For many years Celia sang with the Sonora Matancera ensemble, recording over 150 songs. Then, on July 15, 1960, she left Cuba, never to return. After a stay in Mexico, Celia settled in New York City, where she recorded over fifty solo albums. Celia had an engaging stage presence, with eccentric outfits, colorful wigs, and her popular catchword, **¡Azúcar!** (*Sugar!*) Throughout her long and prolific career, Celia received numerous awards and recognitions, such as the National Endowment for the Arts, in 1994. After her cancer-related death on July 16, 2003, Celia Cruz's life was celebrated with public funerals in Miami and New York.

To the right you see an excerpt from one of Celia Cruz's songs. Read it and then complete these activities.

Usted abusó

Usted abusó°.
Sacó provecho° de mí, abusó.
Sacó partido° de mí, abusó.
De mi cariño° usted abusó.

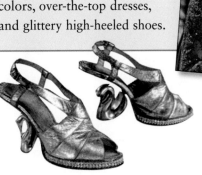

Celia y la moda
Celia Cruz created a unique personal style to match her lively spirit. On stage, she favored large wigs in bright colors, over-the-top dresses, and glittery high-heeled shoes.

¿Cierto o falso?

Indicate whether each statement is **cierto** or **falso**.

	Cierto	Falso
1. Celia Cruz es cubana.	○	○
2. Ella comenzó a cantar a los 35 años.	○	○
3. Cantó con la Sonora Matancera.	○	○
4. Usó ropa tradicional.	○	○

Preguntas

Work with a partner to answer these questions.

1. ¿Creen que estos versos de la canción son ciertos? ¿Por qué?

> "Yo sólo sé que en esta vida
> el amor todo es mentira".

2. ¿Es posible estar enamorado/a de una persona y a la vez odiarla (*hate him/her*)? ¿Conocen a una persona en una situación como ésa?

abusó *took advantage* **Sacó provecho** *You took advantage* **Sacó partido** *You took advantage* **cariño** *love*

 Practice more at **descubre1.vhlcentral.com.**

Cuba

El país en cifras

▶ **Área:** 110.860 km^2 (42.803 millas^2),
  aproximadamente el área de Pensilvania
▶ **Población:** 11.437.000
▶ **Capital:** La Habana—2.151.000

*La Habana Vieja fue declarada° Patrimonio°
Cultural de la Humanidad por la UNESCO
en 1982. Este distrito es uno de los lugares
más fascinantes de Cuba. En La Plaza de
Armas, se puede visitar el majestuoso Palacio
de Capitanes Generales, que ahora es un
museo. En la calle° Obispo, frecuentada por el
autor Ernest Hemingway, hay hermosos cafés,
clubes nocturnos y tiendas elegantes.*

▶ **Ciudades principales:**
  Santiago de Cuba; Camagüey; Holguín; Guantánamo
  SOURCE: Population Division, UN Secretariat
▶ **Moneda:** peso cubano
▶ **Idiomas:** español (oficial)

Bandera de Cuba

Cubanos célebres

▶ **Carlos Finlay,** doctor y científico (1833–1915)
▶ **José Martí,** político y poeta (1853–1895)
▶ **Fidel Castro,** ex primer ministro, ex comandante
  en jefe° de las fuerzas armadas (1926–)
▶ **Zoé Valdés,** escritora (1959–)
▶ **Ibrahim Ferrer,** músico (1927–2005)

fue declarada *was declared* Patrimonio *Heritage* calle *street*
comandante en jefe *commander in chief* liviano *light*
colibrí abeja *bee hummingbird* ave *bird* mundo *world*
miden *measure* pesan *weigh*

Golfo de México

ESTADOS UNIDOS

Fortaleza El Morro

Playa en Santiago de Cuba

Océano Atlántico

Cabaret Tropicana, famoso club de La Habana

La Habana

Cordillera de los Órganos

ESTADOS UNIDOS

CUBA

OCÉANO ATLÁNTICO

OCÉANO PACÍFICO

AMÉRICA DEL SUR

Isla de la Juventud

Mar Caribe

Camagüey

Vista aérea de campos de caña de azúcar

recursos

vText

CA
pp. 79–80

CP
pp. 69–70

descubre1.vhlcentral.com

¡Increíble pero cierto!

Pequeño y liviano°, el colibrí abeja° de Cuba es
una de las 320 especies de colibrí, y es también
el ave° más pequeña del mundo°. Menores que
muchos insectos, estas aves minúsculas miden°
5 centímetros y pesan° sólo 1,95 gramos.

Baile • **Ballet Nacional de Cuba**

La bailarina Alicia Alonso fundó el Ballet Nacional de Cuba en 1948, después de° convertirse en una estrella° internacional en el Ballet de Nueva York y en Broadway. El Ballet Nacional de Cuba es famoso en todo el mundo por su creatividad y perfección técnica.

Economía • **La caña de azúcar y el tabaco**

La caña de azúcar° es el producto agrícola° que más se cultiva en la isla y su exportación es muy importante para la economía del país. El tabaco, que se usa para fabricar los famosos puros° cubanos, es otro cultivo de mucha importancia.

Historia • **Los taínos**

Los taínos eran° una de las tres tribus indígenas que vivían° en Cuba cuando llegaron los españoles en el siglo XV. Los taínos también vivían en Puerto Rico, la República Dominicana, Haití, Trinidad, Jamaica y en partes de las Bahamas y la Florida.

Música • **Buena Vista Social Club**

En 1997 nace° el fenómeno musical conocido como *Buena Vista Social Club*. Este proyecto reúne° a un grupo de importantes músicos de Cuba, la mayoría ya mayores, con una larga trayectoria interpretando canciones clásicas del son° cubano. Ese mismo año ganaron un *Grammy*. Hoy en día estos músicos son conocidos en todo el mundo, y personas de todas las edades bailan al ritmo° de su música.

Holguín

Santiago de Cuba
Guantánamo

Sierra Maestra

 ¿Qué aprendiste? Responde a las preguntas con una oración completa.

1. ¿Quién es el líder del gobierno de Cuba?
2. ¿Qué autor está asociado con la Habana Vieja?
3. ¿Por qué es famoso el Ballet Nacional de Cuba?
4. ¿Cuáles son los dos cultivos más importantes para la economía cubana?
5. ¿Qué fabrican los cubanos con la planta del tabaco?
6. ¿Quiénes son los taínos?
7. ¿En qué año ganó un *Grammy* el disco *Buena Vista Social Club*?

 Conexión Internet Investiga estos temas en **descubre1.vhlcentral.com.**

1. Busca información sobre un(a) cubano/a célebre. ¿Por qué es célebre? ¿Qué hace? ¿Todavía vive en Cuba?
2. Busca información sobre una de las ciudades principales de Cuba. ¿Qué atracciones hay en esta ciudad?

....

después de *after* **estrella** *star* **caña de azúcar** *sugar cane* **agrícola** *farming* **puros** *cigars* **eran** *were* **vivían** *lived* **nace** *is born* **reúne** *gets together* **son** *Cuban musical genre* **ritmo** *rhythm*

La ropa

el abrigo	coat
los bluejeans	jeans
la blusa	blouse
la bolsa	purse; bag
la bota	boot
los calcetines (el calcetín)	sock(s)
la camisa	shirt
la camiseta	t-shirt
la cartera	wallet
la chaqueta	jacket
el cinturón	belt
la corbata	tie
la falda	skirt
las gafas (de sol)	(sun)glasses
los guantes	gloves
el impermeable	raincoat
las medias	pantyhose; stockings
los pantalones	pants
los pantalones cortos	shorts
la ropa	clothing; clothes
la ropa interior	underwear
las sandalias	sandals
el sombrero	hat
el suéter	sweater
el traje	suit
el traje de baño	bathing suit
el vestido	dress
los zapatos de tenis	tennis shoes, sneakers

Verbos

conducir	to drive
conocer	to know; to be acquainted with
ofrecer	to offer
parecer	to seem
saber	to know; to know how
traducir	to translate

Ir de compras

el almacén	department store
la caja	cash register
el centro comercial	shopping mall
el/la cliente/a	customer
el/la dependiente/a	clerk
el dinero	money
(en) efectivo	cash
el mercado (al aire libre)	(open-air) market
un par (de zapatos)	a pair (of shoes)
el precio (fijo)	(fixed; set) price
la rebaja	sale
el regalo	gift
la tarjeta de crédito	credit card
la tienda	shop; store
el/la vendedor(a)	salesperson
costar (o:ue)	to cost
gastar	to spend (money)
hacer juego (con)	to match (with)
llevar	to wear; to take
pagar	to pay
regatear	to bargain
usar	to wear; to use
vender	to sell

Adjetivos

barato/a	cheap
bueno/a	good
cada	each
caro/a	expensive
corto/a	short (in length)
elegante	elegant
hermoso/a	beautiful
largo/a	long
loco/a	crazy
nuevo/a	new
otro/a	other; another
pobre	poor
rico/a	rich

Los colores

el color	color
amarillo/a	yellow
anaranjado/a	orange
azul	blue
blanco/a	white
gris	gray
marrón, café	brown
morado/a	purple
negro/a	black
rojo/a	red
rosado/a	pink
verde	green

Palabras adicionales

acabar de (+ inf.)	to have just done something
anoche	last night
anteayer	the day before yesterday
ayer	yesterday
de repente	suddenly
desde	from
dos veces	twice; two times
hasta	until
pasado/a (adj.)	last; past
el año pasado	last year
la semana pasada	last week
prestar	to lend; to loan
una vez	once; one time
ya	already

Indirect object pronouns	See page 202.
Demonstrative adjectives and pronouns	See page 210.
Expresiones útiles	See page 195.

La rutina diaria

Communicative Goals

You will learn how to:

- **Describe your daily routine**
- **Talk about personal hygiene**
- **Reassure someone**

A PRIMERA VISTA

- ¿Está él en casa o en una tienda?
- ¿Está contento o enojado?
- ¿Cómo es él?
- ¿Qué colores hay en la foto?

La rutina diaria

Más vocabulario

el baño, el cuarto de baño	bathroom
el inodoro	toilet
el jabón	soap
el despertador	alarm clock
el maquillaje	makeup
la rutina diaria	daily routine
bañarse	to bathe; to take a bath
cepillarse el pelo	to brush one's hair
dormirse (o:ue)	to go to sleep; to fall asleep
lavarse la cara	to wash one's face
levantarse	to get up
maquillarse	to put on makeup
antes (de)	before
después	afterwards; then
después (de)	after
durante	during
entonces	then
luego	then
más tarde	later
por la mañana	in the morning
por la noche	at night
por la tarde	in the afternoon; in the evening
por último	finally

Variación léxica

afeitarse ⟷ rasurarse (Méx., Amér. C.)
ducha ⟷ regadera (Col., Méx., Venez.)
ducharse ⟷ bañarse (Amér. L.)
pantuflas ⟷ chancletas (Méx., Col.);
                   zapatillas (Esp.)

En la habitación por la mañana

En el baño por la mañana

recursos

v̂Text

CA
p. 123

CP
pp. 73–74

CH
pp. 99–100

Ⓢ
descubre1.vhlcentral.com

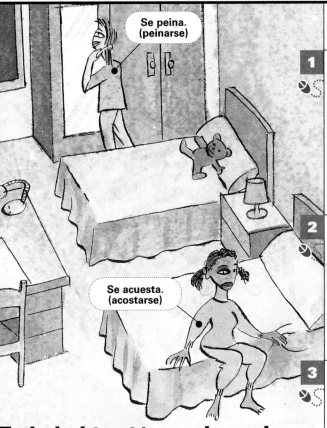

Se peina.
(peinarse)

Se acuesta.
(acostarse)

En la habitación por la noche

Se lava las manos.
(lavarse las manos)

Se cepilla los dientes.
(cepillarse los dientes)

la toalla

la pasta
de dientes

s pantuflas

En el baño por la noche

Práctica

1 **Escuchar** 🎧 Escucha las frases e indica si cada frase es **cierta** o **falsa**, según el dibujo.

1. _____   6. _____
2. _____   7. _____
3. _____   8. _____
4. _____   9. _____
5. _____   10. _____

2 **Ordenar** 🎧 Escucha la rutina diaria de Marta. Después ordena los verbos según lo que escuchaste.

<u>5</u> a. almorzar   <u>3</u> e. desayunar
<u>2</u> b. ducharse   <u>8</u> f. dormirse
<u>4</u> c. peinarse   <u>1</u> g. despertarse
<u>9</u> d. ver la televisión   <u>6</u> h. estudiar en la biblioteca

3 **Seleccionar** Selecciona la palabra que no está relacionada con cada grupo.

1. lavabo • toalla • despertador • jabón _____
2. manos • antes de • después de • por último _____
3. acostarse • jabón • despertarse • dormirse _____
4. espejo • lavabo • despertador • entonces _____
5. dormirse • toalla • vestirse • levantarse _____
6. pelo • cara • manos • inodoro _____
7. espejo • champú • jabón • pasta de dientes _____
8. maquillarse • vestirse • peinarse • dientes _____
9. baño • dormirse • despertador • acostarse _____
10. ducharse • luego • bañarse • lavarse _____

4 **Identificar** Con un(a) compañero/a, identifica las cosas que cada persona necesita. Sigue el modelo.

> **modelo**
> Jorge / lavarse la cara
> **Estudiante 1:** ¿Qué necesita Jorge para lavarse la cara?
> **Estudiante 2:** Necesita jabón y una toalla.

1. Mariana / maquillarse
2. Gerardo / despertarse
3. Celia / bañarse
4. Gabriel / ducharse
5. Roberto / afeitarse
6. Sonia / lavarse el pelo
7. Vanesa / lavarse las manos
8. Manuel / vestirse

5 **La rutina de Andrés** Ordena esta rutina de una manera lógica.

a. Se afeita después de cepillarse los dientes. _4_
b. Se acuesta a las once y media de la noche. _9_
c. Por último, se duerme. _10_
d. Después de afeitarse, sale para las clases. _5_
e. Asiste a todas sus clases y vuelve a su casa. _6_
f. Andrés se despierta a las seis y media de la mañana. _1_
g. Después de volver a casa, come un poco. Luego estudia en su habitación. _7_
h. Se viste y entonces se cepilla los dientes. _3_
i. Se cepilla los dientes antes de acostarse. _8_
j. Se ducha antes de vestirse. _2_

6 **La rutina diaria** Con un(a) compañero/a, mira los dibujos y describe lo que hacen Ángel y Lupe.

1.

Angel afeita y mira la television.

2.

Lupe se maquilla y escucha musica.

3.

Angel se ducha y canta.

4.

Lupe se baña y lee una novela. | Lupe se está bañando y está está leyendo.

5.

Angel se lava la cara con jabon

6.

Lupe se lava el pelo con champú

7.

Angel peina el pelo meintras que mira en el espejo.

8.

Lupe cepilla los dientes.

 Practice more at **descubre1.vhlcentral.com**.

Comunicación

7 **La farmacia** Lee el anuncio y responde a las preguntas con un(a) compañero/a.

LA FARMACIA NUEVO SOL tiene todo
lo que necesitas para la vida diaria.

Esta semana tenemos grandes rebajas.

Por poco dinero puedes comprar lo que necesitas para el cuarto de baño ideal.

Para los hombres ofrecemos…
Buenas cremas de afeitar
de Guapo y Máximo

Para las mujeres ofrecemos…
Nuevo maquillaje de Marisol y
jabones de baño Ilusiones y Belleza

Y para todos tenemos los mejores jabones, pastas de dientes
y cepillos de dientes.

¡Visita **LA FARMACIA NUEVO SOL!**
Te ofrecemos los mejores precios. Tenemos una tienda cerca de tu casa.

1. ¿Qué tipo de tienda es?
2. ¿Qué productos ofrecen para las mujeres?
3. ¿Qué productos ofrecen para los hombres?
4. Haz (*Make*) una lista de los verbos que asocias con los productos del anuncio.
5. ¿Dónde compras tus productos de higiene?
6. ¿Tienes una tienda favorita? ¿Cuál es?

8 **Rutinas diarias** Trabajen en parejas para describir la rutina diaria de dos o tres de estas personas. Pueden usar palabras de la lista.

antes (de)	entonces	primero
después (de)	luego	tarde
durante el día	por último	temprano

- un(a) maestro/a
- un(a) turista
- un hombre o una mujer de negocios (*businessman/woman*)
- un vigilante (*night watchman*)
- un(a) jubilado/a (*retired person*)
- el presidente de los Estados Unidos
- un niño de cuatro años
- Daniel Espinosa

¡Jamás me levanto temprano!

Álex y Javier hablan de sus rutinas diarias.

PERSONAJES

DON FRANCISCO

ÁLEX

JAVIER

1

JAVIER Hola, Álex. ¿Qué estás haciendo?

ÁLEX Nada... sólo estoy leyendo mi correo electrónico. ¿Adónde fueron?

2

JAVIER Inés y yo fuimos a un mercado. Fue muy divertido. Mira, compré este suéter. Me encanta. No fue barato pero es chévere, ¿no?

ÁLEX Sí, es ideal para las montañas.

3

JAVIER ¡Qué interesantes son los mercados al aire libre! Me gustaría volver, pero ya es tarde. Oye, Álex, sabes que mañana tenemos que levantarnos temprano.

ÁLEX Ningún problema.

6

JAVIER ¡Increíble! ¡Álex, el superhombre!

ÁLEX Oye, Javier, ¿por qué no puedes levantarte temprano?

JAVIER Es que por la noche no quiero dormir, sino dibujar y escuchar música. Por eso es difícil despertarme por la mañana.

7

JAVIER El autobús no sale hasta las ocho y media. ¿Vas a levantarte mañana a las seis también?

ÁLEX No, pero tengo que levantarme a las siete menos cuarto porque voy a correr.

8

JAVIER Ah, ya... ¿Puedes despertarme después de correr?

ÁLEX Éste es el plan para mañana. Me levanto a las siete menos cuarto y corro por treinta minutos. Vuelvo, me ducho, me visto y a las siete y media te despierto. ¿De acuerdo?

JAVIER ¡Absolutamente ninguna objeción!

JAVIER ¿Seguro? Pues yo jamás me levanto temprano. Nunca oigo el despertador cuando estoy en casa y mi mamá se enoja mucho.

ÁLEX Tranquilo, Javier. Yo tengo una solución.

ÁLEX Cuando estoy en casa en la Ciudad de México, siempre me despierto a las seis en punto. Me ducho en cinco minutos y luego me cepillo los dientes. Después me afeito, me visto y ¡listo! ¡Me voy!

DON FRANCISCO Hola, chicos. Mañana salimos temprano, a las ocho y media... ni un minuto antes ni un minuto después.

ÁLEX No se preocupe, don Francisco. Todo está bajo control.

DON FRANCISCO Bueno, pues, hasta mañana.

DON FRANCISCO ¡Ay, los estudiantes! Siempre se acuestan tarde. ¡Qué vida!

Expresiones útiles

Telling where you went

- **¿Adónde fuiste/fue usted?**
  Where did you go?
  Fui a un mercado.
  I went to a market.
- **¿Adónde fueron ustedes?**
  Where did you go?
  Fuimos a un mercado. Fue divertido.
  We went to a market. It was fun.

Talking about morning routines

- **(Jamás) me levanto temprano/tarde.**
  I (never) get up early/late.
- **Nunca oigo el despertador.**
  I never hear the alarm clock.
- **Es difícil/fácil despertarme.**
  It's hard/easy to wake up.
- **Cuando estoy en casa, siempre me despierto a las seis en punto.**
  When I'm home, I always wake up at six on the dot.
- **Me ducho y luego me cepillo los dientes.**
  I take a shower and then I brush my teeth.
- **Después me afeito y me visto.**
  Afterwards, I shave and get dressed.

Reassuring someone

- **No hay problema.**
  No problem.
- **No te/se preocupes/preocupe.**
  Don't worry. (fam.)/(form.)
- **Tranquilo.**
  Don't worry.; Be cool.

Additional vocabulary

- **sino**
  but (rather)
- **Me encanta este suéter.**
  I love this sweater.
- **Me fascinó la película.**
  I liked the movie a lot.

¿Qué pasó?

1

¿Cierto o falso? Indica si lo que dicen estas oraciones es **cierto** o **falso**. Corrige las oraciones falsas.

1. Álex está mirando la televisión.

2. El suéter que Javier acaba de comprar es caro, pero es muy bonito.

3. Javier cree que el mercado es aburrido y no quiere volver.

4. El autobús va a salir mañana a las siete y media en punto.

5. A Javier le gusta mucho dibujar y escuchar música por la noche.

¡LENGUA VIVA!

Remember that **en punto** means *on the dot.* If the group were instead leaving at *around seven thirty*, you would say **a eso de las siete y media.**

2

Identificar Identifica quién puede decir estas oraciones. Puedes usar cada nombre más de una vez.

1. ¡Ay, los estudiantes nunca se acuestan temprano!
   _____

2. ¿El despertador? ¡Jamás lo oigo por la mañana!
   _____

3. Es fácil despertarme temprano. Y sólo necesito cinco minutos para ducharme. _____

4. Mañana vamos a salir a las ocho y media.
   _____

5. Acabo de ir a un mercado fabuloso. _____

6. No se preocupe. Tenemos todo bajo control para mañana. _____

DON FRANCISCO

JAVIER

ÁLEX

3

Ordenar Ordena correctamente los planes que tiene Álex.

____ a. Me visto.
____ b. Corro por media hora.
____ c. Despierto a Javier a las siete y media.
____ d. Vuelvo a la habitación.
____ e. Me levanto a las siete menos cuarto.
____ f. Me ducho.

4

Mi rutina En parejas, hablen de sus rutinas de la mañana y de la noche. Indiquen a qué horas hacen las actividades más importantes.

CONSULTA

To review telling time in Spanish, see **Estructura 1.4,** pp. 24–25.

modelo

Estudiante 1: ¿Prefieres levantarte temprano o tarde?
Estudiante 2: Prefiero levantarme tarde… muy tarde.

Estudiante 1: ¿A qué hora te levantas los fines de semana?
Estudiante 2: A las once. ¿Y tú?

 Practice more at **descubre1.vhlcentral.com.**

Pronunciación

The consonant r

ropa	**rutina**	**rico**	**Ramón**

In Spanish, **r** has a strong trilled sound at the beginning of a word. No English words have a trill, but English speakers often produce a trill when they imitate the sound of a motor.

gustar	**durante**	**primero**	**crema**

In any other position, **r** has a weak sound similar to the English *tt* in *better* or the English *dd* in *ladder*. In contrast to English, the tongue touches the roof of the mouth behind the teeth.

pizarra	**corro**	**marrón**	**aburrido**

The letter combination **rr,** which only appears between vowels, always has a strong trilled sound.

caro	**carro**	**pero**	**perro**

Between vowels, the difference between the strong trilled **rr** and the weak **r** is very important, as a mispronunciation could lead to confusion between two different words.

Práctica Lee las palabras en voz alta, prestando (*paying*) atención a la pronunciación de la **r** y la **rr.**

1. Perú
2. Rosa
3. borrador
4. madre
5. comprar
6. favor
7. rubio
8. reloj
9. Arequipa
10. tarde
11. cerrar
12. despertador

Oraciones Lee las oraciones en voz alta, prestando atención a la pronunciación de la **r** y la **rr.**

1. Ramón Robles Ruiz es programador. Su esposa Rosaura es artista.
2. A Rosaura Robles le encanta regatear en el mercado.
3. Ramón nunca regatea… le aburre regatear.
4. Rosaura siempre compra cosas baratas.
5. Ramón no es rico pero prefiere comprar cosas muy caras.
6. ¡El martes Ramón compró un carro nuevo!

Refranes Lee en voz alta los refranes, prestando atención a la **r** y a la **rr.**

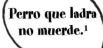

Perro que ladra no muerde.[1]

No se ganó Zamora en una hora.[2]

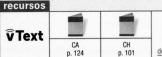

recursos

| vText | CA p. 124 | CH p. 101 | descubre1.vhlcentral.com |

EN DETALLE

La siesta

¿Sientes cansancio° después de comer? ¿Te cuesta° volver al trabajo° o a clase después del almuerzo? Estas sensaciones son normales. A muchas personas les gusta relajarse° después de almorzar. Este momento de descanso es **la siesta**. La siesta es popular en los países hispanos y viene de una antigua costumbre° del área del Mediterráneo. La palabra *siesta* viene del latín; es una forma corta de decir "sexta hora". La sexta hora del día es después del mediodía, el momento de más calor. Debido al° calor y al cansancio, los habitantes de España, Italia, Grecia e incluso Portugal, tienen la costumbre de dormir la siesta desde hace° más de° dos mil años. Los españoles y los portugueses llevaron la costumbre a los países americanos.

La siesta es muy importante en la cultura hispana. Muchas oficinas° y tiendas cierran dos o tres horas después del mediodía. Los empleados van a su casa, almuerzan, duermen la siesta y regresan al trabajo entre las 2:30 y las 4:30 de la tarde. Esto ocurre especialmente en Suramérica, México y España.

Los estudios científicos explican que una siesta corta después de almorzar ayuda° a trabajar más y mejor° durante la tarde. Pero, ¡cuidado! Esta siesta debe durar° sólo entre veinte y cuarenta minutos. Si dormimos más, entramos en la fase de sueño profundo y es difícil despertarse.

Hoy día, algunas empresas° de los Estados Unidos, Canadá, Japón, Inglaterra y Alemania tienen salas° especiales en las que los empleados pueden dormir la siesta.

¿Dónde duermen la siesta?

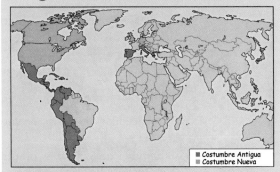

■ Costumbre Antigua
■ Costumbre Nueva

En los lugares donde la siesta es una costumbre antigua, las personas la duermen en su casa. En los países donde la siesta es una costumbre nueva, la gente duerme en sus lugares de trabajo o en centros de siesta.

Sientes cansancio *Do you feel tired* Te cuesta *Is it hard for you*
trabajo *work* relajarse *to relax* antigua costumbre *old custom*
Debido al *Because (of)* desde hace *for* más de *more than*
oficinas *offices* ayuda *helps* mejor *better* durar *last*
algunas empresas *some businesses* salas *rooms*

ACTIVIDADES

1 **¿Cierto o falso?** Indica si lo que dicen las oraciones es **cierto** o **falso**. Corrige la información falsa.

1. La costumbre de la siesta empezó en Asia.

2. La palabra *siesta* está relacionada con la sexta hora del día.

3. Los españoles y los portugueses llevaron la costumbre de la siesta a Latinoamérica.

4. La siesta ayuda a trabajar más y mejor durante la tarde.

5. Los horarios de trabajo de los países hispanos son los mismos que los de los Estados Unidos.

6. Una siesta larga siempre es mejor que una siesta corta.

7. En los Estados Unidos, los empleados de algunas empresas pueden dormir la siesta en el trabajo.

8. Es fácil despertar de un sueño profundo.

 S: Practice more at **descubre1.vhlcentral.com**.

ASÍ SE DICE

El cuidado personal

el aseo; el excusado; el servicio; el váter (Esp.)	el baño
el cortaúñas	*nail clippers*
el desodorante	*deodorant*
el enjuague bucal	*mouthwash*
el hilo dental/la seda dental	*dental floss*
la máquina de afeitar/ de rasurar (Méx.)	*electric razor*

EL MUNDO HISPANO

Costumbres especiales

○ **México y El Salvador** Los vendedores pasan por las calles gritando° su mercancía°: tanques de gas y flores° en México; pan y tortillas en El Salvador.

○ **Costa Rica** Para encontrar las direcciones° los costarricenses usan referencias a anécdotas, lugares o características geográficas. Por ejemplo: *200 metros norte de la Iglesia Católica, frente al° Supermercado Mi Mega.*

○ **Argentina** En El Tigre, una ciudad en una isla del Río° de la Plata, la gente usa barcos particulares°, colectivos° y barcos-taxi para ir de un lugar a otro. Todas las mañanas, un barco colectivo recoge° a los niños y los lleva a la escuela.

gritando *shouting* mercancía *merchandise* flores *flowers* direcciones *addresses* frente al *opposite* río *river* particulares *private* colectivos *collective* recoge *picks up*

PERFIL

Ir de tapas

En España, **las tapas** son pequeños platos°. **Ir de tapas** es una costumbre que consiste en comer estos platillos en bares, cafés y restaurantes. Dos tapas muy populares son la tortilla de patatas° y los calamares°. La historia de las tapas empezó cuando los dueños° de las tabernas tuvieron° la idea de servir el vaso de vino° tapado° con una rodaja° de pan°. La comida era° la "tapa"° del vaso; de ahí viene el nombre. Con la tapa, los insectos no podían° entrar en el vaso. Más tarde los dueños de las tabernas pusieron° la

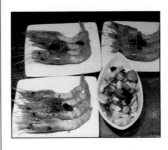

tapa al lado del vaso. Luego, empezaron a servir también pequeñas porciones de platos tradicionales.

Para muchos españoles, ir de tapas con los amigos después del trabajo es una rutina diaria.

platos *dishes* tortilla de patatas *potato omelet* calamares *squid* dueños *owners* tuvieron *had* vaso de vino *glass of wine* tapado *covered* rodaja *slice* pan *bread* era *was* tapa *lid* no podían *couldn't* pusieron *put*

Conexión Internet

¿Qué costumbres son populares en los países hispanos?

Go to **descubre1.vhlcentral.com** to find more cultural information related to this **Cultura** section.

ACTIVIDADES

2 **Comprensión** Completa las oraciones.

1. Uso _____ para limpiar (*to clean*) entre los dientes.
2. En _____ las personas compran pan y tortillas a los vendedores que pasan por la calle.
3. Muchos españoles _____ después del trabajo.
4. En Costa Rica usan anécdotas y lugares para dar _____.

3 **¿Qué costumbres tienes?** Escribe cuatro oraciones sobre una costumbre que compartes con tus amigos o con tu familia (por ejemplo: ir al cine, ir a eventos deportivos, leer, comer juntos, etc.). Explica qué haces, cuándo lo haces y con quién.

recursos

v̂Text   CH p. 102   descubre1.vhlcentral.com

7.1 Reflexive verbs

ANTE TODO A reflexive verb is used to indicate that the subject does something to or for himself or herself. In other words, it "reflects" the action of the verb back to the subject. Reflexive verbs always use reflexive pronouns.

SUBJECT	REFLEXIVE VERB
Joaquín	**se ducha** por la mañana.

The verb lavarse (*to wash oneself*)

SINGULAR FORMS	yo	**me lavo**	*I wash (myself)*
	tú	**te lavas**	*you wash (yourself)*
	Ud.	**se lava**	*you wash (yourself)*
	él/ella	**se lava**	*he/she washes (himself/herself)*
PLURAL FORMS	nosotros/as	**nos lavamos**	*we wash (ourselves)*
	vosotros/as	**os laváis**	*you wash (yourselves)*
	Uds.	**se lavan**	*you wash (yourselves)*
	ellos/ellas	**se lavan**	*they wash (themselves)*

▶ The pronoun **se** attached to an infinitive identifies the verb as reflexive: **lavarse**.

▶ When a reflexive verb is conjugated, the reflexive pronoun agrees with the subject.

Me afeito.   **Te despiertas** a las siete.

Me ducho, me cepillo los dientes, me visto y ¡listo!

¡Ay, los estudiantes! Siempre se acuestan tarde.

▶ Like object pronouns, reflexive pronouns generally appear before a conjugated verb. With infinitives and present participles, they may be placed before the conjugated verb or attached to the infinitive or present participle.

Ellos **se** van a vestir.   **Nos** estamos lavando las manos.
Ellos van a vestir**se**.   Estamos lavándo**nos** las manos.
They are going to get dressed.   *We are washing our hands.*

▶ **¡Atención!** When a reflexive pronoun is attached to a present participle, an accent mark is added to maintain the original stress.

bañando ⟶ bañándo**se**   durmiendo ⟶ durmiéndo**se**

Common reflexive verbs

acordarse (de) (o:ue)	to remember	**llamarse**	to be called; to be named
acostarse (o:ue)	to go to bed		
afeitarse	to shave	**maquillarse**	to put on makeup
bañarse	to bathe; to take a bath	**peinarse**	to comb one's hair
cepillarse	to brush	**ponerse**	to put on
despedirse (de) (e:i)	to say goodbye (to)	**ponerse (+ adj.)**	to become (+ adj.)
despertarse (e:ie)	to wake up	**preocuparse (por)**	to worry (about)
dormirse (o:ue)	to go to sleep; to fall asleep	**probarse** (o:ue)	to try on
		quedarse	to stay; to remain
ducharse	to shower; to take a shower	**quitarse**	to take off
		secarse	to dry (oneself)
enojarse (con)	to get angry (with)	**sentarse** (e:ie)	to sit down
irse	to go away; to leave	**sentirse** (e:ie)	to feel
lavarse	to wash (oneself)	**vestirse** (e:i)	to get dressed
levantarse	to get up		

AYUDA

You have already learned several adjectives that can be used with **ponerse** when it means *to become*:

alegre, cómodo/a, contento/a, elegante, guapo/a, nervioso/a, rojo/a, and **triste.**

COMPARE & CONTRAST

Unlike English, a number of verbs in Spanish can be reflexive or non-reflexive. If the verb acts upon the subject, the reflexive form is used. If the verb acts upon something other than the subject, the non-reflexive form is used. Compare these sentences.

Lola **lava** los platos.

Patricia **se lava** la cara.

As the preceding sentences show, reflexive verbs sometimes have different meanings than their non-reflexive counterparts. For example, **lavar** means *to wash*, while **lavarse** means *to wash oneself, to wash up.*

▶ **¡Atención!** Parts of the body or clothing are generally not referred to with possessives, but with the definite article.

La niña se quitó **los** zapatos.   Necesito cepillarme **los** dientes.

recursos

vText

CA
pp. 33–34, 125

CP
pp. 75–76

CH
pp. 103–104

S

descubre1.
vhlcentral.com

¡INTÉNTALO!   Indica el presente de estos verbos reflexivos. El primero de cada columna ya está conjugado.

despertarse

1. Mis hermanos _se despiertan_ tarde.
2. Tú _te despiertas_ tarde.
3. Nosotros _nos despertamos_ tarde.
4. Benito _se despierta_ tarde.
5. Yo _me despierto_ tarde.

ponerse

1. Él _se pone_ una chaqueta.
2. Yo _me pongo_ una chaqueta.
3. Usted _se pone_ una chaqueta.
4. Nosotras _nos ponemos_ una chaqueta.
5. Las niñas _se ponen_ una chaqueta.

Práctica

1

Nuestra rutina La familia de Blanca sigue la misma rutina todos los días. Según Blanca, ¿qué hacen ellos?

> **modelo**
>
> mamá / despertarse a las 5:00
> Mamá se despierta a las cinco.

1. Roberto y yo / levantarse a las 7:00
2. papá / ducharse primero y / luego afeitarse
3. yo / lavarse la cara y / vestirse antes de tomar café
4. mamá / peinarse y / luego maquillarse
5. todos (nosotros) / sentarse a la mesa para comer
6. Roberto / cepillarse los dientes después de comer
7. yo / ponerse el abrigo antes de salir
8. nosotros / despedirse de mamá

2

La fiesta elegante Selecciona el verbo apropiado y completa las oraciones con la forma correcta.

1. Tú _____ (lavar / lavarse) el auto antes de ir a la fiesta.
2. Nosotros no _____ (acordar / acordarse) de comprar regalos.
3. Para llegar a tiempo, Raúl y Marta _____ (acostar / acostarse) a los niños antes de irse.
4. Yo _____ (sentir / sentirse) bien hoy.
5. Mis amigos siempre _____ (vestir / vestirse) con ropa muy cara.
6. ¿_____ (Probar / Probarse) ustedes la ropa antes de comprarla?
7. Usted _____ (preocupar / preocuparse) mucho por sus amigos, ¿no?
8. En general, _____ (afeitar / afeitarse) yo mismo, pero hoy el barbero (*barber*) me _____ (afeitar / afeitarse).

3

Describir Mira los dibujos y describe lo que estas personas hacen.

1. el joven

2. Carmen

3. Juan

4. ellos

5. Estrella

6. Toni

 Practice more at **descubre1.vhlcentral.com**.

NOTA CULTURAL

Como en los EE.UU., **tomar café** en el desayuno es muy común en los países hispanos.

En muchas familias, los niños toman café con leche (*milk*) en el desayuno antes de ir a la escuela.

El café en los países hispanos generalmente es más fuerte que en los EE.UU., y el descafeinado no es muy popular.

¡LENGUA VIVA!

In Spain, a car is called **un coche**, while in many parts of Latin America it is known as **un carro**. Although you will be understood using either of these terms, using **auto (automóvil)** will always avoid any confusion.

Comunicación

4 **Preguntas personales** En parejas, túrnense para hacerse estas preguntas.

1. ¿A qué hora te levantas durante la semana?
2. ¿A qué hora te levantas los fines de semana?
3. ¿Prefieres levantarte tarde o temprano? ¿Por qué?
4. ¿Te enojas frecuentemente con tus amigos?
5. ¿Te preocupas fácilmente? ¿Qué te preocupa?
6. ¿Qué te pone contento/a?
7. ¿Qué haces cuando te sientes triste?
8. ¿Y cuando te sientes alegre?
9. ¿Te acuestas tarde o temprano durante la semana?
10. ¿A qué hora te acuestas los fines de semana?

5 **Charadas** En grupos, jueguen a las charadas. Cada persona debe pensar en dos oraciones con verbos reflexivos. La primera persona que adivina la charada dramatiza la siguiente.

6 **Debate** En grupos, discutan este tema: ¿Quiénes necesitan más tiempo para arreglarse (*to get ready*) antes de salir, los hombres o las mujeres? Hagan una lista de las razones (*reasons*) que tienen para defender sus ideas e informen a la clase.

Síntesis

7 **La familia ocupada** Tú y tu compañero/a asisten a un programa de verano en Lima, Perú. Viven con la familia Ramos. Tu profesor(a) te va a dar la rutina incompleta que la familia sigue en las mañanas. Trabaja con tu compañero/a para completarla.

> **modelo**
>
> **Estudiante 1:** ¿Qué hace el señor Ramos a las seis y cuarto?
> **Estudiante 2:** El señor Ramos se levanta.

7.2 Positive and negative expressions

ANTE TODO   Negative words deny the existence of people and things or contradict statements, for instance, *no one* or *nothing*. Spanish negative words have corresponding positive words, which are opposite in meaning.

Positive and negative words

Positive words		Negative words	
algo	*something; anything*	**nada**	*nothing; not anything*
alguien	*someone; somebody; anyone*	**nadie**	*no one; nobody; not anyone*
alguno/a(s), algún	*some; any*	**ninguno/a, ningún**	*no; none; not any*
o... o	*either... or*	**ni... ni**	*neither... nor*
siempre	*always*	**nunca, jamás**	*never, not ever*
también	*also; too*	**tampoco**	*neither; not either*

▶ There are two ways to form negative sentences in Spanish. You can place the negative word before the verb, or you can place **no** before the verb and the negative word after.

Nadie se levanta temprano.
No one gets up early.

No se levanta nadie temprano.
No one gets up early.

Ellos **nunca gritan**.
They never shout.

Ellos **no gritan nunca**.
They never shout.

Yo siempre me despierto a las seis en punto. ¿Y tú?

Pues yo jamás me levanto temprano. Nunca oigo el despertador.

▶ Because they refer to people, **alguien** and **nadie** are often used with the personal **a**. The personal **a** is also used before **alguno/a, algunos/as,** and **ninguno/a** when these words refer to people and they are the direct object of the verb.

—Perdón, señor, ¿busca usted **a alguien**?
—No, gracias, señorita, no busco **a nadie**.

—Tomás, ¿buscas **a alguno** de tus hermanos?
—No, mamá, no busco **a ninguno**.

▶ **¡Atención!** Before a masculine, singular noun, **alguno** and **ninguno** are shortened to **algún** and **ningún**.

—¿Tienen ustedes **algún** amigo peruano?
—No, no tenemos **ningún** amigo peruano.

AYUDA

Alguno/a, algunos/as are not always used in the same way English uses *some* or *any*. Often, **algún** is used where *a* would be used in English.

¿Tienes algún libro que hable de los incas?
Do you have a book that talks about the Incas?

Note that **ninguno/a** is rarely used in the plural.

—¿Visitaste algunos museos?
—No, no visité ninguno.

COMPARE & CONTRAST

In English, it is incorrect to use more than one negative word in a sentence. In Spanish, however, sentences frequently contain two or more negative words. Compare these Spanish and English sentences.

Nunca le escribo a **nadie**.
I never write to anyone.

No me preocupo por **nada nunca**.
I do not ever worry about anything.

As the preceding sentences show, once an English sentence contains one negative word (for example, *not* or *never*), no other negative word may be used. In Spanish, however, once a negative word is used, all other elements must be expressed in the negative if possible.

▶ Although in Spanish **pero** and **sino** both mean *but*, they are not interchangeable. **Sino** is used when the first part of a sentence is negative and the second part contradicts it. In this context, **sino** means *but rather* or *on the contrary*. In all other cases, **pero** is used to mean *but*.

Los estudiantes no se acuestan temprano **sino** tarde.
The students don't go to bed early, but rather late.

María no habla francés **sino** español.
María doesn't speak French, but rather Spanish.

Las toallas son caras, **pero** bonitas.
The towels are expensive, but beautiful.

José es inteligente, **pero** no saca buenas notas.
José is intelligent but doesn't get good grades.

¡INTÉNTALO! Cambia las oraciones para que sean negativas. La primera se da como ejemplo.

1. Siempre se viste bien.
   Nunca se viste bien.
   _No_ se viste bien _nunca_.

2. Alguien se ducha.
   Nadie se ducha.
   _No_ se ducha _nadie_.

3. Ellas van también.
   Ellas _tampoco_ van.
   Ellas _no_ van _tampoco_.

4. Alguien se pone nervioso.
   Nadie se pone nervioso.
   _No_ se pone nervioso _nadie_.

5. Tú siempre te lavas las manos.
   Tú _nunca_ te lavas las manos.
   Tú _no_ te lavas las manos _nunca_.

6. Voy a traer algo.
   _No_ voy a traer _nada_.

7. Juan se afeita también.
   Juan _tampoco_ se afeita.
   Juan _no_ se afeita _tampoco_.

8. Mis amigos viven en una residencia o en casa.
   Mis amigos _no_ viven _ni_ en una residencia _ni_ en casa.

9. La profesora hace algo en su escritorio.
   La profesora _no_ hace _nada_ en su escritorio.

10. Tú y yo vamos al mercado.
    _Ni_ tú _ni_ yo vamos al mercado.

11. Tienen un espejo en su casa.
    _No_ tienen _ningún_ espejo en su casa.

12. Algunos niños se ponen el abrigo.
    Ningún niño se pone el abrigo.

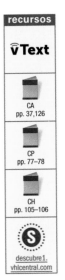

Práctica

1 ¿Pero o sino? Forma oraciones sobre estas personas usando **pero** o **sino**.

> **modelo**
>
> muchos estudiantes comen en la cafetería / algunos de ellos quieren salir a comer a un restaurante local.
>
> *Muchos estudiantes comen en la cafetería, pero algunos de ellos quieren salir a comer a un restaurante local.*

1. Marcos nunca se despierta temprano *pero* / siempre llega puntual a clase
2. Lisa y Katarina no se acuestan temprano *sino* / muy tarde
3. Alfonso es inteligente *pero* / algunas veces es antipático
4. los directores de la escuela no son ecuatorianos *pero* / peruanos
5. no nos acordamos de comprar champú *pero* / compramos jabón
6. Emilia no es estudiante *sino* / profesora
7. no quiero levantarme *pero* / tengo que ir a clase
8. Miguel no se afeita por la mañana *sino* / por la noche

2 Completar Completa esta conversación entre dos hermanos. Usa expresiones negativas en tus respuestas. Luego, dramatiza la conversación con un(a) compañero/a.

AURELIO Ana María, ¿encontraste algún regalo para Eliana?
ANA MARÍA (1)_____

AURELIO ¿Viste a alguna amiga en el centro comercial?
ANA MARÍA (2)_____

AURELIO ¿Me llamó alguien?
ANA MARÍA (3)_____

AURELIO ¿Quieres ir al teatro o al cine esta noche?
ANA MARÍA (4)_____

AURELIO ¿No quieres salir a comer?
ANA MARÍA (5)_____

AURELIO ¿Hay algo interesante en la televisión esta noche?
ANA MARÍA (6)_____

AURELIO ¿Tienes algún problema?
ANA MARÍA (7)_____

 Practice more at **descubre1.vhlcentral.com.**

Comunicación

3

Opiniones Completa estas oraciones de una manera lógica. Luego, compara tus respuestas con las de un(a) compañero/a.

1. Mi habitación es _____ pero _____.
2. Por la noche me gusta _____ pero _____.
3. Un(a) profesor(a) ideal no es _____ sino _____.
4. Mis amigos son _____ pero _____.

4

¿Qué hay? En parejas, háganse preguntas para ver qué hay en su ciudad o pueblo: tiendas interesantes, almacenes, cines, librerías baratas, una biblioteca, una plaza central, playa, cafés, museos, una estación de tren. Sigan el modelo.

> **modelo**
>
> **Estudiante 1:** ¿Hay algunas tiendas interesantes?
> **Estudiante 2:** Sí, hay una/algunas. Está(n) detrás del estadio.
>
> **Estudiante 1:** ¿Hay algún museo?
> **Estudiante 2:** No, no hay ninguno.

5

Quejas (*Complaints*) En parejas, hagan una lista de cinco quejas comunes que tienen los estudiantes. Usen expresiones negativas.

> **modelo**
>
> Nadie me entiende.

Ahora hagan una lista de cinco quejas que los padres tienen de sus hijos.

> **modelo**
>
> Nunca hacen sus camas.

6

Anuncios En parejas, lean el anuncio y contesten las preguntas.

1. ¿Es el anuncio positivo o negativo? ¿Por qué?
2. ¿Qué palabras indefinidas hay?
3. Escriban el texto del anuncio cambiando todo por expresiones negativas.

Ahora preparen su propio (*own*) anuncio usando expresiones afirmativas y negativas.

¿Buscas algún producto especial?

¡Siempre hay algo para todos en las tiendas García!

Síntesis

7

Encuesta Tu profesor(a) te va a dar una hoja de actividades para hacer una encuesta. Circula por la clase y pídeles a tus compañeros/as que comparen las actividades que hacen durante la semana con las que hacen durante los fines de semana. Escribe las respuestas.

Tutorial
Audio: Chart

7.3 # Preterite of **ser** and **ir**

ANTE TODO   In **Lección 6**, you learned how to form the preterite tense of regular
-ar, **-er**, and **-ir** verbs. The following chart contains the preterite forms
of **ser** (*to be*) and **ir** (*to go*). Since these forms are irregular, you will need to memorize them.

		Preterite of **ser** and **ir**	
		ser *(to be)*	**ir** *(to go)*
SINGULAR FORMS	yo	**fui**	**fui**
	tú	**fuiste**	**fuiste**
	Ud./él/ella	**fue**	**fue**
PLURAL FORMS	nosotros/as	**fuimos**	**fuimos**
	vosotros/as	**fuisteis**	**fuisteis**
	Uds./ellos/ellas	**fueron**	**fueron**

AYUDA

Note that, whereas regular **-er** and **-ir** verbs have accent marks in the **yo** and **Ud./él/ella** forms of the preterite, **ser** and **ir** do not.

▶ Since the preterite forms of **ser** and **ir** are identical, context clarifies which of the two verbs is being used.

Él **fue** a comprar champú y jabón.
He went to buy shampoo and soap.

¿Cómo **fue** la película anoche?
How was the movie last night?

¿Adónde fueron ustedes?

Inés y yo fuimos a un mercado. Fue muy divertido.

¡INTÉNTALO!   Completa las oraciones usando el pretérito de **ser** e **ir**. La primera oración de cada columna se da como ejemplo.

ir

1. Los viajeros _fueron_ a Perú.
2. Patricia _fue_ a Cuzco.
3. Tú _fuiste_ a Iquitos.
4. Gregorio y yo _fuimos_ a Lima.
5. Yo _fui_ a Trujillo.
6. Ustedes _fueron_ a Arequipa.
7. Mi padre _fue_ a Lima.
8. Nosotras _fuimos_ a Cuzco.
9. Él _fue_ a Machu Picchu.
10. Usted _fue_ a Nazca.

ser

1. Usted _fue_ muy amable.
2. Yo _fui_ muy cordial.
3. Ellos _fueron_ simpáticos.
4. Nosotros _fuimos_ muy tontos.
5. Ella _fue_ antipática.
6. Tú _fuiste_ muy generoso.
7. Ustedes _fueron_ cordiales.
8. La gente _fue_ amable.
9. Tomás y yo _fuimos_ muy felices.
10. Los profesores _fueron_ buenos.

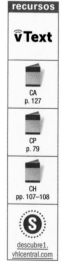

recursos

vText

CA
p. 127

CP
p. 79

CH
pp. 107–108

descubre1.
vhlcentral.com

Práctica

1

Completar Completa estas conversaciones con la forma correcta del pretérito de **ser** o **ir**. Indica el infinitivo de cada forma verbal.

Conversación 1

RAÚL   ¿Adónde (1)___fueron___ ustedes de vacaciones? IR
PILAR   (2)___Fuimos___ a Perú. IR
RAÚL   ¿Cómo (3)___fueron___ el viaje? SER
▶ **PILAR**   ¡(4)___Fuimos___ estupendo! Machu Picchu y El Callao son increíbles. SER
RAÚL   ¿(5)___Fue___ caro el viaje? SER
PILAR   No, el precio (6)___fue___ muy bajo. Sólo costó tres mil dólares. SER

Conversación 2

ISABEL   Tina y Vicente (7)___fueron___ novios, ¿no? SER
LUCÍA   Sí, pero ahora no. Anoche Tina (8)___fue___ a comer con Gregorio IR
  y la semana pasada ellos (9)___fueron___ al partido de fútbol. IR
ISABEL   ¿Ah sí? Javier y yo (10)___fuimos___ al partido y no los vimos. IR

2   **Descripciones** Forma oraciones con estos elementos. Usa el pretérito.

A	B	C	D
yo	(no) ir	a un restaurante	ayer
tú	(no) ser	en autobús	anoche
mi compañero/a		estudiante	anteayer
nosotros		muy simpático/a	la semana pasada
mis amigos		a la playa	el año pasado
ustedes		dependiente/a en una tienda	

Comunicación

3   **Preguntas** En parejas, túrnense para hacerse estas preguntas.

1. ¿Adónde fuiste de vacaciones el año pasado? ¿Con quién fuiste?
2. ¿Cómo fueron tus vacaciones?
3. ¿Fuiste de compras la semana pasada? ¿Adónde? ¿Qué compraste?
4. ¿Fuiste al cine la semana pasada? ¿Qué película viste? ¿Cómo fue?
5. ¿Fuiste a la cafetería hoy? ¿A qué hora?
6. ¿Adónde fuiste durante el fin de semana? ¿Por qué?
7. ¿Quién fue tu profesor(a) favorito/a el año pasado? ¿Por qué?

4   **El viaje** En parejas, escriban un diálogo de un(a) viajero/a hablando con el/la agente de viajes sobre un viaje que hizo recientemente. Usen el pretérito de **ser** e **ir**.

modelo
Agente: *¿Cómo fue el viaje?*
Viajero: *El viaje fue maravilloso/horrible…*

 Practice more at **descubre1.vhlcentral.com.**

Tutorial
Audio: Chart
Game

7.4 ## Verbs like **gustar**

ANTE TODO In **Lección 2**, you learned how to express preferences with **gustar**. You will now learn more about the verb **gustar** and other similar verbs. Observe these examples.

I.O.   V   S
Me gusta ese champú.

> **ENGLISH EQUIVALENT**
> *I like that shampoo.*
> **LITERAL MEANING**
> *That shampoo is pleasing to me.*

I.O.   V   S
¿Te gustaron las clases?

> **ENGLISH EQUIVALENT**
> *Did you like the classes?*
> **LITERAL MEANING**
> *Were the classes pleasing to you?*

▶ As the examples show, constructions with **gustar** do not have a direct equivalent in English. The literal meaning of this construction is *to be pleasing to* (*someone*), and it requires the use of an indirect object pronoun.

INDIRECT OBJECT PRONOUN	SUBJECT		SUBJECT		DIRECT OBJECT
Me	**gusta**	ese champú.	*I*	*like*	*that shampoo.*

▶ In the diagram above, observe how in the Spanish sentence the object being liked (**ese champú**) is really the subject of the sentence. The person who likes the object, in turn, is an indirect object because it answers the question: *To whom is the shampoo pleasing?*

¿No te gustan las computadoras?

Me gustan mucho los parques.

▶ Other verbs in Spanish are used in the same way as **gustar**. Here is a list of the most common ones.

Verbs like **gustar**			
aburrir	to bore	**importar**	to be important to; to matter
encantar	to like very much; to love (inanimate objects)	**interesar**	to be interesting to; to interest
faltar	to lack; to need	**molestar**	to bother; to annoy
fascinar	to fascinate; to like very much	**quedar**	to be left over; to fit (clothing)

¡ATENCIÓN!

Faltar expresses what is lacking or missing.
Me falta una página.
I'm missing one page.

Quedar expresses how much of something is left.
Nos quedan tres pesos.
We have three pesos left.

• • •

Quedar means *to fit.* It's also used to tell how something looks (on someone).

Estos zapatos me quedan bien. *These shoes fit me well.*

Esa camisa te queda muy bien. *That shirt looks good on you.*

▶ The forms most commonly used with **gustar** and similar verbs are the third person (singular and plural). When the object or person being liked is singular, the singular form (**gusta/molesta**, etc.) is used. When two or more objects or persons are being liked, the plural form (**gustan/molestan**, etc.) is used. Observe the following diagram:

SINGULAR	me, te, le	encanta / interesó	la película / el concierto
PLURAL	nos, os, les	importan / fascinaron	las vacaciones / los museos de Lima

▶ To express what someone likes or does not like to do, use an appropriate verb followed by an infinitive. The singular form is used even if there is more than one infinitive.

Nos molesta comer a las nueve.
It bothers us to eat at nine o'clock.

Les encanta cantar y **bailar** en las fiestas.
They love to sing and dance at parties.

▶ As you learned in **Lección 2**, the construction **a** + [*pronoun*] (**a mí, a ti, a usted, a él**, etc.) is used to clarify or to emphasize who is pleased, bored, etc. The construction **a** + [*noun*] can also be used before the indirect object pronoun to clarify or to emphasize who is pleased.

A los turistas les gustó mucho Machu Picchu.
The tourists liked Machu Picchu a lot.

A ti te gusta cenar en casa, pero **a mí** me aburre.
You like to eat dinner at home, but I get bored.

▶ **¡Atención!** **Mí** (*me*) has an accent mark to distinguish it from the possessive adjective **mi** (*my*).

AYUDA

Note that the **a** must be repeated if there is more than one person.
A Armando y **a Carmen** les molesta levantarse temprano.

¡INTÉNTALO! Indica el pronombre del objeto indirecto y la forma del tiempo presente adecuados en cada oración. La primera oración de cada columna se da como ejemplo.

fascinar

1. A él _le fascina_ viajar.
2. A mí _____ bailar.
3. A nosotras _____ cantar.
4. A ustedes _____ leer.
5. A ti _____ correr.
6. A Pedro _____ gritar.
7. A mis padres _____ caminar.
8. A usted _____ jugar al tenis.
9. A mi esposo y a mí _____ dormir.
10. A Alberto _____ dibujar.
11. A todos _____ opinar.
12. A Pili _____ ir de compras.

aburrir

1. A ellos _les aburren_ los deportes.
2. A ti _____ las películas.
3. A usted _____ los viajes.
4. A mí _____ las revistas.
5. A Jorge y a Luis _____ los perros.
6. A nosotros _____ las vacaciones.
7. A ustedes _____ las fiestas.
8. A Marcela _____ los libros.
9. A mis amigos _____ los museos.
10. A ella _____ el ciclismo.
11. A Omar _____ el Internet.
12. A ti y a mí _____ el baile.

recursos

v̂Text

CA
pp. 35–36,128

CP
pp. 80–82

CH
pp. 109–110

Ⓢ

descubre1.
vhlcentral.com

Práctica

1

Completar Completa las oraciones con todos los elementos necesarios.

1. _____ Adela _____ (encantar) la música de Enrique Iglesias.
2. A _____ me _____ (interesar) la música de otros países.
3. A mis amigos _____ (encantar) las canciones (*songs*) de Maná.
4. A Juan y _____ Rafael no les _____ (molestar) la música alta (*loud*).
5. _____ nosotros _____ (fascinar) los grupos de pop latino.
6. _____ señor Ruiz _____ (interesar) más la música clásica.
7. A _____ me _____ (aburrir) la música clásica.
8. ¿A _____ te _____ (faltar) dinero para el concierto de Carlos Santana?
9. No. Ya compré el boleto y _____ (quedar) cinco dólares.
10. ¿Cuánto dinero te _____ (quedar) a _____?

NOTA CULTURAL

Hoy día, la música latina es popular en los EE.UU. gracias a artistas como **Shakira**, de nacionalidad colombiana, y **Enrique Iglesias**, español. Otros artistas, como **Carlos Santana** y **Gloria Estefan**, difundieron (*spread*) la música latina en los años 60, 70, 80 y 90.

2

Describir Mira los dibujos y describe lo que está pasando. Usa los verbos de la lista.

| aburrir | faltar | molestar |
| encantar | interesar | quedar |

1. a Ramón

2. a nosotros

3. a ti

LIBROS DE ARTE MODERNO

4. a Sara

3

Gustos Forma oraciones con los elementos de las columnas.

modelo
A ti te interesan las ruinas de Machu Picchu.

A	B	C
yo	aburrir	despertarse temprano
tú	encantar	mirarse en el espejo
mi mejor amigo/a	faltar	la música rock
mis amigos y yo	fascinar	las pantuflas rosadas
Bart y Homero Simpson	interesar	la pasta de dientes con menta (*mint*)
Shakira	molestar	las ruinas de Machu Picchu
Antonio Banderas		los zapatos caros

 Practice more at **descubre1.vhlcentral.com**.

Comunicación

4

Preguntas En parejas, túrnense para hacer y contestar estas preguntas.

1. ¿Te gusta levantarte temprano o tarde? ¿Por qué?
2. ¿Te gusta acostarte temprano o tarde? ¿Y a tus hermanos/as?
3. ¿Te gusta dormir la siesta?
4. A tu familia, ¿le encanta acampar o prefiere quedarse en un hotel cuando va de vacaciones?
5. ¿Qué te gusta hacer en el verano?
6. ¿Qué te fascina de esta escuela? ¿Qué te molesta?
7. ¿Te interesan más las ciencias o las humanidades? ¿Por qué?
8. ¿Qué cosas te molestan?

5

Completar Completa estas frases de una manera lógica.

1. A mi perro le fascina(n)…
2. A mi mejor (*best*) amigo/a no le interesa(n)…
3. A mis padres les importa(n)…
4. A nosotros nos molesta(n)…
5. A mis hermanos les aburre(n)…
6. A mi compañero/a de clase le aburre(n)…
7. A los turistas les interesa(n)…
8. A los jugadores profesionales les encanta(n)…
9. A nuestro/a profesor(a) le molesta(n)…
10. A mí me importa(n)…

6

La residencia Tú y tu compañero/a de clase son los directores de una residencia estudiantil en Perú. Su profesor(a) les va a dar a cada uno de ustedes las descripciones de cinco estudiantes. Con la información tienen que escoger quiénes van a ser compañeros de cuarto. Después, completen la lista.

Síntesis

7

Situación Trabajen en parejas para representar los papeles de un(a) cliente/a y un(a) dependiente/a en una tienda de ropa. Usen las instrucciones como guía.

Dependiente/a

Saluda al/a la cliente/a y pregúntale en qué le puedes servir.

Pregúntale si le interesan los estilos modernos y empieza a mostrarle la ropa.

Habla de los gustos del/de la cliente/a.

Da opiniones favorables al/a la cliente/a (las botas te quedan fantásticas…).

Cliente/a

→ Saluda al/a la dependiente/a y dile (*tell him/her*) qué quieres comprar y qué colores prefieres.

→ Explícale que los estilos modernos te interesan. Escoge las cosas que te interesan.

→ Habla de la ropa (me queda(n) bien/mal, me encanta(n)…).

→ Decide cuáles son las cosas que te gustan y qué vas a comprar.

Recapitulación

S *Repaso*
Diagnostics

Completa estas actividades para repasar los conceptos de gramática que aprendiste en esta lección.

1 **Completar** Completa la tabla con la forma correcta de los verbos. **6 pts.**

yo	tú	nosotros	ellas
me levanto			
	te afeitas		
		nos vestimos	
			se secan

2 **Hoy y ayer** Cambia los verbos del presente al pretérito. **5 pts.**

1. Vamos de compras hoy. _____ de compras hoy.
2. Por último, voy al supermercado. Por último, _____ al supermercado.
3. Lalo es el primero en levantarse. Lalo _____ el primero en levantarse.
4. ¿Vas a tu habitación? ¿_____ a tu habitación?
5. Ustedes son profesores. Ustedes _____ profesores.

3 **Reflexivos** Completa cada conversación con la forma correcta del presente del verbo reflexivo. **11 pts.**

TOMÁS Yo siempre (1) _____ (bañarse) antes de (2) _____ (acostarse). Esto me relaja porque no (3) _____ (dormirse) fácilmente. Y así puedo (4) _____ (levantarse) más tarde. Y tú, ¿cuándo (5) _____ (ducharse)?

LETI Pues por la mañana, para poder (6) _____ (despertarse).

DAVID ¿Cómo (7) _____ (sentirse) Pepa hoy?

MARÍA Todavía está enojada.

DAVID ¿De verdad? Ella nunca (8) _____ (enojarse) con nadie.

BETO ¿(Nosotros) (9) _____ (Irse) de esta tienda? Estoy cansado.

SARA Pero antes vamos a (10) _____ (probarse) estos sombreros. Si quieres, después (nosotros) (11) _____ (sentarse) un rato.

RESUMEN GRAMATICAL

7.1 **Reflexive verbs**   *pp. 236–237*

lavarse	
me lavo	nos lavamos
te lavas	os laváis
se lava	se lavan

7.2 **Positive and negative expressions**   *pp. 240–241*

Positive words	Negative words
algo	nada
alguien	nadie
alguno/a(s), algún	ninguno/a, ningún
o... o	ni... ni
siempre	nunca, jamás
también	tampoco

7.3 **Preterite of ser and ir**   *p. 244*

▶ The preterite of **ser** and **ir** are identical. Context will determine the meaning.

ser and ir	
fui	fuimos
fuiste	fuisteis
fue	fueron

7.4 **Verbs like gustar**   *pp. 246–247*

aburrir	importar
encantar	interesar
faltar	molestar
fascinar	quedar

SINGULAR me, te, le
PLURAL nos, os, les

encanta / interesó ⟩ la película / el concierto

importan / fascinaron ⟩ las vacaciones / los museos

▶ Use the construction a + [*noun/pronoun*] to clarify the person in question.

A mí me encanta ver películas, ¿y a ti?

4 **Conversaciones** Completa cada conversación de manera lógica con palabras de la lista. No tienes que usar todas las palabras. **8 pts.**

algo	nada	ningún	siempre
alguien	nadie	nunca	también
algún	ni... ni	o... o	tampoco

1. —¿Tienes _____ plan para esta noche?

   —No, prefiero quedarme en casa. Hoy no quiero ver a _____.

   —Yo _____ me quedo. Estoy muy cansado.

2. —¿Puedo entrar? ¿Hay _____ en el cuarto de baño?

   —Sí. Ahora mismo salgo.

3. —¿Puedes prestarme _____ para peinarme? No encuentro _____ mi cepillo (*brush*) _____ mi peine (*comb*).

   —Lo siento, yo _____ encuentro los míos (*mine*).

4. —¿Me prestas tu maquillaje?

   —Lo siento, no tengo. _____ me maquillo.

5 **Oraciones** Forma oraciones completas con los elementos dados (*given*). Usa el presente de los verbos. **8 pts.**

1. David y Juan / molestar / levantarse temprano
2. Lucía / encantar / las películas de terror
3. todos (nosotros) / importar / la educación
4. tú / aburrir / ver / la televisión

6 **Rutinas** Escribe seis oraciones que describan las rutinas de dos personas que conoces. **12 pts.**

> **modelo**
>
> Mi tía se despierta temprano, pero mi primo...

7 **Adivinanza** Completa la adivinanza con las palabras que faltan y adivina la respuesta. **¡2 puntos EXTRA!**

> **" Cuanto más°** _____ (*it dries you*),
> **más se moja°** **"**.
> **¿Qué es?** _____

Cuanto más *The more* se moja *it gets wet*

Practice more at **descubre1.vhlcentral.com**.

Lectura

Antes de leer

Estrategia
Predicting content from the title

Prediction is an invaluable strategy in reading for comprehension. For example, we can usually predict the content of a newspaper article from its headline. We often decide whether to read the article based on its headline. Predicting content from the title will help you increase your reading comprehension in Spanish.

Examinar el texto

Lee el título de la lectura y haz tres predicciones sobre el contenido. Escribe tus predicciones en una hoja de papel.

Compartir

Comparte tus ideas con un(a) compañero/a de clase.

Cognados

Haz una lista de seis cognados que encuentres en la lectura.

1. _____
2. _____
3. _____
4. _____
5. _____
6. _____

¿Qué te dicen los cognados sobre el tema de la lectura?

¡Qué día!

Anterior ▼ ⬇ Siguiente ▼ ⬆ Responder ⬆ Responder a todos

Fecha: Lunes, 10 de mayo
De: Guillermo Zamora
Asunto: ¡Qué día!
Para: Lupe; Marcos; Sandra; Jorge

Hola, chicos:

La semana pasada me di cuenta° de que necesito organizar mejor° mi rutina... pero especialmente necesito prepararme mejor para los exámenes. Me falta mucha disciplina, me molesta no tener control de mi tiempo y nunca deseo repetir los eventos de la semana pasada.

El miércoles pasé todo el día y toda la noche estudiando para el examen de biología del jueves por la mañana. Me aburre la biología y no empecé a estudiar hasta el día antes del examen. El jueves a las 8, después de no dormir en toda la noche, fui exhausto al examen. Fue difícil, pero afortunadamente° me acordé de todo el material. Esa noche me acosté temprano y dormí mucho.

Me desperté a las 7, y fue extraño° ver a mi hermano, Andrés, preparándose para ir a dormir. Como° siempre se enferma° y nunca hablamos

mucho, no le comenté nada. Fui al baño a cepillarme los dientes para ir a clase. ¿Y Andrés? Él se acostó. "Debe estar enfermo°, ¡otra vez!", pensé.

Mi clase es a las 8, y fue necesario hacer las cosas rápido. Todo empezó a ir mal... eso pasa siempre cuando uno tiene prisa. Cuando busqué mis cosas para el baño, no las encontré. Entonces me duché sin jabón, me cepillé los dientes sin cepillo de dientes y me peiné con las manos. Tampoco encontré ropa limpia y usé la sucia. Rápidamente, tomé mis libros. ¿Y Andrés? Roncando°... ¡a las 7:50!

Cuando salí corriendo para la clase, la prisa no me permitió ver la escuela desierta. Cuando llegué a la clase, no vi a nadie. No vi al profesor ni a los estudiantes. Por último miré mi reloj, y vi la hora. Las 8 en punto... ¡de la noche!

¡Dormí 24 horas!

Guillermo

me di cuenta *I realized* **mejor** *better* **afortunadamente** *fortunately* **extraño** *strange* **Como** *Since* **se enferma** *he gets sick* **enfermo** *sick* **Roncando** *Snoring*

Después de leer

Seleccionar
Selecciona la respuesta correcta.

1. ¿Quién es el/la narrador(a)?
   a. Andrés
   b. una profesora
   c. Guillermo
2. ¿Qué le molesta al narrador?
   a. Le molestan los exámenes de biología.
   b. Le molesta no tener control de su tiempo.
   c. Le molesta mucho organizar su rutina.
3. ¿Por qué está exhausto?
   a. Porque fue a una fiesta la noche anterior.
   b. Porque no le gusta la biología.
   c. Porque pasó la noche anterior estudiando.
4. ¿Por qué no hay nadie en clase?
   a. Porque es de noche.
   b. Porque todos están de vacaciones.
   c. Porque el profesor canceló la clase.
5. ¿Cómo es la relación de Guillermo y Andrés?
   a. Son buenos amigos.
   b. No hablan mucho.
   c. Tienen una buena relación.

Ordenar
Ordena los sucesos de la narración. Utiliza los números del 1 al 9.

a. Toma el examen de biología. ____
b. No encuentra sus cosas para el baño. ____
c. Andrés se duerme. ____
d. Pasa todo el día y toda la noche estudiando para un examen. ____
e. Se ducha sin jabón. ____
f. Se acuesta temprano. ____
g. Vuelve a su cuarto a las 8 de la noche. ____
h. Se despierta a las 7 y su hermano se prepara para dormir. ____
i. Va a clase y no hay nadie. ____

Contestar
Contesta estas preguntas.

1. ¿Cómo es tu rutina diaria? ¿Muy organizada?
2. ¿Estudias mucho? ¿Cuándo empiezas a estudiar para los exámenes?
3. Para comunicarte con tus amigos/as, ¿prefieres el teléfono o el correo electrónico? ¿Por qué?

Practice more at **descubre1.vhlcentral.com**.

Escritura

Paying strict attention to sequencing in a narrative will ensure that your writing flows logically from one part to the next.

Every composition should have an introduction, a body, and a conclusion. The introduction presents the subject, the setting, the situation, and the people involved. The main part, or the body, describes the events and people's reactions to these events. The conclusion brings the narrative to a close.

Adverbs and adverbial phrases are sometimes used as transitions between the introduction, the body, and the conclusion. Here is a list of commonly used adverbs in Spanish:

Adverbios	
además; también	*in addition; also*
al principio; en un principio	*at first*
antes (de)	*before*
después	*then*
después (de)	*after*
entonces; luego	*then*
más tarde	*later*
primero	*first*
pronto	*soon*
por fin; finalmente	*finally*
al final	*finally*

Tema

Escribe tu rutina

Imagina tu rutina diaria en uno de estos lugares:

▶ una isla desierta
▶ el Polo Norte
▶ un crucero° transatlántico
▶ un desierto

Escribe una composición en la que describes tu rutina diaria en uno de estos lugares o en algún otro lugar interesante de tu propia° invención. Mientras planeas tu composición, considera cómo cambian algunos de los elementos más básicos de tu rutina diaria en el lugar que escogiste°. Por ejemplo, ¿dónde te acuestas en el Polo Norte? ¿Cómo te duchas en el desierto?

Usa el presente de los verbos reflexivos que conoces e incluye algunos de los adverbios de esta página para organizar la secuencia de tus actividades. Piensa también en la información que debes incluir en cada sección de la narración. Por ejemplo, en la introducción puedes hacer una descripción del lugar y de las personas que están allí, y en la conclusión puedes dar tus opiniones acerca del° lugar y de tu vida diaria allí.

crucero *cruise ship* propia *your own* escogiste *you chose* acerca del *about the*

Escuchar

Estrategia
Using background information

Once you discern the topic of a conversation, take a minute to think about what you already know about the subject. Using this background information will help you guess the meaning of unknown words or linguistic structures.

 To help you practice this strategy, you will now listen to a short paragraph. Jot down the subject of the paragraph, and then use your knowledge of the subject to listen for and write down the paragraph's main points.

Preparación

Según la foto, ¿dónde están Carolina y Julián? Piensa en lo que sabes de este tipo de situación. ¿De qué van a hablar?

Ahora escucha

Ahora escucha la entrevista entre Carolina y Julián, teniendo en cuenta (*taking into account*) lo que sabes sobre este tipo de situación. Elige la información que completa correctamente cada oración.

1. Julián es _____.
   a. político
   b. deportista profesional
   c. artista de cine
2. El público de Julián quiere saber de _____.
   a. sus películas
   b. su vida
   c. su novia
3. Julián habla de _____.
   a. sus viajes y sus rutinas
   b. sus parientes y amigos
   c. sus comidas favoritas
4. Julián _____.
   a. se levanta y se acuesta a diferentes horas todos los días
   b. tiene una rutina diaria
   c. no quiere hablar de su vida

Comprensión

¿Cierto o falso?
Indica si las oraciones son **ciertas** o **falsas** según la información que Julián da en la entrevista.

1. Es difícil despertarme; generalmente duermo hasta las diez.
2. Pienso que mi vida no es más interesante que las vidas de ustedes.
3. Me gusta tener tiempo para pensar y meditar.
4. Nunca hago mucho ejercicio; no soy una persona activa.
5. Me fascinan las actividades tranquilas, como escribir y escuchar música clásica.
6. Los viajes me parecen aburridos.

Preguntas
1. ¿Qué tiene Julián en común con otras personas de su misma profesión?
2. ¿Te parece que Julián siempre fue rico? ¿Por qué?
3. ¿Qué piensas de Julián como persona?

En pantalla

En algunas partes de Argentina, Uruguay, Chile y Centroamérica, las personas tienen la costumbre° de usar **vos** en lugar de **tú** al hablar o escribir. Este uso es conocido como **el voseo** y se refleja también en la manera de conjugar los verbos. El uso de **vos** como tratamiento de respeto pasó a ser° de uso coloquial a partir del° siglo° XVI.

Vocabulario útil	
rehacé	*redo* (en el voseo)
volvete	*become* (en el voseo)

Opciones

Escoge la opción correcta para cada oración.

1. El plomero (*plumber*) va a romper el ___ del chico.
   - a. cepillo
   - b. lavabo
   - c. espejo
2. El chico y la chica ___ la primera vez que se ven.
   - a. bailan
   - b. gritan
   - c. se peinan
3. Al chico ___ conocer a la chica.
   - a. le interesa
   - b. le molesta
   - c. le aburre
4. Al final ___ rompe el espejo.
   - a. la chica
   - b. el chico
   - c. el plomero

 La cita (*date*)

En parejas, imaginen que los chicos del anuncio tienen una primera cita. Escriban una conversación entre ellos donde hablen sobre lo que les encanta y lo que les molesta. Después dramatícenla para la clase y decidan entre todos si los chicos son compatibles o no.

Acá hay que romper°.

—**Soledad.**
—**Mariano.**

—**¿Salís°?**
—**Sí, ¿por°?**

costumbre *custom* pasó a ser *became* a partir del *starting in the* siglo *century* Acá hay... *We need to break it here.* ¿Salís? ¿Sales? (en el voseo) ¿por? *why?*

 Practice more at **descubre1.vhlcentral.com.**

Oye cómo va

Tania Libertad

La música de **Tania Libertad (Chiclayo, Perú)** no tiene fronteras°. Su trabajo es apreciado en toda Latinoamérica, Europa y África. Los más de° treinta álbumes que ha grabado° cuentan con° géneros tan° variados como° la salsa, el bolero y las rancheras. La música afroperuana tiene un lugar muy especial en su corazón°. El autor portugués José Saramago escribió: "La primera vez que oí cantar a Tania Libertad, [conocí] la emoción a que puede llevarnos una voz desnuda°, sola° delante del mundo°."

A la derecha ves un fragmento de una canción de Tania Libertad. Léelo y completa estas actividades.

¿Cierto o falso?

Indica si lo que dice cada oración es **cierto** o **falso**.

	Cierto	Falso
1. La música de Tania Libertad sólo se conoce en Perú.	○	○
2. Canta sólo música afroperuana.	○	○
3. A José Saramago le fascina la música de Tania Libertad.	○	○
4. La cantante (*singer*) está muy triste porque no está su amor.	○	○
5. La cantante piensa que la historia de su amor no es importante.	○	○

Preguntas

Responde a las preguntas. Después comparte tus respuestas con un(a) compañero/a.
1. En esta canción se habla de un gran amor. ¿Qué crees tú que lo hace tan especial?
2. Escribe los nombres de tres parejas famosas de la historia o la literatura.
3. ¿Cuál es la historia de amor más grande que conoces? ¿Por qué es importante?

fronteras *borders* más de *more than* ha grabado *she has recorded* cuentan con *include* tan... como *as... as* corazón *heart* voz desnuda *naked voice* sola *alone* mundo *world* besos *kisses* encontraba *used to find* brindaba *used to give* amor *love* descalza *barefoot*

Historia de un amor
(a dueto con Cesária Évora)

Siempre fuiste la razón de mi existir;
adorarte para mí fue religión.
En tus besos° yo encontraba°
el calor que me brindaba°
el amor° y la pasión.

Fusión de culturas

La música afroperuana combina ritmos de la música africana y la música peruana tradicional. El instrumento predominante de este género es el tambor. La canción *Historia de un amor* es un bolero adaptado al estilo afroperuano.

Cesária Évora, conocida como "la diva descalza°", es una importante figura musical de Cabo Verde, en la costa africana. Es famosa por sus canciones de *morna*, cantadas en portugués criollo.

Cesária Évora

Practice more at **descubre1.vhlcentral.com**.

Perú

El país en cifras

▸ **Área:** 1.285.220 km² (496.224 millas²),
un poco menos que el área de Alaska

▸ **Población:** 32.172.000

▸ **Capital:** Lima —8.026.000

▸ **Ciudades principales:** Arequipa —994.000,
Trujillo, Chiclayo, Callao, Iquitos

SOURCE: Population Division, UN Secretariat

*Iquitos es un puerto muy importante en el río
Amazonas. Desde Iquitos se envían° muchos
productos a otros lugares, incluyendo goma°,
nueces°, madera°, arroz°, café y tabaco.
Iquitos es también un destino
popular para los ecoturistas
que visitan la selva°.*

▸ **Moneda:** nuevo sol

▸ **Idiomas:** español (oficial),
quechua (oficial), aimará

Bandera del Perú

Peruanos célebres

▸ **Clorinda Matto de Turner,** escritora (1854–1909)

▸ **César Vallejo,** poeta (1892–1938)

▸ **Javier Pérez de Cuéllar,** diplomático (1920–)

▸ **Mario Vargas Llosa,** escritor (1936–)

Mario Vargas Llosa

se envían *are shipped* goma *rubber* nueces *nuts* madera *timber*
arroz *rice* selva *jungle* Hace más de *More than... ago* grabó
engraved tamaño *size*

ECUADOR

COLOMBIA

Río Putumayo

Río Napo

Río Tigre

Río Pastaza

Río Amazonas

Iquitos

Río Marañón

Río Huallaga

Cordillera Oriental de los Andes

Bailando marinera
norteña en Trujillo

Calle en la ciudad de Iquitos

Chiclayo

Cordillera Central de los Andes

Río Ucayali

Río Urubamba

Trujillo

Fuente de la Justicia
en Lima

Callao ⭐ Lima

Océano Pacífico

Cordillera Occidental de los Andes

Machu Picchu

Cuzco

Lago
Titicaca

Arequipa

Mercado indígena en Cuzco

ESTADOS UNIDOS

OCÉANO
ATLÁNTICO

OCÉANO
PACÍFICO

AMÉRICA DEL SUR

PERÚ

recursos

vText

CA
pp. 81–82

CP
pp. 83–84

descubre1.vhlcentral.com

¡Increíble pero cierto!

Hace más de° dos mil años la civilización
nazca de Perú grabó° más de 2.000 kilómetros
de líneas en el desierto. Los dibujos sólo son
descifrables desde el aire. Uno de ellos es un
cóndor del tamaño° de un estadio. Las Líneas de
Nazca son uno de los grandes misterios de
la humanidad.

Lugares • Lima

Lima es una ciudad moderna y antigua° a la vez°. La Iglesia de San Francisco es notable por la influencia de la arquitectura barroca colonial. También son fascinantes las exhibiciones sobre los incas en el Museo Oro del Perú y en el Museo Nacional de Antropología y Arqueología. Barranco, el barrio° bohemio de la ciudad, es famoso por su ambiente cultural y sus bares y restaurantes.

Historia • Machu Picchu

A 80 kilómetros al noroeste de Cuzco está Machu Picchu, una ciudad antigua del Imperio inca. Está a una altitud de 2.350 metros (7.710 pies), entre dos cimas° de los Andes. Cuando los españoles llegaron al Perú, nunca encontraron Machu Picchu. En 1911, el arqueólogo norteamericano Hiram Bingham la descubrió. Todavía no se sabe ni cómo se construyó° una ciudad a esa altura, ni por qué los incas la abandonaron. Sin embargo°, esta ciudad situada en desniveles° naturales es el ejemplo más conocido de la arquitectura inca.

Artes • La música andina

Machu Picchu aún no existía° cuando se originó la música cautivadora° de las antiguas culturas indígenas de los Andes. La influencia española y la música africana contribuyeron a la creación de los ritmos actuales de la música andina. Dos tipos de flauta°, la quena y la antara, producen esta música tan particular. En las décadas de los sesenta y los setenta se popularizó un movimiento para preservar la música andina, y hasta° Simon y Garfunkel la incorporaron en su repertorio con la canción *El cóndor pasa*.

Economía • Llamas y alpacas

El Perú se conoce por sus llamas, alpacas, guanacos y vicuñas, todos ellos animales mamíferos° parientes del camello. Estos animales todavía tienen una enorme importancia en la economía del país. Dan lana para hacer ropa, mantas°, bolsas y otros artículos artesanales. La llama se usa también para la carga y el transporte.

¿Qué aprendiste? Responde a las preguntas con una oración completa.

1. ¿Qué productos envía Iquitos a otros lugares?
2. ¿Cuáles son las lenguas oficiales del Perú?
3. ¿Por qué es notable la Iglesia de San Francisco en Lima?
4. ¿Qué información sobre Machu Picchu no se sabe todavía?
5. ¿Qué son la quena y la antara?
6. ¿Qué hacen los peruanos con la lana de sus llamas y alpacas?

Conexión Internet Investiga estos temas en **descubre1.vhlcentral.com**.

1. Investiga la cultura incaica. ¿Cuáles son algunos de los aspectos interesantes de su cultura?
2. Busca información sobre dos artistas, escritores o músicos peruanos y presenta un breve informe a tu clase.

....

antigua *old* a la vez *at the same time* barrio *neighborhood* cimas *summits* se construyó *was built* Sin embargo *However* desniveles *uneven pieces of land* aún no existía *didn't exist yet* cautivadora *captivating* flauta *flute* hasta *even* mamíferos *mammalian* mantas *blankets*

 Practice more at **descubre1.vhlcentral.com**.

Los verbos reflexivos

acordarse (de) (o:ue)	to remember
acostarse (o:ue)	to go to bed
afeitarse	to shave
bañarse	to bathe; to take a bath
cepillarse el pelo	to brush one's hair
cepillarse los dientes	to brush one's teeth
despedirse (de) (e:i)	to say goodbye (to)
despertarse (e:ie)	to wake up
dormirse (o:ue)	to go to sleep; to fall asleep
ducharse	to shower; to take a shower
enojarse (con)	to get angry (with)
irse	to go away; to leave
lavarse la cara	to wash one's face
lavarse las manos	to wash one's hands
levantarse	to get up
llamarse	to be called; to be named
maquillarse	to put on makeup
peinarse	to comb one's hair
ponerse	to put on
ponerse (+ *adj.*)	to become (+ adj.)
preocuparse (por)	to worry (about)
probarse (o:ue)	to try on
quedarse	to stay; to remain
quitarse	to take off
secarse	to dry oneself
sentarse (e:ie)	to sit down
sentirse (e:ie)	to feel
vestirse (e:i)	to get dressed

Palabras de secuencia

antes (de)	before
después	afterwards; then
después (de)	after
durante	during
entonces	then
luego	then
más tarde	later (on)
por último	finally

Palabras afirmativas y negativas

algo	something; anything
alguien	someone; somebody; anyone
alguno/a(s), algún	some; any
jamás	never; not ever
nada	nothing; not anything
nadie	no one; nobody; not anyone
ni… ni	neither… nor
ninguno/a, ningún	no; none; not any
nunca	never; not ever
o… o	either… or
siempre	always
también	also; too
tampoco	neither; not either

En el baño

el baño, el cuarto de baño	bathroom
el champú	shampoo
la crema de afeitar	shaving cream
la ducha	shower
el espejo	mirror
el inodoro	toilet
el jabón	soap
el lavabo	sink
el maquillaje	makeup
la pasta de dientes	toothpaste
la toalla	towel

Verbos similares a gustar

aburrir	to bore
encantar	to like very much; to love (inanimate objects)
faltar	to lack; to need
fascinar	to fascinate; to like very much
importar	to be important to; to matter
interesar	to be interesting to; to interest
molestar	to bother; to annoy
quedar	to be left over; to fit (clothing)

Palabras adicionales

el despertador	alarm clock
las pantuflas	slippers
la rutina diaria	daily routine
por la mañana	in the morning
por la noche	at night
por la tarde	in the afternoon; in the evening

Expresiones útiles	See page 231.

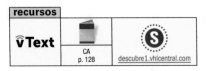

La comida

8

Communicative Goals

You will learn how to:

- Order food in a restaurant
- Talk about and describe food

A PRIMERA VISTA
- ¿Dónde está ella?
- ¿Qué hace?
- ¿Es parte de su rutina diaria?
- ¿Qué colores hay en la foto?

La comida

Más vocabulario

el/la camarero/a	waiter/waitress
la comida	food; meal
el/la dueño/a	owner; landlord
los entremeses	hors d'oeuvres; appetizers
el menú	menu
el plato (principal)	(main) dish
la sección de (no) fumar	(non) smoking section
el agua (mineral)	(mineral) water
la bebida	drink
la cerveza	beer
la leche	milk
el refresco	soft drink
el ajo	garlic
las arvejas	peas
los cereales	cereal; grain
los frijoles	beans
el melocotón	peach
el pollo (asado)	(roast) chicken
el queso	cheese
el sándwich	sandwich
el yogur	yogurt
el aceite	oil
la margarina	margarine
la mayonesa	mayonnaise
el vinagre	vinegar
delicioso/a	delicious
sabroso/a	tasty; delicious
saber	to taste; to know
saber a	to taste like

Variación léxica

camarones ⟷	gambas (Esp.)
camarero ⟷	mesero (Amér. L.), mesonero (Ven.), mozo (Arg., Chile, Urug., Perú)
refresco ⟷	gaseosa (Amér. C., Amér. S.)

Las frutas

la pera

la banana

las uvas

la naranja

el limón

Las verduras

el maíz

la cebolla

la lechuga

el champiñón

la zanahoria

el tomate

Práctica

1 Escuchar Indica si las oraciones que vas a escuchar son **ciertas** o **falsas**, según el dibujo. Después, corrige las falsas.

1. _____   6. _____
2. _____   7. _____
3. _____   8. _____
4. _____   9. _____
5. _____   10. _____

2 Seleccionar Paulino y Pilar van a cenar a un restaurante. Escucha la conversación y selecciona la respuesta que mejor completa cada oración.

1. Paulino le pide el _____ (menú / plato) al camarero.
2. El plato del día es (atún / salmón) _____.
3. Pilar ordena _____ (leche / agua mineral) para beber.
4. Paulino quiere un refresco de _____ (naranja / limón).
5. Paulino hoy prefiere _____ (el salmón / la chuleta).
6. Dicen que la carne en ese restaurante es muy _____ (sabrosa / mal).
7. Pilar come salmón con _____ (zanahorias / champiñones).

3 Identificar Identifica la palabra que no está relacionada con cada grupo.

1. champiñón • cebolla • banana • zanahoria
2. camarones • ajo • atún • salmón
3. aceite • leche • refresco • agua mineral
4. jamón • chuleta de cerdo • vinagre • carne de res
5. cerveza • lechuga • arvejas • frijoles
6. carne • pescado • mariscos • camarero
7. pollo • naranja • limón • melocotón
8. maíz • queso • tomate • champiñón

4 Completar Completa las oraciones con las palabras más lógicas.

1. ¡Me gusta mucho este plato! Sabe _____.
   a. feo   b. delicioso   c. antipático
2. Camarero, ¿puedo ver el _____, por favor?
   a. aceite   b. maíz   c. menú
3. Carlos y yo bebemos siempre agua _____.
   a. cómoda   b. mineral   c. principal
4. El plato del día es _____.
   a. el pollo asado   b. la mayonesa   c. el ajo
5. Margarita es vegetariana. Ella come _____.
   a. frijoles   b. chuletas   c. jamón
6. Mi hermana le da _____ a su niña.
   a. ajo   b. vinagre   c. yogur

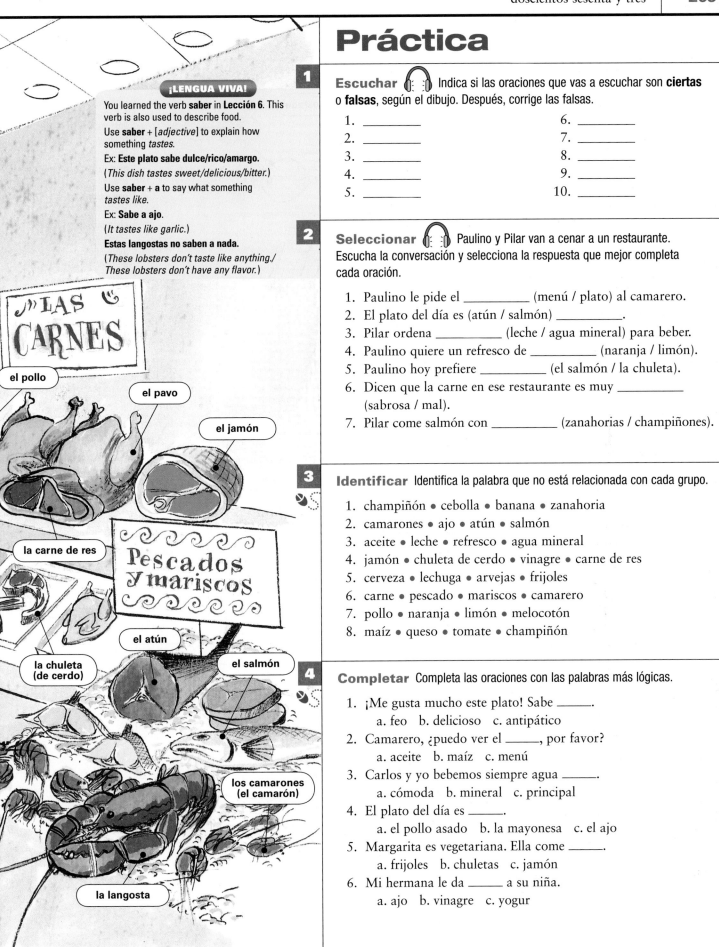

LAS CARNES

el pollo

el pavo

el jamón

la carne de res

Pescados y mariscos

la chuleta (de cerdo)

el atún

el salmón

los camarones (el camarón)

la langosta

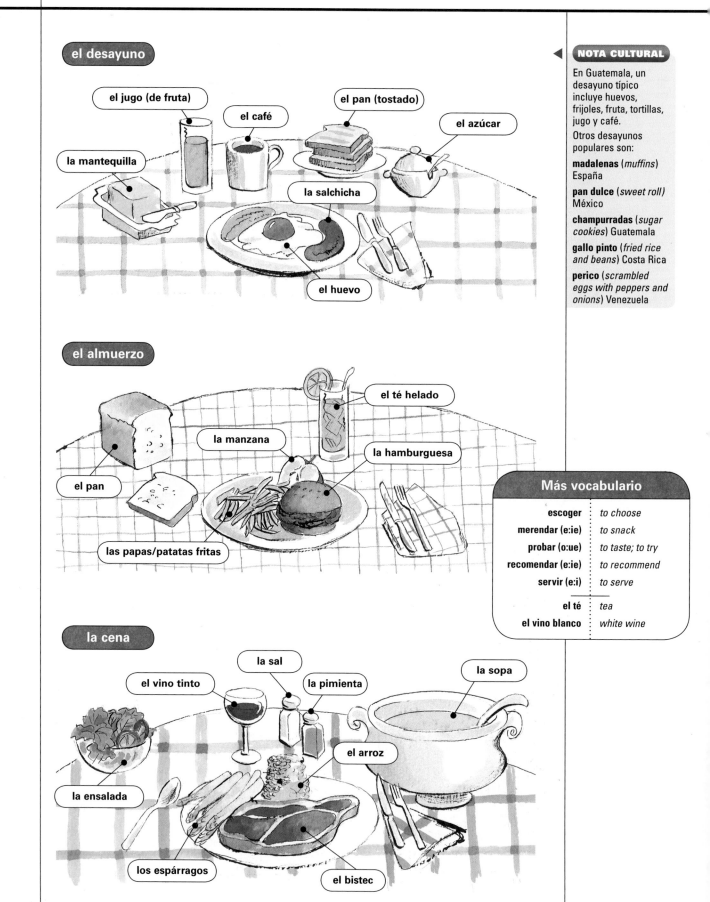

el desayuno

el jugo (de fruta)

el café

el pan (tostado)

el azúcar

la mantequilla

la salchicha

el huevo

el almuerzo

el té helado

la manzana

la hamburguesa

el pan

las papas/patatas fritas

Más vocabulario

escoger	*to choose*
merendar (e:ie)	*to snack*
probar (o:ue)	*to taste; to try*
recomendar (e:ie)	*to recommend*
servir (e:i)	*to serve*
el té	*tea*
el vino blanco	*white wine*

la cena

la sal

el vino tinto

la pimienta

la sopa

el arroz

la ensalada

los espárragos

el bistec

5 **Completar** Trabaja con un(a) compañero/a de clase para relacionar cada producto con el grupo alimenticio (*food group*) correcto.

> **modelo**
>
> __La carne__ es del grupo uno.

el aceite	las bananas	los cereales	la leche
el arroz	el café	los espárragos	el pescado
el azúcar	la carne	los frijoles	el vino

1. _____ y el queso son del grupo cuatro.
2. _____ son del grupo ocho.
3. _____ y el pollo son del grupo tres.
4. _____ es del grupo cinco.
5. _____ es del grupo dos.
6. Las manzanas y _____ son del grupo siete.
7. _____ es del grupo seis.
8. _____ son del grupo diez.
9. _____ y los tomates son del grupo nueve.
10. El pan y _____ son del grupo diez.

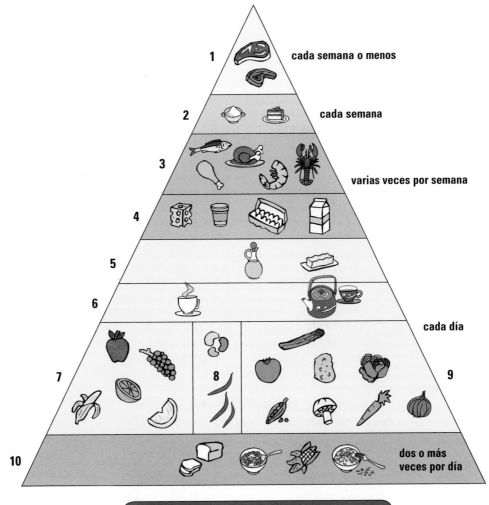

La Pirámide Alimenticia Latinoamericana

6 **¿Cierto o falso?** Consulta la Pirámide Alimenticia Latinoamericana de la página 265 e indica si las oraciones son **ciertas** o **falsas**. Si la oración es falsa, escribe las comidas que sí están en el grupo indicado.

> **modelo**
>
> El queso está en el grupo diez.
> *Falsa. En ese grupo están el maíz, el pan, los cereales y el arroz.*

1. La manzana, la banana, el limón y las arvejas están en el grupo siete.

2. En el grupo cuatro están los huevos, la leche y el aceite.

3. El azúcar está en el grupo dos.

4. En el grupo diez están el pan, el arroz y el maíz.

5. El pollo está en el grupo uno.

6. En el grupo nueve están la lechuga, el tomate, las arvejas, la naranja, la papa, los espárragos y la cebolla.

7. El café y el té están en el mismo grupo.

8. En el grupo cinco está el arroz.

9. El pescado, el yogur y el bistec están en el grupo tres.

7 **Combinar** Combina palabras de cada columna, en cualquier (*any*) orden, para formar nueve oraciones lógicas sobre las comidas. Añade otras palabras si es necesario.

> **modelo**
>
> La camarera nos sirve la ensalada.

A	**B**	**C**
el/la camarero/a	almorzar	la sección de no fumar
el/la dueño/a	escoger	el desayuno
mi familia	gustar	la ensalada
mi novio/a	merendar	las uvas
mis amigos y yo	pedir	el restaurante
mis padres	preferir	el jugo de naranja
mi hermano/a	probar	el refresco
el/la médico/a	recomendar	el plato
yo	servir	el arroz

> **NOTA CULTURAL**
>
> El arroz es un alimento básico en el Caribe, Centroamérica y México, entre otros países. Aparece frecuentemente como acompañamiento del plato principal y muchas veces se sirve con frijoles. Un plato muy popular en varios países es **el arroz con pollo** *(chicken and rice casserole).*

8 **Un menú** En parejas, usen la Pirámide Alimenticia Latinoamericana de la página 265 para crear un menú para una cena especial. Incluyan alimentos de los diez grupos para los entremeses, los platos principales y las bebidas. Luego presenten el menú a la clase.

> **modelo**
>
> La cena especial que vamos a preparar es deliciosa.
> Primero, hay dos entremeses: una ensalada César y una
> sopa de langosta. El plato principal es salmón con una
> salsa de ajo y espárragos. También vamos a servir arroz...

 Practice more at **descubre1.vhlcentral.com.**

Comunicación

9

Conversación En grupos, contesten estas preguntas.

1. ¿Meriendas mucho durante el día? ¿Qué comes? ¿A qué hora?
2. ¿Qué comidas te gustan más para la cena?
3. ¿A qué hora, dónde y con quién almuerzas?
4. ¿Cuáles son las comidas más (*most*) típicas de tu almuerzo?
5. ¿Desayunas? ¿Qué comes y bebes por la mañana?
6. ¿Qué comida deseas probar?
7. ¿Comes cada día comidas de los diferentes grupos de la pirámide alimenticia? ¿Cuáles son las comidas y bebidas más frecuentes en tu dieta?
8. ¿Qué comida recomiendas a tus amigos? ¿Por qué?
9. ¿Eres vegetariano/a? ¿Crees que ser vegetariano/a es una buena idea? ¿Por qué?
10. ¿Te gusta cocinar (*to cook*)? ¿Qué comidas preparas para tus amigos? ¿Para tu familia?

10

Describir Con dos compañeros/as de clase, describe las dos fotos, contestando estas preguntas.

▶ ¿Quiénes están en las fotos?

▶ ¿Dónde están?

▶ ¿Qué hora es?

▶ ¿Qué comen y qué beben?

recursos

v̂Text

CA
pp. 39–40

descubre1.
vhlcentral.com

11

Crucigrama (*Crossword puzzle*) Tu profesor(a) les va a dar a ti y a tu compañero/a un crucigrama incompleto. Tú tienes las palabras que necesita tu compañero/a y él/ella tiene las palabras que tú necesitas. Tienen que darse pistas (*clues*) para completarlo. No pueden decir la palabra necesaria; deben utilizar definiciones, ejemplos y frases.

> **modelo**
>
> **6 vertical:** Es un *condimento que normalmente viene con la sal.*
>
> **2 horizontal:** Es una fruta amarilla.

¿Qué tal la comida?

Don Francisco y los estudiantes van al restaurante El Cráter.

PERSONAJES

MAITE

INÉS

DON FRANCISCO

ÁLEX

JAVIER

DOÑA RITA

CAMARERO

JAVIER ¿Sabes dónde estamos?

INÉS Mmm, no sé. Oiga, don Francisco, ¿sabe usted dónde estamos?

DON FRANCISCO Estamos cerca de Cotacachi.

ÁLEX ¿Dónde vamos a almorzar, don Francisco? ¿Conoce un buen restaurante en Cotacachi?

DON FRANCISCO Pues, conozco a doña Rita Perales, la dueña del mejor restaurante de la ciudad, el restaurante El Cráter.

DOÑA RITA Hombre, don Paco, ¿usted por aquí?

DON FRANCISCO Sí, doña Rita... y hoy le traigo clientes. Le presento a Maite, Inés, Álex y Javier. Los llevo a las montañas para ir de excursión.

MAITE Voy a tomar un caldo de patas y un lomo a la plancha.

JAVIER Para mí las tortillas de maíz y el ceviche de camarón.

ÁLEX Yo también quisiera las tortillas de maíz y el ceviche.

INÉS Voy a pedir caldo de patas y lomo a la plancha.

DON FRANCISCO Yo quiero tortillas de maíz y una fuente de fritada, por favor.

DOÑA RITA Y de tomar, les recomiendo el jugo de piña, frutilla y mora. ¿Se lo traigo a todos?

TODOS Sí, perfecto.

CAMARERO ¿Qué plato pidió usted?

MAITE Un caldo de patas y lomo a la plancha.

recursos

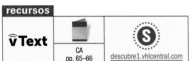

vText | CA pp. 65–66 | S descubre1.vhlcentral.com

DOÑA RITA ¡Bienvenidos al restaurante El Cráter! Están en muy buenas manos... don Francisco es el mejor conductor del país. Y no hay nada más bonito que nuestras montañas. Pero si van a ir de excursión deben comer bien. Vengan chicos, por aquí.

JAVIER ¿Qué nos recomienda usted?

DOÑA RITA Bueno, las tortillas de maíz son riquísimas. La especialidad de la casa es el caldo de patas... ¡tienen que probarlo! El lomo a la plancha es un poquito más caro que el caldo pero es sabrosísimo. También les recomiendo el ceviche y la fuente de fritada.

DOÑA RITA ¿Qué tal la comida? ¿Rica?

JAVIER Rica, no. ¡Riquísima!

ÁLEX Sí. ¡Y nos la sirvieron tan rápidamente!

MAITE Una comida deliciosa, gracias.

DON FRANCISCO Hoy es el cumpleaños de Maite...

DOÑA RITA ¡Ah! Tenemos unos pasteles que están como para chuparse los dedos...

Expresiones útiles

Finding out where you are

- **¿Sabe usted/Sabes dónde estamos?**
  Do you know where we are?
  Estamos cerca de Cotacachi.
  We're near Cotacachi.

Talking about people and places you're familiar with

- **¿Conoce usted/Conoces un buen restaurante en Cotacachi?**
  Do you know a good restaurant in Cotacachi?
  Sí, conozco varios.
  Yes, I know several.
- **¿Conoce/Conoces a doña Rita?**
  Do you know Doña Rita?

Ordering food

- **¿Qué le puedo traer?**
  What can I bring you?
  Voy a tomar/pedir un caldo de patas y un lomo a la plancha.
  I am going to have/to order the beef soup and grilled flank steak.
  Para mí, las tortillas de maíz y el ceviche de camarón, por favor.
  Corn tortillas and lemon-marinated shrimp for me, please.
  Yo también quisiera...
  I also would like...
  Y de tomar, el jugo de piña, frutilla y mora.
  And pineapple, strawberry, and blackberry juice to drink.
- **¿Qué plato pidió usted?**
  What did you order?
  Yo pedí un caldo de patas.
  I ordered the beef soup.

Talking about the food at a restaurant

- **¿Qué tal la comida?**
  How is the food?
  Muy rica, gracias.
  Very tasty, thanks.
  ¡Riquísima!
  Extremely delicious!

¿Qué pasó?

1

Escoger Escoge la respuesta que completa mejor cada oración.

1. Don Francisco lleva a los estudiantes a _____ al restaurante de una amiga.
   a. cenar   b. desayunar   c. almorzar
2. Doña Rita es _____.
   a. la hermana de don Francisco   b. la dueña del restaurante
   c. una camarera que trabaja en El Cráter
3. Doña Rita les recomienda a los viajeros _____.
   a. el caldo de patas y el lomo a la plancha
   b. el bistec, las verduras frescas y el vino tinto   c. unos pasteles (*cakes*)
4. Inés va a pedir _____.
   a. las tortillas de maíz y una fuente de fritada (*mixed grill*)
   b. el ceviche de camarón y el caldo de patas
   c. el caldo de patas y el lomo a la plancha

2

Identificar Indica quién puede decir estas oraciones.

1. No me gusta esperar en los restaurantes.
   ¡Qué bueno que nos sirvieron rápidamente!
2. Les recomiendo la especialidad de la casa.
3. ¡Maite y yo pedimos los mismos platos!
4. Disculpe, señora... ¿qué platos recomienda usted?
5. Yo conozco a una señora que tiene un restaurante
   excelente. Les va a gustar mucho.
6. Hoy es mi cumpleaños (*birthday*).

INÉS   ÁLEX   DOÑA RITA

MAITE   DON FRANCISCO   JAVIER

3

Preguntas Contesta estas preguntas sobre la **Fotonovela**.

1. ¿Dónde comieron don Francisco y los estudiantes?

2. ¿Cuál es la especialidad de El Cráter?

3. ¿Qué pidió Javier? ¿Y Álex? ¿Qué tomaron todos?

4. ¿Cómo son los pasteles en El Cráter?

4

En el restaurante

1. Prepara con un(a) compañero/a una conversación en la que le preguntas si conoce algún buen restaurante en tu comunidad. Tu compañero/a responde que él/ella sí conoce un restaurante que sirve una comida deliciosa. Lo/La invitas a cenar y tu compañero/a acepta. Determinan la hora para verse en el restaurante y se despiden.

2. Trabaja con un(a) compañero/a para representar los papeles de un(a) cliente/a y un(a) camarero/a en un restaurante. El/La camarero/a te pregunta qué te puede servir y tú preguntas cuál es la especialidad de la casa. El/La camarero/a te dice cuál es la especialidad y te recomienda algunos platos del menú. Tú pides entremeses, un plato principal y escoges una bebida. El/La camarero/a te sirve la comida y tú le das las gracias.

CONSULTA

To review positive words like **algún,** see **Estructura 7.2,** p. 240.

 Practice more at **descubre1.vhlcentral.com.**

Pronunciación

ll, ñ, c, and z

pollo	**llave**	**ella**	**cebolla**

Most Spanish speakers pronounce the letter **ll** like the *y* in *yes*.

mañana	**señor**	**baño**	**niña**

The letter *ñ* is pronounced much like the *ny* in *canyon*.

café	**colombiano**	**cuando**	**rico**

Before **a**, **o**, or **u**, the Spanish **c** is pronounced like the *c* in *car*.

cereales	**delicioso**	**conducir**	**conocer**

Before **e** or **i**, the Spanish **c** is pronounced like the *s* in *sit*. (In parts of Spain, **c** before **e** or **i** is pronounced like the *th* in *think*.)

zeta	**zanahoria**	**almuerzo**	**cerveza**

The Spanish **z** is pronounced like the *s* in *sit*. (In parts of Spain, **z** is pronounced like the *th* in *think*.)

Práctica Lee las palabras en voz alta.

1. mantequilla
2. cuñada
3. aceite
4. manzana
5. español
6. cepillo
7. zapato
8. azúcar
9. quince
10. compañera
11. almorzar
12. calle

Oraciones Lee las oraciones en voz alta.

1. Mi compañero de cuarto se llama Toño Núñez. Su familia es de la ciudad de Guatemala y de Quetzaltenango.
2. Dice que la comida de su mamá es deliciosa, especialmente su pollo al champiñón y sus tortillas de maíz.
3. Creo que Toño tiene razón porque hoy cené en su casa y quiero volver mañana para cenar allí otra vez.

Refranes Lee los refranes en voz alta.

Panza llena, corazón contento.[2]

Las apariencias engañan.[1]

1 Looks can be deceiving.
2 A full belly makes a happy heart.

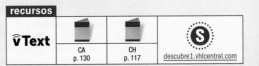

recursos

v̂Text

CA p. 130

CH p. 117

descubre1.vhlcentral.com

EN DETALLE

Frutas y verduras de las Américas

Imagínate una pizza sin salsa° de tomate o una hamburguesa sin papas fritas. Ahora piensa que quieres ver una película, pero las palomitas de maíz° y el chocolate no existen. ¡Qué mundo° tan insípido°! Muchas de las comidas más populares del mundo tienen ingredientes esenciales que son originarios de las Américas. Estas frutas y verduras no fueron introducidas en Europa sino hasta° el siglo° XVI.

El tomate, por ejemplo, era° usado como planta ornamental cuando llegó por primera vez a Europa porque pensaron que era venenoso°. El maíz, por su parte, era ya la base de la comida de muchos países latinoamericanos muchos siglos antes de la llegada de los españoles.

La papa fue un alimento° básico para los incas. Ellos incluso consiguieron deshidratar las papas para almacenarlas° durante mucho tiempo. El cacao (planta con la que se hace el chocolate) fue muy importante para los aztecas y los mayas. Ellos usaron sus semillas° como moneda° y como ingrediente de diversas salsas. También las molían° para preparar una bebida, mezclándolas° con agua ¡y con chile!

El aguacate°, la guayaba°, la papaya, la piña y el maracuyá (o fruta de la pasión) son sólo algunos ejemplos de frutas originarias de las Américas que son hoy día conocidas en todo el mundo.

Mole

¿En qué alimentos encontramos estas frutas y verduras?

Tomate: pizza, ketchup, salsa de tomate, sopa de tomate

Maíz: palomitas de maíz, tamales, tortillas, arepas (Colombia y Venezuela), pan

Papa: papas fritas, frituras de papa°, puré de papas°, sopa de papas, tortilla de patatas (España)

Cacao: salsa mole (México), chocolatinas°, cereales, helados°, tartas°

Aguacate: guacamole (México), cóctel de camarones, sopa de aguacate, nachos, enchiladas hondureñas

salsa *sauce* palomitas de maíz *popcorn* mundo *world* insípido *flavorless* hasta *until* siglo *century* era *was* venenoso *poisonous* alimento *food* almacenarlas *to store them* semillas *seeds* moneda *currency* las molían *they used to grind them* mezclándolas *mixing them* aguacate *avocado* guayaba *guava* frituras de papa *chips* puré de papas *mashed potatoes* chocolatinas *chocolate bars* helados *ice cream* tartas *cakes*

ACTIVIDADES

1 **¿Cierto o falso?** Indica si lo que dicen estas oraciones es **cierto** o **falso**. Corrige la información falsa.

1. El tomate se introdujo a Europa como planta ornamental.

2. Los aztecas y los mayas usaron las papas como moneda.

3. Los incas sólo consiguieron almacenar las papas por poco tiempo.

4. En México se hace una salsa con chocolate.

5. El aguacate, la guayaba, la papaya, la piña y el maracuyá son originarios de las Américas.

6. Las arepas se hacen con cacao.

7. El aguacate es un ingrediente del cóctel de camarones.

8. En España hacen una tortilla con papas.

 Practice more at **descubre1.vhlcentral.com**.

La comida

el banano (Col.), el cambur (Ven.), el guineo (Nic.), el plátano (Amér. L., Esp.)	la banana
el choclo (Amér. S.), el elote (Méx.), el jojoto (Ven.), la mazorca (Esp.)	*corncob*
las caraotas (Ven.), los porotos (Amér. S.), las habichuelas	los frijoles
el durazno	el melocotón
el jitomate (Méx.)	el tomate

Algunos platos típicos

○ **Ceviche peruano:** Es un plato de pescado crudo° que se marina° en jugo de limón, con sal, pimienta, cebolla y ají°. Se sirve con lechuga, maíz, camote° y papa amarilla.

○ **Gazpacho andaluz:** Es una sopa fría típica del sur de España. Se hace con verduras crudas y molidas°: tomate, ají, pepino° y ajo. También lleva pan, sal, aceite y vinagre.

○ **Sancocho colombiano:** Es una sopa de pollo, pescado o carne con plátano, maíz, zanahoria, yuca, papas, cebolla, cilantro y ajo. Se sirve con arroz blanco.

crudo *raw* se marina *is marinated* ají *pepper* camote *sweet potato* molidas *mashed* pepino *cucumber*

Ferrán Adrià: arte en la cocina°

¿Qué haces si un amigo te invita a comer croquetas líquidas o paella de Kellogg's? ¿Piensas que es una broma°? ¡Cuidado! Puedes estar perdiendo la oportunidad de cenar en el restaurante más innovador de España: **El Bulli**.

Ferrán Adrià, el dueño de El Bulli, está entre los mejores° chefs del mundo. Su éxito° se basa en su creatividad. Adrià modifica combinaciones de ingredientes y juega con contrastes de gustos y sensaciones:

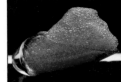

Aire de zanahorias

frío-caliente, crudo-cocido°, dulce°-salado°... Sus platos son sorprendentes° y divertidos: cócteles en forma de espuma°, salsas servidas en tubos y sorbetes salados.

Adrià también creó **Fast Good** (un restaurante de comida rápida de calidad), escribe libros de cocina y participa en programas de televisión.

cocina *kitchen* broma *joke* mejores *best* éxito *success* cocido *cooked* dulce *sweet* salado *savory* sorprendentes *surprising* espuma *foam*

Conexión Internet

¿Qué platos comen los hispanos en los Estados Unidos?

Go to **descubre1.vhlcentral.com** to find more cultural information related to this **Cultura** section.

2 **Comprensión** Empareja cada palabra con su definición.

1. fruta amarilla
2. sopa típica de Colombia
3. ingrediente del ceviche
4. restaurante español

a. gazpacho
b. El Bulli
c. sancocho
d. guineo
e. pescado

3 **¿Qué plato especial hay en tu región?** Escribe cuatro oraciones sobre un plato típico de tu región. Explica los ingredientes que contiene y cómo se sirve.

8.1 Preterite of stem-changing verbs

ANTE TODO As you learned in **Lección 6**, **–ar** and **–er** stem-changing verbs have no stem change in the preterite. **–Ir** stem-changing verbs, however, do have a stem change. Study the following chart and observe where the stem changes occur.

		servir (to serve)	**dormir** (to sleep)
Preterite of –ir stem-changing verbs			
SINGULAR FORMS	yo	serví	dormí
	tú	serviste	dormiste
	Ud./él/ella	si**r**vió	d**u**rmió
PLURAL FORMS	nosotros/as	servimos	dormimos
	vosotros/as	servisteis	dormisteis
	Uds./ellos/ellas	si**r**vieron	d**u**rmieron

▶ Stem-changing **–ir** verbs, in the preterite only, have a stem change in the third-person singular and plural forms. The stem change consists of either **e** to **i** or **o** to **u**.

(e → i) pedir: p**i**dió, p**i**dieron   (o → u) morir (to die): m**u**rió, m**u**rieron

Perdón, ¿quiénes pidieron las tortillas de maíz?

¿Y qué plato pidió usted?

¡INTÉNTALO! Cambia cada infinitivo al pretérito.

1. Yo _____serví_____. (servir, dormir, pedir, preferir, repetir, seguir)

2. Usted _____. (morir, conseguir, pedir, sentirse, despedirse, vestirse)

3. Tú _____. (conseguir, servir, morir, pedir, dormir, repetir)

4. Ellas _____. (repetir, dormir, seguir, preferir, morir, servir)

5. Nosotros _____. (seguir, preferir, servir, vestirse, despedirse, dormirse)

6. Ustedes _____. (sentirse, vestirse, conseguir, pedir, despedirse, dormirse)

7. Él _____. (dormir, morir, preferir, repetir, seguir, pedir)

recursos

v̂ **Text**

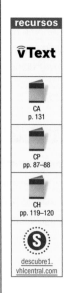

CA
p. 131

CP
pp. 87–88

CH
pp. 119–120

S

descubre1.
vhlcentral.com

Práctica

1 **Completar** Completa estas oraciones para describir lo que pasó anoche en el restaurante El Famoso.

1. Paula y Humberto Suárez llegaron al restaurante El Famoso a las ocho y _____ (seguir) al camarero a una mesa en la sección de no fumar.
2. El señor Suárez _____ (pedir) una chuleta de cerdo.
3. La señora Suárez _____ (preferir) probar los camarones.
4. De tomar, los dos _____ (pedir) vino tinto.
5. El camarero _____ (repetir) el pedido (*the order*) para confirmarlo.
6. La comida tardó mucho (*took a long time*) en llegar y los señores Suárez _____ (dormirse) esperando la comida.
7. A las nueve y media el camarero les _____ (servir) la comida.
8. Después de comer la chuleta, el señor Suárez _____ (sentirse) muy mal.
9. Pobre señor Suárez... ¿por qué no _____ (pedir) los camarones?

2 **El camarero loco** En el restaurante La Hermosa trabaja un camarero muy loco que siempre comete muchos errores. Indica lo que los clientes pidieron y lo que el camarero les sirvió.

> **modelo**
> Armando / papas fritas
> Armando pidió papas fritas, pero el camarero
> le sirvió maíz.

1. nosotros / jugo de naranja

2. Beatriz / queso

3. tú / arroz

4. Elena y Alejandro / atún

5. usted / refresco

6. yo / hamburguesa

 Practice more at **descubre1.vhlcentral.com.**

Comunicación

3

El almuerzo Trabajen en parejas. Túrnense para completar las oraciones de César de una manera lógica.

> **modelo**
>
> Mi abuelo se despertó temprano, pero yo...
> *Mi abuelo se despertó temprano, pero yo me*
> *desperté tarde.*

1. Yo llegué al restaurante a tiempo, pero mis amigos...
2. Beatriz pidió la ensalada de frutas, pero yo...
3. Yolanda les recomendó el bistec, pero Eva y Paco...
4. Nosotros preferimos las papas fritas, pero Yolanda...
5. El camarero sirvió la carne, pero yo...
6. Beatriz y yo pedimos café, pero Yolanda y Paco...
7. Eva se sintió enferma, pero Paco y yo...
8. Nosotros repetimos postre (*dessert*), pero Eva...
9. Ellos salieron tarde, pero yo...
10. Yo me dormí temprano, pero mi hermano...

¡LENGUA VIVA!

In Spanish, the verb **repetir** is used to express *to have a second helping (of something)*.

Cuando mi mamá prepara sopa de champiñones, yo siempre repito.

When my mom makes mushroom soup, I always have a second helping.

4

Entrevista Trabajen en parejas y túrnense para entrevistar a su compañero/a.

1. ¿Te acostaste tarde o temprano anoche? ¿A qué hora te dormiste? ¿Dormiste bien?
2. ¿A qué hora te despertaste esta mañana? Y ¿a qué hora te levantaste?
3. ¿A qué hora vas a acostarte esta noche?
4. ¿Qué almorzaste ayer? ¿Quién te sirvió el almuerzo?
5. ¿Qué cenaste ayer?
6. ¿Cenaste en un restaurante recientemente? ¿Con quién(es)?
7. ¿Qué pediste en el restaurante? ¿Qué pidieron los demás?
8. ¿Se durmió alguien en alguna de tus clases la semana pasada? ¿En qué clase?

Síntesis

5

Describir En grupos, estudien la foto y las preguntas. Luego, describan la cena romántica de los señores García.

▶ ¿Adónde salieron a cenar?

▶ ¿Qué pidieron?

▶ ¿Les sirvieron la comida rápidamente?

▶ ¿Les gustó la comida?

▶ ¿Cuánto costó?

▶ ¿Van a volver a este restaurante en el futuro?

▶ ¿Recomiendas el restaurante?

CONSULTA

To review words commonly associated with the preterite, such as **anoche**, see **Estructura 6.3**, p. 207.

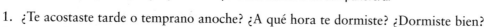

8.2 Double object pronouns

ANTE TODO In **Lecciones 5** and **6**, you learned that direct and indirect object pronouns replace nouns and that they often refer to nouns that have already been referenced. You will now learn how to use direct and indirect object pronouns together. Observe the following diagram.

Indirect Object Pronouns	Direct Object Pronouns
me nos	
te os	lo los
le (se) les (se)	la las

+

▶ When direct and indirect object pronouns are used together, the indirect object pronoun always precedes the direct object pronoun.

I.O.   D.O.
El camarero **me** muestra **el menú**. → **DOUBLE OBJECT PRONOUNS** El camarero **me lo** muestra.
The waiter shows me the menu.   *The waiter shows it to me.*

I.O.   D.O.
Nos sirven **los platos**. → **DOUBLE OBJECT PRONOUNS** **Nos los** sirven.
They serve us the dishes.   *They serve them to us.*

I.O.   D.O.
Maribel **te** pidió **una hamburguesa**. → **DOUBLE OBJECT PRONOUNS** Maribel **te la** pidió.
Maribel ordered a hamburger for you.   *Maribel ordered it for you.*

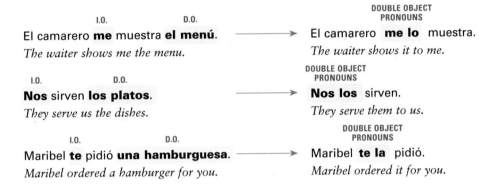

Y de tomar, les recomiendo el jugo de piña... ¿Se lo traigo a todos?

Sí, perfecto.

▶ In Spanish, two pronouns that begin with the letter **l** cannot be used together. Therefore, the indirect object pronouns **le** and **les** always change to **se** when they are used with **lo, los, la,** and **las**.

I.O.   D.O.
Le escribí **la carta**. → **DOUBLE OBJECT PRONOUNS** **Se la** escribí.
I wrote him the letter.   *I wrote it to him.*

I.O.   D.O.
Les sirvió **los sándwiches**. → **DOUBLE OBJECT PRONOUNS** **Se los** sirvió.
He served them the sandwiches.   *He served them to them.*

▶ Because **se** has multiple meanings, Spanish speakers often clarify to whom the pronoun refers by adding **a usted, a él, a ella, a ustedes, a ellos,** or **a ellas.**

¿El sombrero? Carlos **se** lo vendió **a ella.**
The hat? Carlos sold it to her.

¿Las verduras? Ellos **se** las compran **a usted.**
The vegetables? They buy them for/from you.

▶ Double object pronouns are placed before a conjugated verb. With infinitives and present participles, they may be placed before the conjugated verb or attached to the end of the infinitive or present participle.

DOUBLE OBJECT PRONOUNS
Te lo voy a mostrar.

DOUBLE OBJECT PRONOUNS
Voy a mostrár**telo**.

DOUBLE OBJECT PRONOUNS
Nos las están sirviendo.

DOUBLE OBJECT PRONOUNS
Están sirviéndo**noslas**.

¿Qué tal la comida, rica?

Sí. ¡Y nos la sirvieron tan rápidamente!

▶ As you can see above, when double object pronouns are attached to an infinitive or a present participle, an accent mark is added to maintain the original stress.

¡INTÉNTALO! Escribe el pronombre de objeto directo o indirecto que falta en cada oración.

Objeto directo

1. ¿La ensalada? El camarero nos ___*la*___ sirvió.
2. ¿El salmón? La dueña me _____ recomienda.
3. ¿La comida? Voy a preparárte_____.
4. ¿Las bebidas? Estamos pidiéndose_____.
5. ¿Los refrescos? Te _____ puedo traer ahora.
6. ¿Los platos de arroz? Van a servírnos_____ después.

Objeto indirecto

1. —¿Puedes traerme tu plato? —No, no ___*te*___ lo puedo traer.
2. —¿Quieres mostrarle la carta? —Sí, voy a mostrár_____la ahora.
3. —¿Les serviste la carne? —No, no _____ la serví.
4. —¿Vas a leerle el menú? —No, no _____ lo voy a leer.
5. —¿Me recomiendas la langosta? —Sí, _____ la recomiendo.
6. —¿Cuándo vas a prepararnos la cena? —_____ la voy a preparar en una hora.

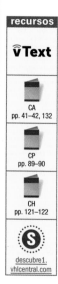

Práctica

1

Responder Imagínate que trabajas de camarero/a en un restaurante. Responde a las órdenes de estos clientes usando pronombres.

> **modelo**
>
> Sra. Gómez: Una ensalada, por favor.
>
> *Sí, señora. Enseguida (Right away) se la traigo.*

AYUDA

Here are some other useful expressions:

ahora mismo
right now

inmediatamente
immediately

¡A la orden!
At your service!

¡Ya voy!
I'm on my way!

1. Sres. López: La mantequilla, por favor.
2. Srta. Rivas: Los camarones, por favor.
3. Sra. Lugones: El pollo asado, por favor.
4. Tus compañeros/as de clase: Café, por favor.
5. Tu profesor(a) de español: Papas fritas, por favor.
6. Dra. González: La chuleta de cerdo, por favor.
7. Tu padre: Los champiñones, por favor.
8. Dr. Torres: La cuenta (*check*), por favor.

2

¿Quién? La señora Cevallos está planeando una cena. Se pregunta cómo va a resolver ciertas situaciones. En parejas, túrnense para decir lo que ella está pensando. Cambien los sustantivos subrayados por pronombres de objeto directo y hagan los otros cambios necesarios.

> **modelo**
>
> ¡No tengo carne! ¿Quién va a traerme la carne del supermercado? (mi esposo)
>
> *Mi esposo va a traérmela./Mi esposo me la va a traer.*

1. ¡Las invitaciones! ¿Quién les manda <u>las invitaciones</u> a los invitados (*guests*)? (mi hija)
2. No tengo tiempo de ir a la tienda. ¿Quién me puede comprar <u>el vinagre</u>? (mi hijo)
3. ¡Ay! No tengo suficientes platos (*plates*). ¿Quién puede prestarme <u>los platos</u> que necesito? (mi mamá)
4. Nos falta mantequilla. ¿Quién nos trae <u>la mantequilla</u>? (mi cuñada)
5. ¡Los entremeses! ¿Quién está preparándonos <u>los entremeses</u>? (Silvia y Renata)
6. No hay suficientes sillas. ¿Quién nos trae <u>las sillas</u> que faltan? (Héctor y Lorena)
7. No tengo tiempo de pedirle el aceite a Mónica. ¿Quién puede pedirle <u>el aceite</u>? (mi hijo)
8. ¿Quién va a servirles <u>la cena</u> a los invitados? (mis hijos)
9. Quiero poner buena música de fondo (*background*). ¿Quién me va a recomendar <u>la música</u>? (mi esposo)
10. ¡Los postres! ¿Quién va a preparar <u>los postres</u> para los invitados? (Sra. Villalba)

Comunicación

3

Contestar Trabajen en parejas. Túrnense para hacer preguntas y responder a ellas usando las palabras interrogativas **¿Quién?** o **¿Cuándo?** Sigan el modelo.

> *modelo*
>
> nos enseña español
>
> **Estudiante 1:** ¿Quién nos enseña español?
>
> **Estudiante 2:** La profesora Camacho nos lo enseña.

1. te puede explicar (*explain*) la tarea cuando no la entiendes
2. les vende el almuerzo a los estudiantes
3. vas a comprarme boletos (*tickets*) para un concierto
4. te escribe mensajes electrónicos
5. nos prepara los entremeses
6. me vas a prestar tu computadora
7. te compró esa bebida
8. nos va a recomendar el menú de la cafetería
9. le enseñó español al/a la profesor(a)
10. me vas a mostrar tu casa o apartamento

4

Preguntas Hazle estas preguntas a un(a) compañero/a.

> *modelo*
>
> **Estudiante 1:** ¿Les prestas tu computadora a tus amigos?
>
> **Estudiante 2:** No, no se la presto a mis amigos porque no son muy responsables.

1. ¿Me prestas tu chaqueta? ¿Ya le prestaste tu chaqueta a otro/a amigo/a?
2. ¿Quién te presta dinero cuando lo necesitas?
3. ¿Les prestas dinero a tus amigos? ¿Por qué?
4. ¿Nos compras el almuerzo a mí y a los otros compañeros de clase?
5. ¿Les mandas correo electrónico a tus amigos? ¿Y a tu familia?
6. ¿Les das regalos a tus amigos? ¿Cuándo?
7. ¿Quién te va a preparar la cena esta noche?
8. ¿Quién te va a preparar el desayuno mañana?

Síntesis

5

Regalos de Navidad (*Christmas gifts*) Tu profesor(a) te va a dar a ti y a un(a) compañero/a una parte de la lista de los regalos de Navidad que Berta pidió y los regalos que sus parientes le compraron. Conversen para completar sus listas.

> *modelo*
>
> **Estudiante 1:** ¿Qué le pidió Berta a su mamá?
>
> **Estudiante 2:** Le pidió una computadora. ¿Se la compró?
>
> **Estudiante 1:** Sí, se la compró.

8.3 Comparisons

ANTE TODO   Spanish and English use comparisons to indicate which of two people or things has a lesser, equal, or greater degree of a quality.

Comparisons

menos interesante	**más grande**	**tan sabroso como**
less interesting	*bigger*	*as delicious as*

Comparisons of inequality

▶ Comparisons of inequality are formed by placing **más** (*more*) or **menos** (*less*) before adjectives, adverbs, and nouns and **que** (*than*) after them.

$$\text{más/menos} + \begin{bmatrix} adjective \\ adverb \\ noun \end{bmatrix} + \text{que}$$

▶ **¡Atención!** Note that while English has a comparative form for short adjectives (*taller*), such forms do not exist in Spanish (**más** alto).

adjectives

Los bistecs son **más caros que** el pollo.
Steaks are more expensive than chicken.

Estas uvas son **menos ricas que** esa pera.
These grapes are less tasty than that pear.

adverbs

Me acuesto **más tarde que** tú.
I go to bed later than you (do).

Luis se despierta **menos temprano que** yo.
Luis wakes up less early than I (do).

nouns

Juan prepara **más platos que** José.
Juan prepares more dishes than José (does).

Susana come **menos carne que** Enrique.
Susana eats less meat than Enrique (does).

Tengo más hambre que un elefante.

El lomo a la plancha es un poquito más caro pero es sabrosísimo.

▶ When the comparison involves a numerical expression, **de** is used before the number instead of **que**.

Hay más **de** cincuenta naranjas.
There are more than fifty oranges.

Llego en menos **de** diez minutos.
I'll be there in less than ten minutes.

▶ With verbs, this construction is used to make comparisons of inequality.

$$\begin{bmatrix} verb \end{bmatrix} + \text{más/menos que}$$

Mis hermanos **comen más que** yo.
My brothers eat more than I (do).

Arturo **duerme menos que** su padre.
Arturo sleeps less than his father (does).

Comparisons of equality

▶ This construction is used to make comparisons of equality.

> **tan** + [*adjective* / *adverb*] + **como**   **tanto/a(s)** + [*singular noun* / *plural noun*] + **como**

¿Qué tal tu ceviche?

La comida es tan buena como en España.

▶ **¡Atención!** Note that **tanto** acts as an adjective and therefore agrees in number and gender with the noun it modifies.

Este plato es **tan rico como** aquél.
This dish is as tasty as that one (is).

Yo probé **tantos platos como** él.
I tried as many dishes as he did.

▶ **Tan** and **tanto** can also be used for emphasis, rather than to compare, with these meanings: **tan** *so*, **tanto** *so much*, **tantos/as** *so many*.

¡Tu almuerzo es **tan** grande!
Your lunch is so big!

¡Comes **tantas** manzanas!
You eat so many apples!

¡Comes **tanto**!
You eat so much!

¡Preparan **tantos** platos!
They prepare so many dishes!

▶ Comparisons of equality with verbs are formed by placing **tanto como** after the verb. Note that in this construction **tanto** does not change in number or gender.

> [*verb*] + **tanto como**

Tú viajas **tanto como** mi tía.
You travel as much as my aunt (does).

Ellos hablan **tanto como** mis hermanas.
They talk as much as my sisters.

Estudiamos tanto como ustedes.
We study as much as you (do).

No **descanso tanto como** Felipe.
I don't rest as much as Felipe (does).

Irregular comparisons

▶ Some adjectives have irregular comparative forms.

Irregular comparative forms			
Adjective		**Comparative form**	
bueno/a	*good*	**mejor**	*better*
malo/a	*bad*	**peor**	*worse*
grande	*big*	**mayor**	*bigger*
pequeño/a	*small*	**menor**	*smaller*
joven	*young*	**menor**	*younger*
viejo/a	*old*	**mayor**	*older*

CONSULTA

To review how descriptive adjectives like **bueno**, **malo**, and **grande** shorten before nouns, see **Estructura 3.1**, p. 90.

▶ When **grande** and **pequeño/a** refer to age, the irregular comparative forms, **mayor** and **menor**, are used. However, when these adjectives refer to size, the regular forms, **más grande** and **más pequeño/a**, are used.

Yo soy **menor** que tú.
I'm younger than you.

Pedí un plato **más pequeño**.
I ordered a smaller dish.

El médico es **mayor** que Isabel.
The doctor is older than Isabel.

La ensalada de Inés es **más grande** que ésa.
Inés's salad is bigger than that one.

▶ The adverbs **bien** and **mal** have the same irregular comparative forms as the adjectives **bueno/a** and **malo/a**.

Julio nada **mejor** que los otros chicos.
Julio swims better than the other boys.

Ellas cantan **peor** que las otras chicas.
They sing worse than the other girls.

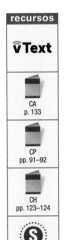

recursos

vText

CA
p. 133

CP
pp. 91–92

CH
pp. 123–124

S
descubre1.
vhlcentral.com

¡INTÉNTALO! Escribe el equivalente de las palabras en inglés.

1. Ernesto mira más televisión ___que___ (*than*) Alberto.
2. Tú eres _____ (*less*) simpático que Federico.
3. La camarera sirve _____ (*as much*) carne como pescado.
4. Conozco _____ (*more*) restaurantes que tú.
5. No estudio _____ (*as much as*) tú.
6. ¿Sabes jugar al tenis tan bien _____ (*as*) tu hermana?
7. ¿Puedes beber _____ (*as many*) refrescos como yo?
8. Mis amigos parecen _____ (*as*) simpáticos como ustedes.

Práctica

1

Escoger Escoge la palabra correcta para comparar a dos hermanas muy diferentes. Haz los cambios necesarios.

1. Lucila es más alta y más bonita ___*que*___ Tita. (de, más, menos, que)
2. Tita es más delgada porque come ___*mas*___ verduras que su hermana. (de, más, menos, que)
3. Lucila es más ___*simpat*___ que Tita porque es alegre. (listo, simpático, bajo)
4. A Tita le gusta comer en casa. Va a ___*menos*___ restaurantes que su hermana. (más, menos, que) Es tímida, pero activa. Hace ___*mas*___ ejercicio (*exercise*) que su hermana. (más, tanto, menos) Todos los días toma más ___*de*___ cinco vasos (*glasses*) de agua mineral. (que, tan, de)
5. Lucila come muchas papas fritas y se preocupa ___*menos*___ que Tita por comer frutas. (de, más, menos) Son ___*tan*___ diferentes, pero se llevan (*they get along*) bien. (como, tan, tanto)

2

Emparejar Completa las oraciones de la columna A con información de la columna B para comparar a Mario y a Luis, los novios de Lucila y Tita.

A

1. Mario es ___*tan interesante*___ como Luis.
2. Mario viaja tanto ___*como*___ Luis.
3. Luis toma ___*tantas*___ clases de cocina (*cooking*) como Mario.
4. Luis habla ___*francés*___ tan bien como Mario.
5. Mario tiene tantos ___*amigos extranjeros*___ como Luis.
6. ¡Qué casualidad (*coincidence*)! Mario y Luis también son hermanos, pero no hay tanta ___*diferencia*___ entre ellos como entre Lucila y Tita.

B

tantas
diferencia
tan interesante
amigos extranjeros
como
francés

3

Oraciones Combina elementos de las columnas A, B y C para hacer comparaciones. Escribe oraciones completas.

modelo

Arnold Schwarzenegger tiene tantos autos como Jennifer Aniston.
Jennifer Aniston es menos musculosa que Arnold Schwarzenegger.

A	**B**	**C**
la comida japonesa	costar	la gente de Los Ángeles
el fútbol	saber	la música *country*
Arnold Schwarzenegger	ser	el brócoli
el pollo	tener	el presidente de los EE.UU.
la gente de Nueva York	¿?	la comida italiana
la primera dama (*lady*) de los EE.UU.		el hockey
las escuelas privadas		Jennifer Aniston
las espinacas		las escuelas públicas
la música rap		la carne de res

 Practice more at **descubre1.vhlcentral.com**.

Comunicación

4

Intercambiar En parejas, hagan comparaciones sobre diferentes cosas. Pueden usar las sugerencias de la lista u otras ideas.

modelo

Estudiante 1: Los pollos de *Pollitos del Corral* son muy ricos.
Estudiante 2: Pues yo creo que los pollos de *Rostipollos* son tan buenos como los pollos de *Pollitos del Corral.*
Estudiante 1: Mmm… no tienen tanta mantequilla como los pollos de *Pollitos del Corral.* Tienes razón. Son muy sabrosos.

restaurantes en tu ciudad/pueblo
cafés en tu comunidad
tiendas en tu ciudad/pueblo

periódicos en tu ciudad/pueblo
revistas favoritas
libros favoritos

comidas favoritas
los profesores
las clases que toman

5

Conversar En grupos, túrnense para hacer comparaciones entre ustedes mismos (*yourselves*) y una persona de cada categoría de la lista.

▶ una persona de tu familia

▶ un(a) amigo/a especial

▶ una persona famosa

Síntesis

6

La familia López En grupos, túrnense para hablar de Sara, Sabrina, Cristina, Ricardo y David y hacer comparaciones entre ellos.

modelo

Estudiante 1: Sara es tan alta como Sabrina.
Estudiante 2: Sí, pero David es más alto que ellas.
Estudiante 3: En mi opinión, él es guapo también.

8.4 Superlatives

 **ANTE TODO**   Both English and Spanish use superlatives to express the highest or lowest degree of a quality.

el/la mejor	**el/la peor**	**la más alta**
the best	*the worst*	*the tallest*

▶ This construction is used to form superlatives. Note that the noun is always preceded by a definite article and that **de** is equivalent to the English *in* or *of*.

$$\text{el/la/los/las} + \boxed{noun} + \textbf{más/menos} + \boxed{adjective} + \textbf{de}$$

▶ The noun can be omitted if the person, place, or thing referred to is clear.

¿El restaurante El Cráter?
  Es **el más elegante** de la ciudad.
The El Cráter restaurant?
  It's the most elegant (one) in the city.

Recomiendo el pollo asado.
  Es **el más sabroso** del menú.
I recommend the roast chicken.
  It's the most delicious on the menu.

▶ Here are some irregular superlative forms.

Irregular superlatives

Adjective		Superlative form	
bueno/a	*good*	**el/la mejor**	*(the) best*
malo/a	*bad*	**el/la peor**	*(the) worst*
grande	*big*	**el/la mayor**	*(the) biggest*
pequeño/a	*small*	**el/la menor**	*(the) smallest*
joven	*young*	**el/la menor**	*(the) youngest*
viejo/a	*old*	**el/la mayor**	*(the) eldest*

▶ The absolute superlative is equivalent to *extremely, super,* or *very*. To form the absolute superlative of most adjectives and adverbs, drop the final vowel, if there is one, and add **-ísimo/a(s)**.

malo ⟶ **mal-** ⟶ **malísimo**

¡El bistec está **malísimo**!

mucho ⟶ **much-** ⟶ **muchísimo**

Comes **muchísimo**.

▶ Note these spelling changes.

rico ⟶ **riquísimo**   **largo** ⟶ **larguísimo**   **feliz** ⟶ **felicísimo**

fácil ⟶ **facilísimo**   **joven** ⟶ **jovencísimo**   **trabajador** ⟶ **trabajadorcísimo**

¡ATENCIÓN!

While **más** alone means *more*, after **el, la, los** or **las**, it means *most*. Likewise, **menos** can mean *less* or *least*.

Es **el café más rico del** país.

It's the most delicious coffee in the country.

Es **el menú menos caro de** todos éstos.

It is the least expensive menu of all of these.

CONSULTA

The rule you learned in **Estructura 8.3** (p. 283) regarding the use of **mayor/menor** with age, but not with size, is also true with superlative forms.

recursos

v̄ Text

CA
pp. 43, 134

CP
pp. 93–94

CH
pp. 125–126

descubre1.
vhlcentral.com

¡INTÉNTALO!   Escribe el equivalente de las palabras en inglés.

1. Marisa es <u>la más inteligente</u> *(the most intelligent)* de todas.
2. Ricardo y Tomás son <u>los menos aburridos</u> *(the least boring)* de la fiesta.
3. Miguel y Antonio son <u>los peores</u> *(the worst)* estudiantes de la clase.
4. Mi profesor de biología es <u>el mayor</u> *(the oldest)* de la escuela.

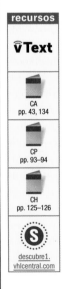

Práctica y Comunicación

1 **El más...** Responde a las preguntas afirmativamente. Usa las palabras en paréntesis.

> **modelo**
> El cuarto está sucísimo, ¿no? (casa)
> *Sí, es el más sucio de la casa.*

1. El almacén Velasco es buenísimo, ¿no? (centro comercial) *Si, es el mejoR de el centro comercia*
2. La silla de tu madre es comodísima, ¿no? (casa) *Si, es la más comoda de la casa*
3. Ángela y Julia están nerviosísimas por el examen, ¿no? (clase) *Si Angela y Julia estan las mas nerviosas de la clase*
4. Jorge es jovencísimo, ¿no? (mis amigos)
   Si, Jorge es el menoR de mis amigos

2 **Completar** Tu profesor(a) te va a dar una hoja de actividades con descripciones de José Valenzuela Carranza y Ana Orozco Hoffman. Completa las oraciones con las palabras de la lista.

altísima	del	mejor	peor
atlética	la	menor	periodista
bajo	más	guapísimo	trabajadorcísimo
de	mayor	Orozco	Valenzuela

1. José tiene 22 años; es el _menoR_ y el más _bajo_ de su familia.
   Es _guapismo_ y _trabajadorcisim_ Es el mejor _periodista_ de la ciudad
   y el _peor_ jugador de baloncesto.
2. Ana es la más _atletica_ y _la_ mejor jugadora de baloncesto
   del estado. Es la _____ de sus hermanos (tiene 28 años) y es
   altisima. Estudió la profesión _mas_ difícil _de_ _____
   todas: medicina.
3. Jorge es el _mayor_ jugador de videojuegos de su familia.
4. Mauricio es el menor de la familia _Orozco_.
5. El abuelo es el _mayor_ de todos los miembros de la familia Valenzuela.
6. Fifí es la perra más antipática _del_ mundo.

3 **Superlativos** Trabajen en parejas para hacer comparaciones. Usen el superlativo.

> **modelo**
> Angelina Jolie, Bill Gates, Jimmy Carter
> **Estudiante 1:** *Bill Gates es el más rico de los tres.*
> **Estudiante 2:** *Sí, ¡es riquísimo! Y Jimmy Carter es el mayor de los tres.*

1. Guatemala, Argentina, España
2. Jaguar, Hummer, Mini Cooper
3. la comida mexicana, la comida francesa, la comida árabe
4. Paris Hilton, Meryl Streep, Katie Holmes
5. Ciudad de México, Buenos Aires, Nueva York
6. *Don Quijote de la Mancha, Cien años de soledad, Como agua para chocolate*
7. el fútbol americano, el golf, el béisbol
8. las películas románticas, las películas de acción, las películas cómicas

 Practice more at **descubre1.vhlcentral.com.**

Recapitulación

Repaso
Diagnostics

Completa estas actividades para repasar los conceptos de gramática que aprendiste en esta lección.

1 Completar Completa la tabla con la forma correcta del pretérito. **9 pts.**

Infinitive	yo	usted	ellos
dormir			
servir			
vestirse			

2 La cena Completa la conversación con el pretérito de los verbos. **7 pts.**

PAULA ¡Hola, Daniel! ¿Qué tal el fin de semana?

DANIEL Muy bien. Marta y yo (1) _____ (conseguir) hacer muchas cosas, pero lo mejor fue la cena del sábado.

PAULA Ah, ¿sí? ¿Adónde fueron?

DANIEL Al restaurante Vistahermosa. Es elegante, así que (nosotros) (2) _____ (vestirse) bien.

PAULA Y ¿qué platos (3) _____ (pedir, ustedes)?

DANIEL Yo (4) _____ (pedir) camarones y Marta (5) _____ (preferir) el pollo. Y al final, el camarero nos (6) _____ (servir) flan.

PAULA ¡Qué rico!

DANIEL Sí. Pero después de la cena Marta no (7) _____ (sentirse) bien.

3 Camareros Genaro y Úrsula son camareros en un restaurante. Usa pronombres para completar la conversación que tienen con su jefe. **8 pts.**

JEFE Úrsula, ¿le ofreciste agua fría al cliente de la mesa 22?

ÚRSULA Sí, (1) _____ de inmediato.

JEFE Genaro, ¿los clientes de la mesa 5 te pidieron ensaladas?

GENARO Sí, (2) _____.

ÚRSULA Genaro, ¿recuerdas si ya me mostraste los vinos nuevos?

GENARO Sí, ya (3) _____.

JEFE Genaro, ¿van a pagarte la cuenta (*bill*) los clientes de la mesa 5?

GENARO Sí, (4) _____ ahora mismo.

RESUMEN GRAMATICAL

8.1 Preterite of stem-changing verbs *p. 274*

servir	dormir
serví	dormí
serviste	dormiste
sirvió	durmió
servimos	dormimos
servisteis	dormisteis
sirvieron	durmieron

8.2 Double object pronouns *pp. 277–278*

Indirect Object Pronouns: **me, te, le (se), nos, os, les (se)**

Direct Object Pronouns: **lo, la, los, las**

Le escribí la carta. → **Se la escribí.**

Nos van a servir los platos. → **Nos los van a servir./** Van a servír**noslos.**

8.3 Comparisons *pp. 281–283*

Comparisons of inequality		
más/menos +	*adj., adv., n.*	**+ que**
verb + **más/menos + que**		

Comparisons of equality		
tan +	*adj., adv.*	**+ como**
tanto/a(s) +	*noun*	**+ como**
verb + **tanto como**		

Irregular comparative forms	
bueno/a	mejor
malo/a	peor
grande	mayor
pequeño/a	menor
joven	menor
viejo/a	mayor

4 **El menú** Observa el menú y sus características. Completa las oraciones basándote en los elementos dados. Usa comparativos y superlativos. **14 pts.**

Ensaladas	*Precio*	*Calorías*
Ensalada de tomates	$9.00	170
Ensalada de mariscos	$12.99	325
Ensalada de zanahorias	$9.00	200
Platos principales		
Pollo con champiñones	$13.00	495
Cerdo con papas	$10.50	725
Atún con espárrágos	$18.95	495

1. ensalada de mariscos / otras ensaladas / costar
   La ensalada de mariscos _____ las otras ensaladas.
2. pollo con champiñones / cerdo con papas / calorías
   El pollo con champiñones tiene _____ el cerdo con papas.
3. atún con espárragos / pollo con champiñones / calorías
   El atún con espárragos tiene _____ el pollo con champiñones.
4. ensalada de tomates / ensalada de zanahorias / caro
   La ensalada de tomates es _____ la ensalada de zanahorias.
5. cerdo con papas / platos principales / caro
   El cerdo con papas es _____ los platos principales.
6. ensalada de zanahorias / ensalada de tomates / costar
   La ensalada de zanahorias _____ la ensalada de tomates.
7. ensalada de mariscos / ensaladas / caro
   La ensalada de mariscos es _____ las ensaladas.

8.4 **Superlatives** *p. 286*

el/la/ los/las +	*noun*	+ **más/ menos +**	*adjective*	+ **de**

▶ Irregular superlatives follow the same pattern as irregular comparatives.

5 **Dos restaurantes** ¿Cuál es el mejor restaurante que conoces? ¿Y el peor? Escribe un párrafo de por lo menos (*at least*) seis oraciones donde expliques por qué piensas así. Puedes hablar de la calidad de la comida, el ambiente, los precios, el servicio, etc. **12 pts.**

6 **Adivinanza** Completa la adivinanza y adivina la respuesta. **¡2 puntos EXTRA!**

66 En el campo yo nací°,
mis hermanos son
los _____ (*garlic, pl.*),
y aquél que llora° por mí
me está partiendo°
en pedazos° **99**.
¿Quién soy? _____

nací *was born* llora *cries* partiendo *cutting* pedazos *pieces*

 Practice more at **descubre1.vhlcentral.com.**

Lectura

Antes de leer

Estrategia

Reading for the main idea

As you know, you can learn a great deal about a reading selection by looking at the format and looking for cognates, titles, and subtitles. You can skim to get the gist of the reading selection and scan it for specific information. Reading for the main idea is another useful strategy; it involves locating the topic sentences of each paragraph to determine the author's purpose for writing a particular piece. Topic sentences can provide clues about the content of each paragraph, as well as the general organization of the reading. Your choice of which reading strategies to use will depend on the style and format of each reading selection.

Examinar el texto

En esta sección tenemos dos textos diferentes. ¿Qué estrategias puedes usar para leer la crítica culinaria°? ¿Cuáles son las apropiadas para familiarizarte con el menú? Utiliza las estrategias más eficaces° para cada texto. ¿Qué tienen en común? ¿Qué tipo de comida sirven en el restaurante?

Identificar la idea principal

Lee la primera frase de cada párrafo de la crítica culinaria del restaurante **La feria del maíz**. Apunta° el tema principal de cada párrafo. Luego lee todo el primer párrafo. ¿Crees que el restaurante le gustó al autor de la crítica culinaria? ¿Por qué? Ahora lee la crítica entera. En tu opinión, ¿cuál es la idea principal de la crítica? ¿Por qué la escribió el autor? Compara tus opiniones con las de un(a) compañero/a.

crítica culinaria *restaurant review* eficaces *efficient* Apunta *Jot down*

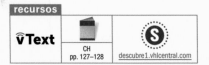

M E N Ú

Entremeses

Tortilla servida con
• Ajiaceite (chile, aceite)   • Ajicomino (chile, comino)

Pan tostado servido con
• Queso frito a la pimienta   • Salsa de ajo y mayonesa

Sopas

• Tomate   • Cebolla   • Verduras   • Pollo y huevo
• Carne de res   • Mariscos

Entradas

Tomaticán
(tomate, papas, maíz, chile, arvejas y zanahorias)

Tamales
(maíz, azúcar, ajo, cebolla)

Frijoles enchilados
(frijoles negros, carne de cerdo o de res, arroz, chile)

Chilaquil
(tortilla de maíz, queso, hierbas y chile)

Tacos
(tortillas, pollo, verduras y salsa)

Cóctel de mariscos
(camarones, langosta, vinagre, sal, pimienta, aceite)

Postres°

• Plátanos caribeños   • Cóctel de frutas al ron°
• Uvate (uvas, azúcar de caña y ron)   • Flan napolitano
• Helado° de piña y naranja   • Pastel° de yogur

Después de leer

Preguntas 🖉 S

En parejas, contesten estas preguntas sobre la crítica culinaria de **La feria del maíz**.

1. ¿Quién es el dueño y chef de **La feria del maíz**?

2. ¿Qué tipo de comida se sirve en el restaurante?

3. ¿Cuál es el problema con el servicio?

4. ¿Cómo es el ambiente del restaurante?

5. ¿Qué comidas probó el autor?

6. ¿Quieren ir ustedes al restaurante **La feria del maíz**? ¿Por qué?

23F

Gastronomía

Por Eduardo Fernández

La feria del maíz

Sobresaliente°. En el nuevo restaurante **La feria del maíz** va a encontrar la perfecta combinación entre la comida tradicional y el encanto° de la vieja ciudad de Antigua. Ernesto Sandoval, antiguo jefe de cocina° del famoso restaurante **El fogón**, está teniendo mucho éxito° en su nueva aventura culinaria.

El gerente°, el experimentado José Sierra, controla a la perfección la calidad del servicio. El camarero que me atendió esa noche fue muy amable en todo momento. Sólo hay que comentar que,

---

La feria del maíz
13 calle 4-41 Zona 1
La Antigua, Guatemala
2329912

lunes a sábado
10:30am-11:30pm
domingo 10:00am-10:00pm

Comida ||||||

Servicio |||

Ambiente ||||

Precio |||

---

debido al éxito inmediato de **La feria del maíz**, se necesitan más camareros para atender a los clientes de una forma más eficaz. En esta ocasión, el mesero se

---

tomó unos veinte minutos en traerme la bebida.

Afortunadamente, no me importó mucho la espera entre plato y plato, pues el ambiente es tan agradable que me sentí como en casa. El restaurante mantiene el estilo colonial de Antigua. Por dentro°, el estilo es elegante y rústico a la vez. Cuando el tiempo lo permite, se puede comer también en el patio, donde hay muchas flores.

El servicio de camareros y el ambiente agradable del local pasan a un segundo plano cuando llega la comida, de una calidad extraordinaria. Las tortillas de casa se sirven con un

---

ajiaceite delicioso. La sopa de mariscos es excelente y los tamales, pues, tengo que confesar que son mejores que los de mi abuelita. También recomiendo los tacos de pollo, servidos con un mole buenísimo. De postre, don Ernesto me preparó su especialidad, unos plátanos caribeños sabrosísimos.

Los precios pueden parecer altos° para una comida tradicional, pero la calidad de los productos con que se cocinan los platos y el exquisito ambiente de **La feria del maíz** le garantizan° una experiencia inolvidable°.

Bebidas

- Cerveza negra
- Chilate (bebida de maíz, chile y cacao)
- Jugos de fruta
- Agua mineral
- Té helado
- Vino tinto/blanco
- Ron

Postres *Desserts* ron *rum* Helado *Ice cream* Pastel *Cake* Sobresaliente *Outstanding* encanto *charm* jefe de cocina *head chef* éxito *success* gerente *manager* Por dentro *Inside* altos *high* garantizan *guarantee* inolvidable *unforgettable*

Un(a) guía turístico/a

Tú eres un(a) guía turístico/a en Guatemala. Estás en el restaurante **La feria del maíz** con un grupo de turistas norteamericanos. Ellos no hablan español y quieren pedir de comer, pero necesitan tu ayuda. Lee nuevamente el menú e indica qué error comete cada turista.

1. La señora Johnson es diabética y no puede comer azúcar. Pide sopa de verduras y tamales. No pide nada de postre.

2. Los señores Petit son vegeterianos y piden sopa de tomate, frijoles enchilados y plátanos caribeños.

3. El señor Smith, que es alérgico al chocolate, pide tortilla servida con ajiaceite, chilaquil y chilate para beber.

4. La adorable hija del señor Smith tiene sólo cuatro años y le gustan mucho las verduras y las frutas naturales. Su papá le pide tomaticán y un cóctel de frutas.

5. La señorita Jackson está a dieta y pide uvate, flan napolitano y helado.

Practice more at **descubre1.vhlcentral.com.**

Escritura

Estrategia

Expressing and supporting opinions

Written reviews are just one of the many kinds of writing which require you to state your opinions. In order to convince your reader to take your opinions seriously, it is important to support them as thoroughly as possible. Details, facts, examples, and other forms of evidence are necessary. In a restaurant review, for example, it is not enough just to rate the food, service, and atmosphere. Readers will want details about the dishes you ordered, the kind of service you received, and the type of atmosphere you encountered. If you were writing a concert or album review, what kinds of details might your readers expect to find?

It is easier to include details that support your opinions if you plan ahead. Before going to a place or event that you are planning to review, write a list of questions that your readers might ask. Decide which aspects of the experience you are going to rate and list the details that will help you decide upon a rating. You can then organize these lists into a questionnaire and a rating sheet. Bring these forms with you to help you make your opinions and to remind you of the kinds of information you need to gather in order to support those opinions. Later, these forms will help you organize your review into logical categories. They can also provide the details and other evidence you need to convince your readers of your opinions.

Tema

Escribir una crítica

Escribe una crítica culinaria° sobre un restaurante local para el periódico de la escuela. Clasifica el restaurante, dándole de una a cinco estrellas°, y anota tus recomendaciones para futuros clientes del restaurante. Incluye tus opiniones acerca de°:

▶ La comida
   ¿Qué tipo de comida es? ¿Qué tipo de ingredientes usan?
   ¿Es de buena calidad? ¿Cuál es el mejor plato? ¿Y el peor?
   ¿Quién es el/la chef?

▶ El servicio
   ¿Es necesario esperar mucho para conseguir una mesa?
   ¿Tienen los camareros un buen conocimiento del menú?
   ¿Atienden° a los clientes con rapidez° y cortesía?

▶ El ambiente
   ¿Cómo es la decoración del restaurante?
   ¿Es el ambiente informal o elegante?
   ¿Hay música o algún tipo de entretenimiento°?
   ¿Hay un balcón? ¿Un patio?

▶ Información práctica
   ¿Cómo son los precios?
   ¿Se aceptan tarjetas de crédito?
   ¿Cuál es la dirección° y el número de teléfono?
   ¿Quién es el/la dueño/a? ¿El/La gerente?

---

crítica culinaria *restaurant review* estrellas *stars*
acerca de *about* Atienden *They take care of* rapidez *speed*
entretenimiento *entertainment* dirección *address*

Escuchar

Estrategia

Jotting down notes as you listen

Jotting down notes while you listen to a conversation in Spanish can help you keep track of the important points or details. It will help you to focus actively on comprehension rather than on remembering what you have heard.

To practice this strategy, you will now listen to a paragraph. Jot down the main points you hear.

Preparación

Según la foto, ¿quién es Ramón Acevedo? ¿Sobre qué crees que va a hablar?

Ahora escucha

Ahora escucha a Ramón Acevedo. Toma apuntes de las instrucciones que él da en los espacios en blanco.

> **Ingredientes del relleno°**

_____
_____
_____
_____
_____
_____
_____

> **Poner dentro del° pavo**

_____
_____
_____

> **Instrucciones para cocinar°**

untarlo° con _____
cubrir° con _____ de aluminio
poner en el horno° a _____ grados
por _____ horas

relleno *filling* dentro del *inside of* cocinar *to cook*
untarlo *rub it* cubrir *cover* horno *oven*

En Guatemala, el pavo relleno es un plato popular para celebrar la Navidad y el Año Nuevo.

Comprensión

Seleccionar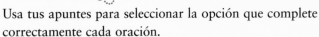

Usa tus apuntes para seleccionar la opción que complete correctamente cada oración.

1. Ramón Acevedo prepara un menú ideal para _____.
   a. una familia de tres personas b. una chica y su novio
   c. una familia de once
2. Este plato es perfecto para la persona a la que le gustan _____.
   a. los mariscos y la langosta
   b. la carne de cerdo y las papas
   c. los espárragos y los frijoles
3. Este plato es ideal para el/la cocinero/a que _____.
   a. tiene mucho tiempo b. tiene mucha prisa
   c. no tiene horno

Preguntas

En grupos de tres o cuatro, respondan a las preguntas.

1. ¿Es similar el plato que prepara Ramón Acevedo a algún plato que ustedes comen? ¿En qué es similar? ¿En qué es distinto?

2. Escriban una variación de la receta de Ramón Acevedo. Usen ingredientes interesantes. ¿Es mejor su receta que la del señor Acevedo? ¿Por qué?

En pantalla

España y la mayoría de los países de Latinoamérica tienen una producción muy abundante de frutas y verduras. Es por esto que en los hogares° hispanos se acostumbra° cocinar° con productos frescos° más que con alimentos° que vienen en latas° o frascos°. Las salsas mexicanas, el gazpacho español y el sancocho colombiano, por ejemplo, deben prepararse con ingredientes frescos para que mantengan° su sabor° auténtico.

Vocabulario útil	
Toma	*Take this*
aborrecido	*loathed*
por eso	*that's why*
recetas	*recipes*
únicas	*unique*
nunca has probado	*you have never tasted*
así	*like that*

Ordenar

Pon en orden lo que ves en el anuncio de televisión. No vas a usar dos elementos.

_____ a. sándwiches _____ e. abuelo
_____ b. nieto _____ f. pescado
_____ c. sal y pimienta _____ g. perro
_____ d. queso _____ h. tomates

Test

Responde a las preguntas. Después comparte tus respuestas con dos o tres compañeros/as para saber quién es el/la más arriesgado/a (*daring*).

1. ¿Cuál es tu plato favorito?
2. ¿Cuál es el plato más exótico que has probado (*that you have tried*)? ¿Te gustó o no?
3. ¿Qué plato exótico te gustaría (*would you like*) probar?
4. ¿Qué plato no quieres probar nunca? ¿Por qué?

hogares *homes* se acostumbra *it is customary* cocinar *to cook* frescos *fresh* alimentos *foods* latas *cans* frascos *jars* para que mantengan *so that they keep* sabor *flavor* Lo he hecho yo *I have made it myself* necesitaba renovarse *needed to renew itself*

Anuncio de Bocatta

Lo he hecho yo°,

como mi abuelo me enseñó.

El queso necesitaba renovarse°.

 Practice more at **descubre1.vhlcentral.com.**

Oye cómo va

Shery

Shery es una joven cantautora° guatemalteca° quien inició su camino° como artista desde muy pequeña. Ella y sus hermanos tenían° como pasatiempos cantar, bailar, aprenderse todas las canciones de la radio y hacer coreografías. Desde junio de 2005, cuando dio° su concierto debut como solista, logró° un éxito° fenomenal en su país natal. Su primer sencillo° *El amor es un fantasma*° logró mantenerse durante veintiséis semanas consecutivas entre las cuarenta canciones más escuchadas en Guatemala, un récord para una artista local. Este sencillo ganó premios° en la Competencia Internacional de Composición Unisong y en la Olimpiada Mundial de las Artes Escénicas, en Los Ángeles. Su primer álbum, que se llama igual° a su sencillo, salió a la venta° a principios° de 2008.

A la derecha ves un fragmento de una canción de Shery. Léelo y completa estas actividades.

Preguntas
Responde a las preguntas.
1. ¿Cuándo comenzó Shery a interesarse por la música?
2. ¿Cuándo hizo su primera presentación como solista?
3. ¿Cómo se llama su primer álbum?
4. ¿Qué artista guatemalteco tiene más visitas que Shery en MySpace?

La canción
En parejas, respondan a las preguntas.
1. ¿De qué habla la canción?
2. ¿Creen que las palabras de la canción reflejan (*reflect*) experiencias de la vida personal de Shery?
3. ¿Con qué pueden comparar el amor?
4. ¿Les gustan las canciones de amor? ¿Por qué?
5. ¿Usan Internet para leer sobre nuevos artistas? ¿A qué artistas conocieron por ese medio?

El amor es un fantasma

Ay, el amor es un fantasma,
que desgarra° mi destino,
que se niega° a morir

Ay, el amor es un fantasma
que da vueltas° en el mundo
y no quiere ya partir

Es mi herida° y cicatriz°.

Artistas hispanos en Internet
Muchos artistas hispanos tienen sus propios sitios de Internet y también cuentan con° páginas en portales° como MySpace. Estos espacios les dan la posibilidad de compartir su música con sus admiradores de forma directa. En 2006, Shery fue la segunda artista guatemalteca con más visitas en MySpace, después de Ricardo Arjona, otro famoso cantautor originario de Antigua, Guatemala.

Ricardo Arjona

cantautora *singer-songwriter* guatemalteca *Guatemalan* camino *path* tenían *had* dio *gave* logró *she achieved* éxito *success* sencillo *single* fantasma *ghost* premios *awards* igual *the same* salió a la venta *was released* a principios *at the beginning* desgarra *tears apart* se niega *refuses* da vueltas *wanders* herida *wound* cicatriz *scar* cuentan con *have* portales *sites*

Guatemala

El país en cifras

▸ **Área:** 108.890 km² (42.042 millas²),
un poco más pequeño que Tennessee
▸ **Población:** 15.869.000
▸ **Capital:** Ciudad de Guatemala—1.269.000
▸ **Ciudades principales:** Quetzaltenango,
Escuintla, Mazatenango, Puerto Barrios

SOURCE: Population Division, UN Secretariat

▸ **Moneda:** quetzal
▸ **Idiomas:** español (oficial),
lenguas mayas

*El español es la lengua de un
60 por ciento° de la población;
el otro 40 por ciento tiene una
de las lenguas mayas (cakchiquel,
quiché y kekchícomo, entre
otras) como lengua materna.
Una palabra que las lenguas
mayas tienen en común es
ixim, que significa "maíz", un
cultivo° de mucha importancia
en estas culturas.*

Bandera de Guatemala

Guatemaltecos célebres

▸ **Carlos Mérida,** pintor (1891–1984)
▸ **Miguel Ángel Asturias,** escritor (1899–1974)
▸ **Margarita Carrera,** poeta y ensayista (1929–)
▸ **Rigoberta Menchú Tum,** activista (1959–),
premio Nobel de la Paz° en 1992

por ciento *percent* cultivo *crop* Paz *Peace* telas *fabrics* tinte *dye*
aplastados *crushed* hace... destiñan *keeps the colors from running*

ESTADOS UNIDOS
OCÉANO ATLÁNTICO
GUATEMALA
OCÉANO PACÍFICO
AMÉRICA DEL SUR

Vista de una calle céntrica en la Ciudad de Guatemala

MÉXICO

Sierra de Lacandón
Río Usumacinta
Lago Petén Itzá
Río de la Pasión

BELICE

Mujeres indígenas limpiando cebollas

Sierra Madre
Quetzaltenango
Lago de Atitlán
Sierra de las Minas
Lago de Izabal
Río Motagu

★ Guatemala
Antigua Guatemala
Mazatenango
Escuintla

Iglesia de la Merced en Antigua Guatemala

EL SALVADOR

Océano Pacífico

recursos

v̄Text
CA pp. 83–84
CP pp. 95–96
Ⓢ descubre1.vhlcentral.com

¡Increíble pero cierto!

¿Qué ingrediente secreto se encuentra en las telas°
tradicionales de Guatemala? ¡El mosquito! El
excepcional tinte° de estas telas es producto de una
combinación de flores y de mosquitos aplastados°.
El insecto hace que los colores no se destiñan°.
Quizás es por esto que los artesanos representan
la figura del mosquito en muchas de sus telas.

Ciudades • **Antigua Guatemala**

Antigua Guatemala fue fundada en 1543. Fue una capital de gran importancia hasta 1773, cuando un terremoto° la destruyó. Sin embargo, conserva el carácter original de su arquitectura y hoy es uno de los centros turísticos del país. Su celebración de la Semana Santa° es, para muchas personas, la más importante del hemisferio.

Mar Caribe

Naturaleza • **El quetzal**

El quetzal simbolizó la libertad para los antiguos° mayas porque creían° que este pájaro° no podía° vivir en cautividad°. Hoy el quetzal es el símbolo nacional. El pájaro da su nombre a la moneda nacional y aparece también en los billetes° del país. Desafortunadamente, está en peligro° de extinción. Para su protección, el gobierno mantiene una reserva biológica especial.

Historia • **Los mayas**

Desde 1500 a.C., hasta 900 d.C., los mayas habitaron gran parte de lo que ahora es Guatemala. Su civilización fue muy avanzada. Los mayas fueron arquitectos y constructores de pirámides, templos y observatorios. También descubrieron° y usaron el cero antes que los europeos, e inventaron un calendario complejo° y preciso.

Golfo de Honduras

uerto rrios

Artesanía • **La ropa tradicional**

La ropa tradicional de los guatemaltecos se llama *huipil* y muestra el amor° de la cultura maya por la naturaleza. Ellos se inspiran en las flores°, plantas y animales para crear sus diseños° de colores vivos° y formas geométricas. El diseño y los colores de cada *huipil* indican el pueblo de origen y a veces también el sexo y la edad° de la persona que lo lleva.

NDURAS

¿Qué aprendiste? Responde a cada pregunta con una oración completa.

1. ¿Qué significa la palabra *ixim*?
2. ¿Quién es Rigoberta Menchú?
3. ¿Qué pájaro representa a Guatemala?
4. ¿Qué simbolizó el quetzal para los mayas?
5. ¿Cuál es la moneda nacional de Guatemala?
6. ¿De qué fueron arquitectos los mayas?
7. ¿Qué celebración de la Antigua Guatemala es la más importante del hemisferio para muchas personas?
8. ¿Qué descubrieron los mayas antes que los europeos?
9. ¿Qué muestra la ropa tradicional de los guatemaltecos?
10. ¿Qué indica un *huipil* con su diseño y sus colores?

Conexión Internet Investiga estos temas en **descubre1.vhlcentral.com.**

1. Busca información sobre Rigoberta Menchú. ¿De dónde es? ¿Qué libros publicó? ¿Por qué es famosa?
2. Estudia un sitio arqueológico en Guatemala para aprender más sobre los mayas y prepara un breve informe para tu clase.

terremoto *earthquake* Semana Santa *Holy Week* antiguos *ancient* creían *they believed* pájaro *bird* no podía *couldn't* cautividad *captivity* los billetes *bills* peligro *danger* descubrieron *they discovered* complejo *complex* amor *love* flores *flowers* diseños *designs* vivos *bright* edad *age*

 Practice more at **descubre1.vhlcentral.com.**

Las comidas

el/la camarero/a	waiter/waitress
la comida	food; meal
el/la dueño/a	owner; landlord
el menú	menu
la sección de (no) fumar	(non) smoking section
el almuerzo	lunch
la cena	dinner
el desayuno	breakfast
los entremeses	hors d'oeuvres; appetizers
el plato (principal)	(main) dish
delicioso/a	delicious
rico/a	tasty; delicious
sabroso/a	tasty; delicious

La carne y el pescado

el atún	tuna
el bistec	steak
los camarones	shrimp
la carne	meat
la carne de res	beef
la chuleta (de cerdo)	(pork) chop
la hamburguesa	hamburger
el jamón	ham
la langosta	lobster
los mariscos	shellfish
el pavo	turkey
el pescado	fish
el pollo (asado)	(roast) chicken
la salchicha	sausage
el salmón	salmon

Verbos

escoger	to choose
merendar (e:ie)	to snack
morir (o:ue)	to die
pedir (e:i)	to order (food)
probar (o:ue)	to taste; to try
recomendar (e:ie)	to recommend
saber	to taste; to know
saber a	to taste like
servir (e:i)	to serve

Las comparaciones

como	like; as
más de (+ number)	more than
más... que	more ... than
menos de (+ number)	fewer than
menos... que	less ... than
tan... como	as ... as
tantos/as... como	as many... as
tanto... como	as much... as
el/la mayor	the eldest
el/la mejor	the best
el/la menor	the youngest
el/la peor	the worst
mejor	better
peor	worse

Expresiones útiles	See page 269.

Las frutas

la banana	banana
las frutas	fruits
el limón	lemon
la manzana	apple
el melocotón	peach
la naranja	orange
la pera	pear
la uva	grape

Otras comidas

el aceite	oil
el ajo	garlic
el arroz	rice
el azúcar	sugar
los cereales	cereal; grains
el huevo	egg
la mantequilla	butter
la margarina	margarine
la mayonesa	mayonnaise
el pan (tostado)	(toasted) bread
la pimienta	black pepper
el queso	cheese
la sal	salt
el sándwich	sandwich
la sopa	soup
el vinagre	vinegar
el yogur	yogurt

Las verduras

las arvejas	peas
la cebolla	onion
el champiñón	mushroom
la ensalada	salad
los espárragos	asparagus
los frijoles	beans
la lechuga	lettuce
el maíz	corn
las papas/patatas (fritas)	(fried) potatoes; French fries
el tomate	tomato
las verduras	vegetables
la zanahoria	carrot

Las bebidas

el agua (mineral)	(mineral) water
la bebida	drink
el café	coffee
la cerveza	beer
el jugo (de fruta)	(fruit) juice
la leche	milk
el refresco	soft drink
el té (helado)	(iced) tea
el vino (blanco/tinto)	(white/red) wine

recursos

v Text

CA p. 134

descubre1.vhlcentral.com

Las fiestas

Communicative Goals

You will learn how to:

- **Express congratulations**
- **Express gratitude**
- **Ask for and pay the bill at a restaurant**

A PRIMERA VISTA

- ¿Se conocen ellos?
- ¿Cómo se sienten, alegres o tristes?
- ¿Está uno de los chicos más contento que el otro?
- ¿De qué color es su ropa?

Las fiestas

Más vocabulario

la alegría	happiness
la amistad	friendship
el amor	love
el beso	kiss
la sorpresa	surprise
el aniversario (de bodas)	(wedding) anniversary
la boda	wedding
el cumpleaños	birthday
el día de fiesta	holiday
el divorcio	divorce
el matrimonio	marriage
la Navidad	Christmas
el/la recién casado/a	newlywed
la quinceañera	young woman's fifteenth birthday celebration
cambiar (de)	to change
celebrar	to celebrate
divertirse (e:ie)	to have fun
graduarse (de/en)	to graduate (from/in)
invitar	to invite
jubilarse	to retire (from work)
nacer	to be born
odiar	to hate
pasarlo bien/mal	to have a good/bad time
reírse (e:i)	to laugh
relajarse	to relax
sorprender	to surprise
sonreír (e:i)	to smile
juntos/as	together

Variación léxica

pastel ⟷ torta (*Arg., Col., Venez.*)
comprometerse ⟷ prometerse (*Esp.*)

la pareja

el pastel de chocolate

la botella de vino

el flan de caramelo

las galletas

los postres

el champán

los dulces

brindar

el invitado

regalar

el helado

Relaciones personales

casarse (con)	to get married (to)
comprometerse (con)	to get engaged (to)
divorciarse (de)	to get divorced (from)
enamorarse (de)	to fall in love (with)
llevarse bien/mal (con)	to get along well/ badly (with)
romper (con)	to break up (with)
salir (con)	to go out (with); to date
separarse (de)	to separate (from)
tener una cita	to have a date; to have an appointment

Práctica

1

Escuchar Escucha la conversación e indica si las oraciones son **ciertas** o **falsas**.

1. A Silvia no le gusta mucho el chocolate.
2. Silvia sabe que sus amigos le van a hacer una fiesta.
3. Los amigos de Silvia le compraron un pastel de chocolate.
4. Los amigos brindan por Silvia con refrescos.
5. Silvia y sus amigos van a comer helado.
6. Los amigos de Silvia le van a servir flan y galletas.

2

Ordenar Escucha la narración y ordena las oraciones de acuerdo con los eventos de la vida de Beatriz.

_____ a. Beatriz se compromete con Roberto.

_____ b. Beatriz se gradúa.

_____ c. Beatriz sale con Emilio.

_____ d. Sus padres le hacen una gran fiesta.

_____ e. La pareja se casa.

_____ f. Beatriz nace en Montevideo.

3

Emparejar Indica la letra de la frase que mejor completa cada oración.

a. cambió de	d. nos divertimos	g. se llevan bien
b. lo pasaron mal	e. se casaron	h. sonrió
c. nació	f. se jubiló	i. tenemos una cita

1. María y sus compañeras de clase _____. Son buenas amigas.
2. Pablo y yo _____ en la fiesta. Bailamos y comimos mucho.
3. Manuel y Felipe _____ en el cine. La película fue muy mala.
4. ¡Tengo una nueva sobrina! Ella _____ ayer por la mañana.
5. Mi madre _____ profesión. Ahora es artista.
6. Mi padre _____ el año pasado. Ahora no trabaja.
7. Jorge y yo _____ esta noche. Vamos a ir a un restaurante muy elegante.
8. Jaime y Laura _____ el septiembre pasado. La boda fue maravillosa.

4

Definiciones En parejas, definan las palabras y escriban una oración para cada ejemplo.

modelo

romper (con) una pareja termina la relación
Marta rompió con su novio.

1. regalar
2. helado
3. pareja
4. invitado
5. casarse
6. pasarlo bien
7. sorpresa
8. quinceañera

Las etapas de la vida de Sergio

el nacimiento

la niñez

la adolescencia

la juventud

la madurez

la vejez

Más vocabulario	
la edad	age
el estado civil	marital status
las etapas de la vida	the stages of life
la muerte	death
casado/a	married
divorciado/a	divorced
separado/a	separated
soltero/a	single
viudo/a	widower/widow

---

5   **Las etapas de la vida** Identifica las etapas de la vida que se describen en estas oraciones.

1. Mi abuela se jubiló y se mudó (*moved*) a Viña del Mar.
2. Mi padre trabaja para una compañía grande en Santiago.
3. ¿Viste a mi nuevo sobrino en el hospital? Es precioso y ¡tan pequeño!
4. Mi abuelo murió este año.
5. Mi hermana se enamoró de un chico nuevo en la escuela.
6. Mi hermana pequeña juega con muñecas (*dolls*).

NOTA CULTURAL

Viña del Mar es una ciudad en la costa de Chile, situada al oeste de Santiago. Tiene playas hermosas, excelentes hoteles, casinos y buenos restaurantes. El poeta Pablo Neruda pasó muchos años allí.

---

6   **Cambiar** Tu hermano/a menor no entiende nada de las etapas de la vida y las relaciones personales. En parejas, túrnense para decir que las afirmaciones son falsas y corríjanlas (*correct them*), cambiando las expresiones subrayadas (*underlined*).

> **modelo**
> **Estudiante 1:** La <u>niñez</u> es cuando trabajamos mucho.
> **Estudiante 2:** No, te equivocas (*you're wrong*). La madurez es cuando trabajamos mucho.

1. <u>El nacimiento</u> es el fin de la vida.
2. <u>La juventud</u> es la etapa cuando nos jubilamos.
3. A los sesenta y cinco años, muchas personas <u>comienzan a trabajar.</u>
4. Julián y nuestra prima <u>se divorcian</u> mañana.
5. Mamá <u>odia</u> a su hermana.
6. El abuelo murió, por eso la abuela es <u>separada.</u>
7. Cuando te gradúas de la universidad, estás en la etapa de <u>la adolescencia.</u>
8. Mi tío nunca se casó; es <u>viudo.</u>

AYUDA

Other ways to contradict someone:
No es verdad.
It's not true.
Creo que no.
I don't think so.
¡Claro que no!
Of course not!
¡Qué va!
No way!

Comunicación

7

Una cena especial Planea con dos compañeros/as una cena para celebrar la graduación de tu hermano/a mayor de la escuela secundaria. Recuerda incluir la siguiente información.

1. ¿Qué tipo de cena es? ¿Dónde va a ser? ¿Cuándo va a ser?
2. ¿A cuántas personas piensan invitar? ¿A quiénes van a invitar?
3. ¿Van a pedir un menú especial? ¿Qué van a comer?
4. ¿Cuánto dinero piensan gastar? ¿Cómo van a compartir los gastos?
5. ¿Qué van a hacer todos durante la fiesta?

8

Encuesta Tu profesor(a) va a darte una hoja. Haz las preguntas de la hoja a dos o tres compañeros/as de clase para saber qué actitudes tienen en sus relaciones personales. Luego comparte los resultados de la encuesta con la clase y comenta tus conclusiones.

¡LENGUA VIVA!

While a **buen(a) amigo/a** is a *good friend*, the term **amigo/a íntimo/a** refers to a *close friend*, or a very good friend, without any romantic overtones.

Preguntas	Nombres	Actitudes
1. ¿Te importa la amistad? ¿Por qué?		
2. ¿Es mejor tener un(a) buen(a) amigo/a o muchos/as amigos/as?		
3. ¿Cuáles son las características que buscas en tus amigos/as?		
4. ¿Tienes novio/a? ¿A qué edad es posible enamorarse?		
5. ¿Deben las parejas hacer todo juntos? ¿Deben tener las mismas opiniones? ¿Por qué?		

9

Minidrama En parejas, consulten la ilustración de la página 302 y luego, usando las palabras de la lista, preparen un minidrama para representar las etapas de la vida de Sergio. Pueden ser creativos e inventar más información sobre su vida.

amor	celebrar	enamorarse	romper
boda	comprometerse	graduarse	salir
cambiar	cumpleaños	jubilarse	separarse
casarse	divorciarse	nacer	tener una cita

¡Feliz cumpleaños, Maite!

Don Francisco y los estudiantes celebran el cumpleaños de Maite en el restaurante El Cráter.

PERSONAJES

MAITE

INÉS

DON FRANCISCO

ÁLEX

JAVIER

DOÑA RITA

CAMARERO

INÉS A mí me encantan los dulces. Maite, ¿tú qué vas a pedir?

MAITE Ay, no sé. Todo parece tan delicioso. Quizás el pastel de chocolate.

JAVIER Para mí el pastel de chocolate con helado. Me encanta el chocolate. Y tú, Álex, ¿qué vas a pedir?

ÁLEX Generalmente prefiero la fruta, pero hoy creo que voy a probar el pastel de chocolate.

DON FRANCISCO Yo siempre tomo un flan y un café.

DOÑA RITA ¡Feliz cumpleaños, Maite!

INÉS ¿Hoy es tu cumpleaños, Maite?

MAITE Sí, el 22 de junio. Y parece que vamos a celebrarlo.

TODOS MENOS MAITE ¡Felicidades!

ÁLEX Yo también acabo de cumplir los veintitrés años.

MAITE ¿Cuándo?

ÁLEX El cuatro de mayo.

DOÑA RITA Aquí tienen un flan, pastel de chocolate con helado… y una botella de vino para dar alegría.

MAITE ¡Qué sorpresa! ¡No sé qué decir! Muchísimas gracias.

DON FRANCISCO El conductor no puede tomar vino. Doña Rita, gracias por todo. ¿Puede traernos la cuenta?

DOÑA RITA Enseguida, Paco.

recursos

vText

CA
pp. 67–68

descubre1.vhlcentral.com

MAITE ¡Gracias! Pero, ¿quién le dijo que es mi cumpleaños?

DOÑA RITA Lo supe por don Francisco.

ÁLEX Ayer te lo pregunté, ¡y no quisiste decírmelo! ¿Eh? ¡Qué mala eres!

JAVIER ¿Cuántos años cumples?

MAITE Veintitrés.

INÉS Creo que debemos dejar una buena propina. ¿Qué les parece?

MAITE Sí, vamos a darle una buena propina a la señora Perales. Es simpatiquísima.

DON FRANCISCO Gracias una vez más. Siempre lo paso muy bien aquí.

MAITE Muchísimas gracias, señora Perales. Por la comida, por la sorpresa y por ser tan amable con nosotros.

Expresiones útiles

Celebrating a birthday party

- **¡Feliz cumpleaños!**
  Happy birthday!
- **¡Felicidades!/¡Felicitaciones!**
  Congratulations!
- **¿Quién le dijo que es mi cumpleaños?**
  Who told you (form.) that it's my birthday?
  Lo supe por don Francisco.
  I found out through Don Francisco.
- **¿Cuántos años cumples/cumple Ud.?**
  How old are you now?
  Veintitrés.
  Twenty-three.

Asking for and getting the bill

- **¿Puede traernos la cuenta?**
  Can you bring us the bill?
- **La cuenta, por favor.**
  The bill, please.
  Enseguida, señor/señora/señorita.
  Right away, sir/ma'am/miss.

Expressing gratitude

- **¡(Muchas) gracias!**
  Thank you (very much)!
- **Muchísimas gracias.**
  Thank you very, very much.
- **Gracias por todo.**
  Thanks for everything.
- **Gracias una vez más.**
  Thanks again. (lit. Thanks one more time.)

Leaving a tip

- **Creo que debemos dejar una buena propina. ¿Qué les parece?**
  I think we should leave a good tip. What do you guys think?
  Sí, vamos a darle/dejarle una buena propina.
  Yes, let's give her/leave her a good tip.

¿Qué pasó?

1 **Completar** Completa las oraciones con la información correcta, según la **Fotonovela**.

1. De postre, don Francisco siempre pide _____.
2. A Javier le encanta _____.
3. Álex cumplió los _____ años _____.
4. Hoy Álex quiere tomar algo diferente. De postre, quiere pedir _____.
5. Los estudiantes le van a dejar _____ a doña Rita.

2 **Identificar** Identifica quién puede decir estas oraciones.

1. Gracias, doña Rita, pero no puedo tomar vino.
2. ¡Qué simpática es doña Rita! Fue tan amable conmigo.
3. A mí me encantan los dulces y los pasteles, ¡especialmente si son de chocolate!
4. Mi amigo acaba de informarme que hoy es el cumpleaños de Maite.
5. ¿Tienen algún postre de fruta? Los postres de fruta son los mejores.
6. Me parece una buena idea dejarle una buena propina a la dueña. ¿Qué piensan ustedes?

 JAVIER   **ÁLEX**

INÉS   **MAITE**

 DON FRANCISCO **DOÑA RITA**

NOTA CULTURAL

En los países hispanos los camareros no dependen tanto de **las propinas** como en los EE.UU. Por eso, en estos países no es común dejar propina, pero siempre es buena idea dejar una buena propina cuando el grupo es grande o el servicio es excepcional.

3 **Seleccionar** Selecciona algunas de las opciones de la lista para completar las oraciones.

el amor	la cuenta	la galleta	la quinceañera
el beso	día de fiesta	pedir	¡Qué sorpresa!
celebrar	el divorcio	un postre	una sorpresa

1. Maite no sabe que van a celebrar su cumpleaños porque es _____.
2. Después de una cena o un almuerzo, es normal pedir _____.
3. Inés y Maite no saben exactamente lo que van a _____ de postre.
4. Después de comer en un restaurante, tienes que pagar _____.
5. Una pareja de enamorados nunca piensa en _____.
6. Hoy no trabajamos porque es un _____.

CONSULTA

En algunos países hispanos, el cumpleaños número quince de una chica se celebra haciendo una **quinceañera**. Ésta es una fiesta en su honor y en la que es "presentada" a la sociedad. Para conocer más sobre este tema, ve a **Lectura**, p. 323.

4 **Un cumpleaños** Trabajen en grupos para representar una conversación en la que uno/a de ustedes está celebrando su cumpleaños en un restaurante.

- Una persona le desea feliz cumpleaños a su compañero/a y le pregunta cuántos años cumple.
- Cada persona del grupo le pide al/a la camarero/a un postre y algo de beber.
- Después de terminar los postres, una persona pide la cuenta.
- Otra persona habla de dejar una propina.
- El amigo que no cumple años dice que quiere pagar la cuenta.
- El/La que cumple años les da las gracias por todo.

 Practice more at **descubre1.vhlcentral.com.**

Pronunciación
The letters **h**, **j**, and **g**

helado	**hombre**	**hola**	**hermosa**

The Spanish **h** is always silent.

José	**jubilarse**	**dejar**	**pareja**

The letter **j** is pronounced much like the English *h* in *his*.

agencia	**general**	**Gil**	**Gisela**

The letter **g** can be pronounced three different ways. Before **e** or **i**, the letter **g** is pronounced much like the English *h*.

Gustavo, gracias por llamar el domingo.

At the beginning of a phrase or after the letter **n**, the Spanish **g** is pronounced like the English *g* in *girl*.

Me gradué en agosto.

In any other position, the Spanish **g** has a somewhat softer sound.

Guerra	**conseguir**	**guantes**	**agua**

In the combinations **gue** and **gui**, the **g** has a hard sound and the **u** is silent. In the combination **gua**, the **g** has a hard sound and the **u** is pronounced like the English *w*.

Práctica Lee las palabras en voz alta, prestando atención a la **h**, la **j** y la **g**.

1. hamburguesa	5. geografía	9. seguir	13. Jorge
2. jugar	6. magnífico	10. gracias	14. tengo
3. oreja	7. espejo	11. hijo	15. ahora
4. guapa	8. hago	12. galleta	16. guantes

Oraciones Lee las oraciones en voz alta, prestando atención a la **h**, la **j** y la **g**.

1. Hola. Me llamo Gustavo Hinojosa Lugones y vivo en Santiago de Chile.
2. Tengo una familia grande; somos tres hermanos y tres hermanas.
3. Voy a graduarme en mayo.
4. Para celebrar mi graduación, mis padres van a regalarme un viaje a Egipto.
5. ¡Qué generosos son!

Refranes Lee los refranes en voz alta, prestando atención a la **h**, la **j** y la **g**.

A la larga, lo más dulce amarga.[1]

El hábito no hace al monje.[2]

1 *Too much of a good thing.*
2 *The clothes don't make the man.*

recursos			
vText	CA p. 136	CH p. 133	descubre1.vhlcentral.com

S Additional Reading
Video: *Flash cultura*

EN DETALLE

Semana Santa:
vacaciones y tradición

¿Te imaginas pasar veinticuatro horas tocando un tambor° entre miles de personas? Así es como mucha gente celebra el Viernes Santo° en el pequeño pueblo de **Calanda, España**. De todas las celebraciones hispanas, la **Semana Santa°** es una de las más espectaculares y únicas.

Procesión en Sevilla, España

Semana Santa es la semana antes de Pascua°, una celebración religiosa que conmemora la Pasión de Jesucristo. Generalmente, la gente tiene unos días de vacaciones en esa semana. Algunas personas aprovechan° esos días para viajar, pero otras prefieren participar en las tradicionales celebraciones religiosas en las calles. En **Antigua**, Guatemala, hacen alfombras° de flores° y altares; también organizan Vía Crucis° y danzas. En las famosas procesiones y desfiles° religiosos de **Sevilla**, España, los fieles°

sacan a las calles imágenes religiosas. Las imágenes van encima de plataformas ricamente decoradas con abundantes flores y velas°. En la procesión, los penitentes llevan túnicas y unos sombreros cónicos que les cubren° la cara°. En sus manos llevan faroles° o velas encendidas.

Si visitas algún país hispano durante la Semana Santa, debes asistir a un desfile. Las playas pueden esperar hasta la semana siguiente.

Alfombra de flores en Antigua, Guatemala

Otras celebraciones famosas

Ayacucho, Perú: Además de alfombras de flores y procesiones, aquí hay una antigua tradición llamada "quema de la chamiza"°.

Iztapalapa, Ciudad de México: Es famoso el Vía Crucis del cerro° de la Estrella. Es una representación del recorrido° de Jesucristo con la cruz°.

Popayán, Colombia: En las procesiones "chiquitas", los niños llevan imágenes que son copias pequeñas de las que llevan los mayores.

tocando un tambor *playing a drum* Viernes Santo *Good Friday* Semana Santa *Holy Week* Pascua *Easter Sunday* aprovechan *take advantage of* alfombras *carpets* flores *flowers* Vía Crucis *Stations of the Cross* desfiles *parades* fieles *faithful* velas *candles* cubren *cover* cara *face* faroles *lamps* quema de la chamiza *burning of brushwood* cerro *hill* recorrido *route* cruz *cross*

ACTIVIDADES

1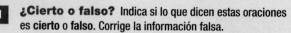

¿Cierto o falso? Indica si lo que dicen estas oraciones es **cierto** o **falso**. Corrige la información falsa.

1. La Semana Santa se celebra después de Pascua.

2. En los países hispanos, las personas tienen días libres durante la Semana Santa.

3. En los países hispanos, todas las personas asisten a las celebraciones religiosas.

4. En los países hispanos, las celebraciones se hacen en las calles.

5. El Vía Crucis de Iztapalapa es en el interior de una iglesia.

6. En Antigua y en Ayacucho es típico hacer alfombras de flores en Semana Santa.

7. Las procesiones "chiquitas" son famosas en Sevilla, España.

8. En Sevilla, sacan imágenes religiosas a las calles.

 Practice more at **descubre1.vhlcentral.com**.

Fiestas y celebraciones

la despedida de soltero/a	*bachelor(ette) party*
el día feriado/festivo	**el día de fiesta**
disfrutar	*to enjoy*
festejar	**celebrar**
los fuegos artificiales	*fireworks*
pasarlo en grande	**divertirse mucho**
la vela	*candle*

Celebraciones latinoamericanas

○ **Oruro, Bolivia** Durante el carnaval de Oruro se realiza la famosa Diablada, una antigua danza° que muestra la lucha° entre el bien y el mal: ángeles contra° demonios.

○ **Panchimalco, El Salvador** La primera semana de mayo, Panchimalco se cubre de flores y de color. También hacen el Desfile de las palmas° y bailan danzas antiguas.

○ **Quito, Ecuador** El mes de agosto es el Mes de las Artes. Danza, teatro, música, cine, artesanías° y otros eventos culturales inundan la ciudad.

○ **San Pedro Sula, Honduras** En junio se celebra la Feria Juniana. Hay comida típica, bailes, desfiles, conciertos, rodeos, exposiciones ganaderas° y eventos deportivos y culturales.

danza *dance* lucha *fight* contra *versus* palmas *palm leaves* artesanías *handcrafts* exposiciones ganaderas *cattle shows*

Festival de Viña del Mar

En 1959 unos estudiantes de **Viña del Mar,** Chile, celebraron una fiesta en una casa de campo conocida como la Quinta Vergara donde hubo° un espectáculo° musical. En 1960 repitieron el evento. Asistió tanta gente que muchos vieron el espectáculo parados° o sentados en el suelo°. Algunos se subieron a los árboles°.

Años después, se convirtió en el **Festival Internacional de la Canción**. Este evento se celebra en febrero, en el mismo lugar donde empezó. ¡Pero ahora nadie necesita subirse a un árbol para verlo! Hay un anfiteatro con capacidad para quince mil personas.

En el festival hay concursos° musicales y conciertos de artistas famosos como Daddy Yankee y Paulina Rubio.

Daddy Yankee

hubo *there was* espectáculo *show* parados *standing* suelo *floor* se subieron a los árboles *climbed trees* concursos *competitions*

Conexión Internet

¿Qué celebraciones hispanas hay en los Estados Unidos y en Canadá?

Go to **descubre1.vhlcentral.com** to find more cultural information related to this **Cultura** section.

2 **Comprensión** Responde a las preguntas.

1. ¿Cuántas personas pueden asistir al Festival de Viña del Mar hoy día?
2. ¿Qué es la Diablada?
3. ¿Qué celebran en Quito en agosto?
4. Nombra dos atracciones en la Feria Juniana de San Pedro Sula.
5. ¿Qué es la Quinta Vergara?

3 **¿Cuál es tu celebración favorita?** Escribe un pequeño párrafo sobre la celebración que más te gusta de tu comunidad. Explica cómo se llama, cuándo ocurre y cómo es.

recursos

v̂ Text

CH p. 134

descubre1.vhlcentral.com

9.1 Irregular preterites

ANTE TODO You already know that the verbs **ir** and **ser** are irregular in the preterite. You will now learn other verbs whose preterite forms are also irregular.

Preterite of tener, venir, and decir

		tener (u-stem)	venir (i-stem)	decir (j-stem)
SINGULAR FORMS	yo	tuv**e**	vin**e**	dij**e**
	tú	tuv**iste**	vin**iste**	dij**iste**
	Ud./él/ella	tuv**o**	vin**o**	dij**o**
PLURAL FORMS	nosotros/as	tuv**imos**	vin**imos**	dij**imos**
	vosotros/as	tuv**isteis**	vin**isteis**	dij**isteis**
	Uds./ellos/ellas	tuv**ieron**	vin**ieron**	dij**eron**

▶ **¡Atención!** The endings of these verbs are the regular preterite endings of **–er/–ir** verbs, except for the **yo** and **usted** forms. Note that these two endings are unaccented.

▶ These verbs observe similar stem changes to **tener, venir,** and **decir.**

INFINITIVE	U-STEM	PRETERITE FORMS
poder	pud-	pude, pudiste, pudo, pudimos, pudisteis, pudieron
poner	pus-	puse, pusiste, puso, pusimos, pusisteis, pusieron
saber	sup-	supe, supiste, supo, supimos, supisteis, supieron
estar	estuv-	estuve, estuviste, estuvo, estuvimos, estuvisteis, estuvieron

INFINITIVE	I-STEM	PRETERITE FORMS
querer	quis-	quise, quisiste, quiso, quisimos, quisisteis, quisieron
hacer	hic-	hice, hiciste, hizo, hicimos, hicisteis, hicieron

INFINITIVE	J-STEM	PRETERITE FORMS
traer	traj-	traje, trajiste, trajo, trajimos, trajisteis, trajeron
conducir	conduj-	conduje, condujiste, condujo, condujimos, condujisteis, condujeron
traducir	traduj-	traduje, tradujiste, tradujo, tradujimos, tradujisteis, tradujeron

▶ **¡Atención!** Most verbs that end in **–cir** are **j**-stem verbs in the preterite. For example, **producir → produje, produjiste,** etc.

> **Produjimos** un documental sobre los accidentes en la casa.
> *We produced a documentary about accidents in the home.*

▶ Notice that the preterites with **j**-stems omit the letter **i** in the **ustedes/ellos/ellas** form.

> Mis amigos **trajeron** comida a la fiesta.
> *My friends brought food to the party.*

> Ellos **dijeron** la verdad.
> *They told the truth.*

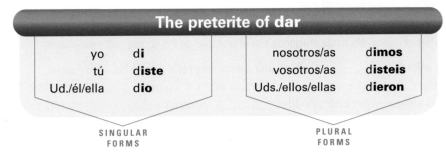

The preterite of dar

	SINGULAR FORMS		PLURAL FORMS
yo	d**i**	nosotros/as	d**imos**
tú	d**iste**	vosotros/as	d**isteis**
Ud./él/ella	d**io**	Uds./ellos/ellas	d**ieron**

▶ The endings for **dar** are the same as the regular preterite endings for **–er** and **–ir** verbs, except that there are no accent marks.

La camarera me **dio** el menú.
The waitress gave me the menu.

Le **di** a Juan algunos consejos.
I gave Juan some advice.

Los invitados le **dieron** un regalo.
The guests gave him/her a gift.

Nosotros **dimos** una gran fiesta.
We gave a great party.

▶ The preterite of **hay** (*inf.* **haber**) is **hubo** (*there was; there were*).

Doña Rita les dio una botella de vino a los viajeros.

Hubo una fiesta en el restaurante El Cráter.

recursos

v̂Text

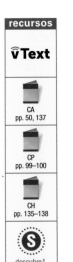

CA
pp. 50, 137

CP
pp. 99–100

CH
pp. 135–138

descubre1.
vhlcentral.com

¡INTÉNTALO! Escribe la forma correcta del pretérito de cada verbo que está entre paréntesis.

1. (querer) tú _quisiste_
2. (decir) usted _____
3. (hacer) nosotras _____
4. (traer) yo _____
5. (conducir) ellas _____
6. (estar) ella _____
7. (tener) tú _____
8. (dar) ella y yo _____
9. (traducir) yo _____
10. (haber) ayer _____
11. (saber) usted _____
12. (poner) ellos _____

13. (venir) yo _____
14. (poder) tú _____
15. (querer) ustedes _____
16. (estar) nosotros _____
17. (decir) tú _____
18. (saber) ellos _____
19. (hacer) él _____
20. (poner) yo _____
21. (traer) nosotras _____
22. (tener) yo _____
23. (dar) tú _____
24. (poder) ustedes _____

Práctica

1

Completar Completa estas oraciones con el pretérito de los verbos entre paréntesis.

1. El sábado _____ (haber) una fiesta sorpresa para Elsa en mi casa.
2. Sofía _____ (hacer) un pastel para la fiesta y Miguel _____ (traer) un flan.
3. Los amigos y parientes de Elsa _____ (venir) y _____ (traer) regalos.
4. El hermano de Elsa no _____ (venir) porque _____ (tener) que trabajar.
5. Su tía María Dolores tampoco _____ (poder) venir.
6. Cuando Elsa abrió la puerta, todos gritaron: "¡Feliz cumpleaños!" y su esposo le _____ (dar) un beso.
7. Al final de la fiesta, todos _____ (decir) que se divirtieron mucho.
8. La historia (*story*) le _____ (dar) a Elsa tanta risa (*laughter*) que no _____ (poder) dejar de reírse (*stop laughing*) durante toda la noche.

NOTA CULTURAL

El **flan** es un postre muy popular en los países de habla hispana. Se prepara con huevos, leche y azúcar y se sirve con salsa de caramelo. Existen variedades deliciosas como el flan de queso o el flan de coco.

2

Describir En parejas, usen verbos de la lista para describir lo que estas personas hicieron. Deben dar por lo menos dos oraciones por cada dibujo.

dar	estar	poner	traer
decir	hacer	tener	venir

1. el señor López

2. Norma

3. anoche nosotros

4. Roberto y Elena

Comunicación

3 **Preguntas** En parejas, túrnense para hacerse y responder a estas preguntas.

1. ¿Fuiste a una fiesta de cumpleaños el año pasado? ¿De quién?
2. ¿Quiénes fueron a la fiesta?
3. ¿Quién condujo el auto?
4. ¿Cómo estuvo la fiesta?
5. ¿Quién llevó regalos, bebidas o comida? ¿Llevaste algo especial?
6. ¿Hubo comida? ¿Quién la hizo?
7. ¿Qué regalo diste tú? ¿Qué otros regalos dieron los invitados?
8. ¿Cuántos invitados hubo en la fiesta?
9. ¿Qué tipo de música hubo?
10. ¿Qué dijeron los invitados de la fiesta?

recursos

v̂**Text**

CA
p. 50

4 **Encuesta** Tu profesor(a) va a darte una hoja de actividades. Para cada una de las actividades de la lista, encuentra a alguien que hizo esa actividad en el tiempo indicado.

> **modelo**
>
> traer dulces a clase
> **Estudiante 1:** ¿Trajiste dulces a clase?
> **Estudiante 2:** Sí, traje galletas y helado a la fiesta del fin del semestre.

NOTA CULTURAL

Halloween es una fiesta que también se celebra en algunos países hispanos, como México, por su proximidad con los Estados Unidos, pero no es parte de la cultura hispana. El Día de todos los Santos (1 de noviembre) y el Día de los Muertos (2 de noviembre) sí son celebraciones muy arraigadas (*deeply rooted*) entre los hispanos.

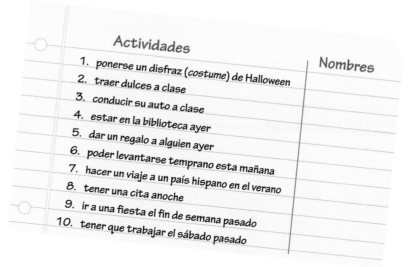

Actividades — Nombres

1. ponerse un disfraz (*costume*) de Halloween
2. traer dulces a clase
3. conducir su auto a clase
4. estar en la biblioteca ayer
5. dar un regalo a alguien ayer
6. poder levantarse temprano esta mañana
7. hacer un viaje a un país hispano en el verano
8. tener una cita anoche
9. ir a una fiesta el fin de semana pasado
10. tener que trabajar el sábado pasado

Síntesis

5 **Conversación** En parejas, preparen una conversación en la que uno/a de ustedes va a visitar a su hermano/a para explicarle por qué no fue a su fiesta de graduación y para saber cómo estuvo la fiesta. Incluyan esta información en la conversación:

- cuál fue el menú
- quiénes vinieron a la fiesta y quiénes no pudieron venir
- quiénes prepararon la comida o trajeron algo
- si él/ella tuvo que preparar algo
- lo que la gente hizo antes y después de comer
- cómo lo pasaron, bien o mal

9.2 # Verbs that change meaning in the preterite

ANTE TODO The verbs **conocer, saber, poder,** and **querer** change meanings when used in the preterite. Because of this, each of them corresponds to more than one verb in English, depending on its tense.

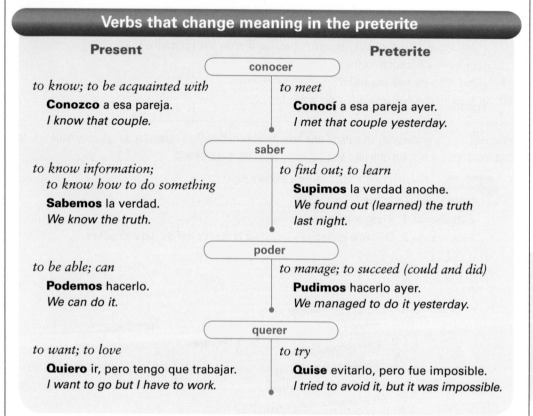

Verbs that change meaning in the preterite

Present	Preterite
conocer	
to know; to be acquainted with	*to meet*
Conozco a esa pareja.	**Conocí** a esa pareja ayer.
I know that couple.	*I met that couple yesterday.*
saber	
to know information;	*to find out; to learn*
to know how to do something	**Supimos** la verdad anoche.
Sabemos la verdad.	*We found out (learned) the truth*
We know the truth.	*last night.*
poder	
to be able; can	*to manage; to succeed (could and did)*
Podemos hacerlo.	**Pudimos** hacerlo ayer.
We can do it.	*We managed to do it yesterday.*
querer	
to want; to love	*to try*
Quiero ir, pero tengo que trabajar.	**Quise** evitarlo, pero fue imposible.
I want to go but I have to work.	*I tried to avoid it, but it was impossible.*

¡ATENCIÓN!

In the preterite, the verbs **poder** and **querer** have different meanings when they are used in affirmative or negative sentences.

pude *I succeeded*
no pude *I failed (to)*
quise *I tried (to)*
no quise *I refused (to)*

¡INTÉNTALO!   Elige la respuesta más lógica.

1. Yo no hice lo que me pidieron mis padres. ¡Tengo mis principios!
   a. No quise hacerlo.   b. No supe hacerlo.

2. Hablamos por primera vez con Nuria y Ana en la boda.
   a. Las conocimos en la boda.   b. Las supimos en la boda.

3. Por fin hablé con mi hermano después de llamarlo siete veces.
   a. No quise hablar con él.   b. Pude hablar con él.

4. Josefina se acostó para relajarse. Se durmió inmediatamente.
   a. Pudo relajarse.   b. No pudo relajarse.

5. Después de mucho buscar, encontraste la definición en el diccionario.
   a. No supiste la respuesta.   b. Supiste la respuesta.

6. Las chicas fueron a la fiesta. Cantaron y bailaron mucho.
   a. Ellas pudieron divertirse.   b. Ellas no supieron divertirse.

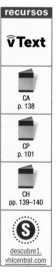

recursos

vText

CA
p. 138

CP
p. 101

CH
pp. 139–140

S
descubre1.
vhlcentral.com

Práctica

1

Carlos y Eva Forma oraciones con los siguientes elementos. Usa el pretérito y haz todos los cambios necesarios. Al final, inventa la razón del divorcio de Carlos y Eva.

1. anoche / mi esposa y yo / saber / que / Carlos y Eva / divorciarse
2. los / conocer / viaje / isla de Pascua
3. no / poder / hablar / mucho / con / ellos / ese día
4. pero / ellos / ser / simpático / y / nosotros / hacer planes / vernos / con más / frecuencia
5. yo / poder / encontrar / su / número / teléfono / páginas / amarillo
6. (yo) querer / llamar / los / ese día / pero / no / tener / tiempo
7. cuando / los / llamar / nosotros / poder / hablar / Eva
8. nosotros / saber / razón / divorcio / después / hablar / ella

NOTA CULTURAL

La isla de Pascua es un remoto territorio chileno situado en el océano Pacífico Sur. Sus inmensas estatuas son uno de los mayores misterios del mundo: nadie sabe cómo o por qué se construyeron. Para más información, véase **Panorama**, p. 329.

2 Completar Completa estas frases de una manera lógica.

1. Ayer mi compañero/a de clase supo…
2. Esta mañana no pude…
3. Conocí a mi mejor amigo/a en…
4. Mis padres no quisieron…
5. Mi mejor amigo/a no pudo…
6. Mi novio/a y yo nos conocimos en…
7. La semana pasada supe…
8. Ayer mis amigos quisieron…

Comunicación

3

Telenovela (*Soap opera*) En parejas, escriban el diálogo para una escena de una telenovela. La escena trata de una situación amorosa entre tres personas: Mirta, Daniel y Raúl. Usen el pretérito de **conocer, poder, querer** y **saber** en su diálogo.

Síntesis

4

Conversación En una hoja de papel, escribe dos listas: las cosas que hiciste durante el fin de semana y las cosas que quisiste hacer pero no pudiste. Luego, compara tu lista con la de un(a) compañero/a, y expliquen por qué no pudieron hacer esas cosas.

(9.3) ¿Qué? and ¿cuál?

ANTE TODO You've already learned how to use interrogative words and phrases. As you know, **¿qué?** and **¿cuál?** or **¿cuáles?** mean *what?* or *which?* However, they are not interchangeable.

▶ **¿Qué?** is used to ask for a definition or an explanation.

¿Qué es el flan?
What is flan?

¿Qué estudias?
What do you study?

▶ **¿Cuál(es)?** is used when there is a choice among several possibilities.

¿Cuál de los dos prefieres, las galletas o el helado?
Which of these (two) do you prefer, cookies or ice cream?

¿Cuáles son tus medias, las negras o las blancas?
Which ones are your socks, the black ones or the white ones?

▶ **¿Cuál?** cannot be used before a noun; in this case, **¿qué?** is used.

¿Qué sorpresa te dieron tus amigos?
What surprise did your friends give you?

¿Qué colores te gustan?
What colors do you like?

▶ **¿Qué?** used before a noun has the same meaning as **¿cuál?**

¿Qué regalo te gusta?
What (Which) gift do you like?

¿Qué dulces quieren ustedes?
What (Which) sweets do you want?

Review of interrogative words and phrases

¿a qué hora?	at what time?	**¿cuánto/a?**	how much?
¿adónde?	(to) where?	**¿cuántos/as?**	how many?
¿cómo?	how?	**¿de dónde?**	from where?
¿cuál(es)?	what?; which?	**¿dónde?**	where?
¿cuándo?	when?	**¿qué?**	what?; which?
		¿quién(es)?	who?

¡INTÉNTALO! Completa las preguntas con **¿qué?** o **¿cuál(es)?**, según el contexto.

1. ¿ _Cuál_ de los dos te gusta más?
2. ¿ _____ es tu teléfono?
3. ¿ _____ tipo de pastel pediste?
4. ¿ _____ es una quinceañera?
5. ¿ _____ haces ahora?
6. ¿ _____ son tus platos favoritos?
7. ¿ _____ bebidas te gustan más?
8. ¿ _____ es esto?
9. ¿ _____ es el mejor?
10. ¿ _____ es tu opinión?

11. ¿ _____ fiestas celebras tú?
12. ¿ _____ regalo prefieres?
13. ¿ _____ es tu helado favorito?
14. ¿ _____ pones en la mesa?
15. ¿ _____ restaurante prefieres?
16. ¿ _____ estudiantes estudian más?
17. ¿ _____ quieres comer esta noche?
18. ¿ _____ es la sorpresa mañana?
19. ¿ _____ postre prefieres?
20. ¿ _____ opinas?

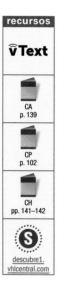

Práctica

1 **Completar** Tu clase de español va a crear un sitio web. Completa estas preguntas con palabras interrogativas. Luego, con un(a) compañero/a, hagan y contesten las preguntas para obtener la información para el sitio web.

1. ¿_____ es la fecha de tu cumpleaños?
2. ¿_____ naciste?
3. ¿_____ es tu estado civil?
4. ¿_____ te relajas?
5. ¿_____ es tu mejor amigo/a?
6. ¿_____ cosas te hacen reír?
7. ¿_____ postres te gustan? ¿_____ te gusta más?
8. ¿_____ problemas tuviste en la primera cita con alguien?

Comunicación

2 **Una invitación** En parejas, lean esta invitación. Luego, túrnense para hacer y contestar preguntas con **qué** y **cuál** basadas en la información de la invitación.

> **modelo**
>
> **Estudiante 1:** ¿Cuál es el nombre del padre de la novia?
> **Estudiante 2:** Su nombre es Fernando Sandoval Valera.

¡LENGUA VIVA!

The word **invitar** is not always used exactly like *invite*. Sometimes, if you say **Te invito a un café**, it means that you are offering to buy that person a coffee.

> Fernando Sandoval Valera   Lorenzo Vásquez Amaral
> Isabel Arzipe de Sandoval   Elena Soto de Vásquez
>
> *tienen el agrado de invitarlos*
> *a la boda de sus hijos*
>
> *María Luisa y José Antonio*
>
> *La ceremonia religiosa tendrá lugar*
> *el sábado 10 de junio a las dos de la tarde*
> *en el Templo de Santo Domingo*
> *(Calle Santo Domingo, 961).*
>
> *Después de la ceremonia, sírvanse pasar a la recepción en el salón*
> *de baile del Hotel Metrópoli (Sotero del Río, 465).*

3 **Quinceañera** Trabaja con un(a) compañero/a. Uno/a de ustedes es el/la director(a) del salón de fiestas "Renacimiento". La otra persona es el padre/la madre de Ana María, quien quiere hacer la fiesta de quinceañera de su hija sin gastar más de $25 por invitado. Su profesor(a) va a darles la información necesaria para confirmar la reservación.

> **modelo**
>
> **Estudiante 1:** ¿Cuánto cuestan los entremeses?
> **Estudiante 2:** Depende. Puede escoger champiñones por 50 centavos o camarones por dos dólares.
> **Estudiante 1:** ¡Uf! A mi hija le gustan los camarones, pero son muy caros.
> **Estudiante 2:** Bueno, también puede escoger quesos por un dólar por invitado.

recursos

v̂Text

CA
pp. 45–46

 Practice more at **descubre1.vhlcentral.com.**

9.4 Pronouns after prepositions

ANTE TODO In Spanish, as in English, the object of a preposition is the noun or pronoun that follows the preposition. Observe the following diagram.

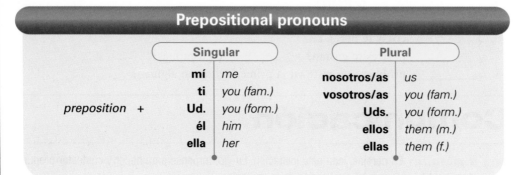

| PREPOSITION | NOUN | PREPOSITION | PRONOUN |

La sopa es para Alicia y para él.

Prepositional pronouns

Singular		Plural	
mí	me	**nosotros/as**	us
ti	you (fam.)	**vosotros/as**	you (fam.)
preposition + **Ud.**	you (form.)	**Uds.**	you (form.)
él	him	**ellos**	them (m.)
ella	her	**ellas**	them (f.)

▶ Note that, except for **mí** and **ti,** these pronouns are the same as the subject pronouns. **¡Atención!** **Mí** (*me*) has an accent mark to distinguish it from the possessive adjective **mi** (*my*).

▶ The preposition **con** combines with **mí** and **ti** to form **conmigo** and **contigo,** respectively.

—¿Quieres venir **conmigo** a Concepción?
Do you want to come with me to Concepción?

—Sí, gracias, me gustaría ir **contigo.**
Yes, thanks, I would like to go with you.

▶ The preposition **entre** is followed by **tú** and **yo** instead of **ti** and **mí.**

Papá va a sentarse **entre tú y yo.**
Dad is going to sit between you and me.

CONSULTA

For more prepositions, refer to **Estructura 2.3,** p. 60.

¡INTÉNTALO! Completa estas oraciones con las preposiciones y los pronombres apropiados.

1. *(with him)* No quiero ir ___con él___.
2. *(for her)* Las galletas son _____.
3. *(for me)* Los mariscos son _____.
4. *(with you, pl. form.)* Preferimos estar _____.
5. *(with you, sing. fam.)* Me gusta salir _____.
6. *(with me)* ¿Por qué no quieres tener una cita _____?
7. *(for her)* La cuenta es _____.
8. *(for them, m.)* La habitación es muy pequeña _____.
9. *(with them, f.)* Anoche celebré la Navidad _____.
10. *(for you, sing. fam.)* Este beso es _____.
11. *(with you, sing. fam.)* Nunca me aburro _____.
12. *(with you, pl. form.)* ¡Qué bien que vamos _____!
13. *(for you, sing. fam.)* _____ la vida es muy fácil.
14. *(for them, f.)* _____ no hay sorpresas.

recursos

v̂Text

CA p. 140

CP p. 103–104

CH p. 143

descubre1. vhlcentral.com

Práctica

1 **Completar** David sale con sus amigos a comer. Para saber quién come qué, lee el mensaje electrónico que David le envió (*sent*) a Cecilia dos días después y completa el diálogo en el restaurante con los pronombres apropiados.

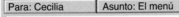

> **Camarero:** Los camarones en salsa verde, ¿para quién son?
>
> **David:** Son para _____*ella*_____.

Para: Cecilia	Asunto: El menú

Hola, Cecilia:

¿Recuerdas la comida del viernes? Quiero repetir el menú en mi casa el miércoles. Ahora voy a escribir lo que comimos, luego me dices si falta algún plato. Yo pedí el filete de pescado y Maribel camarones en salsa verde. Tatiana pidió un plato grandísimo de machas a la parmesana. Diana y Silvia pidieron langostas, ¿te acuerdas? Y tú, ¿qué pediste? Ah, sí, un bistec grande con papas. Héctor también pidió un bistec, pero más pequeño. Miguel pidió pollo y agua mineral para todos. Y la profesora comió ensalada verde porque está a dieta. ¿Falta algo? Espero tu mensaje. Hasta pronto. David.

NOTA CULTURAL

Las machas a la parmesana son un plato muy típico de Chile. Se prepara con machas, un tipo de almeja (*clam*) que se encuentra en Suramérica. Las machas a la parmesana se hacen con queso parmesano, limón, sal, pimienta y mantequilla, y luego se ponen en el horno (*oven*).

CAMARERO	El filete de pescado, ¿para quién es?
DAVID	Es para (1)_____.
CAMARERO	Aquí está. ¿Y las machas a la parmesana y las langostas?
DAVID	Las machas son para (2)_____.
SILVIA Y DIANA	Las langostas son para (3)_____.
CAMARERO	Tengo un bistec grande…
DAVID	Cecilia, es para (4)_____, ¿no es cierto? Y el bistec más pequeño es para (5)_____.
CAMARERO	¿Y la botella de agua mineral?
MIGUEL	Es para todos (6)_____, y el pollo es para (7)_____.
CAMARERO	(*a la profesora*) Entonces la ensalada verde es para (8)_____.

Comunicación

2 **Compartir** Tu profesor(a) va a darte una hoja de actividades en la que hay un dibujo. En parejas, hagan preguntas para saber dónde está cada una de las personas en el dibujo. Ustedes tienen dos versiones diferentes de la ilustración. Al final deben saber dónde está cada persona.

> **Estudiante 1:** ¿Quién está al lado de Óscar?
>
> **Estudiante 2:** Alfredo está al lado de él.

AYUDA

Here are some other useful prepositions: **al lado de, debajo de, a la derecha de, a la izquierda de, cerca de, lejos de, delante de, detrás de, entre.**

Alfredo	Dolores	Graciela	Raúl
Sra. Blanco	Enrique	Leonor	Rubén
Carlos	Sra. Gómez	Óscar	Yolanda

 Practice more at **descubre1.vhlcentral.com.**

Recapitulación

 Repaso
Diagnostics

Completa estas actividades para repasar los conceptos de gramática que aprendiste en esta lección.

1 **Completar** Completa la tabla con el pretérito de los verbos. **9 pts.**

Infinitive	yo	ella	nosotros
conducir			
hacer			
saber			

2 **Mi fiesta** Completa este mensaje electrónico con el pretérito de los verbos de la lista. Vas a usar cada verbo sólo una vez. **10 pts.**

dar	haber	tener
decir	hacer	traer
estar	poder	venir
	poner	

Hola, Omar:

Como tú no (1) _____ venir a mi fiesta de cumpleaños, quiero contarte cómo fue. El día de mi cumpleaños, muy temprano por la mañana, mis hermanos me (2) _____ una gran sorpresa: ellos (3) _____ un regalo delante de la puerta de mi habitación: ¡una bicicleta roja preciosa! Mi madre nos preparó un desayuno riquísimo. Después de desayunar, mis hermanos y yo (4) _____ que limpiar toda la casa, así que (*therefore*) no (5) _____ más celebración hasta la tarde. A las seis y media (nosotros) (6) _____ una barbacoa en el patio de la casa. Todos los invitados (7) _____ bebidas y regalos. (8) _____ todos mis amigos, excepto tú, ¡qué pena! :-(La fiesta (9) _____ muy animada hasta las diez de la noche, cuando mis padres (10) _____ que los vecinos (*neighbors*) iban a (*were going to*) protestar y entonces todos se fueron a sus casas.

Tu amigo,
Andrés

RESUMEN GRAMATICAL

9.1 **Irregular preterites** *pp. 310–311*

u-stem	estar poder poner saber tener	estuv- pud- pus- sup- tuv-	-e, -iste, -o, -imos, -isteis, -(i)eron
i-stem	hacer querer venir	hic- quis- vin-	
j-stem	conducir decir traducir traer	conduj- dij- traduj- traj-	

▶ Preterite of **dar**: di, diste, dio, dimos, disteis, dieron

▶ Preterite of **hay** (*inf.* haber): hubo

9.2 **Verbs that change meaning in the preterite** *p. 31*

Present	Preterite
conocer	
to know; *to be acquainted with*	*to meet*
saber	
to know info.; to know *how to do something*	*to find out; to learn*
poder	
to be able; can	*to manage; to succeed*
querer	
to want; to love	*to try*

9.3 **¿Qué? and ¿cuál?** *p. 316*

▶ Use **¿qué?** to ask for a definition or an explanation.

▶ Use **¿cuál(es)?** when there is a choice among several possibilities.

▶ **¿Cuál?** cannot be used before a noun; use **¿qué?** instead.

▶ **¿Qué?** used before a noun has the same meaning as **¿cuál?**

3 **¿Presente o pretérito?** Escoge la forma correcta de los verbos entre paréntesis. **6 pts.**

1. Después de muchos intentos (*tries*), (podemos/ pudimos) hacer una piñata.
2. —¿Conoces a Pepe?
   —Sí, lo (conozco/conocí) en tu fiesta.
3. Como no es de aquí, Cristina no (sabe/supo) mucho de las celebraciones locales.
4. Yo no (quiero/quise) ir a un restaurante grande, pero tú decides.
5. Ellos (quieren/quisieron) darme una sorpresa, pero Nina me lo dijo todo.
6. Mañana se terminan las clases; por fin (podemos/pudimos) divertirnos.

9.4	**Pronouns after prepositions** *p. 318*

Prepositional pronouns

	Singular	Plural
Preposition +	mí	nosotros/as
	ti	vosotros/as
	Ud.	Uds.
	él	ellos
	ella	ellas

▶ Exceptions: **conmigo, contigo, entre tú y yo**

4 **Preguntas** Escribe una pregunta para cada respuesta con los elementos dados. Empieza con **qué**, **cuál** o **cuáles** de acuerdo con el contexto y haz los cambios necesarios. **8 pts.**

1. —¿? / pastel / querer —Quiero el pastel de chocolate.
2. —¿? / ser / flan —El flan es un postre típico español.
3. —¿? / ser / restaurante favorito —Mis restaurantes favoritos son Dalí y Jaleo.
4. —¿? / ser / dirección electrónica —Mi dirección electrónica es paco@email.com.

5 **¿Dónde me siento?** Completa la conversación con los pronombres apropiados. **7 pts.**

JUAN A ver, te voy a decir dónde te vas a sentar. Manuel, ¿ves esa silla? Es para _____. Y esa otra silla es para tu novia, que todavía no está aquí.

MANUEL Muy bien, yo la reservo para _____.

HUGO ¿Y esta silla es para _____?

JUAN No, Hugo. No es para _____. Es para Carmina, que viene con Julio.

HUGO No, Carmina y Julio no pueden venir. Hablé con _____ y me lo dijeron.

JUAN Pues ellos se lo pierden (*it's their loss*). ¡Más comida para _____ (*us*)!

CAMARERO Aquí tienen el menú. Les doy un minuto y enseguida estoy con _____.

6 **Cumpleaños feliz** Escribe cinco oraciones que describan cómo celebraste tu último cumpleaños. Usa el pretérito y los pronombres que aprendiste en esta lección. **10 pts.**

7 **Poema** Completa este fragmento del poema *Elegía nocturna* de Carlos Pellicer con el pretérito de los verbos indicados. **¡2 puntos EXTRA!**

66 Ay de mi corazón° que nadie
_____ (querer) tomar de entre mis manos desoladas.
Tú _____ (venir) a mirar sus llamaradas° y le miraste arder° claro° y sereno 99.

corazón *heart* llamaradas *flames* arder *to burn* claro *clear*

 Practice more at **descubre1.vhlcentral.com.**

Lectura

Antes de leer

Estrategia

Recognizing word families

Recognizing root words can help you guess the meaning of words in context, ensuring better comprehension of a reading selection. Using this strategy will enrich your Spanish vocabulary as you will see below.

Examinar el texto

Familiarízate con el texto usando las estrategias de lectura más efectivas para ti. ¿Qué tipo de documento es? ¿De qué tratan° las cuatro secciones del documento? Explica tus respuestas.

Raíces°

Completa el siguiente cuadro° para ampliar tu vocabulario. Usa palabras de la lectura de esta lección y el vocabulario de las lecciones anteriores. ¿Qué significan las palabras que escribiste en el cuadro?

Verbo	Sustantivos	Otras formas
1. agradecer	agradecimiento/ gracias	agradecido
2. estudiar	_____	_____
3. _____	_____	celebrado
4. _____	baile	_____
5. bautizar	_____	_____

¿De qué tratan...? *What are... about?* Raíces *Roots* cuadro *chart*

Vida social

Matrimonio
Espinoza Álvarez-Reyes Salazar

El día sábado 17 de junio de 2010 a las 19 horas, se celebró el matrimonio de Silvia Reyes y Carlos Espinoza en la catedral de Santiago. La ceremonia fue oficiada por el pastor Federico Salas y participaron los padres de los novios, el señor Jorge Espinoza y señora, y el señor José Alfredo Reyes y señora. Después de la ceremonia, los padres de los recién casados ofrecieron una fiesta bailable en el restaurante La Misión.

Bautismo

José María recibió el bautismo el 26 de junio de 2010.

Sus padres, don Roberto Lagos Moreno y doña María Angélica Sánchez, compartieron la alegría de la fiesta con todos sus parientes y amigos. La ceremonia religiosa tuvo lugar° en la catedral de Aguas Blancas. Después de la ceremonia, padres, parientes y amigos celebraron una fiesta en la residencia de la familia Lagos.

Despúes de leer

Corregir

Escribe estos comentarios otra vez para corregir la información errónea.

1. El alcalde y su esposa asistieron a la boda de Silvia y Carlos.

2. Todos los anuncios° describen eventos felices.

3. Ana Ester Larenas cumple dieciséis años.

4. Roberto Lagos y María Angélica Sánchez son hermanos.

5. Carmen Godoy Tapia les dio las gracias a las personas que asistieron al funeral.

Identificar

Escribe los nombres de las personas descritas°.

1. Dejó viudo a su esposo en junio de 2010.

2. Sus padres y todos los invitados brindaron por él, pero él no entendió por qué.

3. El Club Español les presentó una cuenta considerable para pagar.

4. Unió a los novios en santo matrimonio.

5. La celebración de su cumpleaños marcó el comienzo de su vida adulta.

Un anuncio

Trabaja con dos o tres compañeros/as de clase para inventar un anuncio breve sobre una celebración importante. Esta celebración puede ser una graduación, un cumpleaños o una gran fiesta en la que ustedes participan. Incluyan la siguiente información.

1. nombres de los participantes
2. la fecha, la hora y el lugar
3. qué se celebra
4. otros detalles de interés

32B

Fiesta quinceañera

El doctor don Amador Larenas Fernández y la señora Felisa Vera de Larenas celebraron los quince años de su hija Ana Ester junto a sus parientes y amigos. La quinceañera° reside en la ciudad de Valparaíso y es estudiante del Colegio Francés. La fiesta de presentación en sociedad de la señorita Ana Ester fue el día viernes 2 de mayo a las 19 horas en el Club Español. Entre los invitados especiales asistieron el alcalde° de la ciudad, don Pedro Castedo, y su esposa. La música estuvo a cargo de la Orquesta Americana. ¡Feliz cumpleaños, le deseamos a la señorita Ana Ester en su fiesta bailable!

Expresión de gracias
Carmen Godoy Tapia

Agradecemos° sinceramente a todas las personas que nos acompañaron en el último adiós a nuestra apreciada esposa, madre, abuela y tía, la señora Carmen Godoy Tapia. El funeral tuvo lugar el día 28 de junio de 2010 en la ciudad de Viña del Mar. La vida de Carmen Godoy fue un ejemplo de trabajo, amistad, alegría y amor para todos nosotros. La familia agradece de todo corazón° su asistencia° al funeral a todos los parientes y amigos. Su esposo, hijos y familia.

tuvo lugar *took place* quinceañera *fifteen year-old girl* alcalde *mayor*
Agradecemos *We thank* de todo corazón *sincerely* asistencia *attendance*

Escritura

Estrategia

Planning and writing a comparative analysis

Writing any kind of comparative analysis requires careful planning. Venn diagrams are useful for organizing your ideas visually before comparing and contrasting people, places, objects, events, or issues. To create a Venn diagram, draw two circles that overlap and label the top of each circle. List the differences between the two elements in the outer rings of the two circles, then list their similarities where the two circles overlap. Review the following example.

Diferencias y similitudes

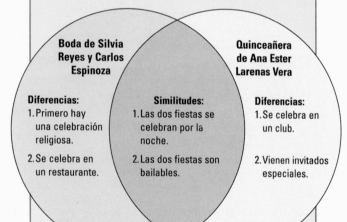

Boda de Silvia Reyes y Carlos Espinoza

Diferencias:
1. Primero hay una celebración religiosa.
2. Se celebra en un restaurante.

Similitudes:
1. Las dos fiestas se celebran por la noche.
2. Las dos fiestas son bailables.

Quinceañera de Ana Ester Larenas Vera

Diferencias:
1. Se celebra en un club.
2. Vienen invitados especiales.

La lista de palabras y expresiones a la derecha puede ayudarte a escribir este tipo de ensayo (*essay*).

Tema

Escribir una composición

Compara una celebración familiar (como una boda, una fiesta de cumpleaños o una graduación) a la que tú asististe recientemente con otro tipo de celebración. Utiliza palabras y expresiones de esta lista.

Para expresar similitudes

además; también	*in addition; also*
al igual que	*the same as*
como	*as; like*
de la misma manera	*in the same manner (way)*
del mismo modo	*in the same manner (way)*
tan + [*adjetivo*] + como	*as + [adjective] + as*
tanto/a(s) + [*sustantivo*] + como	*as many/much + [noun] + as*

Para expresar diferencias

a diferencia de	*unlike*
a pesar de	*in spite of*
aunque	*although*
en cambio	*on the other hand*
más/menos... que	*more/less . . . than*
no obstante	*nevertheless; however*
por otro lado	*on the other hand*
por el contrario	*on the contrary*
sin embargo	*nevertheless; however*

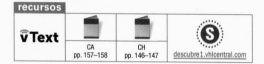

Escuchar

Estrategia

Guessing the meaning of words through context

When you hear an unfamiliar word, you can often guess its meaning by listening to the words and phrases around it.

 To practice this strategy, you will now listen to a paragraph. Jot down the unfamiliar words that you hear. Then listen to the paragraph again and jot down the word or words that are the most useful clues to the meaning of each unfamiliar word.

Preparación

Lee la invitación. ¿De qué crees que van a hablar Rosa y Josefina?

Ahora escucha

Ahora escucha la conversación entre Josefina y Rosa. Cuando oigas una de las palabras de la columna A, usa el contexto para identificar el sinónimo o la definición en la columna B.

A

____ festejar
____ dicha
____ bien parecido
____ finge (fingir)
____ soporta (soportar)
____ yo lo disfruté (disfrutar)

B

a. conmemoración religiosa de una muerte
b. tolera
c. suerte
d. celebrar
e. me divertí
f. horror
g. crea una ficción
h. guapo

*Margarita Robles de García
y Roberto García Olmos*

*Piden su presencia en la celebración
del décimo aniversario de bodas
el día 13 de marzo de 2010
con una misa en la Iglesia Virgen del Coromoto
a las 6:30*

*seguida por cena y baile
en el restaurante El Campanero,
Calle Principal, Las Mercedes
a las 8:30*

Comprensión

¿Cierto o falso?

Lee cada oración e indica si lo que dice es **cierto** o **falso**. Corrige las oraciones falsas.

1. No invitaron a mucha gente a la fiesta de Margarita y Roberto porque ellos no conocen a muchas personas.

2. Algunos fueron a la fiesta con pareja y otros fueron sin compañero/a.

3. Margarita y Roberto decidieron celebrar el décimo aniversario porque no tuvieron ninguna celebración en su matrimonio.

4. A Rosa y a Josefina les parece interesante Rafael.

5. Josefina se divirtió mucho en la fiesta porque bailó toda la noche con Rafael.

Preguntas

1. ¿Son solteras Rosa y Josefina? ¿Cómo lo sabes?

2. ¿Tienen las chicas una amistad de mucho tiempo con la pareja que celebra su aniversario? ¿Cómo lo sabes?

En pantalla

En México existe una franja° de tierra° a lo largo de° toda la costa del país que es considerada parte del territorio público federal. Esta área abarca° aproximadamente cincuenta metros a partir de° la línea del mar. Sin embargo°, existe la posibilidad de que los propietarios de la tierra que está al lado de la zona federal puedan pedir una concesión. Así pueden utilizar el área adyacente a su propiedad, por ejemplo, para hacer un festival musical o una fiesta privada. Casos similares ocurren en otros países hispanos.

Vocabulario útil	
conejo	*bunny*
pila	*battery*

Opciones

Elige la opción correcta.

1. El chico está comprando en ___.
   a. una farmacia b. un supermercado c. un almacén
2. Él imagina ___ en la playa.
   a. una fiesta b. un examen c. un almuerzo
3. El chico de la guitarra canta ___.
   a. bien b. mal c. fabulosamente bien
4. Al final (*At the end*), el chico ___ compra las pilas.
   a. sí b. no c. nunca

Fiesta

Trabajen en grupos de tres. Imaginen que van a organizar una fiesta en la playa. Escriban una invitación electrónica para sus amigos. Describan los planes que tienen para la fiesta y díganles a sus amigos qué tiene que traer cada uno.

franja *strip* tierra *land* a lo largo de *along* abarca *covers* a partir de *from* Sin embargo *However* ¿Y si no compraras... *And what if you didn't buy...?* cómpralas *buy them*

Anuncio de Energizer

¿Y si no compraras° las *Energizer Max*?

Hey, no se preocupen.

Sí, mejor cómpralas°.

  Practice more at **descubre1.vhlcentral.com**.

Oye cómo va

Myriam Hernández

La actriz° y cantante° **Myriam Hernández** nació en Chile y empezó su carrera a los diez años cuando ganó un festival estudiantil. Más tarde, trabajó en la telenovela *De cara al mañana*. Desde 1988, año en que salió a la venta° su primer álbum, su éxito° se extendió por toda Latinoamérica y los Estados Unidos. En 1989 su canción *El hombre que yo amo* fue incluida en la lista *Hot Latin* de la revista *Billboard*. También se ha presentado° en escenarios° como el Madison Square Garden en Nueva York y el Festival de Viña del Mar, en Chile.

A la derecha ves un fragmento de una canción de Myriam Hernández. Léelo y completa estas actividades.

Quiero cantarle al amor

Quiero cantarle al amor
porque me supo hallar°.
Quiero cantarle al amor,
que me vino a buscar.
Se llevó mi soledad°
y a cambio me dejó
su fantasía en el alma°.
Quiero cantarle al amor,
que me dio libertad.
Quiero cantarle al amor
porque me hizo volar°.
Se llevó mi soledad
y a cambio me dejó
su fantasía en el alma.

Emparejar

Indica qué elemento del segundo grupo está relacionado con cada elemento del primer grupo.

_____ 1. lugar donde nació Myriam Hernández
_____ 2. telenovela en la que trabajó
_____ 3. año en que salió a la venta su primer álbum
_____ 4. canción incluida en la lista *Hot Latin*

a. Festival de Viña del Mar   d. Chile
b. 1986   e. 1988
c. *El hombre que yo amo*   f. *De cara al mañana*

Preguntas

En parejas, respondan a las preguntas.

1. ¿Creen que la cantante está triste o feliz? ¿Cómo lo saben?
2. ¿Es el amor el motor del universo? ¿Por qué?
3. Completen estos versos con sus propias (*your own*) ideas. Tomen la canción de Myriam Hernández como modelo.

> Quiero cantarle a _____
> en tres o cuatro versos;
> cantarle porque _____,
> porque _____.

Discografía selecta
1990 *Dos*
1998 *Todo el amor*
2000 *+ y más*
2001 *El amor en concierto*
2004 *Huellas*

---

actriz *actress* **cantante** *singer* **salió a la venta** *was released*
éxito *success* **se ha presentado** *she has performed* **escenarios** *stages*
hallar *to find* **soledad** *loneliness* **alma** *soul* **volar** *fly*

 Practice more at **descubre1.vhlcentral.com.**

Chile

El país en cifras

▶ **Área:** 756.950 km^2 (292.259 millas^2), *dos veces el área de Montana*

▶ **Población:** 17.926.000
Aproximadamente el 80 por ciento de la población del país es urbana.

▶ **Capital:** Santiago de Chile—6.191.000

▶ **Ciudades principales:**
Concepción, Viña del Mar, Valparaíso, Temuco

SOURCE: Population Division, UN Secretariat

▶ **Moneda:** peso chileno

▶ **Idiomas:** español (oficial), mapuche

Bandera de Chile

Chilenos célebres

▶ **Bernardo O'Higgins,** militar° y héroe nacional (1778–1842)

▶ **Gabriela Mistral,** Premio Nobel de Literatura, 1945; poeta y diplomática (1889–1957)

▶ **Pablo Neruda,** Premio Nobel de Literatura, 1971; poeta (1904–1973)

▶ **Isabel Allende,** novelista (1942–)

Pablo Neruda

militar *soldier* **terremoto** *earthquake* **heridas** *wounded* **hogar** *home*

Palacio de la Moneda en Santiago

PERÚ

Pampa del Tamarugal

Cordillera de los Andes

BOLIVIA

Una calle de Santiago

Océano Pacífico

Vista de la costa de Viña del Mar

Viña del Mar
Valparaíso

 Santiago de Chile

ARGENTINA

Concepción

Temuco

Pescadores de Valparaíso

Una celebración en Temuco

Lago Buenos Aires

Océano Atlántico

Punta Arenas

Estrecho de Magallanes

Isla Grande de Tierra del Fuego

recursos

v̂ Text

CA
pp. 85–86

CP
pp. 105–106

S

descubre1.
vhlcentral.com

¡Increíble pero cierto!

El terremoto° de mayor intensidad registrado tuvo lugar en Chile el 22 de mayo de 1960. Registró una intensidad récord de 9,5 en la escala de Richter. Murieron cerca de dos mil personas, tres mil resultaron heridas° y dos millones perdieron su hogar°. La geografía del país se modificó notablemente.

Lugares • **La isla de Pascua**

La isla de Pascua° recibió ese nombre porque los exploradores holandeses° llegaron a la isla por primera vez el día de Pascua de 1722. Ahora es parte del territorio de Chile. La isla de Pascua es famosa por los *moái,* estatuas enormes que representan personas con rasgos° muy exagerados. Estas estatuas las construyeron los *rapa nui,* los antiguos habitantes de la zona. Todavía no se sabe mucho sobre los *rapa nui,* ni tampoco se sabe por qué decidieron abandonar la isla.

Deportes • **Los deportes de invierno**

Hay muchos lugares para practicar los deportes de invierno en Chile porque las montañas nevadas de los Andes ocupan gran parte del país. El Parque Nacional de Villarrica, por ejemplo, situado al pie de un volcán y junto a° un lago, es un sitio popular para el esquí y el *snowboard.* Para los que prefieren deportes más extremos, el centro de esquí Valle Nevado organiza excursiones para practicar el heliesquí.

Ciencias • **Astronomía**

Los observatorios chilenos, situados en los Andes, son lugares excelentes para las observaciones astronómicas. Científicos° de todo el mundo van a Chile para estudiar las estrellas° y otros cuerpos celestes. Hoy día Chile está construyendo nuevos observatorios y telescopios para mejorar las imágenes del universo.

Economía • **El vino**

La producción de vino comenzó en Chile en el siglo° XVI. Ahora la industria del vino constituye una parte importante de la actividad agrícola del país y la exportación de sus productos está aumentando° cada vez más. Los vinos chilenos son muy apreciados internacionalmente por su gran variedad y su precio moderado.

¿Qué aprendiste? Responde a cada pregunta con una oración completa.

1. ¿Qué porcentaje (*percentage*) de la población chilena es urbana?

2. ¿Qué son los *moái?* ¿Dónde están?

3. ¿Qué deporte extremo ofrece el centro de esquí Valle Nevado?

4. ¿Por qué van a Chile científicos de todo el mundo?

5. ¿Cuándo comenzó la producción de vino en Chile?

6. ¿Por qué son apreciados internacionalmente los vinos chilenos?

Conexión Internet Investiga estos temas en **descubre1.vhlcentral.com.**

1. Busca información sobre Pablo Neruda e Isabel Allende. ¿Dónde y cuándo nacieron? ¿Cuáles son algunas de sus obras (*works*)? ¿Cuáles son algunos de los temas de sus obras?

2. Busca información sobre sitios donde los chilenos y los turistas practican deportes de invierno en Chile. Selecciona un sitio y descríbeselo a tu clase.

La isla de Pascua *Easter Island* holandeses *Dutch* rasgos *features* junto a *beside* Científicos *Scientists* estrellas *stars* siglo *century* aumentando *increasing*

Practice more at **descubre1.vhlcentral.com.**

Las celebraciones

el aniversario (de bodas)	(wedding) anniversary
la boda	wedding
el cumpleaños	birthday
el día de fiesta	holiday
la fiesta	party
el/la invitado/a	guest
la Navidad	Christmas
la quinceañera	young woman's fifteenth birthday celebration
la sorpresa	surprise
brindar	to toast (drink)
celebrar	to celebrate
divertirse (e:ie)	to have fun
invitar	to invite
pasarlo bien/mal	to have a good/bad time
regalar	to give (a gift)
reírse (e:i)	to laugh
relajarse	to relax
sonreír (e:i)	to smile
sorprender	to surprise

Los postres y otras comidas

la botella (de vino)	bottle (of wine)
el champán	champagne
los dulces	sweets; candy
el flan (de caramelo)	baked (caramel) custard
la galleta	cookie
el helado	ice cream
el pastel (de chocolate)	(chocolate) cake; pie
el postre	dessert

Las relaciones personales

la amistad	friendship
el amor	love
el divorcio	divorce
el estado civil	marital status
el matrimonio	marriage
la pareja	(married) couple; partner
el/la recién casado/a	newlywed
casarse (con)	to get married (to)
comprometerse (con)	to get engaged (to)
divorciarse (de)	to get divorced (from)
enamorarse (de)	to fall in love (with)
llevarse bien/mal (con)	to get along well/ badly (with)
odiar	to hate
romper (con)	to break up (with)
salir (con)	to go out (with); to date
separarse (de)	to separate (from)
tener una cita	to have a date; to have an appointment
casado/a	married
divorciado/a	divorced
juntos/as	together
separado/a	separated
soltero/a	single
viudo/a	widower/widow

Las etapas de la vida

la adolescencia	adolescence
la edad	age
el estado civil	marital status
las etapas de la vida	the stages of life
la juventud	youth
la madurez	maturity; middle age
la muerte	death
el nacimiento	birth
la niñez	childhood
la vejez	old age
cambiar (de)	to change
graduarse (de/en)	to graduate (from/in)
jubilarse	to retire (from work)
nacer	to be born

Palabras adicionales

la alegría	happiness
el beso	kiss
conmigo	with me
contigo	with you

Expresiones útiles	See page 305.

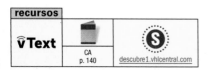

Glossary of Grammatical Terms

ADJECTIVE A word that modifies, or describes, a noun or pronoun.

muchos libros
many books

un hombre rico
a rich man

las mujeres altas
the tall women

Demonstrative adjective An adjective that specifies which noun a speaker is referring to.

esta fiesta
this party

ese chico
that boy

aquellas flores
those flowers

Possessive adjective An adjective that indicates ownership or possession.

mi mejor vestido
my best dress

Éste es mi hermano.
This is my brother.

Stressed possessive adjective A possessive adjective that emphasizes the owner or possessor.

Es un libro mío.
It's my book./It's a book of mine.

Es amiga tuya; yo no la conozco.
She's a friend of yours; I don't know her.

ADVERB A word that modifies, or describes, a verb, adjective, or other adverb.

Pancho escribe rápidamente.
Pancho writes quickly.

Este cuadro es muy bonito.
This picture is very pretty.

ARTICLE A word that points out a noun in either a specific or a non-specific way.

Definite article An article that points out a noun in a specific way.

el libro
the book

la maleta
the suitcase

los diccionarios
the dictionaries

las palabras
the words

Indefinite article An article that points out a noun in a general, non-specific way.

un lápiz
a pencil

una computadora
a computer

unos pájaros
some birds

unas escuelas
some schools

CLAUSE A group of words that contains both a conjugated verb and a subject, either expressed or implied.

Main (or Independent) clause A clause that can stand alone as a complete sentence.

Pienso ir a cenar pronto.
I plan to go to dinner soon.

Subordinate (or Dependent) clause A clause that does not express a complete thought and therefore cannot stand alone as a sentence.

Trabajo en la cafetería porque necesito dinero para la escuela.
I work in the cafeteria because I need money for school.

COMPARATIVE A construction used with an adjective or adverb to express a comparison between two people, places, or things.

Este programa es más interesante que el otro.
This program is more interesting than the other one.

Tomás no es tan alto como Alberto.
Tomás is not as tall as Alberto.

CONJUGATION A set of the forms of a verb for a specific tense or mood or the process by which these verb forms are presented.

Preterite conjugation of cantar:

canté	cantamos
cantaste	cantasteis
cantó	cantaron

CONJUNCTION A word used to connect words, clauses, or phrases.

Susana es de Cuba y Pedro es de España.
Susana is from Cuba and Pedro is from Spain.

No quiero estudiar pero tengo que hacerlo.
I don't want to study, but I have to.

CONTRACTION The joining of two words into one. The only contractions in Spanish are **al** and **del**.

Mi hermano fue **al** concierto ayer.
*My brother went **to the** concert yesterday.*

Saqué dinero **del** banco.
*I took money **from the** bank.*

DIRECT OBJECT A noun or pronoun that directly receives the action of the verb.

Tomás lee **el libro**.   **La** pagó ayer.
*Tomás reads **the book**.*   *She paid **it** yesterday.*

GENDER The grammatical categorizing of certain kinds of words, such as nouns and pronouns, as masculine, feminine, or neuter.

Masculine
articles **el, un**
pronouns **él, lo, mío, éste, ése, aquél**
adjective **simpático**

Feminine
articles **la, una**
pronouns **ella, la, mía, ésta, ésa, aquélla**
adjective **simpática**

IMPERSONAL EXPRESSION A third-person expression with no expressed or specific subject.

Es muy importante.   **Llueve** mucho.
It's very important.   *It's raining hard.*

Aquí **se habla** español.
Spanish is spoken here.

INDIRECT OBJECT A noun or pronoun that receives the action of the verb indirectly; the object, often a living being, to or for whom an action is performed.

Eduardo **le** dio un libro **a Linda**.
*Eduardo gave a book **to Linda**.*

La profesora **me** dio una C en el examen.
*The professor gave **me** a C on the test.*

INFINITIVE The basic form of a verb. Infinitives in Spanish end in **-ar, -er,** or **-ir.**

hablar   correr   abrir
to speak   *to run*   *to open*

INTERROGATIVE An adjective or pronoun used to ask a question.

¿**Quién** habla?   ¿**Cuántos** compraste?
Who is speaking?   *How many did you buy?*

¿**Qué** piensas hacer hoy?
What do you plan to do today?

INVERSION Changing the word order of a sentence, often to form a question.

Statement: Elena pagó la cuenta del restaurante.

Inversion: ¿Pagó Elena la cuenta del restaurante?

MOOD A grammatical distinction of verbs that indicates whether the verb is intended to make a statement or command or to express a doubt, emotion, or condition contrary to fact.

Imperative mood Verb forms used to make commands.

Di la verdad.   **Caminen** ustedes conmigo.
Tell the truth.   *Walk with me.*

¡**Comamos** ahora!
Let's eat now!

Indicative mood Verb forms used to state facts, actions, and states considered to be real.

Sé que **tienes** el dinero.
*I **know** that **you have** the money.*

Subjunctive mood Verb forms used principally in subordinate (dependent) clauses to express wishes, desires, emotions, doubts, and certain conditions, such as contrary-to-fact situations.

Prefieren que **hables** en español.
*They prefer that **you speak** in Spanish.*

Dudo que Luis **tenga** el dinero necesario.
*I doubt that Luis **has** the necessary money.*

NOUN A word that identifies people, animals, places, things, and ideas.

hombre   gato
man   *cat*

México   casa
Mexico   *house*

libertad   libro
freedom   *book*

NUMBER A grammatical term that refers to singular or plural. Nouns in Spanish and English have number. Other parts of a sentence, such as adjectives, articles, and verbs, can also have number.

Singular	Plural
una cosa	**unas** cosas
a thing	*some things*
el profesor	**los** profesores
the professor	*the professors*

NUMBERS Words that represent amounts.

Cardinal numbers Words that show specific amounts.

cinco minutos
five minutes

el año **dos mil siete**
the year 2007

Ordinal numbers Words that indicate the order of a noun in a series.

el **cuarto** jugador	la **décima** hora
the fourth player	*the tenth hour*

PAST PARTICIPLE A past form of the verb used in compound tenses. The past participle may also be used as an adjective, but it must then agree in number and gender with the word it modifies.

Han **buscado** por todas partes.
They have searched everywhere.

Yo no había **estudiado** para el examen.
I hadn't studied for the exam.

Hay una **ventana abierta** en la sala.
There is an open window in the living room.

PERSON The form of the verb or pronoun that indicates the speaker, the one spoken to, or the one spoken about. In Spanish, as in English, there are three persons: first, second, and third.

Person	Singular	Plural
1st	yo *I*	nosotros/as *we*
2nd	tú, Ud. *you*	vosotros/as, Uds. *you*
3rd	él, ella *he, she*	ellos, ellas *they*

PREPOSITION A word or words that describe(s) the relationship, most often in time or space, between two other words.

Anita es **de** California.
Anita is from California.

La chaqueta está **en** el carro.
The jacket is in the car.

Marta se peinó **antes de** salir.
Marta combed her hair before going out.

PRESENT PARTICIPLE In English, a verb form that ends in *-ing.* In Spanish, the present participle ends in **-ndo**, and is often used with **estar** to form a progressive tense.

Mi hermana está **hablando** por teléfono ahora mismo.
My sister is talking on the phone right now.

PRONOUN A word that takes the place of a noun or nouns.

Demonstrative pronoun A pronoun that takes the place of a specific noun.

Quiero **ésta**.
I want this one.

¿Vas a comprar **ése**?
Are you going to buy that one?

Juan prefirió **aquéllos**.
Juan preferred those (over there).

Object pronoun A pronoun that functions as a direct or indirect object of the verb.

Te digo la verdad.
I'm telling you the truth.

Me lo trajo Juan.
Juan brought it to me.

Reflexive pronoun A pronoun that indicates that the action of a verb is performed by the subject on itself. These pronouns are often expressed in English with *-self: myself, yourself,* etc.

Yo **me** bañé antes de salir.
I bathed (myself) before going out.

Elena **se** acostó a las once y media.
Elena went to bed at eleven-thirty.

Relative pronoun A pronoun that connects a subordinate clause to a main clause.

El chico **que** nos escribió viene a visitar mañana.
*The boy **who** wrote us is coming to visit tomorrow.*

Ya sé **lo que** tenemos que hacer.
*I already know **what** we have to do.*

Subject pronoun A pronoun that replaces the name or title of a person or thing, and acts as the subject of a verb.

Tú debes estudiar más.
***You** should study more.*

Él llegó primero.
***He** arrived first.*

SUBJECT A noun or pronoun that performs the action of a verb and is often implied by the verb.

María va al supermercado.
***María** goes to the supermarket.*

(Ellos) Trabajan mucho.
***They** work hard.*

Esos **libros** son muy caros.
*Those **books** are very expensive.*

SUPERLATIVE A word or construction used with an adjective or adverb to express the highest or lowest degree of a specific quality among three or more people, places, or things.

De todas mis clases, ésta es la **más interesante**.
*Of all my classes, this is the **most interesting**.*

Raúl es el **menos simpático** de los chicos.
*Raúl is the **least pleasant** of the boys.*

TENSE A set of verb forms that indicates the time of an action or state: past, present, or future.

Compound tense A two-word tense made up of an auxiliary verb and a present or past participle. In Spanish, there are two auxiliary verbs: **estar** and **haber**.

En este momento, **estoy estudiando**.
*At this time, **I am studying**.*

El paquete no **ha llegado** todavía.
*The package **has not arrived** yet.*

Simple tense A tense expressed by a single verb form.

María **estaba** mal anoche.
*María **was** ill last night.*

Juana **hablará** con su mamá mañana.
*Juana **will speak** with her mom tomorrow.*

VERB A word that expresses actions or states-of-being.

Auxiliary verb A verb used with a present or past participle to form a compound tense. **Haber** is the most commonly used auxiliary verb in Spanish.

Los chicos **han** visto los elefantes.
*The children **have seen** the elephants.*

Espero que **hayas** comido.
*I hope you **have eaten**.*

Reflexive verb A verb that describes an action performed by the subject on itself and is always used with a reflexive pronoun.

Me compré un carro nuevo.
*I **bought myself** a new car.*

Pedro y Adela **se levantan** muy temprano.
*Pedro and Adela **get (themselves) up** very early.*

Spelling-change verb A verb that undergoes a predictable change in spelling, in order to reflect its actual pronunciation in the various conjugations.

practicar	c→qu	practico	practiqué
dirigir	g→j	dirigí	dirijo
almorzar	z→c	almorzó	almorcé

Stem-changing verb A verb whose stem vowel undergoes one or more predictable changes in the various conjugations.

entender (i:ie)	entiendo
pedir (e:i)	piden
dormir (o:ue, u)	duermo, durmieron

Verb Conjugation Tables

The verb lists

The list of verbs below and the model verb tables that start on page 338 show you how to conjugate every verb taught in **DESCUBRE**. Each verb in the list is followed by a model verb conjugated according to the same pattern. The number in parentheses indicates where in the verb tables you can find the conjugated forms of the model verb. If you want to find out how to conjugate **divertirse**, for example, look up number 33, **sentir**, the model for verbs that follow the **e:ie** stem-change pattern.

How to use the verb tables

In the tables you will find the infinitive, present and past participles, and all the simple forms of each model verb. The formation of the compound tenses of any verb can be inferred from the table of compound tenses, pages 338–339, either by combining the past participle of the verb with a conjugated form of **haber** or by combining the present participle with a conjugated form of **estar**.

abrazar (z:c) like cruzar (37)

abrir like vivir (3) *except* past participle is abierto

aburrir(se) like vivir (3)

acabar de like hablar (1)

acampar like hablar (1)

acompañar like hablar (1)

aconsejar like hablar (1)

acordarse (o:ue) like contar (24)

acostarse (o:ue) like contar (24)

adelgazar (z:c) like cruzar (37)

afeitarse like hablar (1)

ahorrar like hablar (1)

alegrarse like hablar (1)

aliviar like hablar (1)

almorzar (o:ue) like contar (24) *except* (z:c)

alquilar like hablar (1)

andar like hablar (1) *except* preterite stem is anduv-

anunciar like hablar (1)

apagar (g:gu) like llegar (41)

aplaudir like vivir (3)

apreciar like hablar (1)

aprender like comer (2)

apurarse like hablar (1)

arrancar (c:qu) like tocar (43)

arreglar like hablar (1)

asistir like vivir (3)

aumentar like hablar (1)

ayudar(se) like hablar (1)

bailar like hablar (1)

bajar(se) like hablar (1)

bañarse like hablar (1)

barrer like comer (2)

beber like comer (2)

besar(se) like hablar (1)

borrar like hablar (1)

brindar like hablar (1)

bucear like hablar (1)

buscar (c:qu) like tocar (43)

caber (4)

caer(se) (5)

calentarse (e:ie) like pensar (30)

calzar (z:c) like cruzar (37)

cambiar like hablar (1)

caminar like hablar (1)

cantar like hablar (1)

casarse like hablar (1)

cazar (z:c) like cruzar (37)

celebrar like hablar (1)

cenar like hablar (1)

cepillarse like hablar (1)

cerrar (e:ie) like pensar (30)

cobrar like hablar (1)

cocinar like hablar (1)

comenzar (e:ie) (z:c) like empezar (26)

comer (2)

compartir like vivir (3)

comprar like hablar (1)

comprender like comer (2)

comprometerse like comer (2)

comunicarse (c:qu) like tocar (43)

conducir (c:zc) (6)

confirmar like hablar (1)

conocer (c:zc) (35)

conseguir (e:i) (gu:g) like seguir (32)

conservar like hablar (1)

consumir like vivir (3)

contaminar like hablar (1)

contar (o:ue) (24)

controlar like hablar (1)

correr like comer (2)

costar (o:ue) like contar (24)

creer (y) (36)

cruzar (z:c) (37)

cubrir like vivir (3) *except* past participle is cubierto

cuidar like hablar (1)

cumplir like vivir (3)

dañar like hablar (1)

dar (7)

deber like comer (2)

decidir like vivir (3)

decir (e:i) (8)

declarar like hablar (1)

dejar like hablar (1)

depositar like hablar (1)

desarrollar like hablar (1)

desayunar like hablar (1)

descansar like hablar (1)

descargar (g:gu) like llegar (41)

describir like vivir (3) *except* past participle is descrito

descubrir like vivir (3) *except* past participle is descubierto

desear like hablar (1)

despedirse (e:i) like pedir (29)

despertarse (e:ie) like pensar (30)

destruir (y) (38)

dibujar like hablar (1)

dirigir like vivir (3) *except* (g:j)

disfrutar like hablar (1)

divertirse (e:ie) like sentir (33)

divorciarse like hablar (1)

doblar like hablar (1)

doler (o:ue) like volver (34) *except* past participle is regular

dormir(se) (o:ue) (25)

ducharse like hablar (1)

dudar like hablar (1)

durar like hablar (1)

echar like hablar (1)

elegir (e:i) like pedir (29) *except* (g:j)

emitir like vivir (3)
empezar (e:ie) (z:c) (26)
enamorarse like hablar (1)
encantar like hablar (1)
encontrar(se) (o:ue) like contar (24)
enfermarse like hablar (1)
engordar like hablar (1)
enojarse like hablar (1)
enseñar like hablar (1)
ensuciar like hablar (1)
entender (e:ie) (27)
entrenarse like hablar (1)
entrevistar like hablar (1)
enviar (envío) (39)
escalar like hablar (1)
escoger (g:j) like proteger (42)
escribir like vivir (3) *except* past participle is escrito
escuchar like hablar (1)
esculpir like vivir (3)
esperar like hablar (1)
esquiar (esquío) like enviar (39)
establecer (c:zc) like conocer (35)
estacionar like hablar (1)
estar (9)
estornudar like hablar (1)
estudiar like hablar (1)
evitar like hablar (1)
explicar (c:qu) like tocar (43)
explorar like hablar (1)
faltar like hablar (1)
fascinar like hablar (1)
firmar like hablar (1)
fumar like hablar (1)
funcionar like hablar (1)
ganar like hablar (1)
gastar like hablar (1)
grabar like hablar (1)
graduarse (gradúo) (40)
guardar like hablar (1)
gustar like hablar (1)
haber (hay) (10)
hablar (1)
hacer (11)
importar like hablar (1)
imprimir like vivir (3)
informar like hablar (1)
insistir like vivir (3)
interesar like hablar (1)

invertir (e:ie) like sentir (33)
invitar like hablar (1)
ir(se) (12)
jubilarse like hablar (1)
jugar (u:ue) (g:gu) (28)
lastimarse like hablar (1)
lavar(se) like hablar (1)
leer (y) like creer (36)
levantar(se) like hablar (1)
limpiar like hablar (1)
llamar(se) like hablar (1)
llegar (g:gu) (41)
llenar like hablar (1)
llevar(se) like hablar (1)
llover (o:ue) like volver (34) *except* past participle is regular
luchar like hablar (1)
mandar like hablar (1)
manejar like hablar (1)
mantener(se) like tener (20)
maquillarse like hablar (1)
mejorar like hablar (1)
merendar (e:ie) like pensar (30)
mirar like hablar (1)
molestar like hablar (1)
montar like hablar (1)
morir (o:ue) like dormir (25) *except* past participle is muerto
mostrar (o:ue) like contar (24)
mudarse like hablar (1)
nacer (c:zc) like conocer (35)
nadar like hablar (1)
navegar (g:gu) like llegar (41)
necesitar like hablar (1)
negar (e:ie) like pensar (30) *except* (g:gu)
nevar (e:ie) like pensar (30)
obedecer (c:zc) like conocer (35)
obtener like tener (20)
ocurrir like vivir (3)
odiar like hablar (1)
ofrecer (c:zc) like conocer (35)
oír (y) (13)
olvidar like hablar (1)
pagar (g:gu) like llegar (41)
parar like hablar (1)
parecer (c:zc) like conocer (35)

pasar like hablar (1)
pasear like hablar (1)
patinar like hablar (1)
pedir (e:i) (29)
peinarse like hablar (1)
pensar (e:ie) (30)
perder (e:ie) like entender (27)
pescar (c:qu) like tocar (43)
pintar like hablar (1)
planchar like hablar (1)
poder (o:ue) (14)
poner(se) (15)
practicar (c:qu) like tocar (43)
preferir (e:ie) like sentir (33)
preguntar like hablar (1)
preocuparse like hablar (1)
preparar like hablar (1)
presentar like hablar (1)
prestar like hablar (1)
probar(se) (o:ue) like contar (24)
prohibir like vivir (3)
proteger (g:j) (42)
publicar (c:qu) like tocar (43)
quedar(se) like hablar (1)
quemar like hablar (1)
querer (e:ie) (16)
quitar(se) like hablar (1)
recetar like hablar (1)
recibir like vivir (3)
reciclar like hablar (1)
recoger (g:j) like proteger (42)
recomendar (e:ie) like pensar (30)
recordar (o:ue) like contar (24)
reducir (c:zc) like conducir (6)
regalar like hablar (1)
regatear like hablar (1)
regresar like hablar (1)
reír(se) (e:i) (31)
relajarse like hablar (1)
renunciar like hablar (1)
repetir (e:i) like pedir (29)
resolver (o:ue) like volver (34)
respirar like hablar (1)
revisar like hablar (1)

rogar (o:ue) like contar (24) *except* (g:gu)
romper(se) like comer (2) *except* past participle is roto
saber (17)
sacar (c:qu) like tocar (43)
sacudir like vivir (3)
salir (18)
saludar(se) like hablar (1)
secar(se) (c:q) like tocar (43)
seguir (e:i) (32)
sentarse (e:ie) like pensar (30)
sentir(se) (e:ie) (33)
separarse like hablar (1)
ser (19)
servir (e:i) like pedir (29)
solicitar like hablar (1)
sonar (o:ue) like contar (24)
sonreír (e:i) like reír(se) (31)
sorprender like comer (2)
subir like vivir (3)
sudar like hablar (1)
sufrir like vivir (3)
sugerir (e:ie) like sentir (33)
suponer like poner (15)
temer like comer (2)
tener (20)
terminar like hablar (1)
tocar (c:qu) (43)
tomar like hablar (1)
torcerse (o:ue) like volver (34) *except* (c:z) and past participle is regular; e.g. yo tuerzo
toser like comer (2)
trabajar like hablar (1)
traducir (c:zc) like conducir (6)
traer (21)
transmitir like vivir (3)
tratar like hablar (1)
usar like hablar (1)
vender like comer (2)
venir (22)
ver (23)
vestirse (e:i) like pedir (29)
viajar like hablar (1)
visitar like hablar (1)
vivir (3)
volver (o:ue) (34)
votar like hablar (1)

Regular verbs: simple tenses

Infinitive	INDICATIVE					SUBJUNCTIVE		IMPERATIVE
	Present	Imperfect	Preterite	Future	Conditional	Present	Past	
1 hablar	hablo	hablaba	hablé	hablaré	hablaría	hable	hablara	
	hablas	hablabas	hablaste	hablarás	hablarías	hables	hablaras	habla tú (no hables)
Participles:	habla	hablaba	habló	hablará	hablaría	hable	hablara	hable Ud.
hablando	hablamos	hablábamos	hablamos	hablaremos	hablaríamos	hablemos	habláramos	hablemos
hablado	habláis	hablabais	hablasteis	hablaréis	hablaríais	habléis	hablarais	hablad (no habléis)
	hablan	hablaban	hablaron	hablarán	hablarían	hablen	hablaran	hablen Uds.
2 comer	como	comía	comí	comeré	comería	coma	comiera	
	comes	comías	comiste	comerás	comerías	comas	comieras	come tú (no comas)
Participles:	come	comía	comió	comerá	comería	coma	comiera	coma Ud.
comiendo	comemos	comíamos	comimos	comeremos	comeríamos	comamos	comiéramos	comamos
comido	coméis	comíais	comisteis	comeréis	comeríais	comáis	comierais	comed (no comáis)
	comen	comían	comieron	comerán	comerían	coman	comieran	coman Uds.
3 vivir	vivo	vivía	viví	viviré	viviría	viva	viviera	
	vives	vivías	viviste	vivirás	vivirías	vivas	vivieras	vive tú (no vivas)
Participles:	vive	vivía	vivió	vivirá	viviría	viva	viviera	viva Ud.
viviendo	vivimos	vivíamos	vivimos	viviremos	viviríamos	vivamos	viviéramos	vivamos
vivido	vivís	vivíais	vivisteis	viviréis	viviríais	viváis	vivierais	vivid (no viváis)
	viven	vivían	vivieron	vivirán	vivirían	vivan	vivieran	vivan Uds.

All verbs: compound tenses

PERFECT TENSES

INDICATIVE

Present Perfect		Past Perfect		Future Perfect		Conditional Perfect	
he		había		habré		habría	
has	hablado	habías	hablado	habrás	hablado	habrías	hablado
ha	comido	había	comido	habrá	comido	habría	comido
hemos	vivido	habíamos	vivido	habremos	vivido	habríamos	vivido
habéis		habíais		habréis		habríais	
han		habían		habrán		habrían	

SUBJUNCTIVE

Present Perfect		Past Perfect	
haya		hubiera	
hayas	hablado	hubieras	hablado
haya	comido	hubiera	comido
hayamos	vivido	hubiéramos	vivido
hayáis		hubierais	
hayan		hubieran	

PROGRESSIVE TENSES

INDICATIVE				SUBJUNCTIVE	
Present Progressive	Past Progressive	Future Progressive	Conditional Progressive	Present Progressive	Past Progressive
estoy	estaba	estaré	estaría	esté	estuviera
estás	estabas	estarás	estarías	estés	estuvieras
está hablando	estaba hablando	estará hablando	estaría hablando	esté hablando	estuviera hablando
estamos comiendo	estábamos comiendo	estaremos comiendo	estaríamos comiendo	estemos comiendo	estuviéramos comiendo
estáis viviendo	estabais viviendo	estaréis viviendo	estaríais viviendo	estéis viviendo	estuvierais viviendo
están	estaban	estarán	estarían	estén	estuvieran

Irregular verbs

4 — caber

Participles: cabiendo, cabido

	INDICATIVE					SUBJUNCTIVE		IMPERATIVE
Infinitive	Present	Imperfect	Preterite	Future	Conditional	Present	Past	
caber	**quepo**	cabía	**cupe**	**cabré**	**cabría**	**quepa**	**cupiera**	
	cabes	cabías	**cupiste**	**cabrás**	**cabrías**	**quepas**	**cupieras**	cabe tú (no **quepas**)
	cabe	cabía	**cupo**	**cabrá**	**cabría**	**quepa**	**cupiera**	**quepa** Ud.
	cabemos	cabíamos	**cupimos**	**cabremos**	**cabríamos**	**quepamos**	**cupiéramos**	**quepamos**
	cabéis	cabíais	**cupisteis**	**cabréis**	**cabríais**	**quepáis**	**cupierais**	cabed (no **quepáis**)
	caben	cabían	**cupieron**	**cabrán**	**cabrían**	**quepan**	**cupieran**	**quepan** Uds.

5 — caer(se)

Participles: cayendo, caído

	INDICATIVE					SUBJUNCTIVE		IMPERATIVE
Infinitive	Present	Imperfect	Preterite	Future	Conditional	Present	Past	
caer(se)	**caigo**	caía	caí	caeré	caería	**caiga**	**cayera**	
	caes	caías	**caíste**	caerás	caerías	**caigas**	**cayeras**	cae tú (no **caigas**)
	cae	caía	**cayó**	caerá	caería	**caiga**	**cayera**	**caiga** Ud.
	caemos	caíamos	**caímos**	caeremos	caeríamos	**caigamos**	**cayéramos**	**caigamos**
	caéis	caíais	**caísteis**	caeréis	caeríais	**caigáis**	**cayerais**	caed (no **caigáis**)
	caen	caían	**cayeron**	caerán	caerían	**caigan**	**cayeran**	**caigan** Uds.

6 — conducir (c:zc)

Participles: conduciendo, conducido

	INDICATIVE					SUBJUNCTIVE		IMPERATIVE
Infinitive	Present	Imperfect	Preterite	Future	Conditional	Present	Past	
conducir	**conduzco**	conducía	**conduje**	conduciré	conduciría	**conduzca**	**condujera**	
	conduces	conducías	**condujiste**	conducirás	conducirías	**conduzcas**	**condujeras**	conduce tú (no **conduzcas**)
	conduce	conducía	**condujo**	conducirá	conduciría	**conduzca**	**condujera**	**conduzca** Ud.
	conducimos	conducíamos	**condujimos**	conduciremos	conduciríamos	**conduzcamos**	**condujéramos**	**conduzcamos**
	conducís	conducíais	**condujisteis**	conduciréis	conduciríais	**conduzcáis**	**condujerais**	conducid (no **conduzcáis**)
	conducen	conducían	**condujeron**	conducirán	conducirían	**conduzcan**	**condujeran**	**conduzcan** Uds.

7. dar — Participles: dando, dado

	INDICATIVE					SUBJUNCTIVE		IMPERATIVE
	Present	Imperfect	Preterite	Future	Conditional	Present	Past	
	doy	daba	di	daré	daría	dé	diera	
	das	dabas	diste	darás	darías	des	dieras	da tú (no des)
	da	daba	dio	dará	daría	dé	diera	dé Ud.
	damos	dábamos	dimos	daremos	daríamos	demos	diéramos	demos
	dais	dabais	disteis	daréis	daríais	deis	dierais	dad (no deis)
	dan	daban	dieron	darán	darían	den	dieran	den Uds.

8. decir (e:i) — Participles: diciendo, dicho

	INDICATIVE					SUBJUNCTIVE		IMPERATIVE
	Present	Imperfect	Preterite	Future	Conditional	Present	Past	
	digo	decía	dije	diré	diría	diga	dijera	
	dices	decías	dijiste	dirás	dirías	digas	dijeras	di tú (no digas)
	dice	decía	dijo	dirá	diría	diga	dijera	diga Ud.
	decimos	decíamos	dijimos	diremos	diríamos	digamos	dijéramos	digamos
	decís	decíais	dijisteis	diréis	diríais	digáis	dijerais	decid (no digáis)
	dicen	decían	dijeron	dirán	dirían	digan	dijeran	digan Uds.

9. estar — Participles: estando, estado

	INDICATIVE					SUBJUNCTIVE		IMPERATIVE
	Present	Imperfect	Preterite	Future	Conditional	Present	Past	
	estoy	estaba	estuve	estaré	estaría	esté	estuviera	
	estás	estabas	estuviste	estarás	estarías	estés	estuvieras	está tú (no estés)
	está	estaba	estuvo	estará	estaría	esté	estuviera	esté Ud.
	estamos	estábamos	estuvimos	estaremos	estaríamos	estemos	estuviéramos	estemos
	estáis	estabais	estuvisteis	estaréis	estaríais	estéis	estuvierais	estad (no estéis)
	están	estaban	estuvieron	estarán	estarían	estén	estuvieran	estén Uds.

10. haber — Participles: habiendo, habido

	INDICATIVE					SUBJUNCTIVE		IMPERATIVE
	Present	Imperfect	Preterite	Future	Conditional	Present	Past	
	he	había	hube	habré	habría	haya	hubiera	
	has	habías	hubiste	habrás	habrías	hayas	hubieras	
	ha	había	hubo	habrá	habría	haya	hubiera	
	hemos	habíamos	hubimos	habremos	habríamos	hayamos	hubiéramos	
	habéis	habíais	hubisteis	habréis	habríais	hayáis	hubierais	
	han	habían	hubieron	habrán	habrían	hayan	hubieran	

11. hacer — Participles: haciendo, hecho

	INDICATIVE					SUBJUNCTIVE		IMPERATIVE
	Present	Imperfect	Preterite	Future	Conditional	Present	Past	
	hago	hacía	hice	haré	haría	haga	hiciera	
	haces	hacías	hiciste	harás	harías	hagas	hicieras	haz tú (no hagas)
	hace	hacía	hizo	hará	haría	haga	hiciera	haga Ud.
	hacemos	hacíamos	hicimos	haremos	haríamos	hagamos	hiciéramos	hagamos
	hacéis	hacíais	hicisteis	haréis	haríais	hagáis	hicierais	haced (no hagáis)
	hacen	hacían	hicieron	harán	harían	hagan	hicieran	hagan Uds.

12. ir — Participles: yendo, ido

	INDICATIVE					SUBJUNCTIVE		IMPERATIVE
	Present	Imperfect	Preterite	Future	Conditional	Present	Past	
	voy	iba	fui	iré	iría	vaya	fuera	
	vas	ibas	fuiste	irás	irías	vayas	fueras	ve tú (no vayas)
	va	iba	fue	irá	iría	vaya	fuera	vaya Ud.
	vamos	íbamos	fuimos	iremos	iríamos	vayamos	fuéramos	vamos (no vayamos)
	vais	ibais	fuisteis	iréis	iríais	vayáis	fuerais	id (no vayáis)
	van	iban	fueron	irán	irían	vayan	fueran	vayan Uds.

13. oír (y) — Participles: oyendo, oído

	INDICATIVE					SUBJUNCTIVE		IMPERATIVE
	Present	Imperfect	Preterite	Future	Conditional	Present	Past	
	oigo	oía	oí	oiré	oiría	oiga	oyera	
	oyes	oías	oíste	oirás	oirías	oigas	oyeras	oye tú (no oigas)
	oye	oía	oyó	oirá	oiría	oiga	oyera	oiga Ud.
	oímos	oíamos	oímos	oiremos	oiríamos	oigamos	oyéramos	oigamos
	oís	oíais	oísteis	oiréis	oiríais	oigáis	oyerais	oíd (no oigáis)
	oyen	oían	oyeron	oirán	oirían	oigan	oyeran	oigan Uds.

Infinitive / Participles	INDICATIVE Present	Imperfect	Preterite	Future	Conditional	SUBJUNCTIVE Present	Past	IMPERATIVE
14 poder (o:ue) Participles: **pudiendo** podido	**puedo** **puedes** **puede** podemos podéis **pueden**	podía podías podía podíamos podíais podían	**pude** **pudiste** **pudo** **pudimos** **pudisteis** **pudieron**	**podré** **podrás** **podrá** **podremos** **podréis** **podrán**	**podría** **podrías** **podría** **podríamos** **podríais** **podrían**	**pueda** **puedas** **pueda** podamos podáis **puedan**	**pudiera** **pudieras** **pudiera** **pudiéramos** **pudierais** **pudieran**	**puede** tú (no **puedas**) **pueda** Ud. podamos poded (no podáis) **puedan** Uds.
15 poner Participles: poniendo **puesto**	**pongo** pones pone ponemos ponéis ponen	ponía ponías ponía poníamos poníais ponían	**puse** **pusiste** **puso** **pusimos** **pusisteis** **pusieron**	**pondré** **pondrás** **pondrá** **pondremos** **pondréis** **pondrán**	**pondría** **pondrías** **pondría** **pondríamos** **pondríais** **pondrían**	**ponga** **pongas** **ponga** **pongamos** **pongáis** **pongan**	**pusiera** **pusieras** **pusiera** **pusiéramos** **pusierais** **pusieran**	**pon** tú (no **pongas**) **ponga** Ud. **pongamos** poned (no **pongáis**) **pongan** Uds.
16 querer (e:ie) Participles: queriendo querido	**quiero** **quieres** **quiere** queremos queréis **quieren**	quería querías quería queríamos queríais querían	**quise** **quisiste** **quiso** **quisimos** **quisisteis** **quisieron**	**querré** **querrás** **querrá** **querremos** **querréis** **querrán**	**querría** **querrías** **querría** **querríamos** **querríais** **querrían**	**quiera** **quieras** **quiera** queramos queráis **quieran**	**quisiera** **quisieras** **quisiera** **quisiéramos** **quisierais** **quisieran**	**quiere** tú (no **quieras**) **quiera** Ud. queramos quered (no queráis) **quieran** Uds.
17 saber Participles: sabiendo sabido	**sé** sabes sabe sabemos sabéis saben	sabía sabías sabía sabíamos sabíais sabían	**supe** **supiste** **supo** **supimos** **supisteis** **supieron**	**sabré** **sabrás** **sabrá** **sabremos** **sabréis** **sabrán**	**sabría** **sabrías** **sabría** **sabríamos** **sabríais** **sabrían**	**sepa** **sepas** **sepa** **sepamos** **sepáis** **sepan**	**supiera** **supieras** **supiera** **supiéramos** **supierais** **supieran**	sabe tú (no **sepas**) **sepa** Ud. **sepamos** sabed (no **sepáis**) **sepan** Uds.
18 salir Participles: saliendo salido	**salgo** sales sale salimos salís salen	salía salías salía salíamos salíais salían	salí saliste salió salimos salisteis salieron	**saldré** **saldrás** **saldrá** **saldremos** **saldréis** **saldrán**	**saldría** **saldrías** **saldría** **saldríamos** **saldríais** **saldrían**	**salga** **salgas** **salga** **salgamos** **salgáis** **salgan**	saliera salieras saliera saliéramos salierais salieran	**sal** tú (no **salgas**) **salga** Ud. **salgamos** salid (no **salgáis**) **salgan** Uds.
19 ser Participles: siendo sido	**soy** **eres** **es** **somos** **sois** **son**	**era** **eras** **era** **éramos** **erais** **eran**	**fui** **fuiste** **fue** **fuimos** **fuisteis** **fueron**	seré serás será seremos seréis serán	sería serías sería seríamos seríais serían	**sea** **seas** **sea** **seamos** **seáis** **sean**	**fuera** **fueras** **fuera** **fuéramos** **fuerais** **fueran**	**sé** tú (no **seas**) **sea** Ud. **seamos** sed (no **seáis**) **sean** Uds.
20 tener Participles: teniendo tenido	**tengo** **tienes** **tiene** tenemos tenéis **tienen**	tenía tenías tenía teníamos teníais tenían	**tuve** **tuviste** **tuvo** **tuvimos** **tuvisteis** **tuvieron**	**tendré** **tendrás** **tendrá** **tendremos** **tendréis** **tendrán**	**tendría** **tendrías** **tendría** **tendríamos** **tendríais** **tendrían**	**tenga** **tengas** **tenga** **tengamos** **tengáis** **tengan**	**tuviera** **tuvieras** **tuviera** **tuviéramos** **tuvierais** **tuvieran**	**ten** tú (no **tengas**) **tenga** Ud. **tengamos** tened (no **tengáis**) **tengan** Uds.

21 traer

Participles: trayendo, traído

	INDICATIVE					SUBJUNCTIVE		IMPERATIVE
	Present	Imperfect	Preterite	Future	Conditional	Present	Past	
	traigo	traía	traje	traeré	traería	traiga	trajera	
	traes	traías	trajiste	traerás	traerías	traigas	trajeras	trae tú (no traigas)
	trae	traía	trajo	traerá	traería	traiga	trajera	traiga Ud.
	traemos	traíamos	trajimos	traeremos	traeríamos	traigamos	trajéramos	traigamos
	traéis	traíais	trajisteis	traeréis	traeríais	traigáis	trajerais	traed (no traigáis)
	traen	traían	trajeron	traerán	traerían	traigan	trajeran	traigan Uds.

22 venir

Participles: viniendo, venido

	INDICATIVE					SUBJUNCTIVE		IMPERATIVE
	Present	Imperfect	Preterite	Future	Conditional	Present	Past	
	vengo	venía	vine	vendré	vendría	venga	viniera	
	vienes	venías	viniste	vendrás	vendrías	vengas	vinieras	ven tú (no vengas)
	viene	venía	vino	vendrá	vendría	venga	viniera	venga Ud.
	venimos	veníamos	vinimos	vendremos	vendríamos	vengamos	viniéramos	vengamos
	venís	veníais	vinisteis	vendréis	vendríais	vengáis	vinierais	venid (no vengáis)
	vienen	venían	vinieron	vendrán	vendrían	vengan	vinieran	vengan Uds.

23 ver

Participles: viendo, visto

	INDICATIVE					SUBJUNCTIVE		IMPERATIVE
	Present	Imperfect	Preterite	Future	Conditional	Present	Past	
	veo	veía	vi	veré	vería	vea	viera	
	ves	veías	viste	verás	verías	veas	vieras	ve tú (no veas)
	ve	veía	vio	verá	vería	vea	viera	vea Ud.
	vemos	veíamos	vimos	veremos	veríamos	veamos	viéramos	veamos
	veis	veíais	visteis	veréis	veríais	veáis	vierais	ved (no veáis)
	ven	veían	vieron	verán	verían	vean	vieran	vean Uds.

Stem-changing verbs

24 contar (o:ue)

Participles: contando, contado

	INDICATIVE					SUBJUNCTIVE		IMPERATIVE
	Present	Imperfect	Preterite	Future	Conditional	Present	Past	
	cuento	contaba	conté	contaré	contaría	cuente	contara	
	cuentas	contabas	contaste	contarás	contarías	cuentes	contaras	cuenta tú (no cuentes)
	cuenta	contaba	contó	contará	contaría	cuente	contara	cuente Ud.
	contamos	contábamos	contamos	contaremos	contaríamos	contemos	contáramos	contemos
	contáis	contabais	contasteis	contaréis	contaríais	contéis	contarais	contad (no contéis)
	cuentan	contaban	contaron	contarán	contarían	cuenten	contaran	cuenten Uds.

25 dormir (o:ue)

Participles: durmiendo, dormido

	INDICATIVE					SUBJUNCTIVE		IMPERATIVE
	Present	Imperfect	Preterite	Future	Conditional	Present	Past	
	duermo	dormía	dormí	dormiré	dormiría	duerma	durmiera	
	duermes	dormías	dormiste	dormirás	dormirías	duermas	durmieras	duerme tú (no duermas)
	duerme	dormía	durmió	dormirá	dormiría	duerma	durmiera	duerma Ud.
	dormimos	dormíamos	dormimos	dormiremos	dormiríamos	durmamos	durmiéramos	durmamos
	dormís	dormíais	dormisteis	dormiréis	dormiríais	durmáis	durmierais	dormid (no durmáis)
	duermen	dormían	durmieron	dormirán	dormirían	duerman	durmieran	duerman Uds.

26 empezar (e:ie) (z:c)

Participles: empezando, empezado

	INDICATIVE					SUBJUNCTIVE		IMPERATIVE
	Present	Imperfect	Preterite	Future	Conditional	Present	Past	
	empiezo	empezaba	empecé	empezaré	empezaría	empiece	empezara	
	empiezas	empezabas	empezaste	empezarás	empezarías	empieces	empezaras	empieza tú (no empieces)
	empieza	empezaba	empezó	empezará	empezaría	empiece	empezara	empiece Ud.
	empezamos	empezábamos	empezamos	empezaremos	empezaríamos	empecemos	empezáramos	empecemos
	empezáis	empezabais	empezasteis	empezaréis	empezaríais	empecéis	empezarais	empezad (no empecéis)
	empiezan	empezaban	empezaron	empezarán	empezarían	empiecen	empezaran	empiecen Uds.

27. entender (e:ie) — Participles: entendiendo, entendido

	INDICATIVE					SUBJUNCTIVE		IMPERATIVE
	Present	Imperfect	Preterite	Future	Conditional	Present	Past	
	entiendo	entendía	entendí	entenderé	entendería	entienda	entendiera	
	entiendes	entendías	entendiste	entenderás	entenderías	entiendas	entendieras	entiende tú (no entiendas)
	entiende	entendía	entendió	entenderá	entendería	entienda	entendiera	entienda Ud.
	entendemos	entendíamos	entendimos	entenderemos	entenderíamos	entendamos	entendiéramos	entendamos
	entendéis	entendíais	entendisteis	entenderéis	entenderíais	entendáis	entendierais	entended (no entendáis)
	entienden	entendían	entendieron	entenderán	entenderían	entiendan	entendieran	entiendan Uds.

28. jugar (u:ue) (g:gu) — Participles: jugando, jugado

	INDICATIVE					SUBJUNCTIVE		IMPERATIVE
	Present	Imperfect	Preterite	Future	Conditional	Present	Past	
	juego	jugaba	jugué	jugaré	jugaría	juegue	jugara	
	juegas	jugabas	jugaste	jugarás	jugarías	juegues	jugaras	juega tú (no juegues)
	juega	jugaba	jugó	jugará	jugaría	juegue	jugara	juegue Ud.
	jugamos	jugábamos	jugamos	jugaremos	jugaríamos	juguemos	jugáramos	juguemos
	jugáis	jugabais	jugasteis	jugaréis	jugaríais	juguéis	jugarais	jugad (no juguéis)
	juegan	jugaban	jugaron	jugarán	jugarían	jueguen	jugaran	jueguen Uds.

29. pedir (e:i) — Participles: pidiendo, pedido

	INDICATIVE					SUBJUNCTIVE		IMPERATIVE
	Present	Imperfect	Preterite	Future	Conditional	Present	Past	
	pido	pedía	pedí	pediré	pediría	pida	pidiera	
	pides	pedías	pediste	pedirás	pedirías	pidas	pidieras	pide tú (no pidas)
	pide	pedía	pidió	pedirá	pediría	pida	pidiera	pida Ud.
	pedimos	pedíamos	pedimos	pediremos	pediríamos	pidamos	pidiéramos	pidamos
	pedís	pedíais	pedisteis	pediréis	pediríais	pidáis	pidierais	pedid (no pidáis)
	piden	pedían	pidieron	pedirán	pedirían	pidan	pidieran	pidan Uds.

30. pensar (e:ie) — Participles: pensando, pensado

	INDICATIVE					SUBJUNCTIVE		IMPERATIVE
	Present	Imperfect	Preterite	Future	Conditional	Present	Past	
	pienso	pensaba	pensé	pensaré	pensaría	piense	pensara	
	piensas	pensabas	pensaste	pensarás	pensarías	pienses	pensaras	piensa tú (no pienses)
	piensa	pensaba	pensó	pensará	pensaría	piense	pensara	piense Ud.
	pensamos	pensábamos	pensamos	pensaremos	pensaríamos	pensemos	pensáramos	pensemos
	pensáis	pensabais	pensasteis	pensaréis	pensaríais	penséis	pensarais	pensad (no penséis)
	piensan	pensaban	pensaron	pensarán	pensarían	piensen	pensaran	piensen Uds.

31. reír (e:i) — Participles: riendo, reído

	INDICATIVE					SUBJUNCTIVE		IMPERATIVE
	Present	Imperfect	Preterite	Future	Conditional	Present	Past	
	río	reía	reí	reiré	reiría	ría	riera	
	ríes	reías	reíste	reirás	reirías	rías	rieras	ríe tú (no rías)
	ríe	reía	rió	reirá	reiría	ría	riera	ría Ud.
	reímos	reíamos	reímos	reiremos	reiríamos	riamos	riéramos	riamos
	reís	reíais	reísteis	reiréis	reiríais	riáis	rierais	reíd (no riáis)
	ríen	reían	rieron	reirán	reirían	rían	rieran	rían Uds.

32. seguir (e:i) (gu:g) — Participles: siguiendo, seguido

	INDICATIVE					SUBJUNCTIVE		IMPERATIVE
	Present	Imperfect	Preterite	Future	Conditional	Present	Past	
	sigo	seguía	seguí	seguiré	seguiría	siga	siguiera	
	sigues	seguías	seguiste	seguirás	seguirías	sigas	siguieras	sigue tú (no sigas)
	sigue	seguía	siguió	seguirá	seguiría	siga	siguiera	siga Ud.
	seguimos	seguíamos	seguimos	seguiremos	seguiríamos	sigamos	siguiéramos	sigamos
	seguís	seguíais	seguisteis	seguiréis	seguiríais	sigáis	siguierais	seguid (no sigáis)
	siguen	seguían	siguieron	seguirán	seguirían	sigan	siguieran	sigan Uds.

33. sentir (e:ie) — Participles: sintiendo, sentido

	INDICATIVE					SUBJUNCTIVE		IMPERATIVE
	Present	Imperfect	Preterite	Future	Conditional	Present	Past	
	siento	sentía	sentí	sentiré	sentiría	sienta	sintiera	
	sientes	sentías	sentiste	sentirás	sentirías	sientas	sintieras	siente tú (no sientas)
	siente	sentía	sintió	sentirá	sentiría	sienta	sintiera	sienta Ud.
	sentimos	sentíamos	sentimos	sentiremos	sentiríamos	sintamos	sintiéramos	sintamos
	sentís	sentíais	sentisteis	sentiréis	sentiríais	sintáis	sintierais	sentid (no sintáis)
	sienten	sentían	sintieron	sentirán	sentirían	sientan	sintieran	sientan Uds.

34   volver (o:ue)

Participles: volviendo, vuelto

	INDICATIVE					SUBJUNCTIVE		IMPERATIVE
	Present	Imperfect	Preterite	Future	Conditional	Present	Past	
	vuelvo	volvía	volví	volveré	volvería	vuelva	volviera	
	vuelves	volvías	volviste	volverás	volverías	vuelvas	volvieras	vuelve tú (no vuelvas)
	vuelve	volvía	volvió	volverá	volvería	vuelva	volviera	vuelva Ud.
	volvemos	volvíamos	volvimos	volveremos	volveríamos	volvamos	volviéramos	volvamos
	volvéis	volvíais	volvisteis	volveréis	volveríais	volváis	volvierais	volved (no volváis)
	vuelven	volvían	volvieron	volverán	volverían	vuelvan	volvieran	vuelvan Uds.

Verbs with spelling changes only

35   conocer (c:zc)

Participles: conociendo, conocido

	INDICATIVE					SUBJUNCTIVE		IMPERATIVE
	Present	Imperfect	Preterite	Future	Conditional	Present	Past	
	conozco	conocía	conocí	conoceré	conocería	conozca	conociera	
	conoces	conocías	conociste	conocerás	conocerías	conozcas	conocieras	conoce tú (no conozcas)
	conoce	conocía	conoció	conocerá	conocería	conozca	conociera	conozca Ud.
	conocemos	conocíamos	conocimos	conoceremos	conoceríamos	conozcamos	conociéramos	conozcamos
	conocéis	conocíais	conocisteis	conoceréis	conoceríais	conozcáis	conocierais	conoced (no conozcáis)
	conocen	conocían	conocieron	conocerán	conocerían	conozcan	conocieran	conozcan Uds.

36   creer (y)

Participles: creyendo, creído

	INDICATIVE					SUBJUNCTIVE		IMPERATIVE
	Present	Imperfect	Preterite	Future	Conditional	Present	Past	
	creo	creía	creí	creeré	creería	crea	creyera	
	crees	creías	creíste	creerás	creerías	creas	creyeras	cree tú (no creas)
	cree	creía	creyó	creerá	creería	crea	creyera	crea Ud.
	creemos	creíamos	creímos	creeremos	creeríamos	creamos	creyéramos	creamos
	creéis	creíais	creísteis	creeréis	creeríais	creáis	creyerais	creed (no creáis)
	creen	creían	creyeron	creerán	creerían	crean	creyeran	crean Uds.

37   cruzar (z:c)

Participles: cruzando, cruzado

	INDICATIVE					SUBJUNCTIVE		IMPERATIVE
	Present	Imperfect	Preterite	Future	Conditional	Present	Past	
	cruzo	cruzaba	crucé	cruzaré	cruzaría	cruce	cruzara	
	cruzas	cruzabas	cruzaste	cruzarás	cruzarías	cruces	cruzaras	cruza tú (no cruces)
	cruza	cruzaba	cruzó	cruzará	cruzaría	cruce	cruzara	cruce Ud.
	cruzamos	cruzábamos	cruzamos	cruzaremos	cruzaríamos	crucemos	cruzáramos	crucemos
	cruzáis	cruzabais	cruzasteis	cruzaréis	cruzaríais	crucéis	cruzarais	cruzad (no crucéis)
	cruzan	cruzaban	cruzaron	cruzarán	cruzarían	crucen	cruzaran	crucen Uds.

38   destruir (y)

Participles: destruyendo, destruido

	INDICATIVE					SUBJUNCTIVE		IMPERATIVE
	Present	Imperfect	Preterite	Future	Conditional	Present	Past	
	destruyo	destruía	destruí	destruiré	destruiría	destruya	destruyera	
	destruyes	destruías	destruiste	destruirás	destruirías	destruyas	destruyeras	destruye tú (no destruyas)
	destruye	destruía	destruyó	destruirá	destruiría	destruya	destruyera	destruya Ud.
	destruimos	destruíamos	destruimos	destruiremos	destruiríamos	destruyamos	destruyéramos	destruyamos
	destruis	destruíais	destruisteis	destruiréis	destruiríais	destruyáis	destruyerais	destruid (no destruyáis)
	destruyen	destruían	destruyeron	destruirán	destruirían	destruyan	destruyeran	destruyan Uds.

39   enviar (envío)

Participles: enviando, enviado

	INDICATIVE					SUBJUNCTIVE		IMPERATIVE
	Present	Imperfect	Preterite	Future	Conditional	Present	Past	
	envío	enviaba	envié	enviaré	enviaría	envíe	enviara	
	envías	enviabas	enviaste	enviarás	enviarías	envíes	enviaras	envía tú (no envíes)
	envía	enviaba	envió	enviará	enviaría	envíe	enviara	envíe Ud.
	enviamos	enviábamos	enviamos	enviaremos	enviaríamos	enviemos	enviáramos	enviemos
	enviáis	enviabais	enviasteis	enviaréis	enviaríais	enviéis	enviarais	enviad (no enviéis)
	envían	enviaban	enviaron	enviarán	enviarían	envíen	enviaran	envíen Uds.

Infinitive	INDICATIVE					SUBJUNCTIVE		IMPERATIVE
	Present	Imperfect	Preterite	Future	Conditional	Present	Past	
40 graduarse (gradúo) Participles: graduando graduado	gradúo gradúas gradúa graduamos graduáis gradúan	graduaba graduabas graduaba graduábamos graduabais graduaban	gradué graduaste graduó graduamos graduasteis graduaron	graduaré graduarás graduará graduaremos graduaréis graduarán	graduaría graduarías graduaría graduaríamos graduaríais graduarían	gradúe gradúes gradúe graduemos graduéis gradúen	graduara graduaras graduara graduáramos graduarais graduaran	gradúa tú (no gradúes) gradúe Ud. graduemos graduad (no graduéis) gradúen Uds.
41 llegar (g:gu) Participles: llegando llegado	llego llegas llega llegamos llegáis llegan	llegaba llegabas llegaba llegábamos llegabais llegaban	llegué llegaste llegó llegamos llegasteis llegaron	llegaré llegarás llegará llegaremos llegaréis llegarán	llegaría llegarías llegaría llegaríamos llegaríais llegarían	llegue llegues llegue lleguemos lleguéis lleguen	llegara llegaras llegara llegáramos llegarais llegaran	llega tú (no llegues) llegue Ud. lleguemos llegad (no lleguéis) lleguen Uds.
42 proteger (g:j) Participles: protegiendo protegido	protejo proteges protege protegemos protegéis protegen	protegía protegías protegía protegíamos protegíais protegían	protegí protegiste protegió protegimos protegisteis protegieron	protegeré protegerás protegerá protegeremos protegeréis protegerán	protegería protegerías protegería protegeríamos protegeríais protegerían	proteja protejas proteja protejamos protejáis protejan	protegiera protegieras protegiera protegiéramos protegierais protegieran	protege tú (no protejas) proteja Ud. protejamos proteged (no protejáis) protejan Uds.
43 tocar (c:qu) Participles: tocando tocado	toco tocas toca tocamos tocáis tocan	tocaba tocabas tocaba tocábamos tocabais tocaban	toqué tocaste tocó tocamos tocasteis tocaron	tocaré tocarás tocará tocaremos tocaréis tocarán	tocaría tocarías tocaría tocaríamos tocaríais tocarían	toque toques toque toquemos toquéis toquen	tocara tocaras tocara tocáramos tocarais tocaran	toca tú (no toques) toque Ud. toquemos tocad (no toquéis) toquen Uds.

Guide to Vocabulary

Contents of the glossary

This glossary contains the words and expressions listed on the **Vocabulario** page found at the end of each lesson in **DESCUBRE** as well as other useful vocabulary. The number following an entry indicates the lesson where the word or expression was introduced.

Abbreviations used in this glossary

adj.	adjective	*f.*	feminine	*m.*	masculine	*prep.*	preposition
adv.	adverb	*fam.*	familiar	*n.*	noun	*pron.*	pronoun
art.	article	*form.*	formal	*obj.*	object	*ref.*	reflexive
conj.	conjunction	*indef.*	indefinite	*p.p.*	past participle	*sing.*	singular
def.	definite	*interj.*	interjection	*pl.*	plural	*sub.*	subject
d.o.	direct object	*i.o.*	indirect object	*poss.*	possessive	*v.*	verb

Note on alphabetization

For purposes of alphabetization, **ch** and **ll** are not treated as separate letters, but **ñ** still follows **n**.

Spanish-English

A

a *prep.* at; to **1.1**
  a bordo aboard **1.1**
  a la derecha to the right **1.2**
  a la izquierda to the left **1.2**
  a la plancha grilled **1.8**
  a la(s) + *time* at + *time* **1.1**
  a nombre de in the name of **1.5**
  ¿A qué hora...? At what time...? **1.1**
  a ver let's see **1.2**
abeja *f.* bee
abierto/a *adj.* open **1.5**
abrazo *m.* hug
abrigo *m.* coat **1.6**
abril *m.* April **1.5**
abrir *v.* to open **1.3**
abuelo/a *m., f.* grandfather; grandmother **1.3**
abuelos *pl.* grandparents **1.3**
aburrido/a *adj.* bored; boring **1.5**
aburrir *v.* to bore **1.7**
acabar de (+ *inf.***)** *v.* to have just (*done something*) **1.6**
acampar *v.* to camp **1.5**
aceite *m.* oil **1.8**
acordarse (de) (o:ue) *v.* to remember **1.7**
acostarse (o:ue) *v.* to go to bed **1.7**
acuático/a *adj.* aquatic **1.4**
adicional *adj.* additional
adiós *m.* good-bye **1.1**
adjetivo *m.* adjective
administración de empresas *f.* business administration **1.2**

adolescencia *f.* adolescence **1.9**
¿adónde? *adv.* where (to)? (*destination*) **1.2**
aduana *f.* customs **1.5**
aeropuerto *m.* airport **1.5**
afeitarse *v.* to shave **1.7**
aficionado/a *adj.* fan **1.4**
afirmativo/a *adj.* affirmative
agencia de viajes *f.* travel agency **1.5**
agente de viajes *m., f.* travel agent **1.5**
agosto *m.* August **1.5**
agradable *adj.* pleasant
agua *f.* water **1.8**
  agua mineral mineral water **1.8**
ahora *adv.* now **1.2**
  ahora mismo right now **1.5**
aire *m.* air **1.5**
ajo *m.* garlic **1.8**
al (*contraction of* **a + el**) **1.2**
  al aire libre open-air **1.6**
  al lado de beside **1.2**
alegre *adj.* happy; joyful **1.5**
alegría *f.* happiness **1.9**
alemán, alemana *adj.* German **1.3**
algo *pron.* something; anything **1.7**
algodón *m.* cotton **1.6**
alguien *pron.* someone; somebody; anyone **1.7**
algún, alguno/a(s) *adj.* any; some **1.7**
alimento *m.* food
alimentación *f.* diet
allí *adv.* there **1.5**
almacén *m.* department store **1.6**
almorzar (o:ue) *v.* to have lunch **1.4**
almuerzo *m.* lunch **1.8**

alto/a *adj.* tall **1.3**
amable *adj.* nice; friendly **1.5**
amarillo/a *adj.* yellow **1.6**
amigo/a *m., f.* friend **1.3**
amistad *f.* friendship **1.9**
amor *m.* love **1.9**
anaranjado/a *adj.* orange **1.6**
andar *v.* **en patineta** to skateboard **1.4**
aniversario (de bodas) *m.* (wedding) anniversary **1.9**
anoche *adv.* last night **1.6**
anteayer *adv.* the day before yesterday **1.6**
antes *adv.* before **1.7**
  antes de *prep.* before **1.7**
antipático/a *adj.* unpleasant **1.3**
año *m.* year **1.5**
  año pasado last year **1.6**
aparato *m.* appliance
apellido *m.* last name **1.3**
aprender (a + *inf.***)** *v.* to learn **1.3**
aquel, aquella *adj.* that **1.6**
aquél, aquélla *pron.* that **1.6**
aquello *neuter pron.* that; that thing; that fact **1.6**
aquellos/as *pl. adj.* those (over there) **1.6**
aquéllos/as *pl. pron.* those (ones) (over there) **1.6**
aquí *adv.* here **1.1**
  Aquí está... Here it is... **1.5**
  Aquí estamos en... Here we are at/in... **1.2**
arriba *adv.* up
arroz *m.* rice **1.8**
arte *m.* art **1.2**
artista *m., f.* artist **1.3**
arveja *m.* pea **1.8**
asado/a *adj.* roast **1.8**

ascensor *m.* elevator 1.5
así así so-so
asistir (a) *v.* to attend 1.3
atún *m.* tuna 1.8
aunque although
autobús *m.* bus 1.1
automático/a *adj.* automatic
auto(móvil) *m.* auto(mobile) 1.5
avenida *f.* avenue
avergonzado/a *adj.*
  embarrassed 1.5
avión *m.* airplane 1.5
¡Ay! *interj.* Oh!
  ¡Ay, qué dolor! Oh, what
    pain!
ayer *adv.* yesterday 1.6
azúcar *m.* sugar 1.8
azul *adj.* blue 1.6

B

bailar *v.* to dance 1.2
bajo/a *adj.* short (*in height*) 1.3
bajo control under control 1.7
baloncesto *m.* basketball 1.4
banana *f.* banana 1.8
bandera *f.* flag
bañarse *v.* to bathe;
  to take a bath 1.7
baño *m.* bathroom 1.7
barato/a *adj.* cheap 1.6
barco *m.* boat 1.5
beber *v.* to drink 1.3
bebida *f.* drink 1.8
béisbol *m.* baseball 1.4
beso *m.* kiss 1.9
biblioteca *f.* library 1.2
bicicleta *f.* bicycle 1.4
bien *adj., adv.* well 1.1
billete *m.* paper money; ticket
billón *m.* trillion
biología *f.* biology 1.2
bisabuelo/a *m.* great-grandfather;
  great-grandmother 1.3
bistec *m.* steak 1.8
bizcocho *m.* biscuit
blanco/a *adj.* white 1.6
bluejeans *m., pl.* jeans 1.6
blusa *f.* blouse 1.6
boda *f.* wedding 1.9
bolsa *f.* purse, bag 1.6
bonito/a *adj.* pretty 1.3
borrador *m.* eraser 1.2
bota *f.* boot 1.6
botella *f.* bottle 1.9
  botella de vino bottle of
    wine 1.9
botones *m., f. sing* bellhop 1.5
brindar *v.* to toast (*drink*) 1.9
bucear *v.* to scuba dive 1.4
bueno *adv.* well 1.2
buen, bueno/a *adj.* good 1.3,
  1.6
  ¡Buen viaje! Have a good
    trip! 1.1

Buena idea. Good idea. 1.4
Buenas noches. Good
  evening.; Good night. 1.1
Buenas tardes. Good
  afternoon. 1.1
buenísimo extremely good
¿Bueno? Hello. (*on telephone*)
Buenos días. Good morning.
  1.1
bulevar *m.* boulevard
buscar *v.* to look for 1.2

C

caballo *m.* horse 1.5
cabaña *f.* cabin 1.5
cada *adj.* each 1.6
café *m.* café 1.4;
  adj. brown 1.6;
  m. coffee 1.8
cafetería *f.* cafeteria 1.2
caja *f.* cash register 1.6
calcetín (calcetines) *m.*
  sock(s) 1.6
caldo *m.* soup 1.8
  caldo de patas *m.* beef
    soup 1.8
calidad *f.* quality 1.6
calor *m.* heat 1.4
calzar *v.* to take size... shoes 1.6
cama *f.* bed 1.5
camarero/a *m., f.* waiter/
  waitress 1.8
camarón *m.* shrimp 1.8
cambiar (de) *v.* to change 1.9
cambio *m.* **de moneda** currency
  exchange
caminar *v.* to walk 1.2
camino *m.* road
camión *m* truck; bus
camisa *f.* shirt 1.6
camiseta *f.* t-shirt 1.6
campo *m.* countryside 1.5
canadiense *adj.* Canadian 1.3
cansado/a *adj.* tired 1.5
cantar *v.* to sing 1.2
capital *f.* capital city 1.1
cara *f.* face 1.7
caramelo *m.* caramel 1.9
carne *f.* meat 1.8
  carne de res *f.* beef 1.8
caro/a *adj.* expensive 1.6
carta *f.* letter 1.4; (*playing*)
  card 1.5
cartera *f.* wallet 1.6
casa *f.* house; home 1.2
casado/a *adj.* married 1.9
casarse (con) *v.* to get married
  (to) 1.9
catorce *adj.* fourteen 1.1
cebolla *f.* onion 1.8
celebrar *v.* to celebrate 1.9
cena *f.* dinner 1.8
cenar *v.* to have dinner 1.2

centro *m.* downtown 1.4
  centro comercial shopping
    mall 1.6
cepillarse los dientes/el pelo
  v. to brush one's teeth/one's hair
  1.7
cerca de *prep.* near 1.2
cerdo *m.* pork 1.8
cereales *m., pl.* cereal;
  grains 1.8
cero *m.* zero 1.1
cerrado/a *adj.* closed 1.5
cerrar (e:ie) *v.* to close 1.4
cerveza *f.* beer 1.8
ceviche *m.* marinated fish
  dish 1.8
  ceviche de camarón *m.*
    lemon-marinated shrimp 1.8
chaleco *m.* vest
champán *m.* champagne 1.9
champiñón *m.* mushroom 1.8
champú *m.* shampoo 1.7
chaqueta *f.* jacket 1.6
chau *fam. interj.* bye 1.1
chévere *adj., fam.* terrific
chico/a *m., f.* boy; girl 1.1
chino/a *adj.* Chinese 1.3
chocar (con) *v.* to run into
chocolate *m.* chocolate 1.9
chuleta *f.* chop (*food*) 1.8
  chuleta de cerdo *f.* pork
    chop 1.8
cibercafé *m.* cybercafé
ciclismo *m.* cycling 1.4
cien(to) *n., adj.* one hundred 1.2
ciencia *f.* science 1.2
cinco *n., adj.* five 1.1
cincuenta *n., adj.* fifty 1.2
cine *m.* movie theater 1.4
cinta *f.* (audio)tape
cinturón *m.* belt 1.6
cita *f.* date; appointment 1.9
ciudad *f.* city 1.4
clase *f.* class 1.2
cliente/a *m., f.* customer 1.6
color *m.* color 1.6
comenzar (e:ie) *v.* to begin 1.4
comer *v.* to eat 1.3
comida *f.* food; meal 1.8
como *prep., conj.* like; as 1.8
¿cómo? *adv.* what?; how? 1.1
  ¿Cómo es...? What's...
    like? 1.3
  ¿Cómo está usted? *form.*
    How are you? 1.1
  ¿Cómo estás? *fam.* How are
    you? 1.1
  **¿Cómo se llama
  (usted)?** *form.* What's your
    name? 1.1
  ¿Cómo te llamas (tú)? *fam.*
    What's your name? 1.1
cómodo/a *adj.* comfortable 1.5
compañero/a de clase *m., f.*
  classmate 1.2

compañero/a de cuarto *m., f.* roommate 1.2

compartir *v.* to share 1.3

comprar *v.* to buy 1.2

compras *f., pl.* purchases 1.5

   ir de compras to go shopping 1.5

comprender *v.* to understand 1.3

comprobar (o:ue) *v.* to check

comprometerse (con) *v.* to get engaged (to) 1.9

computación *f.* computer science 1.2

computadora *f.* computer 1.1

comunidad *f.* community 1.1

con *prep.* with 1.2

   Con permiso. Pardon me.; Excuse me. 1.1

concordar (o:ue) *v.* to agree

conducir *v.* to drive 1.6

conductor(a) *m., f.* driver 1.1

confirmar *v.* to confirm 1.5

   confirmar *v.* **una reservación** *f.* to confirm a reservation 1.5

confundido/a *adj.* confused 1.5

conmigo *pron.* with me 1.4, 1.9

conocer *v.* to know; to be acquainted with 1.6

conocido/a *adj.; p.p.* known

conseguir (e:i) *v.* to get; to obtain 1.4

consejo *m.* advice

construir *v.* to build

contabilidad *f.* accounting 1.2

contar (o:ue) *v.* to count; to tell 1.4

contento/a *adj.* happy; content 1.5

contestar *v.* to answer 1.2

contigo *fam. pron.* with you 1.9

control *m.* control 1.7

conversación *f.* conversation 1.1

conversar *v.* to converse, to chat 1.2

corbata *f.* tie 1.6

correo electrónico *m.* e-mail 1.4

correr *v.* to run 1.3

cortesía *f.* courtesy

corto/a *adj.* short (in length) 1.6

cosa *f.* thing 1.1

costar (o:ue) *f.* to cost 1.6

creer (en) *v.* to believe (in) 1.3

crema de afeitar *f.* shaving cream 1.7

cuaderno *m.* notebook 1.1

¿cuál(es)? *pron.* which?; which one(s)? 1.2

¿Cuál es la fecha de hoy? What is today's date? 1.5

cuando *conj.* when 1.7

   ¿cuándo? *adv.* when? 1.2

¿cuánto(s)/a(s)? *adj.* how much/how many? 1.1

   ¿Cuánto cuesta...? How much does... cost? 1.6

   ¿Cuántos años tienes? How old are you? 1.3

cuarenta *n., adj.* forty 1.2

cuarto *m.* room 1.2; 1.7

   cuarto de baño *m.* bathroom 1.7

cuarto/a *n., adj.* fourth 1.5

   menos cuarto quarter to (*time*)

   y cuarto quarter after (*time*) 1.1

cuatro *n., adj.* four 1.1

cuatrocientos/as *n., adj.* four hundred 1.2

cubierto *p.p.* covered

cubiertos *m., pl.* silverware

cubrir *v.* to cover

cuenta *f.* bill 1.9

cuidado *m.* care 1.3

cumpleaños *m., sing.* birthday 1.9

cumplir años *v.* to have a birthday 1.9

cuñado/a *m., f.* brother-in-law; sister-in-law 1.3

curso *m.* course 1.2

D

dar *v.* to give 1.6, 1.9

   dar un consejo *v.* to give advice

de *prep.* of; from 1.1

   ¿De dónde eres? *fam.* Where are you from? 1.1

   ¿De dónde es usted? *form.* Where are you from? 1.1

   ¿de quién...? whose...? *sing.* 1.1

   ¿de quiénes...? whose...? *pl.* 1.1

   de algodón (made) of cotton 1.6

   de buen humor in a good mood 1.5

   de compras shopping 1.5

   de cuadros plaid 1.6

   de excursión hiking 1.4

   de hecho in fact

   de ida y vuelta roundtrip 1.5

   de la mañana in the morning; A.M. 1.1

   de la noche in the evening; at night; P.M. 1.1

   de la tarde in the afternoon; in the early evening; P.M. 1.1

de lana (made) of wool 1.6

de lunares polka-dotted 1.6

de mal humor in a bad mood 1.5

de moda in fashion 1.6

De nada. You're welcome. 1.1

de rayas striped 1.6

de repente *adv.* suddenly 1.6

de seda (made) of silk 1.6

debajo de *prep.* below; under 1.2

deber (+ *inf.*) *v.* should; must; ought to 1.3

   Debe ser... It must be... 1.6

decidir (+ *inf.*) *v.* to decide 1.3

décimo/a *adj.* tenth 1.5

decir (e:i) *v.* to say; to tell 1.4, 1.9

   decir la respuesta to say the answer 1.4

   decir la verdad to tell the truth 1.4

   decir mentiras to tell lies 1.4

   decir que to say that 1.4

dejar una propina *v.* to leave a tip 1.9

del (contraction of **de + el**) of the; from the

delante de *prep.* in front of 1.2

delgado/a *adj.* thin; slender 1.3

delicioso/a *adj.* delicious 1.8

demás *adj.* the rest

demasiado *adj., adv.* too much 1.6

dependiente/a *m., f.* clerk 1.6

deporte *m.* sport 1.4

deportista *m.* sports person

deportivo/a *adj.* sports-related 1.4

derecha *f.* right 1.2

   a la derecha de to the right of 1.2

derecho *adj.* straight (ahead)

desayunar *v.* to have breakfast 1.2

desayuno *m.* breakfast 1.8

descansar *v.* to rest 1.2

describir *v.* to describe 1.3

desde *prep.* from 1.6

desear *v.* to wish; to desire 1.2

desordenado/a *adj.* disorderly 1.5

despedida *f.* farewell; good-bye

despedirse (e:i) (de) *v.* to say good-bye (to) 1.7

despejado/a *adj.* clear (*weather*)

despertador *m.* alarm clock 1.7

despertarse (e:ie) *v.* to wake up 1.7

después *adv.* afterwards; then 1.7

   después de *prep.* after 1.7

detrás de *prep.* behind 1.2

día *m.* day **1.1**
día de fiesta holiday **1.9**
diario/a *adj.* daily **1.7**
diccionario *m.* dictionary **1.1**
diciembre *m.* December **1.5**
diecinueve *n., adj.* nineteen **1.1**
dieciocho *n., adj.* eighteen **1.1**
dieciséis *n., adj.* sixteen **1.1**
diecisiete *n., adj.* seventeen **1.1**
diente *m.* tooth **1.7**
diez *n., adj.* ten **1.1**
difícil *adj.* difficult; hard **1.3**
dinero *m.* money **1.6**
diseño *m.* design
diversión *f.* fun activity;
    entertainment; recreation **1.4**
divertido/a *adj.* fun **1.7**
divertirse (e:ie) *v.* to have
    fun **1.9**
divorciado/a *adj.* divorced **1.9**
divorciarse (de) *v.* to get
    divorced (from) **1.9**
divorcio *m.* divorce **1.9**
doble *adj.* double
doce *n., adj.* twelve **1.1**
doctor(a) *m., f.* doctor **1.3**
documentos de viaje *m.,*
    pl. travel documents
domingo *m.* Sunday **1.2**
don/doña title of respect used
    with a person's first name **1.1**
donde *prep.* where
    ¿dónde? *adv.* where? **1.1**
    ¿Dónde está...? Where
    is...? **1.2**
dormir (o:ue) *v.* to sleep **1.4**
dormirse (o:ue) *v.* to go to sleep;
    to fall asleep **1.7**
dos *n., adj.* two **1.1**
    dos veces *f.* twice; two
    times **1.6**
doscientos/as *n., adj.* two
    hundred **1.2**
ducha *f.* shower **1.7**
ducharse *v.* to shower; to take a
    shower **1.7**
dueño/a *m., f.* owner;
    landlord **1.8**
dulces *m., pl.* sweets; candy **1.9**
durante *prep.* during **1.7**

E

e *conj.* (used instead of *y* before
    words beginning with *i* and *hi*)
    and **1.4**
economía *f.* economics **1.2**
Ecuador *m.* Ecuador **1.1**
ecuatoriano/a *adj.* Ecuadorian
    1.3
edad *f.* age **1.9**
(en) efectivo *m.* cash **1.6**
el *m., sing., def. art.* the **1.1**
él *sub. pron.* he **1.1;** *pron., obj.*
    of prep. him **1.9**

elegante *adj.* elegant **1.6**
ella *sub. pron.* she **1.1;** *pron.,*
    obj. of prep. her **1.9**
ellos/as *sub. pron.* they **1.1;**
    pron., obj. of prep. them **1.9**
emocionante *adj.* exciting
empezar (e:ie) *v.* to begin **1.4**
empleado/a *m., f.* employee **1.5**
en *prep.* in; on; at **1.2**
    en casa at home **1.7**
    en línea in-line **1.4**
    en mi nombre in my name
    en punto on the dot; exactly;
    sharp (*time*) **1.1**
    en qué in what; how **1.2**
    ¿En qué puedo servirles?
    How can I help you? **1.5**
enamorado/a (de) *adj.* in love
    (with) **1.5**
enamorarse (de) *v.* to fall in love
    (with) **1.9**
encantado/a *adj.* delighted;
    pleased to meet you **1.1**
encantar *v.* to like very much; to
    love (*inanimate objects*) **1.7**
encima de *prep.* on top of **1.2**
encontrar (o:ue) *v.* to find **1.4**
enero *m.* January **1.5**
enojado/a *adj.* mad; angry **1.5**
enojarse (con) *v.* to get angry
    (with) **1.7**
ensalada *f.* salad **1.8**
enseguida *adv.* right away **1.9**
enseñar *v.* to teach **1.2**
entender (e:ie) *v.* to understand
    1.4
entonces *adv.* then **1.7**
entre *prep.* between; among **1.2**
entremeses *m., pl.* hors
    d'oeuvres; appetizers **1.8**
equipaje *m.* luggage **1.5**
equipo *m.* team **1.4**
equivocado/a *adj.* wrong **1.5**
eres *fam.* you are **1.1**
es he/she/it is **1.1**
    Es de... He/She is from... **1.1**
    Es la una. It's one o'clock. **1.1**
esa(s) *f., adj.* that; those **1.6**
ésa(s) *f., pron.* those (ones) **1.6**
escalar *v.* to climb **1.4**
    escalar montañas *v.* to climb
    mountains **1.4**
escoger *v.* to choose **1.8**
escribir *v.* to write **1.3**
    escribir un mensaje
    electrónico to write an
    e-mail message **1.4**
    escribir una carta to write a
    letter **1.4**
    escribir una postal to write a
    postcard **1.4**
escritorio *m.* desk **1.2**
escuchar *v.* to listen (to) **1.2**
    escuchar la radio to listen
    to the radio **1.2**

escuchar música to listen to
    music **1.2**
escuela *f.* school **1.1**
ese *m., sing., adj.* that **1.6**
ése *m., sing., pron.* that
    (one) **1.6**
eso *neuter pron.* that;
    that thing **1.6**
esos *m., pl., adj.* those **1.6**
ésos *m., pl., pron.* those
    (ones) **1.6**
España *f.* Spain **1.1**
español *m.* Spanish (language)
    1.2
español(a) *adj.* Spanish **1.3**
espárragos *m., pl.* asparagus
    1.8
especialización *f.* major **1.2**
espejo *m.* mirror **1.7**
esperar (+ inf.) *v.* to wait (for); to
    hope **1.2**
esposo/a *m., f.* husband; wife;
    spouse **1.3**
esquí (acuático) *m.* (water)
    skiing **1.4**
esquiar *v.* to ski **1.4**
está he/she/it is, you are **1.2**
    Está (muy) despejado. It's
    (very) clear. (*weather*)
    Está lloviendo. It's raining.
    1.5
    Está nevando. It's snowing.
    1.5
    Está (muy) nublado. It's
    (very) cloudy. (*weather*) **1.5**
esta(s) *f., adj.* this; these **1.6**
    esta noche tonight **1.4**
ésta(s) *f., pron.* this (one); these
    (ones) **1.6**
    Ésta es... *f.* This is...
    (*introducing someone*) **1.1**
estación *f.* station; season **1.5**
    estación de autobuses
    bus station **1.5**
    estación del metro subway
    station **1.5**
    estación de tren train
    station **1.5**
estadio *m.* stadium **1.2**
estado civil *m.* marital status
    1.9
Estados Unidos *m.* (EE.UU.;
    E.U.) United States **1.1**
estadounidense *adj.* from the
    United States **1.3**
estampado/a *adj.* print
estar *v.* to be **1.2**
    estar aburrido/a to be
    bored **1.5**
    estar bajo control to be
    under control **1.7**
    estar de moda to be in
    fashion **1.6**
    estar de vacaciones to be
    on vacation **1.5**

estar seguro/a to be sure **1.5**
No está nada mal. It's not bad at all. **1.5**
este *m., sing., adj.* this **1.6**
éste *m., sing., pron.* this (one) **1.6**
Éste es... *m.* This is... (*introducing someone*) **1.1**
estilo *m.* style
esto *neuter pron.* this; this thing **1.6**
estos *m., pl., adj.* these **1.6**
éstos *m., pl., pron.* these (ones) **1.6**
estudiante *m., f.* student **1.1, 1.2**
estudiantil *adj.* student **1.2**
estudiar *v.* to study **1.2**
estupendo/a *adj.* stupendous **1.5**
etapa *f.* stage **1.9**
examen *m.* test; exam **1.2**
excelente *adj.* excellent **1.5**
excursión *f.* hike; tour; excursion
excursionista *m., f.* hiker
explicar *v.* to explain **1.2**
explorar *v.* to explore
expresión *f.* expression

F

fabuloso/a *adj.* fabulous **1.5**
fácil *adj.* easy **1.3**
falda *f.* skirt **1.6**
faltar *v.* to lack; to need **1.7**
familia *f.* family **1.3**
fascinar *v.* to fascinate **1.7**
favorito/a *adj.* favorite **1.4**
febrero *m.* February **1.5**
fecha *f.* date **1.5**
feliz *adj.* happy **1.5**
¡Feliz cumpleaños! Happy birthday! **1.9**
¡Felicidades! Congratulations! (*for an event such as a birthday or anniversary*) **1.9**
¡Felicitaciones! Congratulations! (*for an event such as an engagement or a good grade on a test*) **1.9**
fenomenal *adj.* great, phenomenal **1.5**
feo/a *adj.* ugly **1.3**
fiesta *f.* party **1.9**
fijo/a *adj.* fixed, set **1.6**
fin *m.* end **1.4**
fin de semana weekend **1.4**
física *f.* physics **1.2**
flan (de caramelo) *m.* baked (caramel) custard **1.9**
folleto *m.* brochure
foto(grafía) *f.* photograph **1.1**

francés, francesa *adj.* French **1.3**
frenos *m., pl.* brakes
fresco/a *adj.* cool **1.5**
frijoles *m., pl.* beans **1.8**
frío/a *adj.* cold **1.5**
frito/a *adj.* fried **1.8**
fruta *f.* fruit **1.8**
frutilla *f.* strawberry **1.8**
fuente de fritada *f.* platter of fried food
fuera *adv.* outside
fútbol *m.* soccer **1.4**
fútbol americano *m.* football **1.4**

G

gafas (de sol) *f., pl.* (sun)glasses **1.6**
gafas (oscuras) *f., pl.* (sun)glasses
galleta *f.* cookie **1.9**
ganar *v.* to win **1.4**
ganga *f.* bargain **1.6**
gastar *v.* to spend (*money*) **1.6**
gemelo/a *m., f.* twin **1.3**
gente *f.* people **1.3**
geografía *f.* geography **1.2**
gimnasio *m.* gymnasium **1.4**
golf *m.* golf **1.4**
gordo/a *adj.* fat **1.3**
grabadora *f.* tape recorder **1.1**
gracias *f., pl.* thank you; thanks **1.1**
Gracias por todo. Thanks for everything. **1.9**
Gracias una vez más. Thanks again. **1.9**
graduarse (de/en) *v.* to graduate (from/in) **1.9**
gran, grande *adj.* big; large **1.3**
grillo *m.* cricket
gris *adj.* gray **1.6**
gritar *v.* to scream **1.7**
guantes *m., pl.* gloves **1.6**
guapo/a *adj.* handsome; good-looking **1.3**
guía *m., f.* guide
gustar *v.* to be pleasing to; to like **1.2**
Me gustaría... I would like...
gusto *m.* pleasure
El gusto es mío. The pleasure is mine. **1.1**
Mucho gusto. Pleased to meet you. **1.1**

H

habitación *f.* room **1.5**
habitación doble double room **1.5**
habitación individual single room **1.5**

hablar *v.* to talk; to speak **1.2**
hacer *v.* to do; to make **1.4**
Hace buen tiempo. The weather is good. **1.5**
Hace (mucho) calor. It's (very) hot. (*weather*) **1.5**
Hace fresco. It's cool. (*weather*) **1.5**
Hace (mucho) frío. It's very cold. (*weather*) **1.5**
Hace mal tiempo. The weather is bad. **1.5**
Hace (mucho) sol. It's (very) sunny. (*weather*) **1.5**
Hace (mucho) viento. It's (very) windy. (*weather*) **1.5**
hacer juego (con) to match (with) **1.6**
hacer las maletas to pack (one's) suitcases **1.5**
hacer turismo to go sightseeing
hacer un viaje to take a trip **1.5**
hacer una excursión to go on a hike; to go on a tour
hambre *f.* hunger **1.3**
hamburguesa *f.* hamburger **1.8**
hasta *prep.* until **1.6;** toward
Hasta la vista. See you later. **1.1**
Hasta luego. See you later. **1.1**
Hasta mañana. See you tomorrow. **1.1**
Hasta pronto. See you soon. **1.1**
hay *v.* there is; there are **1.1**
Hay (mucha) contaminación. It's (very) smoggy.
Hay (mucha) niebla. It's (very) foggy.
No hay de qué. You're welcome. **1.1**
helado/a *adj.* iced **1.8**
helado *m.* ice cream **1.9**
hermanastro/a *m., f.* stepbrother; stepsister **1.3**
hermano/a *m., f.* brother; sister **1.3**
hermano/a mayor/menor *m., f.* older/younger brother/sister **1.3**
hermanos *m., pl.* siblings (brothers and sisters) **1.3**
hermoso/a *adj.* beautiful **1.6**
hijastro/a *m., f.* stepson; stepdaughter **1.3**
hijo/a *m., f.* son; daughter **1.3**
hijo/a único/a *m., f.* only child **1.3**
hijos *m., pl.* children **1.3**
historia *f.* history **1.2**
hockey *m.* hockey **1.4**

hola *interj.* hello; hi   **1.1**
hombre *m.* man   **1.1**
hora *f.* hour   **1.1;** the time
horario *m.* schedule   **1.2**
hotel *m.* hotel   **1.5**
hoy *adv.* today   **1.2**
  hoy día *adv.* nowadays
  Hoy es... Today is...   **1.2**
huésped *m., f.* guest   **1.5**
huevo *m.* egg   **1.8**
humanidades *f., pl.* humanities   **1.2**

I

ida *f.* one way (*travel*)
idea *f.* idea   **1.4**
iglesia *f.* church   **1.4**
igualmente *adv.* likewise   **1.1**
impermeable *m.* raincoat   **1.6**
importante *adj.* important   **1.3**
importar *v.* to be important to; to matter   **1.7**
increíble *adj.* incredible   **1.5**
individual *adj.* private (*room*)   **1.5**
ingeniero/a *m., f.* engineer   **1.3**
inglés *m.* English (*language*)   **1.2**
inglés, inglesa *adj.* English   **1.3**
inodoro *m.* toilet   **1.7**
inspector(a) de aduanas *m., f.* customs inspector   **1.5**
inteligente *adj.* intelligent   **1.3**
intercambiar *v.* to exchange
interesante *adj.* interesting   **1.3**
interesar *v.* to be interesting to; to interest   **1.7**
invierno *m.* winter   **1.5**
invitado/a *m., f.* guest (*at a function*)   **1.9**
invitar *v.* to invite   **1.9**
ir *v.* to go   **1.4**
  ir a (+ *inf.*) to be going to *do something*   **1.4**
  ir de compras to go shopping   **1.5**
  ir de excursión (a las montañas) to go for a hike (in the mountains)   **1.4**
  ir de pesca to go fishing
  ir de vacaciones to go on vacation   **1.5**
  ir en autobús to go by bus   **1.5**
  ir en auto(móvil) to go by car   **1.5**
  ir en avión to go by plane   **1.5**
  ir en barco to go by boat   **1.5**
  ir en metro to go by subway
  ir en motocicleta to go by motorcycle   **1.5**

  ir en taxi to go by taxi   **1.5**
  ir en tren to go by train
irse *v.* to go away; to leave   **1.7**
italiano/a *adj.* Italian   **1.3**
izquierdo/a *adj.* left   **1.2**
  a la izquierda de to the left of   **1.2**

J

jabón *m.* soap   **1.7**
jamás *adv.* never; not ever   **1.7**
jamón *m.* ham   **1.8**
japonés, japonesa *adj.* Japanese   **1.3**
joven *adj.* young   **1.3**
joven *m., f.* youth; young person   **1.1**
jubilarse *v.* to retire (*from work*)   **1.9**
juego *m.* game
jueves *m., sing.* Thursday   **1.2**
jugador(a) *m., f.* player   **1.4**
jugar (u:ue) *v.* to play   **1.4**
  jugar a las cartas to play cards   **1.5**
jugo *m.* juice   **1.8**
  jugo de fruta *m.* fruit juice   **1.8**
julio *m.* July   **1.5**
junio *m.* June   **1.5**
juntos/as *adj.* together   **1.9**
juventud *f.* youth   **1.9**

L

la *f., sing., def. art.* the   **1.1**
la *f., sing., d.o. pron.* her, it; *form.* you   **1.5**
laboratorio *m.* laboratory   **1.2**
lana *f.* wool   **1.6**
langosta *f.* lobster   **1.8**
lápiz *m.* pencil   **1.1**
largo/a *adj.* long   **1.6**
las *f., pl., def. art.* the   **1.1**
las *f., pl., d.o. pron.* them; *form.* you   **1.5**
lavabo *m.* sink   **1.7**
lavarse *v.* to wash oneself   **1.7**
  lavarse la cara to wash one's face   **1.7**
  lavarse las manos to wash one's hands   **1.7**
le *sing., i.o. pron.* to/for him, her; *form.* you   **1.6**
  Le presento a... *form.* I would like to introduce... to you.   **1.1**
lección *f.* lesson   **1.1**
leche *f.* milk   **1.8**
lechuga *f.* lettuce   **1.8**
leer *v.* to read   **1.3**
  leer correo electrónico to read e-mail   **1.4**

  leer un periódico to read a newspaper   **1.4**
  leer una revista to read a magazine   **1.4**
lejos de *prep.* far from   **1.2**
lengua *f.* language   **1.2**
  lenguas extranjeras *f., pl.* foreign languages   **1.2**
lentes (de sol) (sun)glasses
lentes de contacto *m., pl.* contact lenses
les *pl., i.o. pron.* to/for them; *form.* you   **1.6**
levantarse *v.* to get up   **1.7**
libre *adj.* free   **1.4**
librería *f.* bookstore   **1.2**
libro *m.* book   **1.2**
limón *m.* lemon   **1.8**
limpio/a *adj.* clean   **1.5**
línea *f.* line   **1.4**
listo/a *adj.* ready; smart   **1.5**
literatura *f.* literature   **1.2**
llamarse *v.* to be called; to be named   **1.7**
llave *f.* key   **1.5**
llegada *f.* arrival   **1.5**
llegar *v.* to arrive   **1.2**
llevar *v.* to carry   **1.2;** to wear; to take   **1.6**
  llevarse bien/mal (con) to get along well/badly (with)   **1.9**
llover (o:ue) *v.* to rain   **1.5**
  Llueve. It's raining.   **1.5**
lo *m., sing., d.o. pron.* him, it; *form.* you   **1.5**
  Lo siento. I'm sorry.   **1.1**
  Lo siento muchísimo. I'm so sorry.   **1.4**
loco/a *adj.* crazy   **1.6**
lomo a la plancha *m.* grilled flank steak   **1.8**
los *m., pl., def. art.* the   **1.1**
los *m., pl., d.o. pron.* them; *form.* you   **1.5**
luego *adv.* then   **1.7;** *adv.* later   **1.1**
lugar *m.* place   **1.4**
lunares *m.* polka dots   **1.6**
lunes *m., sing.* Monday   **1.2**

M

madrastra *f.* stepmother   **1.3**
madre *f.* mother   **1.3**
madurez *f.* maturity; middle age   **1.9**
magnífico/a *adj.* magnificent   **1.5**
maíz *m.* corn   **1.8**
mal, malo/a *adj.* bad   **1.3**
maleta *f.* suitcase   **1.1**
mamá *f.* mom   **1.3**
mano *f.* hand   **1.1**
  ¡Manos arriba! Hands up!

mantequilla *f.* butter 1.8
manzana *f.* apple 1.8
mañana *f.* morning, A.M. 1.1; tomorrow 1.1
mapa *m.* map 1.2
maquillaje *m.* makeup 1.7
maquillarse *v.* to put on makeup 1.7
mar *m.* sea 1.5
maravilloso/a *adj.* marvelous 1.5
margarina *f.* margarine 1.8
mariscos *m., pl.* shellfish 1.8
marrón *adj.* brown 1.6
martes *m., sing.* Tuesday 1.2
marzo *m.* March 1.5
más *pron.* more 1.2
  más de (+ *number***)** more than 1.8
  más tarde later (on) 1.7
  más... que more... than 1.8
matemáticas *f., pl.* mathematics 1.2
materia *f.* course 1.2
matrimonio *m.* marriage 1.9
mayo *m.* May 1.5
mayonesa *f.* mayonnaise 1.8
mayor *adj.* older 1.3
  el/la mayor *adj.* the eldest 1.8; the oldest
me *sing., d.o. pron.* me 1.5; *sing. i.o. pron.* to/for me 1.6
  Me gusta... I like... 1.2
  No me gustan nada. I don't like them at all. 1.2
  Me llamo... My name is... 1.1
  Me muero por... I'm dying to (for)...
mediano/a *adj.* medium
medianoche *f.* midnight 1.1
medias *f., pl.* pantyhose, stockings 1.6
médico/a *m., f.* doctor 1.3
medio/a *adj.* half 1.3
  medio/a hermano/a *m., f.* half-brother; half-sister 1.3
  mediodía *m.* noon 1.1
  y media thirty minutes past the hour (*time*) 1.1
mejor *adj.* better 1.8
  el/la mejor *adj.* the best 1.8
melocotón *m.* peach 1.8
menor *adj.* younger 1.3
  el/la menor *adj.* the youngest 1.8
menos *adv.* less
  menos cuarto..., menos quince... quarter to... (*time*) 1.1
  menos de (+ *number***)** fewer than 1.8
  menos... que less... than 1.8

mensaje electrónico *m.* e-mail message 1.4
mentira *f.* lie 1.4
menú *m.* menu 1.8
mercado *m.* market 1.6
  mercado al aire libre *m.* open-air market 1.6
merendar (e:ie) *v.* to snack 1.8; to have an afternoon snack
mes *m.* month 1.5
mesa *f.* table 1.2
metro *m.* subway 1.5
mexicano/a *adj.* Mexican 1.3
México *m.* Mexico 1.1
mí *pron., obj. of prep.* me 1.9
mi(s) *poss. adj.* my 1.3
miedo *m.* fear 1.3
miércoles *m., sing.* Wednesday 1.2
mil *m.* one thousand 1.2
  Mil perdones. I'm so sorry. (*lit. A thousand pardons.*) 1.4
mil millones *m.* billion
millón *m.* million 1.2
millones (de) *m.* millions (of)
minuto *m.* minute 1.1
mirar *v.* to look (at); to watch 1.2
  mirar (la) televisión to watch television 1.2
mismo/a *adj.* same 1.3
mochila *f.* backpack 1.2
moda *f.* fashion 1.6
módem *m.* modem
molestar *v.* to bother; to annoy 1.7
montaña *f.* mountain 1.4
montar a caballo *v.* to ride a horse 1.5
monumento *m.* monument 1.4
mora *f.* blackberry 1.8
morado/a *adj.* purple 1.6
moreno/a *adj.* brunet(te) 1.3
morir (o:ue) *v.* to die 1.8
mostrar (o:ue) *v.* to show 1.4
motocicleta *f.* motorcycle 1.5
motor *m.* motor
muchacho/a *m., f.* boy; girl 1.3
mucho/a *adj., adv.* a lot of; much 1.2; many 1.3
  (Muchas) gracias. Thank you (very much).; Thanks (a lot). 1.1
  Muchísimas gracias. Thank you very, very much. 1.9
  Mucho gusto. Pleased to meet you. 1.1
muchísimo very much 1.2
muela *f.* tooth; molar
muerte *f.* death 1.9
mujer *f.* woman 1.1

mujer policía *f.* female police officer
multa *f.* fine
mundial *adj.* worldwide
municipal *adj.* municipal
museo *m.* museum 1.4
música *f.* music 1.2
muy *adv.* very 1.1
  Muy amable. That's very kind of you. 1.5
  (Muy) bien, gracias. (Very) well, thanks. 1.1

N

nacer *v.* to be born 1.9
nacimiento *m.* birth 1.9
nacionalidad *f.* nationality 1.1
nada *pron., adv.* nothing 1.1; not anything 1.7
  nada mal not bad at all 1.5
nadar *v.* to swim 1.4
nadie *pron.* no one, nobody, not anyone 1.7
naranja *f.* orange 1.8
natación *f.* swimming 1.4
Navidad *f.* Christmas 1.9
necesitar (+ *inf.***)** *v.* to need 1.2
negativo/a *adj.* negative
negro/a *adj.* black 1.6
nervioso/a *adj.* nervous 1.5
nevar (e:ie) *v.* to snow 1.5
  Nieva. It's snowing. 1.5
ni... ni neither... nor 1.7
niebla *f.* fog
nieto/a *m., f.* grandson; granddaughter 1.3
nieve *f.* snow
ningún, ninguno/a(s) *adj., pron.* no; none; not any 1.7
  ningún problema no problem
niñez *f.* childhood 1.9
niño/a *m., f.* child 1.3
no *adv.* no; not 1.1
  ¿no? right? 1.1
  No está nada mal. It's not bad at all. 1.5
  no estar de acuerdo to disagree
  No estoy seguro. I'm not sure.
  no hay there is not; there are not 1.1
  No hay de qué. You're welcome. 1.1
  No hay problema. No problem. 1.7
  No me gustan nada. I don't like them at all. 1.2
  no muy bien not very well 1.1
  No quiero. I don't want to. 1.4

No sé. I don't know.

No se preocupe. *(form.)* Don't worry. 1.7

No te preocupes. *(fam.)* Don't worry. 1.7

no tener razón to be wrong 1.3

noche *f.* night 1.1

nombre *m.* name 1.1

norteamericano/a *adj.* (North) American 1.3

nos *pl., d.o. pron.* us 1.5; *pl., i.o. pron.* to/for us 1.6

Nos vemos. See you. 1.1

nosotros/as *sub. pron.* we 1.1; *pron., obj. of prep.* us 1.9

novecientos/as *n., adj.* nine hundred 1.2

noveno/a *n., adj.* ninth 1.5

noventa *n., adj.* ninety 1.2

noviembre *m.* November 1.5

novio/a *m., f.* boyfriend/ girlfriend 1.3

nublado/a *adj.* cloudy 1.5

Está (muy) nublado. It's very cloudy. 1.5

nuera *f.* daughter-in-law 1.3

nuestro(s)/a(s) *poss. adj.* our 1.3

nueve *n., adj.* nine 1.1

nuevo/a *adj.* new 1.6

número *m.* number 1.1; (shoe) size 1.6

nunca *adv.* never; not ever 1.7

O

o *conj.* or 1.7

o... o; either... or 1.7

océano *m.* ocean

ochenta *n., adj.* eighty 1.2

ocho *n., adj.* eight 1.1

ochocientos/as *n., adj.* eight hundred 1.2

octavo/a *n., adj.* eighth 1.5

octubre *m.* October 1.5

ocupado/a *adj.* busy 1.5

odiar *v.* to hate 1.9

ofrecer *v.* to offer 1.6

oír *v.* to hear 1.4

Oiga./Oigan. *form., sing./pl.* Listen. *(in conversation)* 1.1

Oye. *fam., sing.* Listen. *(in conversation)* 1.1

once *n., adj.* eleven 1.1

ordenado/a *adj.* orderly 1.5

ordinal *adj.* ordinal (number)

ortografía *f.* spelling

ortográfico/a *adj.* spelling

os *fam., pl., d.o. pron.* you 1.5; *fam., pl., i.o. pron.* to/for you 1.6

otoño *m.* autumn 1.5

otro/a *adj.* other; another 1.6

otra vez again

P

padrastro *m.* stepfather 1.3

padre *m.* father 1.3

padres *m., pl.* parents 1.3

pagar *v.* to pay 1.6, 1.9

pagar la cuenta to pay the bill 1.9

país *m.* country 1.1

paisaje *m.* landscape 1.5

palabra *f.* word 1.1

pan *m.* bread 1.8

pan tostado *m.* toasted bread 1.8

pantalones *m., pl.* pants 1.6

pantalones cortos *m., pl.* shorts 1.6

pantuflas *f., pl.* slippers 1.7

papa *f.* potato 1.8

papas fritas *f., pl.* fried potatoes; French fries 1.8

papá *m.* dad 1.3

papás *m., pl.* parents 1.3

papel *m.* paper 1.2

papelera *f.* wastebasket 1.2

par *m.* pair 1.6

par de zapatos *m.* pair of shoes 1.6

parecer *v.* to seem 1.6

pareja *f.* (married) couple; partner 1.9

parientes *m., pl.* relatives 1.3

parque *m.* park 1.4

párrafo *m.* paragraph

partido *m.* game; match (*sports*) 1.4

pasado/a *adj.* last; past 1.6

pasado *p.p.* passed

pasaje *m.* ticket 1.5

pasaje de ida y vuelta *m.* roundtrip ticket 1.5

pasajero/a *m., f.* passenger 1.1

pasaporte *m.* passport 1.5

pasar *v.* to go through 1.5

pasar por la aduana to go through customs

pasar tiempo to spend time

pasarlo bien/mal to have a good/bad time 1.9

pasatiempo *m.* pastime; hobby 1.4

pasear *v.* to take a walk; to stroll 1.4

pasear en bicicleta to ride a bicycle 1.4

pasear por to walk around 1.4

pasta *f.* **de dientes** toothpaste 1.7

pastel *m.* cake; pie 1.9

pastel de chocolate *m.* chocolate cake 1.9

pastel de cumpleaños *m.* birthday cake

patata *f.* potato 1.8

patatas fritas *f., pl.* fried potatoes; French fries 1.8

patinar (en línea) *v.* to (in-line) skate 1.4

patineta *f.* skateboard 1.4

pavo *m.* turkey 1.8

pedir (e:i) *v.* to ask for; to request 1.4; to order (*food*) 1.8

peinarse *v.* to comb one's hair 1.7

película *f.* movie 1.4

pelirrojo/a *adj.* red-haired 1.3

pelo *m.* hair 1.7

pelota *f.* ball 1.4

pensar (e:ie) *v.* to think 1.4

pensar (+ inf.) *v.* to intend to; to plan to (*do something*) 1.4

pensar en *v.* to think about 1.4

pensión *f.* boardinghouse

peor *adj.* worse 1.8

el/la peor the worst 1.8

pequeño/a *adj.* small 1.3

pera *f.* pear 1.8

perder (e:ie) *v.* to lose; to miss 1.4

Perdón. Pardon me.; Excuse me. 1.1

perezoso/a *adj.* lazy

perfecto/a *adj.* perfect 1.5

periódico *m.* newspaper 1.4

periodismo *m.* journalism 1.2

periodista *m., f.* journalist 1.3

permiso *m.* permission

pero *conj.* but 1.2

persona *f.* person 1.3

pesca *f.* fishing

pescado *m.* fish (*cooked*) 1.8

pescador(a) *m., f.* fisherman/ fisherwoman

pescar *v.* to fish 1.5

pimienta *f.* black pepper 1.8

piña *f.* pineapple 1.8

piscina *f.* swimming pool 1.4

piso *m.* floor (*of a building*) 1.5

pizarra *f.* blackboard 1.2

planes *m., pl.* plans 1.4

planta baja *f.* ground floor 1.5

plato *m.* dish (*in a meal*) 1.8

plato principal *m.* main dish 1.8

playa *f.* beach 1.5

plaza *f.* city or town square 1.4

pluma *f.* pen 1.2

pobre *adj.* poor 1.6

pobreza *f.* poverty

poco/a *adj.* little; few 1.5

poder (o:ue) *v.* to be able to; can 1.4

pollo *m.* chicken 1.8

pollo asado *m.* roast chicken 1.8

ponchar *v.* to go flat

poner *v.* to put; to place **1.4**
ponerse (+ *adj.*) *v.* to become (+ *adj.*) **1.7**; to put on **1.7**
por *prep.* in exchange for; for; by; in; through; around; along; during; because of; on account of; on behalf of; in search of; by way of
  por avión by plane
  por favor please **1.1**
  por la mañana in the morning **1.7**
  por la noche at night **1.7**
  por la tarde in the afternoon **1.7**
  ¿por qué? why? **1.2**
  por teléfono by phone; on the phone
  por último finally **1.7**
porque *conj.* because **1.2**
posesivo/a *adj.* possessive **1.3**
postal *f.* postcard **1.4**
postre *m.* dessert **1.9**
practicar *v.* to practice **1.2**
  practicar deportes *m., pl.* to play sports **1.4**
precio (fijo) *m.* (fixed; set) price **1.6**
preferir (e:ie) *v.* to prefer **1.4**
pregunta *f.* question
preguntar *v.* to ask (*a question*) **1.2**
preocupado/a (por) *adj.* worried (about) **1.5**
preocuparse (por) *v.* to worry (about) **1.7**
preparar *v.* to prepare **1.2**
preposición *f.* preposition
presentación *f.* introduction
presentar *v.* to introduce
  Le presento a... I would like to introduce (*name*) to you. (*form.*) **1.1**
  Te presento a... I would like to introduce (*name*) to you. (*fam.*) **1.1**
prestado/a *adj.* borrowed
prestar *v.* to lend; to loan **1.6**
primavera *f.* spring **1.5**
primer, primero/a *adj.* first **1.5**
primo/a *m., f.* cousin **1.3**
principal *adj.* main **1.8**
prisa *f.* haste **1.3**
probar (o:ue) *v.* to taste; to try **1.8**
probarse (o:ue) *v.* to try on **1.7**
problema *m.* problem **1.1**
profesión *f.* profession **1.3**
profesor(a) *m., f.* teacher **1.1, 1.2**
programa *m.* **1.1**
programador(a) *m., f.* computer programmer **1.3**

pronombre *m.* pronoun
propina *f.* tip **1.9**
prueba *f.* test; quiz **1.2**
psicología *f.* psychology **1.2**
pueblo *m.* town **1.4**
puerta *f.* door **1.2**
Puerto Rico *m.* Puerto Rico **1.1**
puertorriqueño/a *adj.* Puerto Rican **1.3**
pues *conj.* well **1.2**

Q

que *conj.* that; which
  ¡Qué...! How...! **1.3**
  ¡Qué dolor! What pain!
  ¡Qué ropa más bonita! What pretty clothes! **1.6**
  ¡Qué sorpresa! What a surprise!
  ¿qué? *pron.* what? **1.1**
  ¿Qué día es hoy? What day is it? **1.2**
  ¿Qué hay de nuevo? What's new? **1.1**
  ¿Qué hora es? What time is it? **1.1**
  ¿Qué les parece? What do you (*pl.*) think?
  ¿Qué pasa? What's happening?; What's going on? **1.1**
  ¿Qué precio tiene? What is the price?
  ¿Qué tal...? How are you?; How is it going? **1.1**; How is/are...? **1.2**
  ¿Qué talla lleva/usa? What size do you wear? (*form.*) **1.6**
  ¿Qué tiempo hace? How's the weather? **1.5**
  ¿En qué...? In which...? **1.2**
quedar *v.* to be left over; to fit (*clothing*) **1.7**
quedarse *v.* to stay; to remain **1.7**
querer (e:ie) *v.* to want; to love **1.4**
queso *m.* cheese **1.8**
quien(es) *pron.* who; whom
  ¿Quién es...? Who is...? **1.1**
  ¿quién(es)? *pron.* who?; whom? **1.1**
química *f.* chemistry **1.2**
quince *n., adj.* fifteen **1.1**
  menos quince quarter to (*time*) **1.1**
  y quince quarter after (*time*) **1.1**
quinceañera *f.* young woman's fifteenth birthday celebration; fifteen-year old girl **1.9**
quinientos/as *n., adj.* five hundred **1.2**
quinto/a *n., adj.* fifth **1.5**

quitarse *v.* to take off **1.7**
quizás *adv.* maybe **1.5**

R

radio *f.* radio (*medium*) **1.2**
  radio *m.* radio (*set*) **1.2**
ratos libres *m., pl.* spare (*free*) time **1.4**
raya *f.* stripe **1.6**
razón *f.* reason **1.3**
rebaja *f.* sale **1.6**
recibir *v.* to receive **1.3**
recién casado/a *m., f.* newlywed **1.9**
recomendar (e:ie) *v.* to recommend **1.8**
recordar (o:ue) *v.* to remember **1.4**
recorrer *v.* to tour an area
refresco *m.* soft drink **1.8**
regalar *v.* to give (a gift) **1.9**
regalo *m.* gift **1.6**
regatear *v.* to bargain **1.6**
regresar *v.* to return **1.2**
regular *adj.* so-so; OK **1.1**
reírse (e:i) *v.* to laugh **1.9**
relaciones *f., pl.* relationships
relajarse *v.* to relax **1.9**
reloj *m.* clock; watch **1.2**
repetir (e:i) *v.* to repeat **1.4**
residencia estudiantil *f.* dormitory **1.2**
respuesta *f.* answer
restaurante *m.* restaurant **1.4**
revista *f.* magazine **1.4**
rico/a *adj.* rich **1.6**; tasty; delicious **1.8**
riquísimo/a *adj.* extremely delicious **1.8**
rojo/a *adj.* red **1.6**
romper (con) *v.* to break up (with) **1.9**
ropa *f.* clothing; clothes **1.6**
  ropa interior *f.* underwear **1.6**
rosado/a *adj.* pink **1.6**
rubio/a *adj.* blond(e) **1.3**
ruso/a *adj.* Russian **1.3**
rutina *f.* routine **1.7**
  rutina diaria *f.* daily routine **1.7**

S

sábado *m.* Saturday **1.2**
saber *v.* to know; to know how **1.6**; to taste **1.8**
  saber a to taste like **1.8**
sabrosísimo/a *adj.* extremely delicious **1.8**
sabroso/a *adj.* tasty; delicious **1.8**
sacar *v.* to take out

sacar fotos   to take photos 1.5
sal *f.* salt   1.8
salchicha *f.* sausage   1.8
salida *f.* departure; exit   1.5
salir *v.* to leave   1.4; to go out
  salir (con)   to go out (with); to date   1.9
  salir de   to leave from
  salir para   to leave for (*a place*)
salmón *m.* salmon   1.8
saludo *m.* greeting   1.1
  saludos a...   greetings to...   1.1
sandalia *f.* sandal   1.6
sandía *f.* watermelon
sándwich *m.* sandwich   1.8
se *ref. pron.* himself, herself, itself; *form.* yourself, themselves, yourselves   1.7
secarse *v.* to dry oneself   1.7
sección de (no) fumar *f.* (non) smoking section   1.8
secuencia *f.* sequence
sed *f.* thirst   1.3
seda *f.* silk   1.6
seguir (e:i) *v.* to follow; to continue   1.4
según *prep.* according to
segundo/a *n., adj.* second   1.5
seguro/a *adj.* sure; safe   1.5
seis *n., adj.* six   1.1
seiscientos/as *n., adj.* six hundred   1.2
semana *f.* week   1.2
  fin *m.* **de semana** weekend   1.4
  semana *f.* **pasada** last week   1.6
semestre *m.* semester   1.2
sentarse (e:ie) *v.* to sit down   1.7
sentir(se) (e:ie) *v.* to feel   1.7
señor (Sr.) *m.* Mr.; sir   1.1
señora (Sra.) *f.* Mrs.; ma'am   1.1
señorita (Srta.) *f.* Miss   1.1
separado/a *adj.* separated   1.9
separarse (de) *v.* to separate (from)   1.9
septiembre *m.* September   1.5
séptimo/a *adj.* seventh   1.5
ser *v.* to be   1.1
  ser aficionado/a (a)   to be a fan (of)   1.4
serio/a *adj.* serious
servir (e:i) *v.* to serve   1.8; to help   1.5
sesenta *n., adj.* sixty   1.2
setecientos/as *n., adj.* seven hundred   1.2
setenta *n., adj.* seventy   1.2
sexto/a *n., adj.* sixth   1.5
sí *adv.* yes   1.1
si *conj.* if   1.4

siempre *adv.* always   1.7
siete *n., adj.* seven   1.1
silla *f.* seat   1.2
similar *adj.* similar
simpático/a *adj.* nice; likeable   1.3
sin *prep.* without   1.2
  sin duda   without a doubt
  sin embargo   however
sino *conj.* but (rather)   1.7
situado/a *adj., p.p.* located
sobre *prep.* on; over   1.2
sobrino/a *m., f.* nephew; niece   1.3
sociología *f.* sociology   1.2
sol *m.* sun   1.4; 1.5
soleado/a *adj.* sunny
sólo *adv.* only   1.3
solo *adj.* alone
soltero/a *adj.* single   1.9
sombrero *m.* hat   1.6
Son las dos.   It's two o'clock.   1.1
sonreír (e:i) *v.* to smile   1.9
sopa *f.* soup   1.8
sorprender *v.* to surprise   1.9
sorpresa *f.* surprise   1.9
soy   I am   1.1
  Soy yo.   That's me.   1.1
  Soy de...   I'm from...   1.1
su(s) *poss. adj.* his, her, its; *form.* your, their   1.3
sucio/a *adj.* dirty   1.5
sucre *m.* former Ecuadorian currency   1.6
suegro/a *m., f.* father-in-law; mother-in-law   1.3
sueño *m.* sleep   1.3
suerte *f.* luck   1.3
suéter *m.* sweater   1.6
suponer *v.* to suppose   1.4
sustantivo *m.* noun

T

tal vez *adv.* maybe   1.5
talla *f.* size   1.6
  talla grande *f.* large   1.6
también *adv.* also; too   1.2; 1.7
tampoco *adv.* neither; not either   1.7
tan *adv.* so   1.5
  tan... como   as... as   1.8
tanto *adv.* so much
  tanto... como   as much... as   1.8
  tantos/as... como   as many... as   1.8
tarde *adv.* late   1.7
tarde *f.* afternoon; evening; P.M.   1.1
tarea *f.* homework   1.2
tarjeta *f.* card
  tarjeta de crédito *f.* credit card   1.6

tarjeta postal *f.* postcard   1.4
taxi *m.* taxi   1.5
te *sing., fam., d.o. pron.* you   1.5; *sing., fam., i.o. pron.* to/for you   1.6
  Te presento a... *fam.* I would like to introduce... to you.   1.1
  ¿Te gusta(n)...?   Do you like...?   1.2
té *m.* tea   1.8
  té helado *m.* iced tea   1.8
televisión *f.* television   1.2
temprano *adv.* early   1.7
tener *v.* to have   1.3
  tener... años   to be... years old   1.3
  Tengo... años.   I'm... years old.   1.3
  tener (mucho) calor   to be (very) hot   1.3
  tener (mucho) cuidado   to be (very) careful   1.3
  tener (mucho) frío   to be (very) cold   1.3
  tener ganas de (+ inf.)   to feel like (*doing something*)   1.3
  tener (mucha) hambre   to be (very) hungry   1.3
  tener (mucho) miedo (de)   to be (very) afraid (of); to be (very) scared (of)   1.3
  tener miedo (de) que   to be afraid that
  tener planes   to have plans   1.4
  tener (mucha) prisa   to be in a (big) hurry   1.3
  tener que (+ inf.) *v.* to have to (*do something*)   1.3
  tener razón   to be right   1.3
  tener (mucha) sed   to be (very) thirsty   1.3
  tener (mucho) sueño   to be (very) sleepy   1.3
  tener (mucha) suerte *f.* to be (very) lucky   1.3
  tener tiempo   to have time   1.4
  tener una cita   to have a date; to have an appointment   1.9
tenis *m.* tennis   1.4
tercer, tercero/a *n., adj.* third   1.5
terminar *v.* to end; to finish   1.2
  terminar de (+ inf.) *v.* to finish (*doing something*)   1.4
ti *pron., obj. of prep., fam.* you   1.9
tiempo *m.* time   1.4; weather   1.5
  tiempo libre   free time
tienda *f.* shop; store   1.6
  tienda de campaña   tent
tinto/a *adj.* red (wine)   1.8

tío/a *m., f.* uncle; aunt **1.3**
tíos *m.* aunts and uncles **1.3**
título *m.* title
tiza *f.* chalk **1.2**
toalla *f.* towel **1.7**
todavía *adv.* yet; still **1.5**
todo *m.* everything **1.5**
   Todo está bajo control. Everything is under control. **1.7**
todo(s)/a(s) *adj.* all; whole **1.4**
todos *m., pl.* all of us; everybody; everyone
   ¡Todos a bordo! All aboard! **1.1**
tomar *v.* to take; to drink **1.2**
   tomar clases to take classes **1.2**
   tomar el sol to sunbathe **1.4**
   tomar en cuenta to take into account
   tomar fotos to take photos **1.5**
tomate *m.* tomato **1.8**
tonto/a *adj.* silly; foolish **1.3**
tortilla *f.* tortilla **1.8**
   tortilla de maíz corn tortilla **1.8**
tostado/a *adj.* toasted **1.8**
trabajador(a) *adj.* hard-working **1.3**
trabajar *v.* to work **1.2**
traducir *v.* to translate **1.6**
traer *v.* to bring **1.4**
traje *m.* suit **1.6**
   traje de baño *m.* bathing suit **1.6**
tranquilo/a *adj.* calm
   Tranquilo. Don't worry.; Be cool. **1.7**
trece *n., adj.* thirteen **1.1**
treinta *n., adj.* thirty **1.1, 1.2**
   y treinta thirty minutes past the hour (*time*) **1.1**
tren *m.* train **1.5**
tres *n., adj.* three **1.1**
trescientos/as *n., adj.* three hundred **1.2**
trimestre *m.* trimester; quarter **1.2**
triste *adj.* sad **1.5**
tú *fam. sub. pron.* you **1.1**
   Tú eres... You are... **1.1**
tu(s) *fam. poss. adj.* your **1.3**
turismo *m.* tourism **1.5**
turista *m., f.* tourist **1.1**
turístico/a *adj.* touristic

U

Ud. *form. sing.* you **1.1**
Uds. *form., pl.* you **1.1**
último/a *adj.* last

un, uno/a *indef. art.* a, an; one **1.1**
   uno/a *m., f., sing. pron.* one **1.1**
   a la una at one o'clock **1.1**
   una vez *adv.* once; one time **1.6**
   una vez más one more time **1.9**
   unos/as *m., f., pl. indef. art.* some; *pron.* some **1.1**
único/a *adj.* only **1.3**
universidad *f.* university; college **1.2**
usar *v.* to wear; to use **1.6**
usted (Ud.) *form. sing.* you **1.1**
   ustedes (Uds.) *form., pl.* you **1.1**
útil *adj.* useful
uva *f.* grape **1.8**

V

vacaciones *f. pl.* vacation **1.5**
vamos let's go **1.4**
varios/as *adj., pl.* various; several **1.8**
veces *f., pl.* times **1.6**
veinte *n., adj.* twenty **1.1**
veinticinco *n., adj.* twenty-five **1.1**
veinticuatro *n., adj.* twenty-four **1.1**
veintidós *n., adj.* twenty-two **1.1**
veintinueve *n., adj.* twenty-nine **1.1**
veintiocho *n., adj.* twenty-eight **1.1**
veintiséis *n., adj.* twenty-six **1.1**
veintisiete *n., adj.* twenty-seven **1.1**
veintitrés *n., adj.* twenty-three **1.1**
veintiún, veintiuno/a *n., adj.* twenty-one **1.1**
vejez *f.* old age **1.9**
vendedor(a) *m., f.* salesperson **1.6**
vender *v.* to sell **1.6**
venir *v.* to come **1.3**
ventana *f.* window **1.2**
ver *v.* to see **1.4**
   a ver let's see **1.2**
   ver películas to see movies **1.4**
verano *m.* summer **1.5**
verbo *m.* verb
verdad *f.* truth
   ¿verdad? right? **1.1**
verde *adj.* green **1.6**
verduras *f., pl.* vegetables **1.8**

vestido *m.* dress **1.6**
vestirse (e:i) *v.* to get dressed **1.7**
vez *f.* time **1.6**
viajar *v.* to travel **1.2**
viaje *m.* trip **1.5**
viajero/a *m., f.* traveler **1.5**
vida *f.* life **1.9**
video *m.* video **1.1**
videojuego *m.* video game **1.4**
viejo/a *adj.* old **1.3**
viento *m.* wind **1.5**
viernes *m., sing.* Friday **1.2**
vinagre *m.* vinegar **1.8**
vino *m.* wine **1.8**
   vino blanco *m.* white wine **1.8**
   vino tinto *m.* red wine **1.8**
visitar *v.* to visit **1.4**
   visitar monumentos to visit monuments **1.4**
viudo/a *adj.* widower; widow **1.9**
vivir *v.* to live **1.3**
vivo/a *adj.* bright; lively; living
vóleibol *m.* volleyball **1.4**
volver (o:ue) *v.* to return **1.4**
vos *pron.* you
vosotros/as *pron., form., pl.* you **1.1**
vuelta *f.* return trip
vuestro(s)/a(s) *form., poss. adj.* your **1.3**

W

walkman *m.* walkman

Y

y *conj.* and **1.1**
   y cuarto quarter after (*time*) **1.1**
   y media half-past (*time*) **1.1**
   y quince quarter after (*time*) **1.1**
   y treinta thirty (minutes past the hour) **1.1**
   ¿Y tú? *fam.* And you? **1.1**
   ¿Y usted? *form.* And you? **1.1**
ya *adv.* already **1.6**
yerno *m.* son-in-law **1.3**
yo *sub. pron.* I **1.1**
   Yo soy... I'm... **1.1**
yogur *m.* yogurt **1.8**

Z

zanahoria *f.* carrot **1.8**
zapatos *m., pl.* shoes
   zapatos de tenis tennis shoes, sneakers **1.6**

English-Spanish

A

a **un/a** *m., f., sing.; indef. art.* 1.1
A.M. **mañana** *f.* 1.1
able: be able to **poder (o:ue)** *v.* 1.4
aboard **a bordo** 1.1
accounting **contabilidad** *f.* 1.2
acquainted: be acquainted with **conocer** *v.* 1.6
additional **adicional** *adj.*
adjective **adjetivo** *m.*
adolescence **adolescencia** *f.* 1.9
advice **consejo** *m.* 1.6
  give advice **dar consejos** 1.6
affirmative **afirmativo/a** *adj.*
afraid: be (very) afraid (of) **tener (mucho) miedo (de)** 1.3
  be afraid that **tener miedo (de) que**
after **después de** *prep.* 1.7
afternoon **tarde** *f.* 1.1
afterward **después** *adv.* 1.7
again **otra vez**
age **edad** *f.* 1.9
agree **concordar (o:ue)** *v.*
airplane **avión** *m.* 1.5
airport **aeropuerto** *m.* 1.5
alarm clock **despertador** *m.* 1.7
all **todo(s)/a(s)** *adj.* 1.4
  All aboard! **¡Todos a bordo!** 1.1
  all of us **todos** 1.1
  all over the world **en todo el mundo**
alleviate **aliviar** *v.*
alone **solo/a** *adj.*
already **ya** *adv.* 1.6
also **también** *adv.* 1.2; 1.7
although *conj.* **aunque**
always **siempre** *adv.* 1.7
American (North) **norteamericano/a** *adj.* 1.3
among **entre** *prep.* 1.2
amusement **diversión** *f.*
and **y** 1.1, **e** (before words beginning with *i* or *hi*) 1.4
  And you? **¿Y tú?** *fam.* 1.1; **¿Y usted?** *form.* 1.1
angry **enojado/a** *adj.* 1.5
  get angry (with) **enojarse** *v.* **(con)** 1.7
anniversary **aniversario** *m.* 1.9
  (wedding) anniversary **aniversario** *m.* **(de bodas)** 1.9
annoy **molestar** *v.* 1.7
another **otro/a** *adj.* 1.6
answer **contestar** *v.* 1.2; **respuesta** *f.*
any **algún, alguno/a(s)** *adj.* 1.7
anyone **alguien** *pron.* 1.7
anything **algo** *pron.* 1.7

appear **parecer** *v.*
appetizers **entremeses** *m., pl.* 1.8
apple **manzana** *f.* 1.8
appointment **cita** *f.* 1.9
  have an appointment **tener** *v.* **una cita** 1.9
April **abril** *m.* 1.5
aquatic **acuático/a** *adj.*
arrival **llegada** *f.* 1.5
arrive **llegar** *v.* 1.2
art **arte** *m.* 1.2
artist **artista** *m., f.* 1.3
as **como** 1.8
  as… as **tan… como** 1.8
  as many… as **tantos/as… como** 1.8
  as much… as **tanto… como** 1.8
ask (a question) **preguntar** *v.* 1.2
  ask for **pedir (e:i)** *v.* 1.4
asparagus **espárragos** *m., pl.* 1.8
at **a** *prep.* 1.1; **en** *prep.* 1.2
  at + *time* **a la(s)** + *time* 1.1
  at home **en casa** 1.7
  at night **por la noche** 1.7
  At what time…? **¿A qué hora…?** 1.1
attend **asistir (a)** *v.* 1.3
attract **atraer** *v.* 1.4
August **agosto** *m.* 1.5
aunt **tía** *f.* 1.3
  aunts and uncles **tíos** *m., pl.* 1.3
automatic **automático/a** *adj.*
automobile **automóvil** *m.* 1.5
autumn **otoño** *m.* 1.5
avenue **avenida** *f.*

B

backpack **mochila** *f.* 1.2
bad **mal, malo/a** *adj.* 1.3
  It's not at all bad. **No está nada mal.** 1.5
bag **bolsa** *f.* 1.6
ball **pelota** *f.* 1.4
banana **banana** *f.* 1.8
bargain **ganga** *f.* 1.6; **regatear** *v.* 1.6
baseball (*game*) **béisbol** *m.* 1.4
basketball (*game*) **baloncesto** *m.* 1.4
bathe **bañarse** *v.* 1.7
bathing suit **traje** *m.* **de baño** 1.6
bathroom **baño** *m.* 1.7; **cuarto de baño** *m.* 1.7
be **ser** *v.* 1.1; **estar** *v.* 1.2
  be… years old **tener… años** 1.3
beach **playa** *f.* 1.5
beans **frijoles** *m., pl.* 1.8
beautiful **hermoso/a** *adj.* 1.6

because **porque** *conj.* 1.2
become (+ *adj.*) **ponerse (+ *adj.*)** 1.7; **convertirse (e:ie)** *v.*
bed **cama** *f.* 1.5
  go to bed **acostarse (o:ue)** *v.* 1.7
beef **carne de res** *f.* 1.8
  beef soup **caldo** *m.* **de patas** 1.8
before **antes** *adv.* 1.7; **antes de** *prep.* 1.7
begin **comenzar (e:ie)** *v.* 1.4; **empezar (e:ie)** *v.* 1.4
behind **detrás de** *prep.* 1.2
believe (in) **creer** *v.* **(en)** 1.3
bellhop **botones** *m., f. sing.* 1.5
below **debajo de** *prep.* 1.2
belt **cinturón** *m.* 1.6
beside **al lado de** *prep.* 1.2
best **mejor** *adj.*
  the best **el/la mejor** *adj.* 1.8
better **mejor** *adj.* 1.8
between **entre** *prep.* 1.2
bicycle **bicicleta** *f.* 1.4
big **gran, grande** *adj.* 1.3
bill **cuenta** *f.* 1.9
billion *m.* **mil millones**
biology **biología** *f.* 1.2
birth **nacimiento** *m.* 1.9
birthday **cumpleaños** *m., sing.* 1.9
  have a birthday **cumplir** *v.* **años** 1.9
biscuit **bizcocho** *m.*
black **negro/a** *adj.* 1.6
blackberry **mora** *f.* 1.8
blackboard **pizarra** *f.* 1.2
blond(e) **rubio/a** *adj.* 1.3
blouse **blusa** *f.* 1.6
blue **azul** *adj.* 1.6
boardinghouse **pensión** *f.*
boat **barco** *m.* 1.5
book **libro** *m.* 1.2
bookstore **librería** *f.* 1.2
boot **bota** *f.* 1.6
bore **aburrir** *v.* 1.7
bored **aburrido/a** *adj.* 1.5
  be bored **estar** *v.* **aburrido/a** 1.5
boring **aburrido/a** *adj.* 1.5
born: be born **nacer** *v.* 1.9
borrowed **prestado/a** *adj.*
bother **molestar** *v.* 1.7
bottle **botella** *f.* 1.9
bottom **fondo** *m.*
boulevard **bulevar** *m.*
boy **chico** *m.* 1.1; **muchacho** *m.* 1.3
boyfriend **novio** *m.* 1.3
brakes **frenos** *m., pl.*
bread **pan** *m.* 1.8
break up (with) **romper** *v.* **(con)** 1.9
breakfast **desayuno** *m.* 1.2, 1.8
  have breakfast **desayunar** *v.* 1.2

bring **traer** v.   1.4
brochure **folleto** m.
brother **hermano** m.   1.3
  brothers and sisters **hermanos**
    m., pl.   1.3
brother-in-law **cuñado** m.   1.3
brown **café** adj.   1.6;
  marrón adj.   1.6
brunet(te) **moreno/a** adj.   1.3
brush **cepillar** v.   1.7
  brush one's hair **cepillarse el**
    pelo   1.7
  brush one's teeth **cepillarse los**
    dientes   1.7
build **construir** v.   1.4
bus **autobús** m.   1.1
  bus station **estación** f. **de**
    autobuses   1.5
business administration
  administración f. **de**
  empresas   1.2
busy **ocupado/a** adj.   1.5
but **pero** conj.   1.2; (rather) **sino**
  conj. (in negative sentences)   1.7
butter **mantequilla** f.   1.8
buy **comprar** v.   1.2
by plane **en avión**   1.5
bye **chau** interj. fam.   1.1

C

cabin **cabaña** f.   1.5
café **café** m.   1.4
cafeteria **cafetería** f.   1.2
cake **pastel** m.   1.9
  chocolate cake **pastel de**
    chocolate m.   1.9
call **llamar** v.
  call on the phone **llamar por**
    teléfono
  be called **llamarse** v.   1.7
camp **acampar** v.   1.5
can **poder (o:ue)** v.   1.4
Canadian **canadiense** adj.   1.3
candy **dulces** m., pl.   1.9
capital city **capital** f.   1.1
car **auto(móvil)** m.   1.5
caramel **caramelo** m.   1.9
card **tarjeta** f.;
  (playing) **carta** f.   1.5
care **cuidado** m.   1.3
careful: be (very) careful **tener** v.
  (mucho) **cuidado**   1.3
carrot **zanahoria** f.   1.8
carry **llevar** v.   1.2
cash **(en) efectivo**   1.6
cash register **caja** f.   1.6
cashier **cajero/a** m., f.
celebrate **celebrar** v.   1.9
celebration **celebración** f.
  young woman's fifteenth
    birthday celebration
    quinceañera f.   1.9
cereal **cereales** m., pl.   1.8
chalk **tiza** f.   1.2

champagne **champán** m.   1.9
change **cambiar** v. **(de)**   1.9
chat **conversar** v.   1.2
chauffeur **conductor(a)** m., f.
  1.1
cheap **barato/a** adj.   1.6
cheese **queso** m.   1.8
chemistry **química** f.   1.2
chicken **pollo** m.   1.8
child **niño/a** m., f.   1.3
childhood **niñez** f.   1.9
children **hijos** m., pl.   1.3
Chinese **chino/a** adj.   1.3
chocolate **chocolate** m.   1.9
  chocolate cake **pastel** m. **de**
    chocolate   1.9
choose **escoger** v.   1.8
chop (food) **chuleta** f.   1.8
Christmas **Navidad** f.   1.9
church **iglesia** f.   1.4
city **ciudad** f.   1.4
class **clase** f.   1.2
  take classes **tomar clases**   1.2
classmate **compañero/a** m., f. **de**
  clase   1.2
clean **limpio/a** adj.   1.5
clear (weather) **despejado/a** adj.
  It's (very) clear. (weather)
    Está (muy) despejado.
clerk **dependiente/a** m., f.   1.6
climb **escalar** v.   1.4
  climb mountains **escalar**
    montañas   1.4
clock **reloj** m.   1.2
close **cerrar (e:ie)** v.   1.4
closed **cerrado/a** adj.   1.5
clothes **ropa** f.   1.6
clothing **ropa** f.   1.6
cloudy **nublado/a** adj.   1.5
  It's (very) cloudy. **Está (muy)**
    nublado.   1.5
coat **abrigo** m.   1.6
coffee **café** m.   1.8
cold **frío** m.   1.5;
  be (feel) (very) cold **tener**
    (mucho) frío   1.3
  It's (very) cold. (weather) **Hace**
    (mucho) frío.   1.5
college **universidad** f.   1.2
color **color** m.   1.6
comb one's hair **peinarse** v.   1.7
comfortable **cómodo/a** adj.   1.5
community **comunidad** f.   1.1
comparison **comparación** f.
computer **computadora** f.   1.1
  computer disc **disco** m.
  computer programmer
    programador(a) m., f.   1.3
  computer science **computación**
    f.   1.2
confirm **confirmar** v.   1.5
  confirm a reservation **confirmar**
    una reservación   1.5
confused **confundido/a** adj.   1.5

Congratulations! (for an event such
  as a birthday or anniversary)
  ¡Felicidades! f. pl.   1.9; (for
  an event such as an engagement
  or a good grade on a test)
  ¡Felicitaciones! f. pl.   1.9
contamination **contaminación** f.
content **contento/a** adj.   1.5
continue **seguir (e:i)** v.   1.4
control **control** m.
  be under control **estar bajo**
  control   1.7
conversation **conversación** f.   1.1
converse **conversar** v.   1.2
cookie **galleta** f.   1.9
cool **fresco/a** adj.   1.5
  Be cool. **Tranquilo.**   1.7
  It's cool. (weather) **Hace**
    fresco.   1.5
corn **maíz** m.   1.8
cost **costar (o:ue)** v.   1.6
cotton **algodón** f.   1.6
  (made of) cotton **de**
    algodón   1.6
count (on) **contar (o:ue)** v.
  (con)   1.4
country (nation) **país** m.   1.1
countryside **campo** m.   1.5
couple (married) **pareja** f.   1.9
course **curso** m.   1.2; **materia** f.
  1.2
courtesy **cortesía** f.
cousin **primo/a** m., f.   1.3
cover **cubrir** v.
covered **cubierto** p.p.
crazy **loco/a** adj.   1.6
create **crear** v.
credit **crédito** m.   1.6
  credit card **tarjeta** f. **de**
    crédito   1.6
currency exchange **cambio** m. **de**
  moneda
custard (baked) **flan** m.   1.9
custom **costumbre** f.   1.1
customer **cliente/a** m., f.   1.6
customs **aduana** f.   1.5
  customs inspector **inspector(a)**
    m., f. **de aduanas**   1.5
cycling **ciclismo** m.   1.4

D

dad **papá** m.   1.3
daily **diario/a** adj.   1.7
  daily routine **rutina** f. **diaria**
    1.7
dance **bailar** v.   1.2
date (appointment) **cita** f.   1.9;
  (calendar) **fecha** f.   1.5;
  (someone) **salir** v. **con**
  (alguien)   1.9
  have a date **tener una**
    cita   1.9
daughter **hija** f.   1.3
daughter-in-law **nuera** f.   1.3

day **día** *m.* 1.1
   day before yesterday
      anteayer *adv.* 1.6
death **muerte** *f.* 1.9
December **diciembre** *m.* 1.5
decide **decidir** *v.* (+ *inf.*) 1.3
delicious **delicioso/a** *adj.* 1.8;
   rico/a *adj.* 1.8; **sabroso/a**
   adj. 1.8
delighted **encantado/a** *adj.* 1.1
department store **almacén** *m.* 1.6
departure **salida** *f.* 1.5
describe **describir** *v.* 1.3
design **diseño** *m.*
desire **desear** *v.* 1.2
desk **escritorio** *m.* 1.2
dessert **postre** *m.* 1.9
diary **diario** *m.* 1.1
dictionary **diccionario** *m.* 1.1
die **morir (o:ue)** *v.* 1.8
difficult **difícil** *adj.* 1.3
dinner **cena** *f.* 1.2, 1.8
   have dinner **cenar** *v.* 1.2
dirty **ensuciar** *v.*; **sucio/a**
   adj. 1.5
disagree **no estar de acuerdo**
dish **plato** *m.* 1.8
   main dish *m.* **plato principal**
   1.8
disk **disco** *m.*
disorderly **desordenado/a**
   adj. 1.5
dive **bucear** *v.* 1.4
divorce **divorcio** *m.* 1.9
divorced **divorciado/a** *adj.* 1.9
   get divorced (from) **divorciarse**
   v. (**de**) 1.9
do **hacer** *v.* 1.4
   (I) don't want to. **No quiero.**
   1.4
doctor **doctor(a)** *m., f.* 1.3;
   médico/a *m., f.* 1.3
domestic **doméstico/a** *adj.*
   domestic appliance
      electrodoméstico *m.*
door **puerta** *f.* 1.2
dormitory **residencia** *f.*
   estudiantil 1.2
double **doble** *adj.* 1.5
   double room **habitación** *f.*
   doble 1.5
Down with… ! **¡Abajo el/la… !**
downtown **centro** *m.* 1.4
draw **dibujar** *v.* 1.2
dress **vestido** *m.* 1.6
   get dressed **vestirse (e:i)** *v.*
   1.7
drink **beber** *v.* 1.3; **tomar** *v.*
   1.2
   bebida *f.* 1.8
drive **conducir** *v.* 1.6
driver **conductor(a)** *m., f.* 1.1
dry oneself **secarse** *v.* 1.7
during **durante** *prep.* 1.7

E

each **cada** *adj.* 1.6
eagle **águila** *f.*
early **temprano** *adv.* 1.7
ease **aliviar** *v.*
easy **fácil** *adj.* 1.3
eat **comer** *v.* 1.3
economics **economía** *f.* 1.2
Ecuador **Ecuador** *m.* 1.1
Ecuadorian **ecuatoriano/a**
   adj. 1.3
effective **eficaz** *adj.*
egg **huevo** *m.* 1.8
eight **ocho** *n., adj.* 1.1
eight hundred **ochocientos/as**
   n., adj. 1.2
eighteen **dieciocho** *n., adj.* 1.1
eighth **octavo/a** *adj.* 1.5
eighty **ochenta** *n., adj.* 1.2
either… or **o… o** *conj.* 1.7
eldest **el/la mayor** *adj.* 1.8
elegant **elegante** *adj.* 1.6
elevator **ascensor** *m.* 1.5
eleven **once** *n., adj.* 1.1
e-mail **correo** *m.* **electrónico**
   1.4
   e-mail message **mensaje** *m.*
      electrónico 1.4
   read e-mail **leer** *v.* **el correo**
      electrónico 1.4
embarrassed **avergonzado/a**
   adj. 1.5
employee **empleado/a** *m., f.* 1.5
end **fin** *m.* 1.4; **terminar** *v.* 1.2
engaged: get engaged (to)
   comprometerse *v.* (**con**) 1.9
engineer **ingeniero/a** *m., f.* 1.3
English (*language*) **inglés** *m.* 1.2;
   inglés, inglesa *adj.* 1.3
entertainment **diversión** *f.* 1.4
eraser **borrador** *m.* 1.2
establish **establecer** *v.*
evening **tarde** *f.* 1.1
everybody **todos** *m., pl.*
everything **todo** *m.* 1.5
   Everything is under control.
      Todo está bajo control. 1.7
exactly **en punto** 1.1
exam **examen** *m.* 1.2
excellent **excelente** *adj.* 1.5
exciting **emocionante** *adj.*
excursion **excursión** *f.*
excuse **disculpar** *v.*
   Excuse me. (*May I?*) **Con**
      permiso. 1.1; (*I beg*
      your pardon.) **Perdón.** 1.1
exit **salida** *f.* 1.5
expensive **caro/a** *adj.* 1.6
explain **explicar** *v.* 1.2
explore **explorar** *v.*
expression **expresión** *f.*
extremely delicious **riquísimo/a**
   adj. 1.8

F

fabulous **fabuloso/a** *adj.* 1.5
face **cara** *f.* 1.7
fact: in fact **de hecho**
fall (*season*) **otoño** *m.* 1.5
fall: fall asleep **dormirse (o:ue)**
   v. 1.7
   fall in love (with) **enamorarse**
   v. (**de**) 1.9
family **familia** *f.* 1.3
fan **aficionado/a** *adj.* 1.4
   be a fan (of) **ser aficionado/a**
   (**a**) 1.4
far from **lejos de** *prep.* 1.2
farewell **despedida** *f.*
fascinate **fascinar** *v.* 1.7
fashion **moda** *f.* 1.6
   be in fashion **estar de**
   moda 1.6
fast **rápido/a** *adj.*
fat **gordo/a** *adj.* 1.3
father **padre** *m.* 1.3
father-in-law **suegro** *m.* 1.3
favorite **favorito/a** *adj.* 1.4
fear **miedo** *m.* 1.3
February **febrero** *m.* 1.5
feel **sentir(se) (e:ie)** *v.* 1.7
   feel like (*doing something*)
      tener ganas de (+ *inf.*) 1.3
few **pocos/as** *adj., pl.*
   fewer than **menos de**
   (**+ *number***) 1.8
field: major field of study
   especialización *f.*
fifteen *n., adj.* **quince** 1.1
   fifteen-year-old girl
      quinceañera *f.* 1.9
   young woman's fifteenth
      birthday celebration
      quinceañera *f.* 1.9
fifth **quinto/a** *n., adj.* 1.5
fifty **cincuenta** *n., adj.* 1.2
figure (*number*) **cifra** *f.*
finally **por último** 1.7
find **encontrar (o:ue)** *v.* 1.4
   find (each other) **encontrar(se)**
   v.
fine **multa** *f.*
finish **terminar** *v.* 1.2
   finish (*doing something*)
      terminar *v.* **de (+ *inf.*)** 1.4
first **primer, primero/a** *n.,*
   adj. 1.5
fish (*food*) **pescado** *m.* 1.8
fisherman **pescador** *m.*
fisherwoman **pescadora** *f.*
fishing **pesca** *f.* 1.5
fit (*clothing*) **quedar** *v.* 1.7
five **cinco** *n., adj.* 1.1
five hundred **quinientos/as** *n.,*
   adj. 1.2
fixed **fijo/a** *adj.* 1.6
flag **bandera** *f.*
flank steak **lomo** *m.* 1.8

floor (*of a building*) **piso** *m.* 1.5
  ground floor **planta** *f.* **baja** 1.5
  top floor **planta** *f.* **alta**
fog **niebla** *f.*
follow **seguir (e:i)** *v.* 1.4
food **comida** *f.* 1.8; **alimento** *m.*
foolish **tonto/a** *adj.* 1.3
football **fútbol** *m.*
  americano 1.4
for me **para mí** 1.8
forbid **prohibir** *v.*
foreign languages **lenguas**
  f. pl. **extranjeras** 1.2
forty **cuarenta** *n., adj.* 1.2
four **cuatro** *n., adj.* 1.1
four hundred **cuatrocientos/as**
  n., adj. 1.2
fourteen **catorce** *n., adj.* 1.1
fourth **cuarto/a** *n., adj.* 1.5
free **libre** *adj.* 1.4
  free time **tiempo libre;**
  ratos libres 1.4
French **francés, francesa**
  adj. 1.3
French fries **papas** *f., pl.*
  fritas 1.8; **patatas** *f., pl.*
  fritas 1.8
Friday **viernes** *m., sing.* 1.2
fried **frito/a** *adj.* 1.8
  fried potatoes **papas** *f., pl.*
  fritas 1.8; **patatas** *f., pl.*
  fritas 1.8
friend **amigo/a** *m., f.* 1.3
friendly **amable** *adj.* 1.5
friendship **amistad** *f.* 1.9
from **de** *prep.* 1.1; **desde**
  prep. 1.6
  from the United States
  estadounidense *adj.* 1.3
  He/She/It is from... **Es de....**
  1.1
  I'm from... **Soy de...** 1.1
fruit **fruta** *f.* 1.8
  fruit juice **jugo** *m.* **de**
  fruta 1.8
fun **divertido/a** *adj.* 1.7
  fun activity **diversión** *f.* 1.4
  have fun **divertirse (e:ie)** *v.*
  1.9
function **funcionar** *v.*

G

game **juego** *m.*; *(match)*
  partido *m.* 1.4
garlic **ajo** *m.* 1.8
geography **geografía** *f.* 1.2
German **alemán, alemana**
  adj. 1.3
get **conseguir (e:i)** *v.* 1.4
  get along well/badly (with)
  llevarse bien/mal (con)
  1.9
  get up **levantarse** *v.* 1.7
gift **regalo** *m.* 1.6

girl **chica** *f.* 1.1;
  muchacha *f.* 1.3
girlfriend **novia** *f.* 1.3
give **dar** *v.* 1.6, 1.9;
  (as a gift) **regalar** 1.9
glasses **gafas** *f., pl.* 1.6
  sunglasses **gafas** *f., pl.*
  de sol 1.6
gloves **guantes** *m., pl.* 1.6
go **ir** *v.* 1.4
  go away **irse** 1.7
  go by boat **ir en barco** 1.5
  go by bus **ir en autobús** 1.5
  go by car **ir en auto(móvil)**
  1.5
  go by motorcycle **ir en**
  motocicleta 1.5
  go by taxi **ir en taxi** 1.5
  go down; **bajar(se)** *v.*
  go on a hike (in the mountains)
  ir de excursión (a las
  montañas) 1.4
  go out **salir** *v.* 1.9
  go out (with) **salir** *v.* **(con)**
  1.9
  go up **subir** *v.*
  Let's go. **Vamos.** 1.4
  be going to (*do something*) **ir a**
  (+ *inf.*) 1.4
golf **golf** *m.* 1.4
good **buen, bueno/a** *adj.*
  1.3, 1.6
  Good afternoon. **Buenas**
  tardes. 1.1
  Good evening. **Buenas**
  noches. 1.1
  Good idea. **Buena idea.** 1.4
  Good morning. **Buenos**
  días. 1.1
  Good night. **Buenas**
  noches. 1.1
good-bye **adiós** *m.* 1.1
  say good-bye (to) **despedirse**
  (e:i) (de) *v.* 1.7
good-looking **guapo/a** *adj.* 1.3
graduate (from/in) **graduarse** *v.*
  (de/en) 1.9
grains **cereales** *m., pl.* 1.8
granddaughter **nieta** *f.* 1.3
grandfather **abuelo** *m.* 1.3
grandmother **abuela** *f.* 1.3
grandparents **abuelos** *m. pl.* 1.3
grandson **nieto** *m.* 1.3
grape **uva** *f.* 1.8
gray **gris** *adj.* 1.6
great **fenomenal** *adj.* 1.5
great-grandfather **bisabuelo** *m.*
  1.3
great-grandmother **bisabuela** *f.*
  1.3
green **verde** *adj.* 1.6
greeting **saludo** *m.* 1.1
  Greetings to... **Saludos a...**
  1.1
grilled (*food*) **a la plancha** 1.8

grilled flank steak **lomo** *m.* **a**
  la plancha 1.8
ground floor **planta baja** *f.* 1.5
guest (at a house/hotel) **huésped**
  m., f. 1.5; *(invited to a func-*
  tion) **invitado/a** *m., f.* 1.9
gymnasium **gimnasio** *m.* 1.4

H

hair **pelo** *m.* 1.7
half **medio/a** *adj.* 1.3
  half-past... (*time*) **...y**
  media 1.1
half-brother **medio hermano**
  1.3
half-sister **media hermana** 1.3
ham **jamón** *m.* 1.8
hamburger **hamburguesa** *f.* 1.8
hand **mano** *f.* 1.1
  Hands up! **¡Manos arriba!**
handsome **guapo/a** *adj.* 1.3
happiness **alegría** *v.* 1.9
happy **alegre** *adj.* 1.5;
  contento/a *adj.* 1.5; **feliz**
  adj. 1.5
  Happy birthday! **¡Feliz**
  cumpleaños! 1.9
hard **difícil** *adj.* 1.3
hard-working **trabajador(a)**
  adj. 1.3
haste **prisa** *f.* 1.3
hat **sombrero** *m.* 1.6
hate **odiar** *v.* 1.9
have **tener** *v.* 1.3
  Have a good trip! **¡Buen**
  viaje! 1.1
  have time **tener tiempo** 1.4
  have to (*do something*) **tener**
  que (+ *inf.*) 1.3; **deber**
  (+ *inf.*)
he **él** *sub. pron.* 1.1
hear **oír** *v.* 1.4
heat **calor** *m.* 1.5
Hello. **Hola.** 1.1
help **servir (e:i)** *v.* 1.5
her **su(s)** *poss. adj.* 1.3;
  la *f., sing., d.o. pron.* 1.5
  to/for her **le** *f., sing., i.o.*
  pron. 1.6
here **aquí** *adv.* 1.1
  Here it is. **Aquí está.** 1.5
  Here we are at/in... **Aquí**
  estamos en... 1.2
Hi. **Hola.** 1.1
hike **excursión** *f.* 1.4
  go on a hike **hacer una**
  excursión 1.5; **ir de**
  excursión 1.4
hiker **excursionista** *m., f.*
hiking **de excursión** 1.4
him **lo** *m., sing., d.o. pron.* 1.5
  to/for him **le** *m., sing., i.o.*
  pron. 1.6
his **su(s)** *poss. adj.* 1.3

history **historia** *f.* 1.2
hobby **pasatiempo** *m.* 1.4
hockey **hockey** *m.* 1.4
holiday **día** *m.* **de fiesta** 1.9
home **casa** *f.* 1.2
homework **tarea** *f.* 1.2
hope **esperar** *v.* (+ *inf.*) 1.2
hors d'oeuvres **entremeses** *m.*,
　pl. 1.8
horse **caballo** *m.* 1.5
hot: be *(feel)* (very) hot **tener**
　(mucho) calor 1.3
　It's (very) hot **Hace (mucho)**
　calor 1.5
hotel **hotel** *m.* 1.5
hour **hora** *f.* 1.1
house **casa** *f.* 1.2
How… ! **¡Qué… !** 1.3
　how? **¿cómo?** *adv.* 1.1
　How are you? **¿Qué tal?** 1.1
　How are you? **¿Cómo estás?**
　　fam. 1.1
　How are you? **¿Cómo está**
　　usted? *form.* 1.1
　How can I help you? **¿En qué**
　　puedo servirles? 1.5
　How is it going? **¿Qué**
　　tal? 1.1
　How is/are…? **¿Qué**
　　tal…? 1.2
　How much/many?
　　¿Cuánto(s)/a(s)? 1.1
　How much does… cost?
　　¿Cuánto cuesta…? 1.6
　How old are you? **¿Cuántos**
　　años tienes? *fam.* 1.3
however **sin embargo**
humanities **humanidades** *f.*, *pl.*
　1.2
hundred **cien, ciento** *n.*, *adj.* 1.2
hunger **hambre** *f.* 1.3
hungry: be (very) hungry **tener** *v.*
　(mucha) hambre 1.3
hurry
　be in a (big) hurry **tener** *v.*
　　(mucha) prisa 1.3
husband **esposo** *m.* 1.3

I

I **Yo** *sub. pron.* 1.1
　I am… **Yo soy…** 1.1
ice cream **helado** *m.* 1.9
iced **helado/a** *adj.* 1.8
　iced tea **té** *m.* **helado** 1.8
idea **idea** *f.* 1.4
if **si** *conj.* 1.4
important **importante** *adj.* 1.3
　be important to **importar** *v.*
　　1.7
in **en** *prep.* 1.2
　in a bad mood **de mal**
　　humor 1.5
　in a good mood **de buen**
　　humor 1.5

in front of **delante de** *prep.* 1.2
in love (with) **enamorado/a**
　(de) 1.5
in the afternoon **de la tarde**
　1.1; **por la tarde** 1.7
in the direction of **para**
　prep. 1.1
in the early evening **de la**
　tarde 1.1
in the evening **de la noche**
　1.1; **por la tarde** 1.7
in the morning **de la mañana**
　1.1; **por la mañana** 1.7
incredible **increíble** *adj.* 1.5
inside **dentro** *adv.*
intelligent **inteligente** *adj.* 1.3
intend to **pensar** *v.* (+ *inf.*) 1.4
interest **interesar** *v.* 1.7
interesting **interesante** *adj.* 1.3
　be interesting to **interesar** *v.* 1.7
introduction **presentación** *f.*
　I would like to introduce *(name)*
　　to you. **Le presento a…**
　　form. 1.1; **Te presento a…**
　　fam. 1.1
invite **invitar** *v.* 1.9
it **lo/la** *sing., d.o., pron.* 1.5
　It's me. **Soy yo.** 1.1
Italian **italiano/a** *adj.* 1.3
its **su(s)** *poss. adj.* 1.3

J

jacket **chaqueta** *f.* 1.6
January **enero** *m.* 1.5
Japanese **japonés, japonesa**
　adj. 1.3
jeans **bluejeans** *m.*, *pl.* 1.6
jog **correr** *v.*
journalism **periodismo** *m.* 1.2
journalist **periodista** *m.*, *f.* 1.3
joy **alegría** *f.* 1.9
　give joy **dar** *v.* **alegría** 1.9
joyful **alegre** *adj.* 1.5
juice **jugo** *m.* 1.8
July **julio** *m.* 1.5
June **junio** *m.* 1.5
just **apenas** *adv.*
　have just *(done something)*
　　acabar de (+ *inf.*) 1.6

K

key **llave** *f.* 1.5
kind: That's very kind of
　you. **Muy amable.** 1.5
kiss **beso** *m.* 1.9
know **saber** *v.* 1.6;
　conocer *v.* 1.6
　know how **saber** *v.* 1.6

L

laboratory **laboratorio** *m.* 1.2

lack **faltar** *v.* 1.7
landlord **dueño/a** *m.*, *f.* 1.8
landscape **paisaje** *m.* 1.5
language **lengua** *f.* 1.2
large **grande** *adj.* 1.3;
　(clothing size) **talla**
　　grande 1.6
last **pasado/a** *adj.* 1.6;
　último/a *adj.*
　last name **apellido** *m.* 1.3
　last night **anoche** *adv.* 1.6
　last week **semana** *f.* **pasada**
　　1.6
　last year **año** *m.* **pasado** 1.6
late **tarde** *adv.* 1.7
later (on) **más tarde** 1.7
　See you later. **Hasta la vista.**
　　1.1; **Hasta luego.** 1.1
laugh **reírse (e:i)** *v.* 1.9
lazy **perezoso/a** *adj.*
learn **aprender** *v.* (a + *inf.*) 1.3
leave **salir** *v.* 1.4; **irse** *v.* 1.7
　leave a tip **dejar una**
　　propina 1.9
　leave for *(a place)* **salir para**
　leave from **salir de**
left **izquierdo/a** *adj.* 1.2
　be left over **quedar** *v.* 1.7
　to the left of **a la izquierda**
　　de 1.2
lemon **limón** *m.* 1.8
lend **prestar** *v.* 1.6
less **menos** *adv.*
　less… than **menos… que** 1.8
　less than **menos de** (+ *number*)
　　1.8
lesson **lección** *f.* 1.1
let's see **a ver** 1.2
letter **carta** *f.* 1.4
lettuce **lechuga** *f.* 1.8
library **biblioteca** *f.* 1.2
lie **mentira** *f.* 1.4
life **vida** *f.* 1.9
like **como** *prep.* 1.8;
　gustar *v.* 1.2
　Do you like…? **¿Te**
　　gusta(n)…? 1.2
　I don't like them at all. **No me**
　　gustan nada. 1.2
　I like… **Me gusta(n)…** 1.2
　like very much **encantar** *v.*;
　　fascinar *v.* 1.7
likeable **simpático/a** *adj.* 1.3
likewise **igualmente** *adv.* 1.1
line **línea** *f.* 1.4
listen (to) **escuchar** *v.* 1.2
　Listen! *(command)* **¡Oye!** *fam.*,
　　sing. 1.1; **¡Oiga/Oigan!**
　　form., sing./pl. 1.1
　listen to music **escuchar**
　　música 1.2
　listen (to) the radio **escuchar**
　　la radio 1.2
literature **literatura** *f.* 1.2
little *(quantity)* **poco/a** *adj.* 1.5

live **vivir** *v.* 1.3
loan **prestar** *v.* 1.6
lobster **langosta** *f.* 1.8
long **largo/a** *adj.* 1.6
look (at) **mirar** *v.* 1.2
　look for **buscar** *v.* 1.2
lose **perder (e:ie)** *v.* 1.4
lot of, a **mucho/a** *adj.* 1.2, 1.3
love (*another person*) **querer**
　(e:ie) *v.* 1.4; (*inanimate objects*)
　encantar *v.* 1.7; **amor** *m.*
　1.9
　in love **enamorado/a** *adj.* 1.5
luck **suerte** *f.* 1.3
lucky: be (very) lucky **tener**
　(mucha) suerte 1.3
luggage **equipaje** *m.* 1.5
lunch **almuerzo** *m.* 1.8
　have lunch **almorzar (o:ue)** *v.*
　1.4

M

ma'am **señora (Sra.)** *f.* 1.1
mad **enojado/a** *adj.* 1.5
magazine **revista** *f.* 1.4
magnificent **magnífico/a**
　adj. 1.5
main **principal** *adj.* 1.8
major **especialización** *f.* 1.2
make **hacer** *v.* 1.4
makeup **maquillaje** *m.* 1.7
　put on makeup **maquillarse**
　v. 1.7
man **hombre** *m.* 1.1
many **mucho/a** *adj.* 1.3
map **mapa** *m.* 1.2
March **marzo** *m.* 1.5
margarine **margarina** *f.* 1.8
marinated fish **ceviche** *m.* 1.8
　lemon-marinated shrimp
　ceviche *m.* **de camarón** 1.8
marital status **estado** *m.*
　civil 1.9
market **mercado** *m.* 1.6
　open-air market **mercado al**
　aire libre 1.6
marriage **matrimonio** *m.* 1.9
married **casado/a** *adj.* 1.9
　get married (to) **casarse** *v.*
　(con) 1.9
marvelous **maravilloso/a**
　adj. 1.5
match (*sports*) **partido** *m.* 1.4
　match (with) **hacer** *v.* **juego**
　(con) 1.6
mathematics **matemáticas**
　f., pl. 1.2
matter **importar** *v.* 1.7
maturity **madurez** *f.* 1.9
May **mayo** *m.* 1.5
maybe **tal vez** *adv.* 1.5; **quizás**
　adv. 1.5
mayonnaise **mayonesa** *f.* 1.8

me **me** *sing., d.o. pron.* 1.5; **mí**
　pron., obj. of prep. 1.9
　to/for me **me** *sing., i.o.*
　pron. 1.6
meal **comida** *f.* 1.8
meat **carne** *f.* 1.8
medium **mediano/a** *adj.*
meet (*each other*) **conocer(se)** *v.*
　1.8
menu **menú** *m.* 1.8
Mexican **mexicano/a** *adj.* 1.3
Mexico **México** *m.* 1.1
middle age **madurez** *f.* 1.9
midnight **medianoche** *f.* 1.1
milk **leche** *f.* 1.8
million **millón** *m.* 1.2
　million of **millón de** *m.* 1.2
mineral water **agua** *f.*
　mineral 1.8
minute **minuto** *m.* 1.1
mirror **espejo** *m.* 1.7
Miss **señorita (Srta.)** *f.* 1.1
miss **perder (e:ie)** *v.* 1.4
mistaken **equivocado/a** *adj.*
modem **módem** *m.*
mom **mamá** *f.* 1.3
Monday **lunes** *m., sing.* 1.2
money **dinero** *m.* 1.6
month **mes** *m.* 1.5
monument **monumento** *m.* 1.4
more **más** 1.2
　more... than **más... que** 1.8
　more than **más de**
　(+ number) 1.8
morning **mañana** *f.* 1.1
mother **madre** *f.* 1.3
mother-in-law **suegra** *f.* 1.3
motor **motor** *m.*
motorcycle **motocicleta** *f.* 1.5
mountain **montaña** *f.* 1.4
movie **película** *f.* 1.4
movie theater **cine** *m.* 1.4
Mr. **señor (Sr.); don** *m.* 1.1
Mrs. **señora (Sra.); doña** *f.* 1.1
much **mucho/a** *adj.* 1.2, 1.3
　very much **muchísimo/a**
　adj. 1.2
municipal **municipal** *adj. m., f.*
museum **museo** *m.* 1.4
mushroom **champiñón** *m.* 1.8
music **música** *f.* 1.2
must **deber** *v.* **(+ inf.)** 1.3
　It must be... **Debe ser...** 1.6
my **mi(s)** *poss. adj.* 1.3

N

name **nombre** *m.* 1.1
　be named **llamarse** *v.* 1.7
　in the name of **a nombre**
　de 1.5
　last name *m.* **apellido**
　My name is... **Me**
　llamo... 1.1
nationality **nacionalidad** *f.* 1.1

near **cerca de** *prep.* 1.2
need **faltar** *v.* 1.7; **necesitar** *v.*
　(+ inf.) 1.2
negative **negativo/a** *adj.*
neither **tampoco** *adv.* 1.7
neither... nor **ni... ni** *conj.* 1.7
nephew **sobrino** *m.* 1.3
nervous **nervioso/a** *adj.* 1.5
never **nunca** *adv.* 1.7;
　jamás *adv.* 1.7
new **nuevo/a** *adj.* 1.6
newlywed **recién casado/a**
　m., f. 1.9
newspaper **periódico** *m.* 1.4
next to **al lado de** *prep.* 1.2
nice **simpático/a** *adj.* 1.3;
　amable *adj.* 1.5
niece **sobrina** *f.* 1.3
night **noche** *f.* 1.1
nine **nueve** *n., adj.* 1.1
nine hundred
　novecientos/as *n., adj.* 1.2
nineteen **diecinueve** *n., adj.* 1.1
ninety **noventa** *n., adj.* 1.2
ninth **noveno/a** *n., adj.* 1.5
no **no** *adv.* 1.1; **ningún,**
　ninguno/a(s) *adj.* 1.7
　no one **nadie** *pron.* 1.7
　No problem. **No hay**
　problema. 1.7
nobody **nadie** *pron.* 1.7
none **ningún, ninguno/a(s)**
　pron. 1.7
noon **mediodía** *m.* 1.1
nor **ni** *conj.* 1.7
not **no** 1.1
　not any **ningún, ninguno/a(s)**
　adj. 1.7
　not anyone **nadie** *pron.* 1.7
　not anything **nada** *pron.* 1.7
　not bad at all **nada mal** 1.5
　not either **tampoco** *adv.* 1.7
　not ever **nunca** *adv.* 1.7;
　jamás *adv.* 1.7
　Not very well. **No muy**
　bien. 1.1
notebook **cuaderno** *m.* 1.1
nothing **nada** *pron.* 1.1; 1.7
noun **sustantivo** *m.*
November **noviembre** *m.* 1.5
now **ahora** *adv.* 1.2
nowadays **hoy día** *adv.*
number **número** *m.* 1.1

O

obtain **conseguir (e:i)** *v.* 1.4
o'clock: It's... o'clock. **Son**
　las... 1.1
　It's one o'clock. **Es la una.** 1.1
October **octubre** *m.* 1.5
of **de** *prep.* 1.1
offer **ofrecer** *v.* 1.6
Oh! **¡Ay!**
oil **aceite** *m.* 1.8

OK **regular** *adj.*   1.1
  It's okay. **Está bien.**
old **viejo/a** *adj.*   1.3
old age **vejez** *f.*   1.9
older **mayor** *adj.*   1.3
  older brother/sister **hermano/a**
    mayor *m., f.*   1.3
oldest **el/la mayor** *adj.*   1.8
on **en** *prep.*   1.2; **sobre** *prep.*   1.2
  on the dot **en punto**   1.1
  on top of **encima de**   1.2
once **una vez**   1.6
one **un, uno/a** *m., f., sing.*
    pron.   1.1
  one hundred **cien(to)** *n., adj.*
    1.2
  one million **un millón** *m.*   1.2
  one more time **una vez más**
    1.9
  one thousand **mil** *n., adj.*   1.2
  one time **una vez**   1.6
onion **cebolla** *f.*   1.8
only **sólo** *adv.*   1.3; **único/a**
    adj.   1.3
  only child **hijo/a único/a**
    m., f.   1.3
open **abierto/a** *adj.*   1.5;
    abrir *v.*   1.3
open-air **al aire libre**   1.6
or **o** *conj.*   1.7
orange **anaranjado/a** *adj.*   1.6;
    naranja *f.*   1.8
order (*food*) **pedir (e:i)** *v.*   1.8
orderly **ordenado/a** *adj.*   1.5
ordinal (*numbers*) **ordinal** *adj.*
other **otro/a** *adj.*   1.6
ought to **deber** *v.* **(+ inf.)**   1.3
our **nuestro(s)/a(s)** *poss. adj.*
    1.3
over **sobre** *prep.*   1.2
owner **dueño/a** *m., f.*   1.8

P

P.M. **tarde** *f.*   1.1
pack (one's suitcases) **hacer** *v.* **las**
    maletas   1.5
pair **par** *m.*   1.6
  pair of shoes **par de**
    zapatos *m.*   1.6
pants **pantalones** *m., pl.*   1.6
pantyhose **medias** *f., pl.*   1.6
paper **papel** *m.*   1.2
Pardon me. (*May I?*) **Con**
    permiso.   1.1; (*Excuse me.*)
    Pardon me. **Perdón.**   1.1
parents **padres** *m., pl.*   1.3;
    papás *m., pl.*   1.3
park **parque** *m.*   1.4
partner (*one of a married couple*)
    pareja *f.*   1.9
party **fiesta** *f.*   1.9
passed **pasado/a** *adj., p.p.*
passenger **pasajero/a** *m., f.*   1.1
passport **pasaporte** *m.*   1.5

past **pasado/a** *adj.*   1.6
pastime **pasatiempo** *m.*   1.4
pay **pagar** *v.*   1.6
  pay the bill **pagar la**
    cuenta   1.9
pea **arveja** *m.*   1.8
peach **melocotón** *m.*   1.8
pear **pera** *f.*   1.8
pen **pluma** *f.*   1.2
pencil **lápiz** *m.*   1.1
people **gente** *f.*   1.3
pepper (*black*) **pimienta** *f.*   1.8
perfect **perfecto/a** *adj.*   1.5
perhaps **quizás** *adv.*; **tal vez** *adv.*
permission **permiso** *m.*
person **persona** *f.*   1.3
phenomenal **fenomenal** *adj.*   1.5
photograph **foto(grafía)** *f.*   1.1
physician **doctor(a)** *m., f.*,
    médico/a *m., f.*   1.3
physics **física** *f. sing.*   1.2
pie **pastel** *m.*   1.9
pineapple **piña** *f.*   1.8
pink **rosado/a** *adj.*   1.6
place **lugar** *m.*   1.4; **poner** *v.*
    1.4
plaid **de cuadros**   1.6
plans **planes** *m., pl.*   1.4
  have plans **tener planes**   1.4
play **jugar (u:ue)** *v.*   1.4; (cards)
    jugar a (las cartas)   1.5
  play sports **practicar**
    deportes   1.4
player **jugador(a)** *m., f.*   1.4
pleasant **agradable** *adj.*
please **por favor**   1.1
  Pleased to meet you. **Mucho**
    gusto.   1.1; **Encantado/a.**
    adj.   1.1
pleasing: be pleasing to **gustar** *v.*
    1.7
pleasure **gusto** *m.*   1.1
  The pleasure is mine. **El gusto**
    es mío.   1.1
polka-dotted **de lunares**   1.6
pool **piscina** *f.*   1.4
poor **pobre** *adj.*   1.6
pork **cerdo** *m.*   1.8
  pork chop **chuleta** *f.* **de**
    cerdo   1.8
possessive **posesivo/a** *adj.*   1.3
postcard **postal** *f.*   1.4
potato **papa** *f.*   1.8;
    patata *f.*   1.8
practice **practicar** *v.*   1.2
prefer **preferir (e:ie)** *v.*   1.4
prepare **preparar** *v.*   1.2
preposition **preposición** *f.*
pretty **bonito/a** *adj.*   1.3
price **precio** *m.*   1.6
  (fixed, set) price **precio** *m.*
    fijo   1.6
print **estampado/a** *adj*
private (*room*) **individual** *adj.*
problem **problema** *m.*   1.1

profession **profesión** *f.*   1.3
professor **profesor(a)** *m., f.*
program **programa** *m.*   1.1
programmer **programador(a)**
    m., f.   1.3
pronoun **pronombre** *m.*
psychology **psicología** *f.*   1.2
Puerto Rican **puertorriqueño/a**
    adj.   1.3
Puerto Rico **Puerto Rico** *m.*   1.1
pull a tooth **sacar una muela**
purchases **compras** *f., pl.*   1.5
purple **morado/a** *adj.*   1.6
purse **bolsa** *f.*   1.6
put **poner** *v.*   1.4
  put on (*clothing*) **ponerse** *v.*   1.7
  put on makeup **maquillarse** *v.*
    1.7

Q

quality **calidad** *f.*   1.6
quarter **trimestre** *m.*   1.2
  quarter after (*time*) **y**
    cuarto   1.1; **y quince**   1.1
  quarter to (*time*)
    menos cuarto   1.1;
    menos quince   1.1
question **pregunta** *f.*   1.2
quiz **prueba** *f.*   1.2

R

radio (*medium*) **radio** *f.*   1.2
rain **llover (o:ue)** *v.*   1.5
  It's raining. **Llueve.**   1.5; **Está**
    lloviendo.   1.5
raincoat **impermeable** *m.*   1.6
read **leer** *v.*   1.3.
  read e-mail **leer correo**
    electrónico   1.4
  read a magazine **leer una**
    revista   1.4
  read a newspaper **leer un**
    periódico   1.4
ready **listo/a** *adj.*   1.5
receive **recibir** *v.*   1.3
recommend **recomendar (e:ie)** *v.*
    1.8
recreation **diversión** *f.*   1.4
red **rojo/a** *adj.*   1.6
red-haired **pelirrojo/a** *adj.*   1.3
relatives **parientes** *m., pl.*   1.3
relax **relajarse** *v.*   1.9
remain **quedarse** *v.*   1.7
remember **acordarse (o:ue)** *v.*
    (de)   1.7; **recordar (o:ue)** *v.*
    1.4
repeat **repetir (e:i)** *v.*   1.4
request **pedir (e:i)** *v.*   1.4
reservation **reservación** *f.*   1.5
rest **descansar** *v.*   1.2
restaurant **restaurante** *m.*   1.4
retire (*from work*) **jubilarse** *v.*   1.9

return **regresar** *v.* 1.2; **volver (o:ue)** *v.* 1.4
  return trip **vuelta** *f.*
rice **arroz** *m.* 1.8
rich **rico/a** *adj.* 1.6
ride: ride a bicycle **pasear** *v.* **en bicicleta** 1.4
  ride a horse **montar** *v.* **a caballo** 1.5
right **derecha** *f.* 1.2
  be right **tener razón** 1.3
  right away **enseguida** *adv.* 1.9
  right now **ahora mismo** 1.5
  to the right of **a la derecha de** 1.2
  right? (*question tag*) **¿no?** 1.1; **¿verdad?** 1.1
road **camino** *m.*
roast **asado/a** *adj.* 1.8
roast chicken **pollo** *m.* **asado** 1.8
rollerblade **patinar en línea** *v.*
room **habitación** *f.* 1.5; **cuarto** *m.* 1.2; 1.7
roommate **compañero/a** *m., f.* **de cuarto** 1.2
roundtrip **de ida y vuelta** 1.5
  roundtrip ticket **pasaje** *m.* **de ida y vuelta** 1.5
routine **rutina** *f.* 1.7
run **correr** *v.* 1.3
Russian **ruso/a** *adj.* 1.3

S

sad **triste** *adj.* 1.5
safe **seguro/a** *adj.* 1.5
salad **ensalada** *f.* 1.8
sale **rebaja** *f.* 1.6
salesperson **vendedor(a)** *m., f.* 1.6
salmon **salmón** *m.* 1.8
salt **sal** *f.* 1.8
same **mismo/a** *adj.* 1.3
sandal **sandalia** *f.* 1.6
sandwich **sándwich** *m.* 1.8
Saturday **sábado** *m.* 1.2
sausage **salchicha** *f.* 1.8
say **decir** *v.* 1.4
  say (that) **decir (que)** *v.* 1.4, 1.9
  say the answer **decir la respuesta** 1.4
scared: be (very) scared (of) **tener (mucho) miedo (de)** 1.3
schedule **horario** *m.* 1.2
school **escuela** *f.* 1.1
science *f.* **ciencia** 1.2
scuba dive **bucear** *v.* 1.4
sea **mar** *m.* 1.5
season **estación** *f.* 1.5
seat **silla** *f.* 1.2
second **segundo/a** *n., adj.* 1.5

see **ver** *v.* 1.4
  see movies **ver películas** 1.4
  See you. **Nos vemos.** 1.1
  See you later. **Hasta la vista.** 1.1; **Hasta luego.** 1.1
  See you soon. **Hasta pronto.** 1.1
  See you tomorrow. **Hasta mañana.** 1.1
seem **parecer** *v.* 1.6
sell **vender** *v.* 1.6
semester **semestre** *m.* 1.2
separate (from) **separarse** *v.* **(de)** 1.9
separated **separado/a** *adj.* 1.9
September **septiembre** *m.* 1.5
sequence **secuencia** *f.*
serve **servir (e:i)** *v.* 1.8
set (*fixed*) **fijo/a** *adj.* 1.6
seven **siete** *n., adj.* 1.1
seven hundred **setecientos/as** *n., adj.* 1.2
seventeen **diecisiete** *n., adj.* 1.1
seventh **séptimo/a** *n., adj.* 1.5
seventy **setenta** *n., adj.* 1.2
several **varios/as** *adj. pl.* 1.8
shampoo **champú** *m.* 1.7
share **compartir** *v.* 1.3
sharp (*time*) **en punto** 1.1
shave **afeitarse** *v.* 1.7
shaving cream **crema** *f.* **de afeitar** 1.7
she **ella** *sub. pron.* 1.1
shellfish **mariscos** *m., pl.* 1.8
ship **barco** *m.*
shirt **camisa** *f.* 1.6
shoe **zapato** *m.* 1.6
  shoe size **número** *m.* 1.6
  tennis shoes **zapatos** *m., pl.* **de tenis** 1.6
shop **tienda** *f.* 1.6
shopping: to go shopping **ir de compras** 1.5
shopping mall **centro comercial** *m.* 1.6
short (*in height*) **bajo/a** *adj.* 1.3; (*in length*) **corto/a** *adj.* 1.6
shorts **pantalones cortos** *m., pl.* 1.6
should (*do something*) **deber** *v.* **(+ *inf.*)** 1.3
show **mostrar (o:ue)** *v.* 1.4
shower **ducha** *f.* 1.7; **ducharse** *v.* 1.7
shrimp **camarón** *m.* 1.8
siblings **hermanos/as** *m., f. pl.* 1.3
silk **seda** *f.* 1.6
  (made of) silk **de seda** 1.6
silly **tonto/a** *adj.* 1.3
since **desde** *prep.*
sing **cantar** *v.* 1.2
single **soltero/a** *adj.* 1.9
  single room **habitación** *f.* **individual** 1.5

sink **lavabo** *m.* 1.7
sir **señor (Sr.)** *m.* 1.1
sister **hermana** *f.* 1.3
sister-in-law **cuñada** *f.* 1.3
sit down **sentarse (e:ie)** *v.* 1.7
six **seis** *n., adj.* 1.1
six hundred **seiscientos/as** *n., adj.* 1.2
sixteen **dieciséis** *n., adj.* 1.1
sixth **sexto/a** *n., adj.* 1.5
sixty **sesenta** *n., adj.* 1.2
size **talla** *f.* 1.6
  shoe size **número** *m.* 1.6
skate (in-line) **patinar** *v.* **(en línea)** 1.4
skateboard **andar en patineta** *v.* 1.4
ski **esquiar** *v.* 1.4
skiing **esquí** *m.* 1.4
  waterskiing **esquí** *m.* **acuático** 1.4
skirt **falda** *f.* 1.6
sleep **dormir (o:ue)** *v.* 1.4; **sueño** *m.* 1.3
  go to sleep **dormirse (o:ue)** *v.* 1.7
sleepy: be (very) sleepy **tener (mucho) sueño** 1.3
slender **delgado/a** *adj.* 1.3
slippers **pantuflas** *f.* 1.7
small **pequeño/a** *adj.* 1.3
smart **listo/a** *adj.* 1.5
smile **sonreír (e:i)** *v.* 1.9
smoggy: It's (very) smoggy. **Hay (mucha) contaminación.** 1.4
smoke **fumar** *v.* 1.8
smoking section **sección** *f.* **de fumar** 1.8
  nonsmoking section *f.* **sección de no fumar** 1.8
snack **merendar** *v.* 1.8
sneakers **los zapatos de tenis** 1.6
snow **nevar (e:ie)** *v.* 1.5; **nieve** *f.*
snowing: It's snowing. **Nieva.** 1.5; **Está nevando.** 1.5
so **tan** *adv.* 1.5
  so much **tanto** *adv.*
  so-so **regular** 1.1
soap **jabón** *m.* 1.7
soccer **fútbol** *m.* 1.4
sociology **sociología** *f.* 1.2
sock(s) **calcetín (calcetines)** *m.* 1.6
soft drink **refresco** *m.* 1.8
some **algún, alguno/a(s)** *adj.* 1.7; **unos/as** *pron. m., f. pl.; indef. art.* 1.1
somebody **alguien** *pron.* 1.7
someone **alguien** *pron.* 1.7
something **algo** *pron.* 1.7
son **hijo** *m.* 1.3
son-in-law **yerno** *m.* 1.3
soon **pronto** *adv.*

See you soon. **Hasta pronto.** 1.1

sorry
I'm sorry. **Lo siento.** 1.4
I'm so sorry. **Mil perdones.** 1.4; **Lo siento muchísimo.** 1.4

soup **caldo** *m.* 1.8; **sopa** *f.* 1.8

Spain **España** *f.* 1.1

Spanish (*language*) **español** *m.* 1.2; **español(a)** *adj.* 1.3

spare time **ratos libres** 1.4

speak **hablar** *v.* 1.2

spelling **ortografía** *f.*; **ortográfico/a** *adj.*

spend (*money*) **gastar** *v.* 1.6

sport **deporte** *m.* 1.4

sports-related **deportivo/a** *adj.* 1.4

spouse **esposo/a** *m., f.* 1.3

spring **primavera** *f.* 1.5

square (*city or town*) **plaza** *f.* 1.4

stadium **estadio** *m.* 1.2

stage **etapa** *f.* 1.9

station **estación** *f.* 1.5

status: marital status **estado** *m.* **civil** 1.9

stay **quedarse** *v.* 1.7

steak **bistec** *m.* 1.8

step **etapa** *f.*

stepbrother **hermanastro** *m.* 1.3

stepdaughter **hijastra** *f.* 1.3

stepfather **padrastro** *m.* 1.3

stepmother **madrastra** *f.* 1.3

stepsister **hermanastra** *f.* 1.3

stepson **hijastro** *m.* 1.3

still **todavía** *adv.* 1.5

stockings **medias** *f., pl.* 1.6

store **tienda** *f.* 1.6

strawberry **frutilla** *f.* 1.8, **fresa**

stripe **raya** *f.* 1.6
striped **de rayas** 1.6

stroll **pasear** *v.* 1.4

student **estudiante** *m., f.* 1.1, 1.2; **estudiantil** *adj.* 1.2

study **estudiar** *v.* 1.2

stupendous **estupendo/a** *adj.* 1.5

style **estilo** *m.*

subway **metro** *m.* 1.5
subway station **estación** *f.* **del metro** 1.5

such as **tales como**

suddenly **de repente** *adv.* 1.6

sugar **azúcar** *m.* 1.8

suit **traje** *m.* 1.6

suitcase **maleta** *f.* 1.1

summer **verano** *m.* 1.5

sun **sol** *m.* 1.5

sunbathe **tomar** *v.* **el sol** 1.4

Sunday **domingo** *m.* 1.2

sunglasses **gafas** *f., pl.* **oscuras/de sol** 1.6; **lentes** *m. pl.* **de sol** 1.6

sunny: It's (very) sunny. **Hace (mucho) sol.** 1.5

suppose **suponer** *v.* 1.4

sure **seguro/a** *adj.* 1.5
be sure **estar seguro/a** 1.5

surprise **sorprender** *v.* 1.9; **sorpresa** *f.* 1.9

sweater **suéter** *m.* 1.6

sweets **dulces** *m., pl.* 1.9

swim **nadar** *v.* 1.4

swimming **natación** *f.* 1.4

swimming pool **piscina** *f.* 1.4

T

table **mesa** *f.* 1.2

take **tomar** *v.* 1.2; **llevar** *v.* 1.6
take a bath **bañarse** *v.* 1.7
take (*wear*) a shoe size *v.* **calzar** 1.6
take a shower **ducharse** *v.* 1.7
take off **quitarse** *v.* 1.7
take photos **tomar fotos** 1.5; **sacar fotos** 1.5

talk *v.* **hablar** 1.2

tall **alto/a** *adj.* 1.3

tape (*audio*) **cinta** *f.*

tape recorder **grabadora** *f.* 1.1

taste **probar (o:ue)** *v.* 1.8; **saber** *v.* 1.8
taste like **saber a** 1.8

tasty **rico/a** *adj.* 1.8; **sabroso/a** *adj.* 1.8

taxi **taxi** *m.* 1.5

tea **té** *m.* 1.8

teach **enseñar** *v.* 1.2

teacher **profesor(a)** *m., f.* 1.1, 1.2

team **equipo** *m.* 1.4

television **televisión** *f.* 1.2

tell **contar (o:ue)** *v.* 1.4; **decir** *v.* 1.4

tell (that) **decir** *v.* **(que)** 1.4, 1.9
tell lies **decir mentiras** 1.4
tell the truth **decir la verdad** 1.4

ten **diez** *n., adj.* 1.1

tennis **tenis** *m.* 1.4

tennis shoes **zapatos** *m., pl.* **de tenis** 1.6

tent **tienda** *f.* **de campaña**

tenth **décimo/a** *n., adj.* 1.5

terrific **chévere** *adj.*

test **prueba** *f.* 1.2; **examen** *m.* 1.2

Thank you. **Gracias.** 1.1
Thank you (very much). **(Muchas) gracias.** 1.1
Thank you very, very much. **Muchísimas gracias.** 1.9
Thanks (a lot). **(Muchas) gracias.** 1.1
Thanks again. (*lit. Thanks one more time.*) **Gracias una vez más.** 1.9

Thanks for everything. **Gracias por todo.** 1.9

that (one) **ése, ésa, eso** *pron.* 1.6; **ese, esa** *adj.* 1.6
that (*over there*) **aquél, aquélla, aquello** *pron.* 1.6; **aquel, aquella** *adj.* 1.6

that's me **soy yo** 1.1

the **el** *m., sing.* **la** *f. sing.,* **los** *m., pl.* **las** *f., pl.*

their **su(s)** *poss. adj.* 1.3

them **los/las** *pl., d.o. pron.* 1.5; **ellos/as** *pron., obj. of prep.* 1.9
to/for them **les** *pl., i.o. pron.* 1.6

then **después** (*afterward*) *adv.* 1.7; **entonces** (*as a result*) *adv.* 1.7; **luego** (*next*) *adv.* 1.7

there **allí** *adv.* 1.5
There is/are... **Hay...** 1.1
There is/are not... **No hay...** 1.1

these **éstos, éstas** *pron.* 1.6; **estos, estas** *adj.* 1.6

they **ellos** *m., pron.* **ellas** *f., pron.*

thin **delgado/a** *adj.* 1.3

thing **cosa** *f.* 1.1

think **pensar (e:ie)** *v.* 1.4; (*believe*) **creer** *v.*
think about **pensar en** *v.* 1.4

third **tercero/a** *n., adj.* 1.5

thirst **sed** *f.* 1.3

thirsty: be (very) thirsty **tener (mucha) sed** 1.3

thirteen **trece** *n., adj.* 1.1

thirty **treinta** *n., adj.* 1.1; 1.2
thirty minutes past the hour **y treinta; y media** 1.1

this **este, esta** *adj.*; **éste, ésta, esto** *pron.* 1.6
This is... (*introduction*) **Éste/a es...** 1.1

those **ésos, ésas** *pron.* 1.6; **esos, esas** *adj.* 1.6

those (*over there*) **aquéllos, aquéllas** *pron.* 1.6; **aquellos, aquellas** *adj.* 1.6

thousand **mil** *n., adj.* 1.6

three **tres** *n., adj.* 1.1

three hundred **trescientos/as** *n., adj.* 1.2

Thursday **jueves** *m., sing.* 1.2

thus (*in such a way*) **así** *adj.*

ticket **pasaje** *m.* 1.5

tie **corbata** *f.* 1.6

time **vez** *f.* 1.6; **tiempo** *m.* 1.4
have a good/bad time **pasarlo bien/mal** 1.9
What time is it? **¿Qué hora es?** 1.1
(At) What time...? **¿A qué hora...?** 1.1

times **veces** *f., pl.* 1.6
two times **dos veces** 1.6

tip **propina** *f.* 1.9
tired **cansado/a** *adj.* 1.5
  be tired **estar cansado/a** 1.5
to **a** *prep.* 1.1
toast (*drink*) **brindar** *v.* 1.9
toasted **tostado/a** *adj.* 1.8
  toasted bread **pan tostado** *m.* 1.8
today **hoy** *adv.* 1.2
  Today is... **Hoy es...** 1.2
together **juntos/as** *adj.* 1.9
toilet **inodoro** *m.* 1.7
tomato **tomate** *m.* 1.8
tomorrow **mañana** *f.* 1.1
  See you tomorrow. **Hasta mañana.** 1.1
tonight **esta noche** *adv.* 1.4
too **también** *adv.* 1.2; 1.7
  too much **demasiado** *adv.* 1.6
tooth **diente** *m.* 1.7
toothpaste **pasta** *f.* **de dientes** 1.7
tortilla **tortilla** *f.* 1.8
tour **excursión** *f.* 1.4
  tour an area **recorrer** *v.*
tourism **turismo** *m.* 1.5
tourist **turista** *m., f.* 1.1; **turístico/a** *adj.*
towel **toalla** *f.* 1.7
town **pueblo** *m.* 1.4
train **tren** *m.* 1.5
  train station **estación** *f.* **(de) tren** *m.* 1.5
translate **traducir** *v.* 1.6
travel **viajar** *v.* 1.2
travel agent **agente** *m., f.* **de viajes** 1.5
traveler **viajero/a** *m., f.* 1.5
trillion **billón** *m.*
trimester **trimestre** *m.* 1.2
trip **viaje** *m.* 1.5
  take a trip **hacer un viaje** 1.5
truth **verdad** *f.*
try **intentar** *v.;* **probar (o:ue)** *v.* 1.8
  try on **probarse (o:ue)** *v.* 1.7
t-shirt **camiseta** *f.* 1.6
Tuesday **martes** *m., sing.* 1.2
tuna **atún** *m.* 1.8
turkey **pavo** *m.* 1.8
twelve **doce** *n., adj.* 1.1
twenty **veinte** *n., adj.* 1.1
twenty-eight **veintiocho** *n., adj.* 1.1
twenty-five **veinticinco** *n., adj.* 1.1
twenty-four **veinticuatro** *n., adj.* 1.1
twenty-nine **veintinueve** *n., adj.* 1.1
twenty-one **veintiún, veintiuno/a** *n., adj.* 1.1

twenty-seven **veintisiete** *n., adj.* 1.1
twenty-six **veintiséis** *n., adj.* 1.1
twenty-three **veintitrés** *n., adj.* 1.1
twenty-two **veintidós** *n., adj.* 1.1
twice **dos veces** *adv.* 1.6
twin **gemelo/a** *m., f.* 1.3
two **dos** *n., adj.* 1.1
  two hundred **doscientos/as** *n., adj.* 1.2
  two times **dos veces** *adv.* 1.6

U

ugly **feo/a** *adj.* 1.3
uncle **tío** *m.* 1.3
under **bajo** *adv.* 1.7; **debajo de** *prep.* 1.2
understand **comprender** *v.* 1.3; **entender (e:ie)** *v.* 1.4
underwear **ropa interior** *f.* 1.6
United States **Estados Unidos (EE.UU.)** *m. pl.* 1.1
university **universidad** *f.* 1.2
unmarried **soltero/a** *adj.*
unpleasant **antipático/a** *adj.* 1.3
until **hasta** *prep.* 1.6
us **nos** *pl., d.o. pron.* 1.5
  to/for us **nos** *pl., i.o. pron.* 1.6
use **usar** *v.* 1.6
useful **útil** *adj.*

V

vacation **vacaciones** *f. pl.* 1.5
  be on vacation **estar de vacaciones** 1.5
  go on vacation **ir de vacaciones** 1.5
various **varios/as** *adj., pl.* 1.8
vegetables **verduras** *pl., f.* 1.8
verb **verbo** *m.*
very **muy** *adv.* 1.1
  very much **muchísimo** *adv.* 1.2
  (Very) well, thank you. **(Muy) bien gracias.** 1.1
video **video** *m.* 1.1
video game **videojuego** *m.* 1.4
vinegar **vinagre** *m.* 1.8
visit **visitar** *v.* 1.4
  visit monuments **visitar monumentos** 1.4
volleyball **vóleibol** *m.* 1.4

W

wait (for) **esperar** *v.* (*+ inf.*) 1.2
waiter/waitress **camarero/a** *m., f.* 1.8

wake up **despertarse (e:ie)** *v.* 1.7
walk **caminar** *v.* 1.2
  take a walk **pasear** *v.* 1.4
  walk around **pasear por** 1.4
walkman **walkman** *m.*
wallet **cartera** *f.* 1.6
want **querer (e:ie)** *v.* 1.4
wash **lavar** *v.*
  wash one's face/hands **lavarse la cara/las manos** 1.7
  wash oneself **lavarse** *v.* 1.7
wastebasket **papelera** *f.* 1.2
watch **mirar** *v.* 1.2; **reloj** *m.* 1.2
  watch television **mirar (la) televisión** 1.2
water **agua** *f.* 1.8
waterskiing *m.* **esquí acuático** 1.4
we **nosotros(as)** *m., f. sub. pron.* 1.1
wear **llevar** *v.* 1.6; **usar** *v.* 1.6
weather **tiempo** *m.*
  The weather is bad. **Hace mal tiempo.** 1.5
  The weather is good. **Hace buen tiempo.** 1.5
wedding **boda** *f.* 1.9
Wednesday **miércoles** *m., sing.* 1.2
week **semana** *f.* 1.2
weekend **fin** *m.* **de semana** 1.4
well **pues** *adv.* 1.2; **bueno** *adv.* 1.2
  (Very) well, thanks. **(Muy) bien, gracias.** 1.1
well organized **ordenado/a** *adj.*
what? **¿qué?** *pron.* 1.1
  At what time...? **¿A qué hora...?** 1.1
  What day is it? **¿Qué día es hoy?** 1.2
  What do you guys think? **¿Qué les parece?** 1.9
  What is today's date? **¿Cuál es la fecha de hoy?** 1.5
  What nice clothes! **¡Qué ropa más bonita!** 1.6
  What size do you take? **¿Qué talla lleva (usa)?** 1.6
  What time is it? **¿Qué hora es?** 1.1
  What's going on? **¿Qué pasa?** 1.1
  What's happening? **¿Qué pasa?** 1.1
  What's... like? **¿Cómo es...?** 1.3
  What's new? **¿Qué hay de nuevo?** 1.1
  What's the weather like? **¿Qué tiempo hace?** 1.5
  What's your name? **¿Cómo se llama usted?** *form.* 1.1

What's your name? **¿Cómo te llamas (tú)?** *fam.* 1.1

when **cuando** *conj.* 1.7
   When? **¿Cuándo?** *adv.* 1.2

where **donde** *prep.*
   where (to)? (*destination*) **¿adónde?** *adv.* 1.2; (*location*) **¿dónde?** *adv.* 1.1
   Where are you from? **¿De dónde eres (tú)?** *fam.* 1.1; **¿De dónde es (usted)?** *form.* 1.1
   Where is…? **¿Dónde está…?** 1.2

which? **¿cuál?** *pron.* 1.2; **¿qué?** *adj.* 1.2
   In which…? **¿En qué…?** 1.2
   which one(s)? **¿cuál(es)?** *pron.* 1.2

white **blanco/a** *adj.* 1.6
   white wine **vino blanco** 1.8

who? **¿quién(es)?** *pron.* 1.1
   Who is…? **¿Quién es…?** 1.1

whole **todo/a** *adj.*

whose **¿de quién(es)?** *pron., adj.* 1.1

why? **¿por qué?** *adv.* 1.2

widower/widow **viudo/a** *adj.* 1.9

wife **esposa** *f.* 1.3

win **ganar** *v.* 1.4

wind **viento** *m.* 1.5

window **ventana** *f.* 1.2

windy: It's (very) windy. **Hace (mucho) viento.** 1.5

wine **vino** *m.* 1.8
   red wine **vino tinto** 1.8
   white wine **vino blanco** 1.8

winter **invierno** *m.* 1.5

wish **desear** *v.* 1.2

with **con** *prep.* 1.2
   with me **conmigo** 1.4; 1.9
   with you **contigo** *fam.* 1.9

without **sin** *prep.* 1.2

woman **mujer** *f.* 1.1

wool **lana** *f.* 1.6
   (made of) wool **de lana** 1.6

word **palabra** *f.* 1.1

work **trabajar** *v.* 1.2

worldwide **mundial** *adj.*

worried (about) **preocupado/a (por)** *adj.* 1.5

worry (about) **preocuparse** *v.* **(por)** 1.7
   Don't worry. **No se preocupe.** *form.* 1.7; **No te preocupes.** *fam.* 1.7; **Tranquilo.** *adj.*

worse **peor** *adj.* 1.8

worst **el/la peor** *adj.* **lo peor** *n.* 1.8

Would you like to…? **¿Te gustaría…?** *fam.* 1.4

write **escribir** *v.* 1.3
   write a letter/postcard/e-mail message **escribir una carta/una postal/un mensaje electrónico** 1.4

wrong **equivocado/a** *adj.* 1.5
   be wrong **no tener razón** 1.3

X

x-ray **radiografía** *f.*

Y

year **año** *m.* 1.5
   be… years old **tener… años** 1.3

yellow **amarillo/a** *adj.* 1.6

yes **sí** *interj.* 1.1

yesterday **ayer** *adv.* 1.6

yet **todavía** *adv.* 1.5

yogurt **yogur** *m.* 1.8

you *sub pron.* **tú** *fam. sing.,* **usted (Ud.)** *form. sing.,* **vosotros/as** *fam. pl.,* **ustedes (Uds.)** *form. pl.* 1.1; *d. o. pron.* **te** *fam. sing.,* **lo/la** *form. sing.,* **os** *fam. pl.,* **los/las** *form. pl.* 1.5; *obj. of prep.* **ti** *fam. sing.,* **usted (Ud.)** *form. sing.,* **vosotros/as** *fam. pl.,* **ustedes (Uds.)** *form. pl.* 1.9
   (to, for) you *i.o. pron.* **te** *fam. sing.,* **le** *form. sing.,* **os** *fam. pl.,* **les** *form. pl.* 1.6
   You are… **Tú eres…** 1.1
   You're welcome. **De nada.** 1.1; **No hay de qué.** 1.1

young **joven** *adj.* 1.3
   young person **joven** *m., f.* 1.1
   young woman **señorita (Srta.)** *f.*

younger **menor** *adj.* 1.3
   younger brother/sister *m., f.* **hermano/a menor** 1.3

youngest **el/la menor** *m., f.* 1.8

your **su(s)** *poss. adj. form.* 1.3; **tu(s)** *poss. adj. fam. sing.* 1.3; **vuestro/a(s)** *poss. adj. form. pl.* 1.3

youth *f.* **juventud** 1.9

Z

zero **cero** *m.* 1.1

MATERIAS	ACADEMIC SUBJECTS	LOS ANIMALES	ANIMALS
la administración de empresas	business administration	la abeja	bee
la agronomía	agriculture	la araña	spider
el alemán	German	la ardilla	squirrel
el álgebra	algebra	el ave (f.), el pájaro	bird
la antropología	anthropology	la ballena	whale
la arqueología	archaeology	el burro	donkey
la arquitectura	architecture	la cabra	goat
el arte	art	el caimán	alligator
la astronomía	astronomy	el camello	camel
la biología	biology	la cebra	zebra
la bioquímica	biochemistry	el ciervo, el venado	deer
la botánica	botany	el cochino, el cerdo, el puerco	pig
el cálculo	calculus	el cocodrilo	crocodile
el chino	Chinese	el conejo	rabbit
las ciencias políticas	political science	el coyote	coyote
la computación	computer science	la culebra, la serpiente, la víbora	snake
las comunicaciones	communications	el elefante	elephant
la contabilidad	accounting	la foca	seal
la danza	dance	la gallina	hen
el derecho	law	el gallo	rooster
la economía	economics	el gato	cat
la educación	education	el gorila	gorilla
la educación física	physical education	el hipopótamo	hippopotamus
la enfermería	nursing	la hormiga	ant
el español	Spanish	el insecto	insect
la filosofía	philosophy	la jirafa	giraffe
la física	physics	el lagarto	lizard
el francés	French	el león	lion
la geografía	geography	el lobo	wolf
la geología	geology	el loro, la cotorra, el papagayo, el perico	parrot
el griego	Greek	la mariposa	butterfly
el hebreo	Hebrew	el mono	monkey
la historia	history	la mosca	fly
la informática	computer science	el mosquito	mosquito
la ingeniería	engineering	el oso	bear
el inglés	English	la oveja	sheep
el italiano	Italian	el pato	duck
el japonés	Japanese	el perro	dog
el latín	Latin	el pez	fish
las lenguas clásicas	classical languages	la rana	frog
las lenguas romances	Romance languages	el ratón	mouse
la lingüística	linguistics	el rinoceronte	rhinoceros
la literatura	literature	el saltamontes, el chapulín	grasshopper
las matemáticas	mathematics	el tiburón	shark
la medicina	medicine	el tigre	tiger
el mercadeo/ la mercadotecnia	marketing	el toro	bull
la música	music	la tortuga	turtle
los negocios	business	la vaca	cow
el periodismo	journalism	el zorro	fox
el portugués	Portuguese		
la psicología	psychology		
la química	chemistry		
el ruso	Russian		
los servicios sociales	social services		
la sociología	sociology		
el teatro	theater		
la trigonometría	trigonometry		

EL CUERPO HUMANO Y LA SALUD

THE HUMAN BODY AND HEALTH

El cuerpo humano

The human body

la barba	beard
el bigote	mustache
la boca	mouth
el brazo	arm
la cabeza	head
la cadera	hip
la ceja	eyebrow
el cerebro	brain
la cintura	waist
el codo	elbow
el corazón	heart
la costilla	rib
el cráneo	skull
el cuello	neck
el dedo	finger
el dedo del pie	toe
la espalda	back
el estómago	stomach
la frente	forehead
la garganta	throat
el hombro	shoulder
el hueso	bone
el labio	lip
la lengua	tongue
la mandíbula	jaw
la mejilla	cheek
el mentón, la barba, la barbilla	chin
la muñeca	wrist
el músculo	muscle
el muslo	thigh
las nalgas, el trasero, las asentaderas	buttocks
la nariz	nose
el nervio	nerve
el oído	(inner) ear
el ojo	eye
el ombligo	navel, belly button
la oreja	(outer) ear
la pantorrilla	calf
el párpado	eyelid
el pecho	chest
la pestaña	eyelash
el pie	foot
la piel	skin
la pierna	leg
el pulgar	thumb
el pulmón	lung
la rodilla	knee
la sangre	blood
el talón	heel
el tobillo	ankle
el tronco	torso, trunk
la uña	fingernail
la uña del dedo del pie	toenail
la vena	vein

Los cinco sentidos

The five senses

el gusto	taste
el oído	hearing
el olfato	smell
el tacto	touch
la vista	sight

La salud

Health

el accidente	accident
alérgico/a	allergic
el antibiótico	antibiotic
la aspirina	aspirin
el ataque cardiaco, el ataque al corazón	heart attack
el cáncer	cancer
la cápsula	capsule
la clínica	clinic
congestionado/a	congested
el consultorio	doctor's office
la curita	adhesive bandage
el/la dentista	dentist
el/la doctor(a), el/la médico/a	doctor
el dolor (de cabeza)	(head)ache, pain
embarazada	pregnant
la enfermedad	illness, disease
el/la enfermero/a	nurse
enfermo/a	ill, sick
la erupción	rash
el examen médico	physical exam
la farmacia	pharmacy
la fiebre	fever
la fractura	fracture
la gripe	flu
la herida	wound
el hospital	hospital
la infección	infection
la inyección	injection
el insomnio	insomnia
el jarabe	(cough) syrup
mareado/a	dizzy, nauseated
el medicamento	medication
la medicina	medicine
las muletas	crutches
la operación	operation
el/la paciente	patient
el/la paramédico/a	paramedic
la pastilla, la píldora	pill, tablet
los primeros auxilios	first aid
la pulmonía	pneumonia
los puntos	stitches
la quemadura	burn
el quirófano	operating room
la radiografía	x-ray
la receta	prescription
el resfriado	cold (illness)
la sala de emergencia(s)	emergency room
saludable	healthy, healthful
sano/a	healthy
el seguro médico	medical insurance
la silla de ruedas	wheelchair
el síntoma	symptom
el termómetro	thermometer
la tos	cough
la transfusión	transfusion

la vacuna	vaccination	el horario de clases	class schedule
la venda	bandage	la oración, las oraciones	sentence(s)
el virus	virus	el párrafo	paragraph
cortar(se)	to cut (oneself)	la persona	person
curar	to cure, to treat	presente	present
desmayar(se)	to faint	la prueba	test, quiz
enfermarse	to get sick	siguiente	following
enyesar	to put in a cast	la tarea	homework
estornudar	to sneeze		
guardar cama	to stay in bed	**Expresiones útiles**	**Useful expressions**
hinchar(se)	to swell	**Abra(n) su(s) libro(s).**	Open your book(s).
internar(se) en el hospital	to check into the hospital	**Cambien de papel.**	Change roles.
lastimarse (el pie)	to hurt (one's foot)	**Cierre(n) su(s) libro(s).**	Close your book(s).
mejorar(se)	to get better; to improve	**¿Cómo se dice**	How do you say
operar	to operate	**___ en español?**	___ in Spanish?
quemar(se)	to burn	**¿Cómo se escribe**	How do you write
respirar (hondo)	to breathe (deeply)	**___ en español?**	___ in Spanish?
romperse (la pierna)	to break (one's leg)	**¿Comprende(n)?**	Do you understand?
sangrar	to bleed	**(No) comprendo.**	I (don't) understand.
sufrir	to suffer	**Conteste(n) las preguntas.**	Answer the questions.
tomarle la presión a alguien	to take someone's blood pressure	**Continúe(n), por favor.**	Continue, please.
tomarle el pulso a alguien	to take someone's pulse	**Escriba(n) su nombre.**	Write your name.
torcerse (el tobillo)	to sprain (one's ankle)	**Escuche(n) la cinta (el disco compacto).**	Listen to the tape (compact disc).
vendar	to bandage	**Estudie(n) la Lección tres.**	Study Lesson three.

EXPRESIONES ÚTILES PARA LA CLASE

USEFUL CLASSROOM EXPRESSIONS

Haga(n) la actividad (el ejercicio) número cuatro. — Do activity (exercise) number four.

Palabras útiles — **Useful words**

Lea(n) la oración en voz alta. — Read the sentence aloud.

ausente	absent
el departamento	department
el dictado	dictation
la conversación, las conversaciones	conversation(s)
la expresión, las expresiones	expression(s)
el examen, los exámenes	test(s), exam(s)
la frase	sentence
la hoja de actividades	activity sheet

Levante(n) la mano. — Raise your hand(s).
Más despacio, por favor. — Slower, please.
No sé. — I don't know.
Páse(n)me los exámenes. — Pass me the tests.
¿Qué significa ___? — What does ___ mean?
Repita(n), por favor. — Repeat, please.
Siénte(n)se, por favor. — Sit down, please.
Siga(n) las instrucciones. — Follow the instructions.
¿Tiene(n) alguna pregunta? — Do you have any questions?
Vaya(n) a la página dos. — Go to page two.

COUNTRIES & NATIONALITIES

PAÍSES Y NACIONALIDADES

North America
Norteamérica

Canada	**Canadá**	*canadiense*
Mexico	**México**	*mexicano/a*
United States	**Estados Unidos**	*estadounidense*

Central America
Centroamérica

Belize	**Belice**	*beliceño/a*
Costa Rica	**Costa Rica**	*costarricense*
El Salvador	**El Salvador**	*salvadoreño/a*
Guatemala	**Guatemala**	*guatemalteco/a*
Honduras	**Honduras**	*hondureño/a*
Nicaragua	**Nicaragua**	*nicaragüense*
Panama	**Panamá**	*panameño/a*

The Caribbean	El Caribe	
Cuba	**Cuba**	*cubano/a*
Dominican Republic	**República Dominicana**	*dominicano/a*
Haiti	**Haití**	*haitiano/a*
Puerto Rico	**Puerto Rico**	*puertorriqueño/a*

South America	Suramérica	
Argentina	**Argentina**	*argentino/a*
Bolivia	**Bolivia**	*boliviano/a*
Brazil	**Brasil**	*brasileño/a*
Chile	**Chile**	*chileno/a*
Colombia	**Colombia**	*colombiano/a*
Ecuador	**Ecuador**	*ecuatoriano/a*
Paraguay	**Paraguay**	*paraguayo/a*
Peru	**Perú**	*peruano/a*
Uruguay	**Uruguay**	*uruguayo/a*
Venezuela	**Venezuela**	*venezolano/a*

Europe	Europa	
Armenia	**Armenia**	*armenio/a*
Austria	**Austria**	*austríaco/a*
Belgium	**Bélgica**	*belga*
Bosnia	**Bosnia**	*bosnio/a*
Bulgaria	**Bulgaria**	*búlgaro/a*
Croatia	**Croacia**	*croata*
Czech Republic	**República Checa**	*checo/a*
Denmark	**Dinamarca**	*danés, danesa*
England	**Inglaterra**	*inglés, inglesa*
Estonia	**Estonia**	*estonio/a*
Finland	**Finlandia**	*finlandés, finlandesa*
France	**Francia**	*francés, francesa*
Germany	**Alemania**	*alemán, alemana*
Great Britain (United Kingdom)	**Gran Bretaña (Reino Unido)**	*británico/a*
Greece	**Grecia**	*griego/a*
Hungary	**Hungría**	*húngaro/a*
Iceland	**Islandia**	*islandés, islandesa*
Ireland	**Irlanda**	*irlandés, irlandesa*
Italy	**Italia**	*italiano/a*
Latvia	**Letonia**	*letón, letona*
Lithuania	**Lituania**	*lituano/a*
Netherlands (Holland)	**Países Bajos (Holanda)**	*holandés, holandesa*
Norway	**Noruega**	*noruego/a*
Poland	**Polonia**	*polaco/a*
Portugal	**Portugal**	*portugués, portuguesa*
Romania	**Rumania**	*rumano/a*
Russia	**Rusia**	*ruso/a*
Scotland	**Escocia**	*escocés, escocesa*
Serbia	**Serbia**	*serbio/a*
Slovakia	**Eslovaquia**	*eslovaco/a*
Slovenia	**Eslovenia**	*esloveno/a*
Spain	**España**	*español(a)*
Sweden	**Suecia**	*sueco/a*
Switzerland	**Suiza**	*suizo/a*
Ukraine	**Ucrania**	*ucraniano/a*
Wales	**Gales**	*galés, galesa*
Yugoslavia	**Yugoslavia**	*yugoslavo/a*

Asia	Asia	
Bangladesh	**Bangladés**	*bangladesí*
Cambodia	**Camboya**	*camboyano/a*
China	**China**	*chino/a*
India	**India**	*indio/a*
Indonesia	**Indonesia**	*indonesio/a*
Iran	**Irán**	*iraní*
Iraq	**Iraq, Irak**	*iraquí*

Israel	**Israel**	*israelí*
Japan	**Japón**	*japonés, japonesa*
Jordan	**Jordania**	*jordano/a*
Korea	**Corea**	*coreano/a*
Kuwait	**Kuwait**	*kuwaití*
Lebanon	**Líbano**	*libanés, libanesa*
Malaysia	**Malasia**	*malasio/a*
Pakistan	**Pakistán**	*pakistaní*
Russia	**Rusia**	*ruso/a*
Saudi Arabia	**Arabia Saudí**	*saudí*
Singapore	**Singapur**	*singapurés, singapuresa*
Syria	**Siria**	*sirio/a*
Taiwan	**Taiwán**	*taiwanés, taiwanesa*
Thailand	**Tailandia**	*tailandés, tailandesa*
Turkey	**Turquía**	*turco/a*
Vietnam	**Vietnam**	*vietnamita*

Africa / **África**

Algeria	**Argelia**	*argelino/a*
Angola	**Angola**	*angoleño/a*
Cameroon	**Camerún**	*camerunés, camerunesa*
Congo	**Congo**	*congolés, congolesa*
Egypt	**Egipto**	*egipcio/a*
Equatorial Guinea	**Guinea Ecuatorial**	*ecuatoguineano/a*
Ethiopia	**Etiopía**	*etíope*
Ivory Coast	**Costa de Marfil**	*marfileño/a*
Kenya	**Kenia, Kenya**	*keniano/a, keniata*
Libya	**Libia**	*libio/a*
Mali	**Malí**	*maliense*
Morocco	**Marruecos**	*marroquí*
Mozambique	**Mozambique**	*mozambiqueño/a*
Nigeria	**Nigeria**	*nigeriano/a*
Rwanda	**Ruanda**	*ruandés, ruandesa*
Somalia	**Somalia**	*somalí*
South Africa	**Sudáfrica**	*sudafricano/a*
Sudan	**Sudán**	*sudanés, sudanesa*
Tunisia	**Tunicia, Túnez**	*tunecino/a*
Uganda	**Uganda**	*ugandés, ugandesa*
Zambia	**Zambia**	*zambiano/a*
Zimbabwe	**Zimbabue**	*zimbabuense*

Australia and the Pacific / **Australia y el Pacífico**

Australia	**Australia**	*australiano/a*
New Zealand	**Nueva Zelanda**	*neozelandés, neozelandesa*
Philippines	**Filipinas**	*filipino/a*

MONEDAS DE LOS PAÍSES HISPANOS / CURRENCIES OF HISPANIC COUNTRIES

País / COUNTRY	Moneda / CURRENCY
Argentina	el peso
Bolivia	el boliviano
Chile	el peso
Colombia	el peso
Costa Rica	el colón
Cuba	el peso
Ecuador	el sucre, el dólar estadounidense
El Salvador	el colón, el dólar estadounidense
España	el euro
Guatemala	el quetzal, el dólar estadounidense
Guinea Ecuatorial	el franco
Honduras	el lempira
México	el peso
Nicaragua	el córdoba
Panamá	el balboa, el dólar estadounidense
Paraguay	el guaraní
Perú	el sol
Puerto Rico	el dólar estadounidense
República Dominicana	el peso
Uruguay	el peso
Venezuela	el bolívar

EXPRESIONES Y REFRANES

EXPRESSIONS AND SAYINGS

Expresiones y refranes con partes del cuerpo

Expressions and sayings with parts of the body

A cara o cruz	Heads or tails
A corazón abierto	Open heart
A ojos vistas	Clearly, visibly
Al dedillo	Like the back of one's hand
¡Choca/Vengan esos cinco!	Put it there!/Give me five!
Codo con codo	Side by side
Con las manos en la masa	Red-handed
Costar un ojo de la cara	To cost an arm and a leg
Darle a la lengua	To chatter/To gab
De rodillas	On one's knees
Duro de oído	Hard of hearing
En cuerpo y alma	In body and soul
En la punta de la lengua	On the tip of one's tongue
En un abrir y cerrar de ojos	In a blink of the eye
Entrar por un oído y salir por otro	In one ear and out the other
Estar con el agua al cuello	To be up to one's neck with/in
Estar para chuparse los dedos	To be delicious/To be finger-licking good
Hablar entre dientes	To mutter/To speak under one's breath
Hablar por los codos	To talk a lot/To be a chatterbox
Hacer la vista gorda	To turn a blind eye on something
Hombro con hombro	Shoulder to shoulder
Llorar a lágrima viva	To sob/To cry one's eyes out
Metérsele (a alguien) algo entre ceja y ceja	To get an idea in your head
No pegar ojo	Not to sleep a wink
No tener corazón	Not to have a heart
No tener dos dedos de frente	Not to have an ounce of common sense
Ojos que no ven, corazón que no siente	Out of sight, out of mind
Perder la cabeza	To lose one's head
Quedarse con la boca abierta	To be thunderstruck
Romper el corazón	To break someone's heart
Tener buen/mal corazón	Have a good/bad heart
Tener un nudo en la garganta	Have a knot in your throat
Tomarse algo a pecho	To take something too seriously
Venir como anillo al dedo	To fit like a charm/To suit perfectly

Expresiones y refranes con animales

Expressions and sayings with animals

A caballo regalado no le mires el diente.	Don't look a gift horse in the mouth.
Comer como un cerdo	To eat like a pig
Cuando menos se piensa, salta la liebre.	Things happen when you least expect it.
Llevarse como el perro y el gato	To fight like cats and dogs
Perro ladrador, poco mordedor./Perro que ladra no muerde.	His/her bark is worse than his/her bite.
Por la boca muere el pez.	Talking too much can be dangerous.
Poner el cascabel al gato	To stick one's neck out
Ser una tortuga	To be a slowpoke

Expresiones y refranes con alimentos

Expressions and sayings with food

Agua que no has de beber, déjala correr.	If you're not interested, don't ruin it for everybody else.
Con pan y vino se anda el camino.	Things never seem as bad after a good meal.
Contigo pan y cebolla.	You are all I need.
Dame pan y dime tonto.	I don't care what you say, as long as I get what I want.
Descubrir el pastel	To let the cat out of the bag
Dulce como la miel	Sweet as honey
Estar como agua para chocolate	To furious/To be at the boiling point
Estar en el ajo	To be in the know
Estar en la higuera	To have one's head in the clouds
Estar más claro que el agua	To be clear as a bell
Ganarse el pan	To earn a living/To earn one's daily bread
Llamar al pan, pan y al vino, vino.	Not to mince words.
No hay miel sin hiel.	Every rose has its thorn./There's always a catch.
No sólo de pan vive el hombre.	Man doesn't live by bread alone.
Pan con pan, comida de tontos.	Variety is the spice of life.
Ser agua pasada	To be water under the bridge
Ser más bueno que el pan	To be kindness itself
Temblar como un flan	To shake/tremble like a leaf

Expresiones y refranes con colores

Expressions and sayings with colors

Estar verde	To be inexperienced/wet behind the ears
Poner los ojos en blanco	To roll one's eyes
Ponerle a alguien un ojo morado	To give someone a black eye
Ponerse rojo	To turn red/To blush
Ponerse rojo de ira	To turn red with anger
Ponerse verde de envidia	To be green with envy
Quedarse en blanco	To go blank
Verlo todo de color de rosa	To see the world through rose-colored glasses

Refranes

A buen entendedor, pocas palabras bastan.

Ande o no ande, caballo grande.

A quien madruga, Dios le ayuda.

Cuídate, que te cuidaré.

De tal palo tal astilla.

Del dicho al hecho hay mucho trecho.

Dime con quién andas y te diré quién eres.

El saber no ocupa lugar.

Sayings

A word to the wise is enough.

Bigger is always better.

The early bird catches the worm.

Take care of yourself, and then I'll take care of you.

A chip off the old block.

Easier said than done.

A man is known by the company he keeps.

One never knows too much.

Lo que es moda no incomoda.

Más vale maña que fuerza.

Más vale prevenir que curar.

Más vale solo que mal acompañado.

Más vale tarde que nunca.

No es oro todo lo que reluce.

Poderoso caballero es don Dinero.

You have to suffer in the name of fashion.

Brains are better than brawn.

Prevention is better than cure.

Better alone than with people you don't like.

Better late than never.

All that glitters is not gold.

Money talks.

COMMON FALSE FRIENDS

False friends are Spanish words that look similar to English words but have very different meanings. While recognizing the English relatives of unfamiliar Spanish words you encounter is an important way of constructing meaning, there are some Spanish words whose similarity to English words is deceptive. Here is a list of some of the most common Spanish false friends.

actualmente ≠ actually
actualmente = nowadays, currently
actually = **de hecho, en realidad, en efecto**

argumento ≠ argument
argumento = plot
argument = **discusión, pelea**

armada ≠ army
armada = navy
army = **ejército**

balde ≠ bald
balde = pail, bucket
bald = **calvo/a**

batería ≠ battery
batería = drum set
battery = **pila**

bravo ≠ brave
bravo = wild; fierce
brave = **valiente**

cándido/a ≠ candid
cándido/a = innocent
candid = **sincero/a**

carbón ≠ carbon
carbón = coal
carbon = **carbono**

casual ≠ casual
casual = accidental, chance
casual = **informal, despreocupado/a**

casualidad ≠ casualty
casualidad = chance, coincidence
casualty = **víctima**

colegio ≠ college
colegio = school
college = **universidad**

collar ≠ collar (of a shirt)
collar = necklace
collar = **cuello (de camisa)**

comprensivo/a ≠ comprehensive
comprensivo/a = understanding
comprehensive = **completo, extensivo**

constipado ≠ constipated
estar constipado/a = to have a cold
to be constipated = **estar estreñido/a**

crudo/a ≠ crude
crudo/a = raw, undercooked
crude = **burdo/a, grosero/a**

divertir ≠ to divert
divertirse = to enjoy oneself
to divert = **desviar**

educado/a ≠ educated
educado/a = well-mannered
educated = **culto/a, instruido/a**

embarazada ≠ embarrassed
estar embarazada = to be pregnant
to be embarrassed = **estar avergonzado/a; dar/tener vergüenza**

eventualmente ≠ eventually
eventualmente = possibly
eventually = **finalmente, al final**

éxito ≠ exit
éxito = success
exit = **salida**

físico/a ≠ physician
físico/a = physicist
physician = **médico/a**

fútbol ≠ football
fútbol = soccer
football = **fútbol americano**

lectura ≠ lecture
lectura = reading
lecture = **conferencia**

librería ≠ library
librería = bookstore
library = **biblioteca**

máscara ≠ mascara
máscara = mask
mascara = **rímel**

molestar ≠ to molest
molestar = to bother, to annoy
to molest = **abusar**

oficio ≠ office
oficio = trade, occupation
office = **oficina**

rato ≠ rat
rato = while, time
rat = **rata**

realizar ≠ to realize
realizar = to carry out; to fulfill
to realize = **darse cuenta de**

red ≠ red
red = net
red = **rojo/a**

revolver ≠ revolver
revolver = to stir, to rummage through
revolver = **revólver**

sensible ≠ sensible
sensible = sensitive
sensible = **sensato/a, razonable**

suceso ≠ success
suceso = event
success = **éxito**

sujeto ≠ subject (topic)
sujeto = fellow; individual
subject = **tema, asunto**

LOS ALIMENTOS

FOODS

Frutas / Fruits

la aceituna	olive
el aguacate	avocado
el albaricoque, el damasco	apricot
la banana, el plátano	banana
la cereza	cherry
la ciruela	plum
el dátil	date
la frambuesa	raspberry
la fresa, la frutilla	strawberry
el higo	fig
el limón	lemon; lime
el melocotón, el durazno	peach
la mandarina	tangerine
el mango	mango
la manzana	apple
la naranja	orange
la papaya	papaya
la pera	pear
la piña	pineapple
el pomelo, la toronja	grapefruit
la sandía	watermelon
las uvas	grapes

Vegetales / Vegetables

la alcachofa	artichoke
el apio	celery
la arveja, el guisante	pea
la berenjena	eggplant
el brócoli	broccoli
la calabaza	squash; pumpkin
la cebolla	onion
el champiñón, la seta	mushroom
la col, el repollo	cabbage
la coliflor	cauliflower
los espárragos	asparagus
las espinacas	spinach
los frijoles, las habichuelas	beans
las habas	fava beans
las judías verdes, los ejotes	string beans, green beans
la lechuga	lettuce
el maíz, el choclo, el elote	corn
la papa, la patata	potato
el pepino	cucumber
el pimentón	bell pepper
el rábano	radish
la remolacha	beet
el tomate, el jitomate	tomato
la zanahoria	carrot

El pescado y los mariscos / Fish and shellfish

la almeja	clam
el atún	tuna
el bacalao	cod
el calamar	squid
el cangrejo	crab
el camarón, la gamba	shrimp
la langosta	lobster
el langostino	prawn
el lenguado	sole; flounder
el mejillón	mussel
la ostra	oyster
el pulpo	octopus
el salmón	salmon
la sardina	sardine
la vieira	scallop

La carne / Meat

la albóndiga	meatball
el bistec	steak
la carne de res	beef
el chorizo	hard pork sausage
la chuleta de cerdo	pork chop
el cordero	lamb
los fiambres	cold cuts, food served cold
el filete	fillet
la hamburguesa	hamburger
el hígado	liver
el jamón	ham
el lechón	suckling pig, roasted pig
el pavo	turkey
el pollo	chicken
el cerdo	pork
la salchicha	sausage
la ternera	veal
el tocino	bacon

Otras comidas / Other foods

el ajo	garlic
el arroz	rice
el azúcar	sugar
el batido	milkshake
el budín	pudding
el cacahuete, el maní	peanut
el café	coffee
los fideos	noodles, pasta
la harina	flour
el huevo	egg
el jugo, el zumo	juice
la leche	milk
la mermelada	marmalade, jam
la miel	honey
el pan	bread
el queso	cheese
la sal	salt
la sopa	soup
el té	tea
la tortilla	omelet (Spain), tortilla (Mexico)
el yogur	yogurt

Cómo describir la comida / Ways to describe food

a la plancha, a la parrilla	grilled
ácido/a	sour
al horno	baked
amargo/a	bitter
caliente	hot
dulce	sweet
duro/a	tough
frío/a	cold
frito/a	fried
fuerte	strong, heavy
ligero/a	light
picante	spicy
sabroso/a	tasty
salado/a	salty

DÍAS FESTIVOS · HOLIDAYS

enero · January
Año Nuevo (1) — New Year's Day
Día de los Reyes Magos (6) — Three Kings Day (Epiphany)
Día de Martin Luther King, Jr. — Martin Luther King, Jr. Day

febrero · February
Día de San Blas (Paraguay) (3) — St. Blas Day (Paraguay)
Día de San Valentín, Día de los Enamorados (14) — Valentine's Day
Día de los Presidentes — Presidents' Day
Carnaval — Carnival (Mardi Gras)

marzo · March
Día de San Patricio (17) — St. Patrick's Day
Nacimiento de Benito Juárez (México) (21) — Benito Juárez's Birthday (Mexico)

abril · April
Semana Santa — Holy Week
Pésaj — Passover
Pascua — Easter
Declaración de la Independencia de Venezuela (19) — Declaration of Independence of Venezuela
Día de la Tierra (22) — Earth Day

mayo · May
Día del Trabajo (1) — Labor Day
Cinco de Mayo (5) (México) — Cinco de Mayo (May 5th) (Mexico)
Día de las Madres — Mother's Day
Independencia Patria (Paraguay) (15) — Independence Day (Paraguay)
Día Conmemorativo — Memorial Day

junio · June
Día de los Padres — Father's Day
Día de la Bandera (14) — Flag Day
Día del Indio (Perú) (24) — Native People's Day (Peru)

julio · July
Día de la Independencia de los Estados Unidos (4) — Independence Day (United States)
Día de la Independencia de Venezuela (5) — Independence Day (Venezuela)
Día de la Independencia de la Argentina (9) — Independence Day (Argentina)
Día de la Independencia de Colombia (20) — Independence Day (Colombia)

Nacimiento de Simón Bolívar (24) — Simón Bolívar's Birthday
Día de la Revolución (Cuba) (26) — Revolution Day (Cuba)
Día de la Independencia del Perú (28) — Independence Day (Peru)

agosto · August
Día de la Independencia de Bolivia (6) — Independence Day (Bolivia)
Día de la Independencia del Ecuador (10) — Independence Day (Ecuador)
Día de San Martín (Argentina) (17) — San Martín Day (anniversary of his death) (Argentina)
Día de la Independencia del Uruguay (25) — Independence Day (Uruguay)

septiembre · September
Día del Trabajo (EE. UU.) — Labor Day (U.S.)
Día de la Independencia de Costa Rica, El Salvador, Guatemala, Honduras y Nicaragua (15) — Independence Day (Costa Rica, El Salvador, Guatemala, Honduras, Nicaragua)
Día de la Independencia de México (16) — Independence Day (Mexico)
Día de la Independencia de Chile (18) — Independence Day (Chile)
Año Nuevo Judío — Jewish New Year
Día de la Virgen de las Mercedes (Perú) (24) — Day of the Virgin of Mercedes (Peru)

octubre · October
Día de la Raza (12) — Columbus Day
Noche de Brujas (31) — Halloween

noviembre · November
Día de los Muertos (2) — All Souls Day
Día de los Veteranos (11) — Veterans' Day
Día de la Revolución Mexicana (20) — Mexican Revolution Day
Día de Acción de Gracias — Thanksgiving
Día de la Independencia de Panamá (28) — Independence Day (Panama)

diciembre · December
Día de la Virgen (8) — Day of the Virgin
Día de la Virgen de Guadalupe (México) (12) — Day of the Virgin of Guadalupe (Mexico)
Januká — Chanukah
Nochebuena (24) — Christmas Eve
Navidad (25) — Christmas
Año Viejo (31) — New Year's Eve

NOTE: In Spanish, dates are written with the day first, then the month. Christmas Day is **el 25 de diciembre**. In Latin America and in Europe, abbreviated dates also follow this pattern. Halloween, for example, falls on 31/10. You may also see the numbers in dates separated by periods: 14.2.07. When referring to centuries, roman numerals are always used. The 16th century, therefore, is **el siglo XVI**.

PESOS Y MEDIDAS

WEIGHTS AND MEASURES

Longitud

El sistema métrico
Metric system

Length

El equivalente estadounidense
U.S. equivalent

milímetro = 0,001 metro	
millimeter = 0.001 meter	= 0.039 inch
centímetro = 0,01 metro	
centimeter = 0.01 meter	= 0.39 inch
decímetro = 0,1 metro	
decimeter = 0.1 meter	= 3.94 inches
metro	
meter	= 39.4 inches
decámetro = 10 metros	
dekameter = 10 meters	= 32.8 feet
hectómetro = 100 metros	
hectometer = 100 meters	= 328 feet
kilómetro = 1.000 metros	
kilometer = 1,000 meters	= .62 mile

U.S. system
El sistema estadounidense

El equivalente métrico

inch	= 2.54 centimeters
pulgada	**= 2,54 centímetros**
foot = 12 inches	= 30.48 centimeters
pie = 12 pulgadas	**= 30,48 centímetros**
yard = 3 feet	= 0.914 meter
yarda = 3 pies	**= 0,914 metro**
mile = 5,280 feet	= 1.609 kilometers
milla = 5.280 pies	**= 1,609 kilómetros**

Superficie

El sistema métrico
Metric system

Surface Area

El equivalente estadounidense
U.S. equivalent

metro cuadrado	= 10.764 square feet
square meter	
área = 100 metros cuadrados	= 0.025 acre
area = 100 square meters	
hectárea = 100 áreas	= 2.471 acres
hectare = 100 ares	

U.S. system
El sistema estadounidense

El equivalente métrico

yarda cuadrada = 9 pies cuadrados = 0,836 metros cuadrados
square yard = 9 square feet = 0.836 square meters
acre = 4.840 yardas cuadradas = 0,405 hectáreas
acre = 4,840 square yards = 0.405 hectares

Capacidad

El sistema métrico
Metric system

Capacity

El equivalente estadounidense
U.S. equivalent

mililitro = 0,001 litro	
milliliter = 0.001 liter	= 0.034 ounces
centilitro = 0,01 litro	
centiliter = 0.01 liter	= 0.34 ounces
decilitro = 0,1 litro	
deciliter = 0.1 liter	= 3.4 ounces
litro	
liter	= 1.06 quarts
decalitro = 10 litros	
dekaliter = 10 liters	= 2.64 gallons
hectolitro = 100 litros	
hectoliter = 100 liters	= 26.4 gallons
kilolitro = 1.000 litros	
kiloliter = 1,000 liters	= 264 gallons

U.S. system
El sistema estadounidense

El equivalente métrico

ounce	= 29.6 milliliters
onza	**= 29,6 mililitros**
cup = 8 ounces	= 236 milliliters
taza = 8 onzas	**= 236 mililitros**
pint = 2 cups	= 0.47 liters
pinta = 2 tazas	**= 0,47 litros**
quart = 2 pints	= 0.95 liters
cuarto = 2 pintas	**= 0,95 litros**
gallon = 4 quarts	= 3.79 liters
galón = 4 cuartos	**= 3,79 litros**

Peso

El sistema métrico
Metric system

Weight

El equivalente estadounidense
U.S. equivalent

miligramo = 0,001 gramo	
milligram = 0.001 gram	
gramo	= 0.035 ounce
gram	
decagramo = 10 gramos	= 0.35 ounces
dekagram = 10 grams	
hectogramo = 100 gramos	= 3.5 ounces
hectogram = 100 grams	
kilogramo = 1.000 gramos	= 2.2 pounds
kilogram = 1,000 grams	
tonelada (métrica) = 1.000 kilogramos	= 1.1 tons
metric ton = 1,000 kilograms	

U.S. system
El sistema estadounidense

El equivalente métrico

ounce	= 28.35 grams
onza	**= 28,35 gramos**
pound = 16 ounces	= 0.45 kilograms
libra = 16 onzas	**= 0,45 kilogramos**
ton = 2,000 pounds	= 0.9 metric tons
tonelada = 2.000 libras	**= 0,9 toneladas métricas**

Temperatura

Grados centígrados
Degrees Celsius
To convert from Celsius to Fahrenheit, multiply by $\frac{9}{5}$ and add 32.

Temperature

Grados Fahrenheit
Degrees Fahrenheit
To convert from Fahrenheit to Celsius, subtract 32 and multiply by $\frac{5}{9}$.

NÚMEROS

Números ordinales

primer, primero/a	1º/1ª
segundo/a	2º/2ª
tercer, tercero/a	3º/3ª
cuarto/a	4º/4ª
quinto/a	5º/5ª
sexto/a	6º/6ª
séptimo/a	7º/7ª
octavo/a	8º/8ª
noveno/a	9º/9ª
décimo/a	10º/10ª

Fracciones

$\frac{1}{2}$	**un medio, la mitad**
$\frac{1}{3}$	**un tercio**
$\frac{1}{4}$	**un cuarto**
$\frac{1}{5}$	**un quinto**
$\frac{1}{6}$	**un sexto**
$\frac{1}{7}$	**un séptimo**
$\frac{1}{8}$	**un octavo**
$\frac{1}{9}$	**un noveno**
$\frac{1}{10}$	**un décimo**
$\frac{2}{3}$	**dos tercios**
$\frac{3}{4}$	**tres cuartos**
$\frac{5}{8}$	**cinco octavos**

Decimales

un décimo	0,1
un centésimo	0,01
un milésimo	0,001

NUMBERS

Ordinal numbers

first	1st
second	2nd
third	3rd
fourth	4th
fifth	5th
sixth	6th
seventh	7th
eighth	8th
ninth	9th
tenth	10th

Fractions

one half	
one third	
one fourth (quarter)	
one fifth	
one sixth	
one seventh	
one eighth	
one ninth	
one tenth	
two thirds	
three fourths (quarters)	
five eighths	

Decimals

one tenth	0.1
one hundredth	0.01
one thousandth	0.001

OCUPACIONES / OCCUPATIONS

OCUPACIONES	OCCUPATIONS
el/la abogado/a	lawyer
el actor, la actriz	actor
el/la administrador(a) de empresas	business administrator
el/la agente de bienes raíces	real estate agent
el/la agente de seguros	insurance agent
el/la agricultor(a)	farmer
el/la arqueólogo/a	archaeologist
el/la arquitecto/a	architect
el/la artesano/a	artisan
el/la auxiliar de vuelo	flight attendant
el/la basurero/a	garbage collector
el/la bibliotecario/a	librarian
el/la bombero/a	firefighter
el/la cajero/a	bank teller, cashier
el/la camionero/a	truck driver
el/la cantinero/a	bartender
el/la carnicero/a	butcher
el/la carpintero/a	carpenter
el/la científico/a	scientist
el/la cirujano/a	surgeon
el/la cobrador(a)	bill collector
el/la cocinero/a	cook, chef
el/la comprador(a)	buyer
el/la consejero/a	counselor, advisor
el/la contador(a)	accountant
el/la corredor(a) de bolsa	stockbroker
el/la diplomático/a	diplomat
el/la diseñador(a) (gráfico/a)	(graphic) designer
el/la electricista	electrician
el/la empresario/a de pompas fúnebres	funeral director
el/la especialista en dietética	dietician
el/la fisioterapeuta	physical therapist
el/la fotógrafo/a	photographer
el/la higienista dental	dental hygienist
el hombre/la mujer de negocios	businessperson
el/la ingeniero/a en computación	computer engineer
el/la intérprete	interpreter
el/la juez(a)	judge
el/la maestro/a	elementary school teacher
el/la marinero/a	sailor
el/la obrero/a	manual laborer
el/la oficial de prisión	prision guard
el/la obrero/a de la construcción	construction worker
el/la optometrista	optometrist
el/la panadero/a	baker
el/la paramédico/a	paramedic
el/la peluquero/a	hairdresser
el/la piloto	pilot
el/la pintor(a)	painter
el/la plomero/a	plumber
el/la político/a	politician
el/la programador(a)	computer programer
el/la psicólogo/a	psychologist
el/la quiropráctico/a	chiropractor
el/la redactor(a)	editor
el/la reportero/a	reporter
el/la sastre	tailor
el/la secretario/a	secretary
el/la supervisor(a)	supervisor
el/la técnico/a (en computación)	(computer) technician
el/la vendedor(a)	sales representative
el/la veterinario/a	veterinarian

Fine Art Credits

xviii Pablo Picasso. *Woman with hat.* 1935. Colección: Musée National d'Art Moderne, Centre Georges Pompidou, Paris, France. CNAC/MNAM/Dist. Réunion des Musées Nationaux/Art Resources, NY.

75 (m) Diego Velázquez. *Las meninas.* 1656. Derechos reservados © Museo Nacional del Prado, Madrid.

113 Oswaldo Guayasamín. *Madre y niño en azul.* 1986. Cortesía Fundación Guayasamín. Quito, Ecuador.

148 Frida Kahlo. *Autorretrato con mono.* 1938. Oil on masonite, overall 16 X12" (40.64 x 30.48 cms). Albright-Knox Art Gallery, Buffalo, New York. Bequest of A. Conger Goodyear, 1966.

Photography Credits

All images © Vista Higher Learning unless otherwise noted.

Special thanks to: Martín Bernetti, , José Blanco, Ali Burafi, Janet Dracksdorf, Carlos Gaudier, Paola Rios, Oscar Artavia Solano

Cover: © Images.com/Corbis

Front Matter: i © Images.com/Corbis; **xvi** (l) © Bettmann/Corbis; **xvi** (r) © Ann Cecil/Lonely Planet Images; **xvii** (l) © Lawrence Manning/Corbis; **xvii** (r) © Design Pics Inc./Alamy; **xviii** © Jennifer Grimes/AP Wide World Photos; **xix** (l) © Digital Vision/Getty Images; **xix** (r) © andres/Big Stock Photo; **xx** © Fotolia IV/Fotolia; **xxi** (l) © Goodshoot/Corbis; **xxi** (r) © Ian Shaw/Alamy; **xxii** © Frank Micelotta/Getty Images; **xxvi** (t) © Gabe Palmer/Corbis; **xxvi** (b) © moodboard/Fotolia; **xxvii** (t) © Digital Vision/Getty Images; **xxvii** (b) © Getty ImagesPurestock/Getty Images

Lesson One: 11 (t) © Hans Georg Roth/Corbis; **11** (m) © Mark Mainz/Getty Images; **11** (b) © 2000 Wes Walker/Lonely Planet Images; **12** (r) © Tom Grill/Corbis; **19** (r) © Elena Elisseeva/Dreamstime; **35** (t) © Mart Peterson/Corbis; **35** (b) © Kevin Winter/Getty Images; **36** (t) © Robert Holmes/Corbis; **36** (m) © Phil Schermeister/Corbis; **37** (tl) © PhotoDisc; **37** (tr) © Tony Arruza/Corbis; **37** (bl) © Owen Franken/Corbis; **37** (br) © Dominicanada

Lesson Two: 39 (full pg) © Miodrag GAJIC/Fotolia; **42** © Noam/Fotolia; **48** (l) © Gabe Palmer/Corbis; **48** (r) © David Ashley/Corbis; **49** (b) © Sergio.solar/Wikipedia; **57** © Stephen Coburn/Shutterstock; **58** © Chris Schmidt/iStock; **67** (l) © Rick Gomez/Corbis; **67** (r) © Hola Images/Workbook.com; **73** (t) © John Springer/Corbis; **73** (b) © American Stock/Getty Images; **74** (m) © Elke Stolzenberg/Corbis; **74** (b) © Reuters/Corbis; **75** (tl) © Patrick Almasy/Corbis; **75** (tr) © Jean-Pierre Lescourret/Corbis; **75** (m) © Erich Lessing/Art Resource; **75** (br) © Owen Franken/Corbis; **75** (bl) © Dave G. Houser/Corbis

Lesson Three: 77 (full pg) © Aldo Murillo/iStock; **80** (tr) © LWA-Dann Tardif/Corbis; **80** (bl) © Kuzma/Big Stock Photo; **86** (tr) © Rafael Perez/Reuters/Corbis; **86** (b) © Martial Trezzini/epa./Corbis; **86** (tl) © David Cantor/AP Wide World Photos; **87** (t) © Reuters/Corbis; **87** (b) © Juanjo Martin/AP Wide World Photos; **97** (l) © Val Thoermer/Big Stock Photo; **107** (t) © Yuri Arcurs/Dreamstime; **107** (m) © Chuck Savage/Corbis; **108** © Daniel Montiel/Fotolia; **109** © ImageShop/Corbis; **111** (bl) © Yoyo; **111** (br) © Brentwood; **113** (br) © Gerardo Mora

Lesson Four: 115 (full pg) © Jon Feingersh/Corbis; **118** Reprinted by permission of Juana Macíos Alba; **124** (l) © Javier Soriano/AFP/Getty Images; **124** (r) © Reuters/Corbis; **125** (t) © Reuters/Gary Hershorn/Corbis; **125** (b) © Daniel García/AFP/Getty Images; **141** © Images.com/Corbis; **143** © Juan Barreto/AFP Photo/Corbis; **145** © Alexander Rochau/Fotolia; **147** (t) © AFP/AFP/Getty Images; **147** (b) © Janet Jarman/Corbis; **148** (tl) © George D. Lepp/Corbis; **148** (tr) © Albright-Knox Art Gallery/Corbis; **148** (mr) © Peter Guttman/Corbis; **148** (b) © Henry Romero/Reuters/Corbis; **149** (tr) © Bettmann/Corbis; **148** (b) © Greg Vaughn/Alamy

Lesson Five: 151 (full pg) © Godfer/Fotolia; **162** © Jeremy Horner/Corbis; **163** (b) © Mark A. Johnson/Corbis; **163** (t) © Christopher Pillitz/Alamy; **167** © iofoto/Fotolia; **182** © Aldo Murillo/iStock; **185** (t) © Rodrigo Varela/Wireimage.com; **185** (b) © Lions Gate/The Kobal Collection/Bob Greene/The Picture-desk; **186** (b) © Dave G. Houser/Corbis; **187** (tr) © Steve Chenn/Corbis; **187** (br) © PhotoDisc

Lesson Six: 198 (t) © Robert Frerck/Odyssey; **198** (b) © INSADCO Photography/Alamy; **199** (t) © Carlos Alvarez/ Getty Images; **199** (bl) © Guiseppe Carace/Getty Images; **199** (br) © Mark Mainz/Getty Images; **218** © Chris Schmidt/ iStock; **221** (t) © Manuel Zambrana/Corbis; **221** (m) © Lucy Nicholson/AFP/Getty Images; **221** (b) © The Celia Cruz Foundation; **222** (t) © PhotoDisk/Getty Images; **222** (tl) © Robert Frerck/Odyssey; **222** (bmr) © Robert Frerck/Odyssey; **222** (b) © PhotoDisk/Getty Images; **223** (tl) © Don Emmert/AFP/Getty Images; **223** (tr) © Richard Bickel/Corbis; **223** (bl) © Stephanie Maze/Corbis; **223** (br) © Road Movie Prods/The Kobal Collection/The Picture-desk

Lesson Seven: 225 (full pg) © Digital Vision/Getty Images; **237** (l) © Blend Images/Alamy; **237** (r) © Arekmalang/ Dreamstime; **239** (r) © Ariel Skelley/Corbis; **243** © Monkeybusinessimages/Dreamstime; **254** © Traveler_no1/Dreamstime; **255** © Blend Images/Alamy; **256** © Eileen Hart/iStock; **257** (t) © Maritza Lopez; **257** (m) © Hemera Technologies/Alamy; **257** (b) © IML Image Group/Alamy; **258** (bl) © Richard Smith/Corbis; **258** (br) © Charles & Josette Lenars/Corbis; **258** (b) © Yan Arthus-Peleaz Inc./Corbis; **259** (tr) © Mick Roessler/Corbis; **259** (bl) © Jeremy Horner/Corbis

Lesson Eight: 261 (full pg) © Mark Leibowitz/Masterfile; **267** (l) © Somos Images/Alamy; **267** (r) © Monkeybusinessimages/Big Stock Photo; **272** (b) © Greg Elms/Lonely Planet Images; **273** (t) © Carlos Cazalis/Corbis; **273** (m) © Carlos Cazalis/Corbis; **273** (b) © Studio Bonisolli/Stockfood; **276** © Jose Luis Pelaez, Inc./Corbis; **295** (t) © Rick Diamond/WireImage.com; **295** (b) © Reuters/Corbis; **296** (t) © Bob Winsett/Corbis; **296** (m) © Dave G. Houser/ Corbis; **296** (mr) © Dave G. Houser/Corbis; **296** (b) © Dave G. Houser/Corbis; **297** (tl) © Reuters NewMedia Inc./Jorge Silva/Corbis; **297** (tr) © Michael & Patricia Fogden/Corbis; **297** (bl) © Jon Butchofsky-Houser/Corbis; **297** (br) © Paul W. Liebhardt/Corbis

Lesson Nine: 303 © Image Source/Age Fotostock; **308** (l) © Jose Luis Magana/AP Wide World Photos; **308** (r) © PictureNet/Corbis; **309** (t) © Simon Cruz/AP Wide World Photos; **309** (b) © Karel Navarro/AP Wide World Photos; **324** © Monkeybusinessimages/Big Stock Photo; **327** © Alberto Tamargo/Getty Images; **328** (tl) © Pablo Corral V./Corbis; **328** (tr) © McDuff Everton/Corbis; **328** (mtl) © Dave G Houser/Corbis; **328** (mtr) © McDuff Everton/Corbis; **328** (mbl) © Bettmann/Corbis; **328** (mbr) © AFP/Macarena Minguell/Corbis; **328** (b) © Bettmann/Corbis; **329** (tl) © Wolfgang Kaehler/ Corbis; **329** (tr) © PhotoDisc/Getty Images; **329** (bl) © Roger Ressmeyer/Corbis; **329** (br) © Charles O'rear/Corbis